دور المناخ الاستثماري

في جذب الاستثمار الأجنبي المباشر
إلى الدول العربية

دور المناخ الاستثماري

في جذب الاستثمار الأجنبي المباشر

إلى الدول العربية

إعداد الأستاذ

عميروش محند شلغوم

مكتبة حسن العصرية

للطباعة والنشر والتوزيع

بيروت ـ لبنان

الطبعة الأولى	: 1433هـ/ 2012 م
عنوان الكتاب	: دور المناخ الاستثماري في جذب الاستثمار الأجنبي المباشر إلى الدول العربية
تأليف	: الأستاذ عميروش محند شلغوم
عدد الصفحات	: 352 صفحة
قياس	: 17 × 24
صف وإخراج	: غنى الريّس
الناشر	: مكتبة حسن العصرية
العنوان	: بيروت- كورنيش المزرعة- بناية الحسن سنتر- بلوك 2- ط 4
هاتف خليوي	: 009613790520
تلفاكس	: 009611306951 - 009617920452
ص.ب.	: 14-6501 بيروت- لبنان
الترقيم الدولي	: 6 - 22 - 561 - 9953 - 978

E-mail: Library.hasansaad@hotmail.com

Printed in Lebanon 2012 طبع في لبنان

الملخص

اكتسب الاستثمار الأجنبي المباشر أهمية كبيرة في هيكل التمويل الدولي نتيجة الظروف التي شهدتها الساحة الدولية، بفعل تزايد حدة العولمة وتراجع مصادر التمويل الدولي الأخرى كالقروض والمساعدات، وانهيار النظام الاشتراكي، مما أدى بالدول النامية منها العربية إلى السعي لتوفير مناخ استثماري ملائم لجذب الاستثمار الأجنبي المباشر، خاصة في ظل المزايا التي ينطوي عليها من رأس المال، والتكنولوجيا المتطورة والتقنيات الإدارية والفنية، وخلق فرص عمل، وقد هدفت هذه الدراسة إلى تقييم سياسات الدول العربية كمجموعة في تحسين مناخها الاستثماري لجلب اهتمامات المستثمرين الأجانب، مع التركيز على حالة الجزائر خلال الفترة (1990-2010).

تتكون الدراسة من أربعة فصول، يتناول الفصل الأول التعريف بظاهرة الاستثمار الأجنبي المباشر وبأشكالها وتوجهاتها العالمية، وأهم النظريات المفسرة لقيامها، بالإضافة إلى تقييم انعكاساتها على الدول المضيفة خصوصا النامية. ويتناول الفصل الثاني مختلف العناصر المشكلة لمناخ الاستثمار، بالإضافة إلى مؤشرات تقييمه الصادرة عن مختلف الهيئات، وموقعه في استراتيجيات الشركات متعددة الجنسية وأثر ذلك على الدول المضيفة. أما الفصل الثالث فيتناول بالتفصيل تقييم جهود الدول العربية في تحسين مناخها الاستثماري، وانعكاس ذلك على تطور التدفقات الواردة إليها من الاستثمار الأجنبي المباشر. ويتناول الفصل الرابع تطورات مناخ الاستثمار في الجزائر مع التركيز على فترة الإصلاحات، وتقييم تطور موقع الجزائر في هذه الظاهرة مقارنة بالعديد من الدول العربية والنامية، مع

تشخيص مختلف معوقات اجتذابها، واستشراف آفاقها المستقبلية، كما يتعرض بالتحليل والقياس لأثر التدفقات الواردة من الاستثمار الأجنبي المباشر على مستوى التشغيل والنمو الاقتصادي، وميزان المدفوعات.

وتختم الدراسة بعرض أهم النتائج والتوصيات التي تم التوصل إليها.

مقدمة

1- مقدمة عامة:

شهد عقد الثمانينات من القرن الماضي تراجعا في حجم المساعدات الخارجية، وانحسارا في حركة الإقراض الدولية بسبب أزمة المديونية في عام 1982، مما أدى إلى زيادة مكانة الاستثمار الأجنبي المباشر كمصدر من مصادر التمويل الدولي، هذه المكانة تدعمت أكثر مع مطلع عقد التسعينات نتيجة تصاعد البعد الدولي للرأسمالية إلى المستوى الذي زالت عنده الحدود الجغرافية بين الدول، وتزايدت درجة الارتباط بين اقتصادات العالم المتقدمة والنامية، خاصة مع انهيار المعسكر الشرقي والتحول الاقتصادي للعديد من الدول النامية، باتجاهها إلى تقليص دور الدولة، وتشجيع القطاع الخاص، وتحرير حركة التجارة ورأس المال، من منطلق التكيف مع مختلف التطورات، واستجابة لقرارات المؤسسات المالية والنقدية الدولية، والتكتلات الاقتصادية، والشركات متعددة الجنسية، هذه العوامل مجتمعة أدت مع ثورة تكنولوجيا المعلومات والاتصالات، والتي انعكست في تقريب المسافات، وتسريع انتقال المعلومات، وبالتالي سهولة اتخاذ قرارات الاستثمار في مختلف أنحاء العالم، إلى زيادة هائلة في تدفقات الاستثمار الأجنبي المباشر.

وبالرغم من التحول الذي عرفته العديد من الدول النامية في توجهاتها من رفض الاستثمار الأجنبي المباشر إلى السعي لاستقطابه وتشجيعه، إلا أن الطفرة الهائلة له لا زالت متمركزة أساسا في الدول التقدمة مستثنية بذلك أغلب الدول النامية والتي لا يصلها سوى جزء قليل منه، ويرجع ذلك إلى كون قرارات المستثمرين الأجانب ليست عملية ارتجالية، بل تخضع إلى مجموعة كبيرة من العوامل تشكل في مجملها ما يعرف بمناخ الاستثمار، والذي يتكون من مختلف الجوانب السياسية والاجتماعية المستقرة، وفعالية السياسات الاقتصادية التي تدعم

التوازنين الداخلي والخارجي، وإقامة أسواق المال وتطوير النظام المصرفي، ووضوح وشفافية القوانين، وإنشاء الهيئات المشرفة على الاستثمار وتفعيل أدائها، مع ضرورة مراجعة النظم الضريبية والجمركية بعناية كافية تتيح مختلف الحوافز والضمانات، والالتزام الدولي بتشجيع الاستثمار الأجنبي المباشر وحمايته بإمضاء الاتفاقيات الثنائية والمتعددة الأطراف وتطبيقها، ولا تتوقف مختلف العوامل السابقة الذكر على الأوضاع الحالية فقط، بل تمتد إلى التطورات والتوقعات المستقبلية.

لقد كانت الدول العربية على غرار العديد من الدول النامية قبل نشوئها ككيانات مستقلة مراكز نفوذ واستحواذ وسيطرة من قبل شركات الدول المستعمِرة، والتي عملت جاهدة على استنزاف ثرواتها الطبيعية، لذلك بقيت هذه النظرة سائدة بعد حصولها على استقلالها السياسي، واعتبرت الاستثمار الأجنبي المباشر من آليات الاحتكار والاستغلال، ووجه من أوجه الاستعمار، وتكريس التبعية وإضعاف شركات القطاع العام، خاصة في ظل تبني العديد منها لاستراتيجيات تنموية مستندة إلى الاقتصاد الموجه، كل هذه العوامل أدت إلى ضعف مكانة الاستثمار الأجنبي المباشر في هيكل التمويل الخارجي للدول العربية، ففي عام 1980 قُدِر مخزون الاستثمار الأجنبي المباشر فيها بـ8515 مليون دولار[1]، لكن هذه النظرة لم تدم طويلا، إذ وبفعل مجموعة من العوامل الداخلية المتمثلة في فشل سياساتها التنموية، لانخفاض معدلات النمو الاقتصادي، وارتفاع معدلات التضخم والبطالة، وارتفاع أعباء المديونية الخارجية، وعجز موازين مدفوعاتها، إضافة إلى العوامل الخارجية المتمثلة في انهيار أسعار النفط في عام 1986، وزيادة حدة العولمة، وتراجع مصادر التمويل الخارجي كالقروض والمساعدات، هذه العوامل مجتمعة دفعت بالدول العربية مع نهاية الثمانينات إلى التسابق لاستقطاب الاستثمارات الأجنبية المباشرة، فأولت اهتماما متزايدا لخلق مناخ استثماري موات، من خلال صياغة القوانين والتشريعات الخاصة به، وإقرار إصلاحات اقتصادية كلية، ومنح عدة

1- للمزيد من التفصيل أنظر:

Unctad, world investment report, New York and Geneva, 1994, p415-417

ضمانات وحوافز مع عقد اتفاقيات ثنائية ودولية لحمايته، لهذا كله ارتفع مخزون الاستثمار الأجنبي المباشر فيها ليصل في نهاية 2010 إلى نحو 600820 مليون دولار[1].

وتعتبر الجزائر من ضمن الدول العربية والنامية التي أقرت مع بداية عشرية التسعينات إصلاحات اقتصادية جسدت خبر وفاة النظام الاشتراكي، والانفتاح على اقتصاد السوق للتكيف مع التحولات العالمية، فأكدت بذلك شعار الباب المفتوح أمام الاستثمار الأجنبي المباشر، واتخذت كل التدابير والإجراءات اللازمة لتوسيع مشاركة رأس المال المحلي الخاص والأجنبي في عملية التنمية لتحقيق مجموعة من الأولويات، خاصة ما تعلق بخلق فرص عمل، وتلبية الحاجيات الأساسية للسوق المحلية، وترقية الصادرات خارج المحروقات.

2ـ إشكالية الدراسة:

اتبعت الدول العربية منها الجزائر سياسات هدفت إلى الوصول إلى إجراءات اقتصادية وسياسية وقانونية وتنظيمية صحيحة وفاعلة تعزز من عوامل جذبها للاستثمار الأجنبي المباشر مما يعود عليها بالنفع.

فما مدى فعالية سياسات تحسين مناخ الاستثمار في الدول العربية على جذب الاستثمار الأجنبي المباشر إليها؟ وماذا تقدم تجربة الجزائر بهذا الخصوص خلال الفترة (1990-1020)؟

3ـ أهداف الدراسة:

ـ محاولة إزالة الغموض الذي يكتنف الاستثمار الأجنبي المباشر وذلك بالتطرق إلى مختلف جوانبه باعتباره ظاهرة معقدة.

---

[1] للمزيد من التفصيل أنظر:

Unctad, world investment report 2011, UNCTAD, FDI/TNC database
(www.unctad.org/fdistatistics).

ـ الأهمية التي يكتسبها الاستثمار الأجنبي المباشر عند استقطابه، وبالتالي تقييم انعكاساته على اقتصادات الدول المضيفة منها النامية.

ـ التطرق إلى مكونات مناخ الاستثمار بالتدقيق وموقعها في قرارات المستثمر الأجنبي، بالإضافة إلى مؤشرات تقييمها.

ـ تقييم سياسات تحسين مناخ الاستثمار في الدول العربية، وانعكاسها على تطور التدفقات الواردة إليها من الاستثمار الأجنبي المباشر.

ـ تقييم مدى نجاعة الإصلاحات المنتهجة في الجزائر لمختلف الحكومات المتعاقبة خلال الفترة (1990-2010) على تفعيل مناخ الاستثمار، وتقييم حصتها من تدفقات الاستثمار الأجنبي المباشر، مع تشخيص مختلف العراقيل التي تعيق اجتذابه واقتراح الحلول.

4ـ أهمية الدراسة:

يكتسب موضوع الاستثمار الأجنبي المباشر أهمية كبيرة من الناحيتين السياسية والاقتصادية، لما له من أهمية بالغة في تنمية البلدان النامية، والحصول على العديد من المزايا كالتكنولوجيا، والعملات الصعبة، والخبرات الإدارية...، كما تشكل عملية تشجيعه وحمايته مظهرا من مظاهر انفتاح الاقتصادات واندماجها في الاقتصاد العالمي، وعاملا من عوامل تفعيل العلاقات الاقتصادية بين الدول، ويوضح هذا البحث أهمية المناخ الاستثماري في جذب الاستثمارات الأجنبية المباشرة في ظل العولمة وظهور التكتلات الاقتصادية، حيث من الممكن أن يساهم مع ما سبقه من أبحاث في هذا المجال في وضع الخطط التي تمكن من تحسين مناخ الاستثمار في الدول العربية بشكل عام والجزائر بشكل خاص.

5ـ فرضيات الدراسة:

تتمثل فيما يلي:

1ـ يعتبر الاستثمار الأجنبي المباشر مصدرا أساسيا للتمويل الدولي، لهذا شكل

مجالا خصبا للدراسة والتحليل من طرف العديد من المفكرين والاقتصاديين.

2 - يمارس الاستثمار الأجنبي المباشر آثارا مختلفة على الدول المضيفة تخضع في طبيعتها وحجمها إلى سياسات المستثمرين الأجانب، وطبيعة تفاعل الدول المضيفة معه.

3 - تخضع تدفقات الاستثمار الأجنبي المباشر وتوجهاته إلى مجمل معطيات مناخ الاستثمار.

4 - مناخ الاستثمار هو مجمل الأوضاع القانونية والاقتصادية والسياسية والاجتماعية التي تشكل البيئة التي يتم فيها الاستثمار.

5 - لقد عجزت أغلب الدول العربية من خلال قيامها بتحسين أوضاعها السياسية والاجتماعية، وبتبنيها لسياسات الإصلاح الاقتصادي، وبتحسين واستكمال أطرها القانونية والمؤسسية في توفير المناخ الاستثماري المناسب لجذب الاستثمار الأجنبي المباشر.

6ـ لا تكفي الإصلاحات الاقتصادية وسن القوانين والتشريعات في الجزائر والهادفة إلى تحسين مناخ الاستثمار، لجذب الاستثمار الأجنبي المباشر.

6ـ منهج الدراسة:

للإجابة على إشكالية البحث واختبار صحة الفرضيات المتبناة، نستعمل المنهج الوصفي والتحليلي.

في الفصل الأول، نستخدم المنهج الوصفي لاستعراض كل جوانب الاستثمار الأجنبي المباشر، بالتطرق إلى تعريفه وأهم أشكاله، وفي بعض الأحيان سنستخدم المنهج التحليلي عند تحليلنا لتطوره وتوجهه عالميا عبر مراحل مختلفة. كما سنتطرق إلى أهم النظريات المفسرة لقيامه باعتباره نال مكانة هامة في الفكر الاقتصادي. وسنختم الفصل باستعراض مزايا وعيوب الظاهرة على أطرافه،

وآثارها المختلفة على بعض المتغيرات الاقتصادية في الدول المضيفة خصوصا النامية.

في الفصل الثاني سنستخدم كذلك المنهج الوصفي لتبيان الأساس النظري لمناخ الاستثمار، من خلال عرض العوامل المشكلة له من الجوانب السياسية والاجتماعية والأمنية والاقتصادية والقانونية والتنظيمية بالتفصيل، كما سنستعرض الأساس النظري لمؤشرات تقييم مناخ الاستثمار بتبيان أسس صياغتها ومعاملات ترجيحها والهيئات الصادرة عنها، وسياسات الشركات متعددة الجنسية في اختيارها لمواقع الاستثمار، واستراتيجياتها في مواجهة مختلف المخاطر.

في الفصل الثالث سنستخدم المنهج التحليلي لتقييم سياسات الدول العربية في تحسين مناخها الاستثماري، وذلك بتحليل موقعها في المؤشرات المعروضة في الفصل الثاني، والتي من خلالها يتبين لدينا نقاط القوة والضعف في البيئة الاستثمارية العربية بما يكفي لصياغة سياسات تدعم الجوانب الايجابية وتعالج السلبية منها، كما سنحلل تطور تدفقات الاستثمار الأجنبي المباشر إليها بعرض تطور حصة كل دولة، ومدى أهمية الاستثمارات العربية البينية، بالإضافة إلى استخدام أسلوب الدراسات المقارنة لمعرفة مدى أهمية حصة الدول العربية من الاستثمار الأجنبي المباشر كتكتل من بين الدول النامية والمتقدمة.

في الفصل الرابع والأخير، سنركز على حالة الجزائر باستخدام المنهج التحليلي لعرض تطورات مناخ الاستثمار خلال فترة الدراسة، وانعكاس ذلك على تطور حصتها من الاستثمار الأجنبي المباشر، ومدى استفادتها منه بعرض آثاره على بعض المتغيرات الاقتصادية كالعمالة والناتج المحلي الإجمالي وميزان المدفوعات، وآفاق هذه الظاهرة.

لنصل في الأخير إلى خاتمة تتضمن خلاصة ونتائج وتوصيات البحث.

الفصل الأول

مقدمة

شهدت الساحة الدولية منذ ثمانينات القرن الماضي تغيرات كبيرة ومتسارعة، نتيجة توقف تدفق القروض الخارجية إلى الدول النامية عقب أزمة المديونية الخارجية، وانخفاض حجم المساعدات الخارجية، وانهيار النظام الاشتراكي والتحول الكبير في التوجه الاقتصادي للعديد من الدول النامية، هذه العوامل وغيرها أدت إلى منافسة كبيرة لاستقطاب الاستثمارات الأجنبية المباشرة، مما أدى في النهاية إلى تعاظم دورها كمصدر من مصادر التمويل الدولي.

وككل الظواهر الاقتصادية، فقد شكلت ظاهرة الاستثمار الأجنبي المباشر مجالا خصبا للدراسة، وحظيت باهتمام العديد من المفكرين والاقتصاديين الذين سعوا إلى تقصي مختلف الحقائق بشأنها، من خلال تعريفها والتعريف بأشكالها، ودوافعها ومحددات قيامها، والعوامل المختلفة التي تتحكم في تجسيدها من طرف المستثمرين الأجانب، ومن الطبيعي أن تتعدد الآراء بشأنها لارتكازها على أسس متعددة، كما أنها جاءت في مراحل زمنية مختلفة.

وإذا كان تزايد دور هذه الظاهرة في التمويل الدولي مرده إلى التحول الهائل في مواقف العديد من الدول النامية تجاهها، من رفضها واتخاذ كل الأساليب العدائية لمنع نشاط المستثمرين الأجانب على أراضيها، إلى السعي لاستقطابها وتشجيعها بتقديم كل التسهيلات والحوافز، إيمانا منها بأهمية الدور الذي ستلعبه في تدعيم جهودها التنموية، من خلق فرص عمل، وتنشيط القدرات الإنتاجية، وتطوير المهارات والقدرات الابتكارية، إلا أن ذلك لا ينفي الآثار السلبية التي يمكن أن تتركها على الدول المضيفة، خصوصا النامية على كل المستويات الاقتصادية، والاجتماعية، وحتى السياسية، لذلك كله، فإن الاستثمار الأجنبي المباشر يعتبر مجالا خصبا لدراسة العلاقة بين الدول المصدرة له والمضيفة.

وعلى ضوء هذا، سيتم التطرق من خلال هذا الفصل إلى النقاط التالية:

● مفهوم الاستثمار الأجنبي المباشر، أشكاله وتوجهاته العالمية.

● النظريات المفسرة لقيام الاستثمار الأجنبي المباشر.

● تقييم الاستثمار الأجنبي المباشر.

المبحث الأول

ماهية الاستثمار الأجنبي المباشر

يعتبر الاستثمار الأجنبي المباشر ظاهرة معقدة الجوانب، نظرا للتعقيدات الناتجة عن اختلاف المعايير المحاسبية، والقانونية وكذلك الإحصائية بشأنها، لذلك سنسعى من خلال هذا المبحث إلى إزالة هذا التعقيد بتعريف الظاهرة بدقة، والتعريف بأشكالها، والمراحل التاريخية التي مرت بها، وانعكاس كل مرحلة على حجما وتوجهاتها العالمية.

أولا: مفهوم الاستثمار الأجنبي

لقد أصبحت الأسواق الوطنية المختلفة سوقا دولية للتجارة والمال، أطرافها المتعاملة هي المشروعات وموضوعها يتناول السلع والخدمات، وتتميز بالتخصص والمهارة التكنولوجية المختلفة، وهذا ما يعرف بالنشاط الدولي للأعمال، والذي من أبرز صوره الاستثمارات الدولية[1]، وقد تكون هذه الأخيرة إما استثمارات حقيقية في أصول ملموسة، أو توظيفات في أوراق مالية وعملات[2].

ويعرف الدكتور **فريد النجار** الاستثمار الأجنبي على أنه: " كل استثمار يتم خارج موطنه بحثا عن دولة مضيفة سعيا وراء تحقيق حزمة من الأهداف الاقتصادية والمالية والسياسية سواء لهدف مؤقت أو لأجل محدد أو لأجيال طويلة الأجل"[3].

ويرى **جيل برتان** أن الاستثمار الأجنبي هو:" كل استخدام يجري في الخارج لموارد مالية يملكها بلد من البلدان"[4].

---

(1) زينب حسن عوض اللـه، "الاقتصاد الدولي"، دار الجامعة الجديدة، 2004، ص 169-160.

(2) حسن علي خربوش وآخرون،"الاستثمار والتمويل بين النظرية والتطبيق"، عمان، 1996، ص 203.

(3) فريد النجار، " الاستثمار الدولي والتنسيق الضريبي"، مؤسسة شباب الجامعة، مصر، 2000، ص 23.

(4) عبد المجيد أونيس و عبد الرحمان بن عنتر، مداخلة بعنوان: "الاستثمار الأجنبي ودوره التنموي في الجزائر" الملتقى العلمي الدولي: الاستثمار الأجنبي المباشر ومهارات الأداء الاقتصادي، جامعة بومرداس(الجزائر)، 22-23 أكتوبر 2007، ص8.

ويمكن صياغة تعريف عام للاستثمار الأجنبي بأنّه تلك التدفقات الدولية لرأس المال التي تنشأ من دولة أم Le pays d'origine ، وتتجسد في دولة مضيفة Le pays d'accueil في شكل استثمارات مباشرة، أو في شكل استثمارات غير مباشرة، يسعى من ورائها كل طرف إلى تحقيق أهداف متعددة.

1- تعريف الاستثمار الأجنبي المباشر

لتعريف الاستثمار الأجنبي المباشر بشكل كامل، سيتم عرض مجموعة من التعاريف المتعددة بتعدد آراء ووجهات نظر أصحابها لهذه الظاهرة، وهي:

1-1 تعاريف الاقتصاديون العرب:

حسب **الدكتور فريد النجار** :" يقصد بالاستثمار الوافد المباشر السماح للمستثمرين من خارج الدولة تَملُّك أصول ثابتة ومتغيرة بغرض التوظيف الاقتصادي في المشروعات المختلفة، أي تأسيس شركات أو الدخول شركاء في شركات لتحقيق عدد من الأهداف الاقتصادية المختلفة"[1].

إن أهم ما ورد في هذا التعريف هو أن الاستثمار الأجنبي المباشر يتجسد بامتلاك المستثمر الأجنبي للمشروعات المقامة ملكية كاملة (100%)، أو مشتركة(نسبة معينة)، يسعى من وراء ذلك إلى تحقيق جملة من الأهداف الاقتصادية.

وحسب الدكتور **عبد السلام أبو قحف** فإنه: " ينطوي على تملك المستثمر الأجنبي لجزء من أو كل الاستثمارات في المشروع، هذا بالإضافة إلى قيامه بالمشاركة في إدارة المشروع مع المستثمر الوطني في حالة الاستثمار المشترك، وسيطرته الكاملة على الإدارة والتنظيم في حالة ملكيته المطلقة لمشروع الاستثمار، فضلا عن قيام المستثمر بتحويل كمية من الموارد المالية والتكنولوجية والخبرة الفنية في جميع المجالات إلى الدول المضيفة "[2].

---

(1) فريد النجار، مرجع سبق ذكره، ص 24.

(2) عبد السلام أبو قحف، " اقتصاديات الأعمال والاستثمار الدولي"، دار الجامعية الجديدة للنشر، الإسكندرية، 2003، ص 266-267.

إلى جانب تأكيد هذا التعريف على ما ورد في التعريف السابق، فقد أضاف خاصية أخرى، تتمثل في تمتع الطرف الأجنبي بحق المشاركة في الإدارة والتنظيم واتخاذ القرارات الفعلية في حالة الاستثمار المشترك، واستقلاله التام بالإدارة والتنظيم في حالة ملكيته المطلقة للمشروع، إضافة إلى أن الاستثمار الأجنبي المباشر لا يتضمن فقط تحويل رأس المال، بل يتضمن كذلك تحويل التكنولوجيا، والخبرة الفنية.

1-2- تعاريف الاقتصاديون الأجانب:

يرى Bertnard Raymond على أنه" وسيلة تحويل الموارد الحقيقية و رؤوس الأموال من دولة إلى أخرى خاصة في الحالة الابتدائية عند إنشاء المؤسسة". كما يرى Bernard Hurgenier على أنه" قيام مؤسسة بإنشاء فرع لها في الخارج، أو زيادة رأس مال هذا الأخير (توسيعه)، أو المشاركة في إنشاء مؤسسة جديدة، أو المساهمة في مؤسسة قائمة، شرط أن يكون للطرف الأجنبي تأثير حقيقي في تسيير هذه المؤسسة "[1].

أكد التعريف الأول على أن الاستثمار الأجنبي المباشر هو حزمة من الأصول (التكنولوجيا ورأس المال، والمعارف المختلفة)، أما التعريف الثاني فقد بين أن الاستثمار الأجنبي المباشر يشمل على الاستثمارات المملوكة بالكامل للمستثمر الأجنبي كإنشاء فرع في الخارج، أو توسع الفرع المقام منذ مدة، كإعادة استثمار الأرباح مثلا، والاستثمارات المشتركة مثل المشاركة في مؤسسة جديدة، والمساهمة في المؤسسات القائمة، وكل هذه الأشكال تُمكِن الطرف الأجنبي من المساهمة الفعلية في التسيير واتخاذ مختلف القرارات.

---

(1) شعيب شنوف، مداخلة بعنوان: "الاستثمار الأجنبي... هل يدعم اقتصاديات الدول النامية أم يضعفها؟ "، الملتقى العلمي الدولي:الاستثمار الأجنبي المباشر ومهارات الأداء الاقتصادي، جامعة بومرداس(الجزائر)، 22-23 أكتوبر 2007، ص12.

3-1 تعاريف الهيآت والمنظمات الدولية:

حسب **البنك الدولي** فإن الاستثمار الأجنبي المباشر هو: " القصد في امتلاك أصل من الأصول لعدد من السنوات مع وجود القدرة على ممارسة تأثير في تسيير هذا الأصل"[1].

أما **صندوق النقد الدولي**، فقد اعتبر الاستثمار الأجنبي المباشر نوعا من الاستثمارات الدولية، وهو يعكس سعي كيان (عون اقتصادي) في اقتصاد ما إلى الحصول على مصلحة دائمة بمؤسسة مقيمة في اقتصاد آخر، وتنطوي هذه المصلحة على وجود علاقة طويلة الأجل بين المستثمر الأجنبي وهذه المؤسسة، إضافة إلى تمتعه (المستثمر الأجنبي) بدرجة كبيرة من النفوذ في إدارتها وتسييرها"[2] .

إضافة إلى تأكيد هذين التعريفين على تمتع الطرف الأجنبي بالنفوذ في إدارة مشاريع الاستثمار الأجنبي المباشر، فقد أضافا خاصية أخرى، تتمثل في أن ارتباط المستثمر الأجنبي بهذه المشاريع يكون لفترة طويلة، لذلك يتم تسجيل تدفقات الاستثمار الأجنبي المباشر في ميزان المدفوعات في حساب رأس المال طويل الأجل، وهذا ما يفسر اشتمال الاستثمار المباشر (إلى جانب رأس المال) على التكنولوجيا، والخبرات المختلفة، فهو حزمة من الأصول، يتضمن وقتا طويلا، وجهدا أكبر للحصول على الأرباح.

أما بالنسبة **لمنظمة التعاون والتنمية الاقتصادية OCDE** فإنها تتبنى تعريفين للاستثمار الأجنبي المباشر؛ الأول، تعتبره حركة لرؤوس الأموال الدولية، وهو ذلك الاستثمار القائم على نظرة تحقيق علاقات تعطي إمكانية تطبيق فعلي على تسيير المؤسسة بواسطة:

---

(1) Wilson, N et J, Cacho, relation entre l'investissement direct étranger, les échanges et la politique commerciale, document de travail de l'OCDE sur la politique commerciale, n50, édition: OCDE, 2007, p63.

(2) عبد المجيد قدي، " المدخل إلى السياسات الاقتصادية الكلية"، ديوان المطبوعات الجامعية، الجزائر، 2003، ص 251.

− إنشاء أو توسيع مؤسسة، أو فروع...

− المساهمة في مؤسسة جديدة أو قائمة من قبل(امتلاك نسبة لا تقل عن 10% من رأسمالها).

− إقراض طويل المدى (أكثر من خمس سنوات).

أما التعريف الثاني، فإنه يقوم على أهداف إحصائية، لأن عملية قياس حركة الاستثمارات الأجنبية المباشرة لا يمكن أن تتم دون توحيد التعاريف المستعملة من طرف الدول المستثمرة والدول المضيفة، لذلك فإن المنظمة قامت بعدة إجراءات للوصول إلى وضع تعريف واحد ومرجعي للدول الأعضاء.

ويتمثل في كل شخص طبيعي، كل مؤسسة عامة أو خاصة، كل حكومة، كل مجموعة من الأشخاص الطبيعيين الذين لهم علاقة تربطهم ببعضهم البعض، كل مجموعة من المؤسسات لديها الشخصية المعنوية والمرتبطة فيما بينها تعتبر مستثمرا أجنبيا إذا كان لديها مؤسسة للاستثمار الأجنبي، ويعني كذلك كل فرع أو شركة تابعة تقوم بعمليات استثمارية في بلد غير بلد إقامة المستثمر الأجنبي[1].

لقد كانا هذان التعريفان أكثر توضيحا للاستثمار الأجنبي المباشر، لتحديدهما للطبيعة القانونية للمستثمر الأجنبي (والذي تتعدد لتشمل على مؤسسة عمومية أو خاصة، حكومة، شخص طبيعي...)، إضافة إلى أن مساهمة المستثمر الأجنبي في المشاريع المشتركة يجب أن لا تقل عن 10% لكي يعتبر الاستثمار مباشرا، واعتبار القروض الطويلة الأجل التي يتحصل عليها الفرع من الشركة الأم استثمارا مباشرا، وفي كل الحالات يتمتع الطرف الأجنبي بالقدرة على التنظيم والإدارة.

2- التمييز بين الاستثمار الأجنبي المباشر والاستثمار الأجنبي غير المباشر

يتمثل الاستثمار الأجنبي غير المباشر في استثمارات المحفظة (investissements de portefeuille) وهي شراء الأجانب للقيم المنقولة الصادرة في

---

[1] OCDE, dèffinitions des referances detaillè des investissements internationaux, Paris, 1983, P14.

الأسواق المالية للدول المضيفة، من كالأسهم والسندات، يسعى من خلالها المستثمر الأجنبي إلى تحقيق أرباح سريعة، من دون توظيف رؤوس أموال ضخمة(في الغالب)، ودون تكريس وقت وجهد لتجسيد مشروع استثماري حقيقي، يرتبط به لأجل طويل، بمعنى أنه استثمار قصير الأجل، الغرض منه المضاربة، ولا يعطي للمستثمر الأجنبي الحق في ممارسة أي نوع من الرقابة أو المشاركة في تنظيم وإدارة المشروع الاستثماري.

يفهم بمقارنة تعريف الاستثمار الأجنبي غير المباشر والتعاريف السابقة للاستثمار الأجنبي المباشر، أنه في الاستثمار غير المباشر يتضمن تحويلا لرأس المال فقط، خلاف الاستثمار المباشر الذي هو حزمة من الأصول(يشتمل في الغالي على رأس المال، التكنولوجيا والخبرات الإدارية والتنظيمية)، والاستثمار المباشر طويل الأجل يحقق للمستثمر الأجنبي روابط دائمة مع استثماره في الخارج، عكس الاستثمار غير المباشر فهو قصير الأجل الغرض منه تحقيق أرباح سريعة، كما يتجسد الاستثمار المباشر في مشاريع حقيقية في مختلف القطاعات الاقتصادية في حين لا يخرج الاستثمار الغير مباشر عن نطاق السوق المالية في شكل توظيفات مالية، و في الاستثمار المباشر تعطى كل الصلاحيات للمستثمر الأجنبي في المشروع أي السلطة المطلقة في الإدارة والتنظيم واتخاذ القرارات الفعلية، على عكس الاستثمار الأجنبي غير المباشر، لكن هناك بعض الحالات أين يفقد فيها هذا المعيار الأخير القدرة على التمييز، فشراء مستثمر أجنبي لكل أسهم شركة محلية تعتبر استثمارا غير مباشر، لكنها تتيح له المساهمة في الإدارة الفعلية لهذه الشركة، فتتحول بذلك إلى استثمار مباشر.

لذلك فإن حدود التفرقة بين الاستثمار الأجنبي المباشر وغير المباشر تكون على أساس ما يعرف بمعيار الإشراف والرقابة، وهو الحد الأدنى من رأس المال الواجب على المستثمر الأجنبي امتلاكه عند مساهمته في المشروع الاستثماري، والذي على أساسه تمنح له السلطة الكافية للإشراف والمراقبة لمختلف القرارات الفعلية التي يتم

اتخاذها، وبالتالي يكون مسئولا عن الأرباح والخسائر، وبها يتحدد نوع الاستثمار مباشرا كان أم غير مباشر، وتختلف هذه النسبة من بلد لآخر، ففي ألمانيا إذا زادت مساهمة المستثمر الأجنبي عن 25٪ أُعتبر الاستثمار مباشرا، في حين تقدر في بريطانيا بـ20٪، وهي نفس النسبة المعتمدة في فرنسا إلى غاية 1992/12/31 قبل أن تعتمد على نسبة 10٪، وهي النسبة المعتمدة من طرف الولايات المتحدة الأمريكية **ومنظمة التعاون والتنمية الاقتصادية، وصندوق النقد الدولي**[1].

ثانيا: أشكال الاستثمار الأجنبي المباشر

يأخذ الاستثمار الأجنبي المباشر عددا من الأشكال، وللتمييز بينها نستعمل عددا من المعايير، كما يلي:

1- حسب معيار الغرض الذي يسعى إليه المستثمر الأجنبي

نميز حسب هذا المعيار الأشكال التالية:

1-1 الاستثمار الباحث عن الثروات الطبيعية:

تسعى العديد من الشركات متعددة الجنسية إلى استغلال الموارد الطبيعية والمواد الخام الموجودة لدى الدول النامية وخاصة في مجالات البترول والغاز، ويشجع هذا النوع من الاستثمار زيادة الصادرات من المواد الأولية وزيادة الواردات من مدخلات الإنتاج الوسيطية والمواد الاستهلاكية[2]. وتسعى الدول النامية من خلال هذا النوع من الاستثمار إلى استغلال ثرواتها الطبيعية والاستفادة من تكنولوجيا النفط المتاحة في الدول المتقدمة، في حين تسعى هذه الأخيرة إلى السيطرة على مصادر الطاقة ومدخلات الإنتاج، وضمان الإمدادات إلى الدولة الأم.

---

(1) Khouri Nabil, les determinants de livestissement direct etranger, cas de quelques pays tiers mediteraneens, these magistere, Alger, 2002, P1011.

(2) المؤسسة العربية لضمان الاستثمار، "ضمان الاستثمار"، السنة 25، العدد الفصلي 4، ديسمبر 2007، ص12.

2-1 الاستثمار الباحث عن الأسواق:

ساد هذا النوع من الاستثمار في قطاع الصناعات التحويلية في الدول النامية خلال الستينات والسبعينات أثناء تطبيق سياسة إحلال الواردات، يهدف إلى تجاوز القيود المفروضة في البلد المضيف على الواردات، وتفادي تكلفة النقل المرتفعة إلى الدول المضيفة مما يجعل الاستثمار فيها أكثر جدوى من التصدير إليها، ومن شأن هذا النوع من الاستثمار أن يساهم في ارتفاع معدلات النمو في الدول المضيفة عن طريق زيادة تراكم رأس المال فيها، كما أن له آثارا توسعية على التجارة في مجالي الإنتاج والاستهلاك، من خلال زيادة صادرات الدولة المضيفة وزيادة وارداتها من مدخلات الإنتاج والسلع الواردة إليها من الدول المصدرة للاستثمار[1].

3-1 الاستثمار الباحث عن الكفاءة في الأداء:

يهدف المستثمر الأجنبي من ورائه إلى الاستفادة من الفوارق النسبية في تكاليف الإنتاج بين الدول، منها تكلفة العمل، فقد دفع ارتفاع مستويات الأجور في الدول الصناعية بعض شركاتها إلى الاستثمار في العديد من الدول النامية[2]. ويعتبر عامل انخفاض تكاليف العمالة حافزا قويا لتدفق الاستثمار الأجنبي المباشر إلى العديد من الدول المضيفة خاصة إذا كانت هذه العمالة مدربة وماهرة.

4-1 الاستثمار الباحث عن أصول إستراتيجية:

يرتبط بعمليات الاندماج والتملك التي تتم عبر الحدود في مختلف الصناعات والأنشطة، يهدف من ورائها المستثمر الأجنبي إلى تعزيز مكانته العالمية، عن طريق حصوله على الخبرات العلمية والعملية والتقنية للشركات التي يتم شراؤها وقدراتها المختلفة[3].

---

(1) محمد صالح القريشي، "المالية الدولية"، الوراق للنشر والتوزيع، الطبعة الأولى، 2008، ص170.

(2) المؤسسة العربية لضمان الاستثمار، "الاستثمار الأجنبي المباشر والتنمية"، سلسلة الخلاصات المركزة، 1999، الكويت، ص5.

(3) المؤسسة العربية لضمان الاستثمار، "ضمان الاستثمار"، مرجع سبق ذكره، ص12.

2- حسب معيار الملكية

نميز حسب هذا المعيار الأشكال التالية:

2-1 الاستثمار المشترك:

هو الاستثمار الذي يشترك فيه طرفين أو أكثر من دولتين أو أكثر، ويأخذ طرفي (أطراف) الاستثمار مختلف الأشكال القانونية (فرد، شركة خاصة، شركة عامة، حكومة)، وقد نشأ هذا النوع من الاستثمار كرد فعل للنزعة الوطنية والاستقلالية التي سادت في الدول النامية بعد حصولها على الاستقلال[1]، وينطوي هذا النوع من الاستثمار على الجوانب التالية[2]:

− شراء جهة أجنبية حصة من شركة محلية، وهو ما يؤدي إلى تحويلها إلى مشروع مشترك.

- مشاركة جهة محلية في شركة أجنبية تعمل داخل الاقتصاد المضيف بالشكل الذي يحولها إلى مشروع مشترك.

- تأميم حصة من الشركات الأجنبية التي تعمل داخل الاقتصاد المضيف.

- ليس بالضرورة أن تكون مساهمة المستثمر الأجنبي (أو المحلي) بحصة من رأس المال، إذ قد تكون من خلال تقديم الخبرة، والمعرفة، والعمل أو التكنولوجيا، أو قد تأخذ شكل المعلومات أو المعرفة التسويقية[3].

- الاتفاق طويل الأجل بين طرفين استثماريين أحدهما وطني والآخر أجنبي.

وفي كل هذه الحالات، يتمتع كل طرف بسلطة كافية للإشراف والرقابة، والمشاركة في اتخاذ كل القرارات الفعلية.

---

[1] منور أوسرير وعليان نذير، "حوافز الاستثمار الخاص المباشر"، مجلة اقتصاديات شمال إفريقيا، ديوان المطبوعات الجامعية، الجزائر، العدد02، ماي2005، ص100-101.

[2] فليح حسن خلف، "التمويل الدولي"، الوراق للتوزيع والنشر، عمان، 2004، ص 188.

[3] عبد السلام أبو قحف، "الأشكال والسياسات المختلفة للاستثمارات الأجنبية"، مؤسسة شباب الجامعة، إسكندرية، 2003، ص16.

ويعتبر الاستثمار المشترك من أكثر أشكال الاستثمار الأجنبي المباشر قبولا في معظم الدول المضيفة خصوصا النامية لأنه يحقق لها المزايا التالية:

- يسمح إشراك الشركات الأجنبية ذات الخبرة العالية عند إقامة مشاريع التنمية الجديدة على إدارتها بصورة ناجحة، إضافة إلى تخفيف وتوزيع المخاطر بين الأطراف المشاركة[1]، فضلا عن تخفيف الأعباء المالية التي يتحملها الاقتصاد المضيف والحصول على المعارف المختلفة نتيجة هذه المشاركة.

- تساعد المشروعات المشتركة على تصريف الإنتاج بدرجة أكبر من خلال الافتراض بأن الشريك الأجنبي تتوفر لديه إمكانية أكبر لتحقيق ذلك في الأسواق الخارجية[2].

- تجنب احتكار الطرف الأجنبي لأسواق الدول المضيفة، وبالتالي تحقيق درجة أكبر من الاستقلالية خاصة إذا كانت المشاركة المحلية في الإدارة فعالة.

ويتوقف تحقيق المزايا سالفة الذكر على إمكانيات الاقتصاد المضيف، كقدرته على توفير القدرات الفنية، والإدارية التي تشارك المستثمر الأجنبي في رسم السياسات الاستثمارية للمشروع[3]، ومستوى قدراته المالية، فانخفاضها يؤدي ذلك إلى صغر حجم المشاريع المشتركة، الأمر الذي ينشأ عنه تقليل إسهاماتها في تحقيق أهداف الدول المضيفة المتعلقة بزيادة فرص التوظيف، والتحديث التكنولوجي، وإشباع حاجة السوق المحلي من المنتجات، وتدفق العملات الأجنبية[4]. إضافة إلى سياسات الطرف الأجنبي الذي قد يسعى إلى عدم إمداد الدول المضيفة بالمعارف الفنية والإدارية نتيجة عدم إشراك العمالة المحلية في المناصب التي تستخدمها، كما قد لا يسهم في التحديث التكنولوجي نتيجة تحويل تكنولوجيا متقادمة لم تعد منافسة.

---

(4) ميثم صاحب عجام، علي محمود سعود،" فخ المديونية الخارجية للدول النامية"، دار الكندي للنشر والتوزيع، 2006، ص 69.

(5) فليح حسن خلف، مرجع سبق ذكره، ص190.

(3) عبد العزيز عبد الله عبد،" الاستثمار الأجنبي المباشر في الدول الإسلامية في ضوء الاقتصاد الإسلامي"، دار النفائس، بيروت، 2005 ، ص40.

(4) عبد السلام أبو قحف، " اقتصاديات الأعمال والاستثمار الدولي"، مرجع سبق ذكره، ص484.

2-2 الاستثمارات المملوكة بالكامل للمستثمر الأجنبي:

على عكس مشاريع الاستثمار المشترك، فإن المشاريع المملوكة بالكامل للمستثمر الأجنبي تتيح له الانفراد والاستقلال بقرارات التسيير والإدارة عن أي طرف في الدول المضيفة، ويتجسد هذا النوع من الاستثمارات الأجنبية المباشرة بإنشاء فروع جديدة للشركات متعددة الجنسيات، أو بشراء شركات محلية بالكامل في الدول المضيفة، ويعتبر من الأشكال المفضلة للمستثمرين الأجانب، في حين يقابله تردد بل ورفض بعض الدول المضيفة، خوفا من التبعية السياسية والاقتصادية الناتجة عن احتكار الشركات متعددة الجنسيات لأسواقها.

لكن الدلائل العلمية تشير إلى انتشار هذا النوع من الاستثمارات في الدول النامية واستخدامه كوسيلة لجذب المزيد من الاستثمارات الأجنبية، إذ لهذا النوع من الاستثمار مزايا متعددة، حيث تميل مثل هذه المشروعات إلى الكبر والضخامة في الحجم، وبالتالي المساهمة الفعالة في إشباع حاجة السوق المحلي وإيجاد فائض للتصدير، مما يترتب عليه تحسن رصيد ميزان المدفوعات، والمساهمة في التحديث التكنولوجي على نطاق كبير وفعال في بعض فروع الاقتصاد المرتبطة بهذه الاستثمارات، وخلق فرص عمل مباشرة وغير المباشرة[1]، ويمكن للدول النامية أن تعمل على تعظيم هذه المزايا والتقليل من المخاطر المتعلقة بالاحتكار والتبعية الاقتصادية والسياسية، بوضع عدد من الضوابط والنظم، التي تعمل على توجيه وتخطيط وتنظيم هذا النوع من الاستثمارات وفقا لأولوياتها.

ويضيف بعض الاقتصاديين أمثال **الدكتور عبد السلام أبو قحف** أشكالا أخرى لم تدرج تحت معيار محدد، وتتمثل في:

---

[2] محمد صقر، سمير شرف، رولا غازي إسماعيل، "الاستثمارات الأجنبية المباشرة ودورها في تنمية الاقتصاديات النامية"، مجلة جامعة تشرين للدراسات والبحوث العلمية، المجلد 28، العدد03، 2006، ص159-160.

أ- مشروعات أو عمليات التجميع[1]:

تأخذ شكل اتفاقية بين الطرف الأجنبي و الطرف الوطني، يقوم بموجبها الطرف الأول بتزويد الطرف الثاني بمكونات منتج معين لتجميعه ليصبح منتجا نهائيا، كما يقدم له الخبرة و المعرفة الخاصة بالتصميم الداخلي للمصنع، وعمليات التشغيل والتخزين والصيانة...الخ، والتجهيزات الرأسمالية في مقابل عائد مادي متفق عليه. وقد تأخذ مشروعات التجميع شكل الاستثمار المشترك أو شكل التملك الكامل للمشروع للطرف الأجنبي، مع التأكيد على المشاركة الفعلية للمستثمر الأجنبي في إدارة المشروع وتسييره(فإذا لم يتضمن أي مشاركة للطرف الأجنبي في الإدارة والتسيير يصبح كأحد أشكال الاستثمار الأجنبي غير المباشر في مجال الإنتاج).

ب- الاستثمار في المناطق الحرة:

يمكن أن تعرف على أنها عبارة عن مساحة جغرافية من إقليم الدولة المضيفة، تخضع لسيادتها الكاملة، ويتم تحديدها على المنافذ البرية أو البحرية للدولة أو بجوارها، أو في أقاليم أخرى من الدولة، وتعزل عن بقية أجزائها، أي يجرى تنظيم الأنشطة الاستثمارية فيها بقواعد قانونية واقتصادية خاصة[2].

وبشكل عام تتشابه الأهداف المرجوة من إنشاء المنطق الحرة، والتي من أهمها:

- جذب الاستثمارات الأجنبية المباشرة والاستفادة من المزايا التي تتيحها، ويعتبر من أهم الأهداف التي تسعى الدول إلى تحقيقها من خلالها، ولهذا تتنافس الدول في تقديم التسهيلات المختلفة للشركات المستثمرة في هذه المناطق[3].

---

(3) حسين عبد المطلب الأسرج، "سياسات تنمية الاستثمار الأجنبي المباشر في الدول العربية"، سلسلة رسائل البنك الصناعي، الكويت، ديسمبر 2005، ص27 .

(2) محمد علي عوض الحرازي، "الدور الاقتصادي للمناطق الحرة في جذب الاستثمارات"، منشورات الحلبي الحقوقية، بيروت، 2007، ص28.

(3) عدنان سليمان،" اقتصاديات المناطق الحرة"، المؤسسة العامة للمناطق الحرة، دمشق، تموز 2004، ص94.

- تستخدم هذه المناطق كأداة تساعد في دمج الاقتصاد الوطني في منظومة الاقتصاد العالمي، وبالتالي مواكبة مختلف التطورات[1].

- توفير فرص عمل تساهم بشكل مباشر أو غير مباشر في توظيف الأيدي العاملة الوطنية وتكسبها المهارات الفنية التي يمكن نقلها إلى قطاعات خارج المناطق الحرة[2].

- تعزيز الروابط الأمامية للاقتصاد المحلي من خلال قيام صناعات تصديرية تعمل على تنمية الصادرات وزيادة الطاقة الإنتاجية لها، كما تعزز الروابط الخلفية له من خلال استخدام مستلزمات الإنتاج من المواد الخام، والمياه، والكهرباء[3].

ثالثا: تطور وتوجه الاستثمار الأجنبي المباشر عالميا

لقد مر الاستثمار الأجنبي المباشر بمراحل تاريخية مختلفة ومتفاوتة في ظروفها السياسية والاقتصادية، مما أثر في حجمه وهيكله وتوجهاته، ويمكن إيجازها فيما يلي:

1- مرحلة ازدهار الاستثمار الأجنبي (السيادة الأوربية) خلال الفترة (1800-1914)

ظهر الاستثمار الدولي في مهده الأول على يد الفينيقيين الذين فكروا في إقامة نشاطات استثمارية في أماكن بعيدة عن محل إقامتهم، ومع الاكتشافات الجغرافية والتوسع الأوروبي في أواخر القرنين 15 و16م برزت قوة رأس المال التجاري وهيمنته، فظهرت استثمارات خارج أوروبا عن طريق شركاتها الاستثمارية[4].

---

[1] محمد علي عوض الحرازي، مرجع سبق ذكره، ص42.

[2] عدنان سليمان، " المناطق الحرة المشتركة ودورها في تعزيز العمل الإقليمي المشترك"، المؤسسة العامة للمناطق الحرة، دمشق، تموز 2004، ص59.

[3] محمد علي عوض الرازي، مرجع سبق ذكره، ص43.

[4] بجاوي محمد، " من أجل نظام اقتصادي دولي جديد"، ترجمة جمال موسى وبن عامر الصغير، الشركة الوطنية للنشر والتوزيع، الجزائر، 1980، ص42.

وقبل الحرب العالمية الأولى تركزت الحركات الدولية لرؤوس الأموال في عدد صغير من الدول (بريطانيا وفرنسا وألمانيا)، فبريطانيا التي عرفت قيام الثورة الصناعية تمكنت من تعظيم حصتها من التجارة والاستثمارات الدولية، أما فرنسا فقد استثمرت أموالها في الخارج وقامت بإقراض كل من روسيا والإمبراطورية العثمانية، كما وجهت ألمانيا استثماراتها نحو أمريكا الجنوبية، وبلغت حصة هذه البلدان من الاستثمارات الأجنبية في عام 1900 كما يلي: بريطانيا11,1 مليار دولار، فرنسا 5,6 مليار دولار، وألمانيا 3,4 مليار دولار[1].

لقد سادت ظروف سياسية واقتصادية مناسبة بشكل كبير لتدفق الاستثمارات المباشرة، منها ثبات قيمة العملات بالنسبة للذهب، وسهولة تحويلها، مما سهل التجارة وحركة رؤوس الأموال، وانتشار الأفكار الرأسمالية التي شجعت المبادرة الفردية وكرست الربح والفائدة، والخضوع لقرارات السوق، كما أدت الثورة الصناعية إلى منح الشركات الأوربية المستوى والقدرات اللازمة للاستثمار في الخارج، لذلك ظهرت السياسات التوسعية الاستعمارية الأوربية لاستغلال المواد الأولية والفرص الاستثمارية في المستعمرات، هذا ما انعكس ولمدة طويلة في سيادة الشك والتخوف من الاستثمار الأجنبي المباشر، واعتباره وسيلة للنهب وتكريس التبعية.

وعموما تميز الاستثمار الدولي في هذه الفترة بـ :

— الاتجاه الأساسي له كان من الدول الرأسمالية إلى المستعمرات لذلك تميز بالطابع الاستعماري.

— الاتجاه إلى قطاع المواد الأولية، مما أدى إلى نشوء نوع من التخصص والتقسيم الدولي للعمل.

2- مرحلة تراجع أوروبا (1914-1945)

أدى قيام الحرب العالمية الأولى إلى تراجع حركة الاستثمارات الأجنبية المباشرة نظرا لتراجع النشاط الاستثماري الخارجي لأوربا التي قامت بتجنيد

(1) Bonnin bernard, l'entreprise multinationale et l'état, Ed: étude vivante, 1984, Paris, p40–41.

إمكاناتها لإعادة بناء ما دمرته الحرب العالمية الأولى، لذلك قامت بتصفية العديد من استثماراتها الخارجية، مع الإبقاء على مساهماتها في الشركات البترولية، ومناجم الذهب، وقد جاءت أزمة 1929 لتدعم هذا التوجه نتيجة ظروف الكساد وانكماش التجارة الخارجية.

دفعت هذه الأحداث بالاستثمار الأجنبي المباشر إلى التقهقر والتراجع، لتصل قيمته التراكمية إلى حوالي 1 مليار دولار سنة 1938[1]، إضافة إلى إعادة تموضع مراكز تصدير الاستثمارات المباشرة كما يتضح من الجدول رقم (01).

الجدول رقم (1): تطور مراكز الدول في مخزون الاستثمار الأجنبي المباشر الوارد والصادر بين عامي 1916 و1938.

الدول المصدرة %	1916	1938	الدول المضيفة %	1916	1938
الدول المتقدمة، منها:	100	100	الدول المتقدمة، منها:	37.2	34.3
و.م.أ	18.5	27.7	و.م.أ	10.3	7.6
كندا	1.1	2.7	كندا	5.7	9.6
بريطانيا	45.5	39.8	بريطانيا	1.6	2.9
فرنسا	12.2	9.5	الإتحاد السوفياتي	7.1	-
ألمانيا	10.5	1.3	أستراليا	3.2	8
الإتحاد السوفياتي	2.1	1.7	اليابان	0.2	0.6
اليابان	0.1	2.8	الدول النامية، منها:	62.8	65.7
أخرى	10	14.5	أمريكا اللاتينية	32.7	30.8
الدول النامية	00	00	إفريقيا	6.4	7.4
			آسيا	20.9	25

Source: Ramdane Djoudad, Analyse de l'investissement internationale: évolution réelle, explications théoriques et approches économétriques, le cas de la Communauté Economique Européenne, Thèse doctorat, Université de Montréal, décembre 1985, p11-13

(1) جيل برتان، "الاستثمار الدولي"، ترجمة علي مقلد، وعلي زيعور، مكتبة الفكر الجامعي، منشورات عويدات، الطبعة الأولى، لبنان، 1970، ص21.

من خلال الجدول رقم (1)، فقد تمركز مخزون الاستثمارات الأجنبية المباشرة الصادرة في الدول المتقدمة المُستَعمِرة، إذ استطاعت بريطانيا أن تحافظ على مركز الريادة من خلال تسجيل مساهمتها في حجم المخزون العالمي بـ45,5% سنة 1916 و39,8% سنة 1938، في حين تقهقرت مكانة فرنسا وخصوصا ألمانيا لصالح الولايات المتحدة التي احتلت المرتبة الثانية من خلال تسجيل معدل 18,5% سنة 1916، ليرتفع إلى 27,7% سنة 1938.

أما من جانب مخزون الاستثمارات الأجنبية المباشرة الواردة، فقد تركز أساسا في الأقاليم الأساسية المشكلة للدول النامية المستعمَرة(أمريكا اللاتينية، وآسيا، وإفريقيا) بنسبة 62.8، و65.7% بين عامي 1916 و1938 على الترتيب، إضافة إلى دول متقدمة أخرى خصوصا الولايات المتحدة الأمريكية، وكندا، وأستراليا.

لقد استمرت الولايات المتحدة الأمريكية في تدعيم مكانتها كمُصدِر للاستثمارات المباشرة على حساب الدول الأوربية التي تدهورت أوضاعها المالية والاقتصادية من جراء الحرب العالمية الثانية، ففي عام 1945، بلغت استثماراتها الخارجية نسبة 59,1% من إجمالي الاستثمارات العالمية، تليها بريطانيا، وفرنسا، وألمانيا بـ24,5%، و4,7%، و1,1% على الترتيب، والباقي لدول العالم الأخرى[1]، وقد انصب اهتمام الاستثمار الأجنبي على استغلال المواد الأولية، وبناء السكك الحديدة(الهياكل القاعدية).

3- مرحلة ما بعد الحرب العالمية الثانية إلى النصف الأول من الثمانينات (السيادة الأمريكية)

استفادت الولايات المتحدة الأمريكية من حالة الدول الأوربية التي خرجت من الحرب العالمية الثانية منهارة وضعيفة وعاجزة عن تجسيد استثمارات خارجية، فبدأت تشرع في تجسيد إستراتيجية لتدعيم المبادئ الرأسمالية في العالم لمواجهة

---

[1] رمزي زكي، "الاحتياطات الدولية والأزمة الاقتصادية في الدول النامية مع إشارة خاصة عن الاقتصاد المصري". الطبعة الأولى، دار المستقبل العربي للنشر، مصر، 1994، ص60.

توسع المعسكر الشرقي، وكان ذلك بعدة وسائل منها تأسيس نظام اقتصادي دولي بعد قرارات مؤتمر بريتون وودز في عام 1944، إضافة إلى المساعدات المقدمة للدول الأوربية في إطار مشروع مارشال، لإدماجها في صفها وإيقاف المد الشيوعي، ومختلف مشاريع الاستثمار الأجنبي المباشر التي فتحت العديد من الأسواق الخارجية أمام شركاتها لضمان الإمدادات من المواد الأولية، وتصريف منتجاتها، كل هذه العوامل ساهمت في تنشيط حركة رؤوس الأموال الدولية، والنشاطات التوسعية مع بداية هذه الفترة.

لكن مع نهاية الخمسينات وبداية الستينات، وكنتيجة لإتباع العديد من الدول النامية بعد حصولها على استقلالها السياسي لاستراتيجيات تنموية مستندة إلى الاقتصاد الموجه، وبتركيزها على تنمية صناعاتها المحلية، فقد ساد التخوف من الآثار السلبية المحتملة للاستثمار الأجنبي المباشر كخلق التبعية الاقتصادية، والتدخل السياسي، وإضعاف شركات القطاع العام[1]، وما يؤكد ذلك هو قيام العديد من الدول الحديثة الاستقلال بتصفية وتأميم العديد من الشركات الأجنبية، كل هذه العوامل أدت إلى تراجع الاستثمار الأجنبي خلال هذه الفترة.

وفي منتصف السبعينات احتلت القروض الخارجية مكانة بارزة في هيكل التمويل الدولي، فقد أدى ارتفاع أسعار النفط في عام 1973 إلى تراكم العوائد النفطية لدى الدول المصدرة للنفط، وأخذت هذه العوائد طريقها للإيداع في المصارف الأجنبية، الأمر الذي دفع هذه المصارف إلى توسيع قروضها للدول النامية[2]، وأصبحت هذه الأخيرة أقل اهتماما بجذب الاستثمار الأجنبي المباشر، وقد استمر هذا التراجع حتى نهاية النصف الأول من عقد الثمانينات.

---

[1] حسان خضر، "الاستثمار الأجنبي المباشر – تعاريف وقضايا-"، جسر التنمية، المعهد العربي للتخطيط بالكويت، العدد33، سبتمبر 2004، السنة الثالثة، ص3.

[2] هيل عجمي جميل، " الاستثمار الأجنبي المباشر الخاص في الدول النامية – الحجم والاتجاه والمستقبل-"، دراسات إستراتيجية، العدد 32، مركز الإمارات للدراسات والبحوث العربية، أبو ظبي، 1999، ص14-15.

4- مرحلة النصف الثاني من الثمانينات إلى غاية 2010 (اتساع دائرة التدويل)

لقد تزايدت أهمية الاستثمار الأجنبي المباشر خلال هذه الفترة، وأصبح من الدعائم الأساسية للمنافسة الدولية، فقد عرفت أغلب الدول الصناعية بدء من عام 1985 نموا كبيرا لهذه الظاهرة[1]، وتعود هذه الأهمية التي اكتسبها الاستثمار الأجنبي المباشر إلى عدد من العوامل هي[2]:

- تبني أغلب الدول النامية برامج الإصلاح الاقتصادي والتي تضمنت تحرير حركة التجارة ورأس المال، وتبني برامج الخصخصة، كما ساعد التقدم التكنولوجي خاصة في مجال الاتصالات على سرعة انتقال المعلومات والإحصاءات، وبالتالي سرعة اتخاذ القرارات المتعلقة بالاستثمار في الدول المختلفة، فضلا عن أن هذا التقدم التكنولوجي سهل من عملية انتقال الأموال من بلد لآخر، وقلل من تكلفة نقلها.

- تفكك الاتحاد السوفياتي، والتحول الاقتصادي الذي اعتمدته دول أوروبا الشرقية، وما ترتب على ذلك من زيادة تدفق الاستثمار الأجنبي المباشر إليها.

- الزيادة الكبيرة في حاجة الدول إلى التمويل الخارجي في وقت تناقص فيه معدل الادخار على مستوى العالم، وتناقصت فيه أيضا مصادر التمويل الأخرى بالنسبة لكثير من الدول النامية، حيث انخفض معدل الادخار العالمي من 23,2% خلال الفترة (1974-1985)، إلى نحو21,2% خلال الفترة (1986-1997)، ثم واصل الانخفاض ليصل إلى 19% عام 2002، أضف لهذا انحسار حركة الإقراض الدولية بسبب أزمة المديونية في عام 1982، وتوقف العديد من الدول النامية عن دفع أعباء ديونها، واتجاهها (مثل الأرجنتين والبرازيل، والفلبين، والمكسيك) إلى عملية بيع ديونها للمستثمرين بأسعار مشجعة، وقد تراوحت النسبة التي تضمنها هذا البرنامج مابين 20% إلى 80% من إجمالي تدفقات الاستثمار الأجنبي المباشر إلى هذه الدول.

— التوسع الهائل الذي شهدته الشركات متعددة الجنسية، والتي لعبت الدور

(1) Henri bourguinat, finance internationale, Ed: Thémis, Paris, 1992, p116-117.

(2) حسين عبد المطلب الأسرج، مرجع سبق ذكره، ص32-33.

- الرئيسي في زيادة تدفقات الاستثمار الأجنبي المباشر، إذ لم تعد تنشط فقط في استغلال الموارد الطبيعية، بل توسعت نحو قطاع الخدمات، وقد أشار **تقرير الأنكتاد** لعام 2004 إلى وجود 61000 شركة متعددة الجنسية تحتوي على 900000 فرع خارجي، وتجسد ما قيمته 700 مليار دولار من تدفقات الاستثمار الأجنبي المباشر الواردة عالميا[1].

- زيادة عدد المعاهدات الثنائية الموقعة والمتعلقة بتشجيع الاستثمار الأجنبي المباشر وحمايته، ويظهر ذلك من خلال الشكل التالي:

الشكل رقم (1): تراكم عدد الاتفاقيات الثنائية المبرمة ما بين 1959 و2005

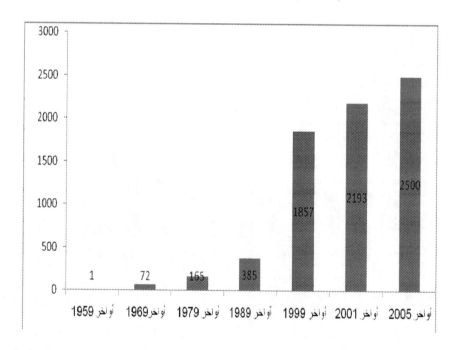

Source:- Unctad, Bilateral investment treaties (1959-1999), United Nation, New York and Geneva, 2000, p1.

-Unctad, Developments international agreements in 2005, IIA monitors, n 02, 2006, New York and Geneva,p3.

(1) Yves simon, Delphine lautier, finaince internationale, Ed: economica, 9ème edition, Paris, 2005, p779.

ويتبيّن من الشكل رقم (1)، أن الاتفاقيات الثنائية في تزايد مستمر خاصة في فترة التسعينات، لتصل في نهاية عام 2005 إلى 2500 اتفاقية، الأمر الذي يؤكد تسارع الكثير من الدول النامية خاصّة تلك التي كانت بالأمس القريب تبدي مواقف أكثر عداء للاستثمار الأجنبي المباشر إلى تشجيعه عبر إبرام الاتفاقيات الثنائية الخاصة بتشجيعه و حمايته.

- زيادة عدد الاتفاقيات الخاصة بتجنب الازدواج الضريبي، إذ يتضح من الشكل رقم (2) أنه كنتيجة لاستمرار إمضاء اتفاقيات سنوية ارتفعت الاتفاقيات المتراكمة لتصل إلى أكثر من 2500 اتفاقية في عام 2005.

الشكل رقم (2): تطور عدد الاتفاقيات السنوية والمتراكمة المتعلقة بتجنب الازدواج الضريبي للفترة (1995-2005)

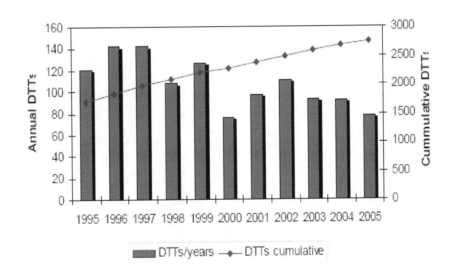

Source: Unctad, Developments international agreements in 2005, opcit, p6.

- زيادة التعديلات الخاصة بالنصوص التشريعية والتنظيمية المتعلقة بالاستثمار الأجنبي المباشر، إذ قدرت في عام 1995 بـ112 تعديل، 106 منها سار باتجاه تشجيع وحماية الاستثمار الأجنبي المباشر، وارتفعت إلى 242 تعديل سنة 2003، 218 منها مشجعة للاستثمار الأجنبي المباشر[1].

وقد أدت هذه العوامل مجتمعة إلى زيادة تدفقات الاستثمار الأجنبي المباشر، ويتضح ذلك جليا من خلال الجدول رقم (2).

---

[1] Yves simon, Delphine lautier, Opcit, p780.

الجدول رقم (2): تدفقات وتوجهات الاستثمار الأجنبي المباشر الوارد والصادر بالمليون دولار خلال الفترة (1986- 2010)

السنوات	(91-86)	1992	1993	1994	1995	1996	1997	1998	1999	2000	2001	2002	2003	2004	2005	2006	2007	2008	2009	2010
الوارد الإجمالي	159331	165881	223316	256000	342391	388555	486389	707584	1089597	1402680	826177	626874	572790	742386	982593	1461863	1970940	1744101	1185030	1243671
الدول المتقدمة	12583	111090	143424	150579	222484	236029	285380	508736	851828	1138040	601023	440688	396179	418806	619134	977888	1306818	965113	602835	601906
الولايات المتحدة الأمريكية	49088	19222	50663	45095	58772	84455	103398	174434	283376	314007	159461	74457	53146	135826	104773	237952	215952	306366	152892	228249
الاتحاد الأوربي	63186	78241	78901	82686	132003	125165	144092	283665	504671	698278	383991	309490	266870	222595	496075	581719	850528	487968	346531	304689
الدول النامية	29090	53127	76749	103376	115801	146655	190660	190737	229179	257617	215641	174920	183584	293147	332343	429459	573032	658002	510578	573568
جنوب، شرق وجنوب شرق آسيا	15135	29819	53860	66220	77617	90038	101621	91789	109776	145161	106756	95725	105778	153468	171337	216351	261041	284100	241534	299653
أمريكا اللاتينية و الكاريبي	9460	16162	15149	29004	29513	46269	73514	85573	104533	97680	80551	58582	45615	96423	78082	98459	169514	206733	140997	159171
إفريقيا	2869	3840	5443	6105	5655	6038	11033	9954	12598	10967	20894	16093	20418	21734	38160	46259	63132	73413	60167	55040
الدول العربية	2114	3875	3902	3556	2821	4929	6137	5094	4330	5897	9035	6631	14477	24047	45063	66880	76714	92983	68098	60667
الاقتصادات المتحولة	658	1664	3143	2045	4107	5871	10349	8110	8590	7023	9513	11266	20026	30433	31116	54516	91090	120986	71618	68197
الصادر الإجمالي	180510	202635	242554	286888	362746	396524	476160	688310	1088198	1232117	752660	537183	573792	930105	882132	1405389	2174803	1910509	1170525	1323337
الدول المتقدمة	169155	177913	202193	239039	306894	331416	398864	637994	1018915	1094728	667375	482784	516964	794623	745679	1154983	1829044	1541535	850975	935190
الولايات المتحدة الأمريكية	25784	42647	77247	73252	92074	84426	95769	131004	209391	142626	124873	134946	129352	294905	15369	224220	393518	308296	282686	328905

407251	370016	906199	1199325	690030	606515	376461	292652	265625	435368	813119	727902	420635	225441	183807	159154	120880	93920	103849	93652	الاتحاد الأوربي
56263	74699	128019	73548	50264	45781	30949	28799	32281	38333	31557	22745	24151	25994	23426	22630	18121	13913	17304	33095	اليابان
327564	270750	308891	294177	226683	122143	121353	46027	49740	82543	134194	66992	48905	73870	64161	55228	47529	39319	23156	11331	الدول النامية
231585	193191	178256	187513	128997	73599	83211	24806	34345	47881	80034	38762	30210	51422	51164	45358	39675	30324	17891	8315	جنوب، شرق وجنوب شرق آسيا
76273	45544	80580	61731	68129	33999	27984	21250	12136	36462	49723	24157	18211	18741	8395	7518	6172	7636	3550	1305	أمريكا اللاتينية و الكاريبي
6636	5627	9750	10719	6943	1968	2061	1262	7	3033-	1495	2605	1662	3559	1813	2976	1913	576	2386	1032	إفريقيا
14607	27303	46385	37618	21785	11650	7423	1694-	3114	675	2284	1153	1065-	301	2736	578-	155-	337	1032-	747	الدول العربية
60584	48802	60386	51581	23723	14310	14129	10802	4659	2742	3195	2291	1411	3426	947	624	320	1042	1566	25	الاقتصادات المتحولة

Source: Unctad, world investment report,1998 ,p 361 -370, & world investment report,2011, UNCTAD, FDI/TNC database

(www.unctad.org/fdistatistics

<u>تدفقات الاستثمار الأجنبي المباشر الواردة والصادرة وتوجهاتها الجغرافية:</u>

يتضح من خلال الجدول رقم (2) أن تدفقات الاستثمار الأجنبي المباشر الوارد قد عرفت نموا متسارعا، إذ ارتفعت من 159.3 مليار دولار كمتوسط سنوي للفترة (1986-1991) إلى أكثر من 1402.68 مليار دولار في عام 2000، وبدء من 2001 أخذت في الانخفاض المستمر لتصل في عام 2003 إلى 572.79 مليار دولار، ثم عاودت الارتفاع بدء من عام 2004 لتصل في نهاية عام 2007 إلى 1970.94 مليار دولار.

كما عرفت التدفقات الصادرة من الاستثمار الأجنبي المباشر زيادة مستمرة، إذ ارتفعت من 180.5 مليار دولار كمتوسط سنوي للفترة (1986-1991) إلى نحو 1232.1 مليار دولار في عام 2000، ثم عرفت انخفاضا حادا بدء من عام 2001، لتصل إلى 537.1 مليار دولار في عام 2002، وقد أخذت بالزيادة بدء من عام 2003 لتصل إلى أكثر من2174.8 مليار دولار في عام 2007.

ويعزى الانخفاض الحاد للفترة (2001-2003) إلى تراجع عمليات الاندماج و التملك و توجه الاقتصاد العالمي إلى التباطؤ و تراجع قيمة الأصول مع تراجع أسعار الأسهم في الأسواق المالية العالمية التي تشكل 65% من عمليات تمويل صفقات الاندماج والتملك (أنظر الشكل رقم (3))، والتأثيرات السلبية لأحداث 11سبتمبر2001 التي زادت من حالة عدم اليقين و التوتر في أوساط المستثمرين وتأثير حالة الترقب والحذر في اتخاذ القرار الاستثماري[1]، كل هذه العوامل دفعت بهذه التدفقات إلى التراجع والانخفاض.

---

[1] المؤسسة العربية لضمان الاستثمار، تقرير مناخ الاستثمار في الدول العربية لعام 2001، ص 13.

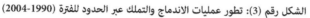

الشكل رقم (3): تطور عمليات الاندماج والتملك عبر الحدود للفترة (1990-2004)

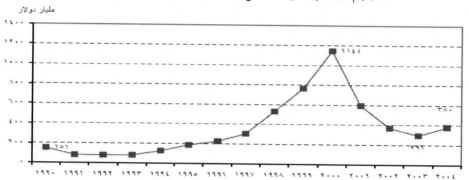

المصدر: ليلى جاد وآخرون، "دراسة تدويل الشركات المصرية"، مجلس الوزراء، مركز المعلومات ودعم اتخاذ القرار، مصر، فبراير 2006، ص13.

أما بخصوص مرحلة أزمة الرهن العقاري، فقد كانت آثارها عميقة على التدفقات الواردة والصادرة من الاستثمار الأجنبي المباشر بمقدار عمق الأزمة، واستمرار تداعياتها على أكبر الاقتصادات المصدرة والمستوردة للاستثمارات الأجنبية المباشرة، إذ عرفت إجمالي التدفقات الواردة والصادرة انخفاضا متواصلا بعد عام 2007، لتسجل في عام 2009 نحو 1185 و 1170.5مليار دولار على الترتيب، وبالرغم من الانتعاش المسجل لها في عام 2010، إذ قدرت التدفقات الواردة والصادرة بنحو1243.6 و1323.3 مليار دولار، فهي تبقى أقل بكثير مقارنة بعام 2007، وهو ما يؤكد عمق الأزمة وتدعاياتها الكبيرة على أهم الاقتصادات الغربية التي تمتلك كبيرات الشركات متعددة الجنسية المجسدة للاستثمار الأجنبي المباشر، وعلى أهم الاقتصادات المضيفة للاستثمار الأجنبي المباشر، نتيجة عدم تعافيها الكلي من الأزمة، وهو ما يعني استمرار ضعف مناخها الاستثماري.

وبخصوص التوجهات الجغرافية للاستثمار الأجنبي المباشر الوارد، فقد تراجعت حصة الدول المتقدمة منها من نحو 81% كمتوسط سنوي للفترة (1986-1991) إلى نحو 48.4% في عام 2010، وقد تمركزت أساسا في دول الاتحاد

الأوربي، والولايات المتحدة الأمريكية، هذا الانخفاض في حصة الدول المتقدمة يدل على أن الدول النامية صارت أكثر جاذبية للمستثمرين الأجانب والتي قدرت حصتها لنفس السنة بـ46.1%، مقتربة بذلك من حصة الدول المتقدمة، لكن بيانات الجدول رقم (2) تبين أن هناك تفاوتا واضحا في جاذبية الأقاليم المختلفة للعالم النامي، ففي عام 2010، يستحوذ إقليم جنوب وشرق آسيا وجنوب شرق آسيا، وإقليم أمريكا اللاتينية والكاريبي على نحو 52.2%، و27.75% من إجمالي التدفقات الواردة إلى الدول النامية على الترتيب، في حين تبقى حصة الدول العربية ودول القارة الإفريقية في حدود 11.5% و9.5% على الترتيب، وهذا ما يدل على التفاوت المسجل بين هذه الأقاليم في تحسين مناخها الاستثماري، كما عرفت دول جنوب شرق أوربا ورابطة الدول المستقلة (الاقتصادات المتحولة) انتعاشا ملحوظا، إذ بعدما كانت أقل جاذبية من بعض أقاليم العالم النامي كالدول العربية وإفريقيا خلال الفترة (1986-1991) باستقطابها لـ658 مليون دولار، ارتفعت إجمالي التدفقات الواردة إليها لتصل في عام 2010 إلى 68.197 مليار دولار، أي ما يعادل ما نسبته 5.5% من إجمالي الاستثمار الأجنبي المباشر الوارد عالميا، نتيجة التحول الاقتصادي الذي اعتمدته بعد انهيار المعسكر الشرقي.

أما فيما يتعلق بالتدفقات الصادرة، فإن بيانات الجدول (2) تؤكد على استمرار استحواذ الدول المتقدمة على حصة الأسد منها، إذ قدرت في عام 2010 بنحو70.6%، وقد تركزت أساسا في الولايات المتحدة الأمريكية، والاتحاد الأوربي، واليابان، نظرا لامتلاكها لكبيرات الشركات متعددة الجنسية ذات الانتشار الواسع، والإمكانات المالية، والميزة التكنولوجية، والتنافسية الهائلة التي تتمتع بها، لذلك كله تبقى حصة الدول النامية متواضعة ومتمركزة أساسا في إقليم جنوب وشرق وجنوب شرق آسيا، الذي يستحوذ على نحو 70.7% من إجمالي التدفقات الصادرة من الدول النامية في عام 2010، في حين تصل في إقليم أمريكا اللاتينية والكاريبي، والدول العربية، وإفريقيا إلى 23.2، و4.4، و2.02% على الترتيب. كما عززت الاقتصادات المتحولة من موقعها كمصدر للاستثمار الأجنبي المباشر مقارنة بالعديد

من أقاليم العالم النامي، فبعدما كانت تصدر نحو 25 مليون دولار كمتوسط سنوي للفترة (1986-1991)، ارتفعت التدفقات الصادرة منها لتصل في عام 2010 إلى 60.5 مليار دولار مقتربة بذلك من إجمالي التدفقات الصادرة من إقليم أمريكا اللاتينية والكاريبي المقدرة بنحو 76.2مليار دولار، وتفوقت على الدول العربية وإفريقيا التي بلغت قيمة التدفقات الصادرة منها نحو 14.6 و6.6 مليار دولار على الترتيب.

* تراكم التدفقات الواردة: تشير الإحصائيات إلى التزايد الهائل لمخزون الاستثمار الأجنبي المباشر، إذ ارتفع من نحو 292081. مليار دولار سنة 1990 إلى نحو 7445.63 مليار دولار في عام 2000، وواصل الارتفاع ليسجل قيمة فاقت 19140.6 مليار دولار في عام 2010، نتيجة الزيادة المستمرة التي سجلها في الدول المتقدمة والنامية والاقتصادات المتحولة، والتي بلغت حصتها من المخزون العالمي في عام 2010 بـ65.3%، و31.1%، و3.6% على الترتيب، وبالرغم من الزيادة المسجلة في مخزون الاستثمار الأجنبي في الدول العربية، إذ بلغ في عام 2010 نحو 600.8 مليار دولار، إلا أنها تبقى متواضعة، إذ قدرت نسبتها من إجمالي المخزون العالمي ومخزون الدول النامية بـ3.1%، و10.0% على الترتيب، كما يتضح من الجدول رقم (3):

الجدول رقم (3): تراكم الاستثمار الأجنبي المباشر الوارد بالمليون دولار للفترة (1990-2010)

السنوات	1990	2000	2010
المخزون العالمي	2081299	7445637	19140603
الدول المتقدمة	1563966	5653192	12501569
الدول النامية	517322	1731604	5951203
الاقتصادات المتحولة	9	60841	687832
الدول العربية	44017	87058	600820

Source: Unctad, world investment report 2011, UNCTAD, FDI/TNC database (www.unctad.org/fdistatistics).

41

* تراكم الاستثمار الأجنبي المباشر الوارد كنسبة من الناتج الإجمالي: يتضح من الجدول رقم (4) أن مساهمة مخزون الاستثمار الأجنبي المباشر الوارد كنسبة من الناتج العالمي تزايدت باستمرار، إذ ارتفعت من 6.9% سنتي 1985 إلى 9.6% سنة 1990، ثم إلى 11.0% سنة 1995، لتبلغ 22.5% و32.0% سنتي 2000 و2007 على الترتيب، نتيجة زيادة مساهمته في الناتج المحلي للدول المتقدمة والدول النامية من 6.1% و9.8% على الترتيب في عام 1985 إلى 32.6% و29.8% في عام 2007، وبالرغم من انخفاض قيمة هذا المؤشر في عام 2010 (بفعل تأثير الأزمة المالية والاقتصادية وتداعياتها)، إلا أنه يبقى عند نسب مرتفعة، وهذا ما يؤكد التزايد الهائل لهذه الظاهرة في السنوات الأخيرة.

الجدول رقم (4): تراكم الاستثمار الأجنبي المباشر الوارد كنسبة من الناتج الإجمالي للفترة

(2010-1985)

السنوات	1985	1990	1995	2000	2007	2010
العالم	6.9	9.6	11.0	22.5	32.0	30.3
الدول المتقدمة	6.1	8.7	10.3	21.9	32.6	30.8
الدول النامية	9.8	13.4	14.4	24.8	29.8	29.1

Source : - Unctad, world investment report, 1999, p513-514

- World investment report,2011, UNCTAD, FDI/TNC database (www.unctad.org/fdistatistics).

* الاستثمار الأجنبي المباشر الوارد كنسبة من تراكم رأسمال الثابت: يتضح من الجدول رقم (5)، أن الاستثمار الأجنبي المباشر الوارد كنسبة من تراكم رأس المال الثابت العالمي عرفت زيادة مستمرة حتى عام 2000، ثم عرفت انخفاضا حادا كنتيجة لانخفاض التدفقات الواردة بدء من عام 2001 كما رأينا سابقا، وقد عاودت الارتفاع في عام 2007 لتصل إلى 15.6% و16.0% و14.0% في العالم والدول المتقدمة والدول النامية الترتيب، لتعرف بعد ذلك انخفاضا حادا في عام 2010، تحت تأثير الأزمة واستمرار تداعياتها.

الجدول رقم (5): تطور مساهمة الاستثمار الأجنبي المباشر الوارد في تكوين رأس المال الثابت في العالم والدول المتقدمة والنامية خلال الفترة (1990-2010).

السنوات	1990	1995	2000	2006	2007	2010
العالم	4.2	5.1	19.0	13.2	15.6	9.1
الدول المتقدمة	4.2	4.3	20.0	13.2	16.0	8.4
الدول النامية	4.0	7.9	15.9	12.9	14.0	9.6

.**Source** : - World investment report,2011, UNCTAD, FDI/TNC database www.unctad.org/fdistatistics

وتدل مختلف الأرقام والمؤشرات السابقة الذكر على تزايد الأهمية التي أخذها الاستثمار الأجنبي المباشر كمصدر من مصادر التمويل الدولي، نتيجة المنافسة الكبيرة بين مختلف دول العالم المتقدمة والنامية لتهيئة المناخ الاستثماري الملائم لجلب اهتمامات المستثمرين الأجانب لاستقطاب أكبر نسبة من ممكنة من الاستثمار الأجنبي المباشر.

المبحث الثاني

النظريات المفسرة لقيام الاستثمار الأجنبي المباشر

لقد حظي الاستثمار الأجنبي المباشر باهتمام العديد من الاقتصاديين والمفكرين، الذين حاولوا تحديد محددات قيامه، والعوامل المختلفة التي تتحكم في تجسيده من طرف المستثمر الأجنبي، خاصة الشركات متعددة الجنسية، ومن الطبيعي أن تتعدد هذه التفسيرات وتتباين نظرا لارتكازها على أسس متعددة، كما أنها جاءت في مراحل زمنية مختلفة.

ومن خلال هذا المبحث سنبلور أهم النظريات المفسرة للاستثمار الأجنبي المباشر من خلال الإشارة إلى مضمون كل منها على حدة.

أولا: نظرية التحركات الدولية لرأس المال

اعتمد تفسير هذه النظرية لتدفقات رأس المال بين الدول على أساس الفروق الموجودة بين عائد رأس المال فيها، فإذا كان المؤسسة (على مستوى الدولة الواحدة) لا تتوقف عن الاستثمار إلا عندما يتساوى الربح المحقق من عملية الاستثمار مع التكلفة الحدية، فإنه على المستوى الدولي، وفي ظل افتراض تساوي التكلفة الحدية بين دولتين، يكون انتقال رأس المال من الدولة ذات العائد المنخفض إلى الدولة التي ذات العائد المرتفع لرأس المال.

وإذا كان C. Kindleberger أكد على أن سعر الفائدة هو عائد رأس المال في أي دولة، لذلك يعتبر التباين المسجل في أسعار الفائدة بين دولتين المحرك الوحيد لانتقال رأس المال بينهما، فينتقل بذلك هذا الأخير من الدول ذات سعر الفائدة المنخفض إلى الدول ذات سعر الفائدة المرتفع. فإن هذه النظرية لا تصلح لتفسير الاستثمار الأجنبي المباشر بل تصلح لتفسير الاستثمار الأجنبي غير المباشر، لذلك قام G.Raggazi بتطوير للأعمال السابقة، وأوضح بأن اتخاذ قرار تجسيد مشروع

استثمار مباشر خارج حدود الدولة الأم يعتمد على مقدار الربح المتوقع (العائد) من العملية الاستثمارية وليس سعر الفائدة، والذي يجب أن يكون أكبر من المحقق في الدولة الأم نفسها، كما يجب أن يكون أكبر من الربح الذي تحققه الشركات المحلية، لأن المستثمر الأجنبي يتحمل تكاليف إضافية، ولن يكون ذلك إلا بامتلاك مزايا تكنولوجية، وتمويلية، وإدارية[1].

وبالرغم من ذلك، فقد تعرضت هذه النظرية لعدة انتقادات، منها أن الدافع من وراء الاستثمار لا يكون لتعظيم الربح والعائد فقط، فقد تكون هناك دوافع أخرى كالاستمرارية والتوسع عن طريق اختراق أسواق جديدة[2]، كما أن افتراض الكلاسيك للمنافسة الكاملة والتامة في أسواق الدول المضيفة، يعني أن المستثمرين الأجانب لا يمتلكون أية مزايا مقارنة المستثمرين المحليين، وبالتالي يتحملون تكاليف إضافية من جراء عملية التوطن، مما قد ينعكس في انخفاض العائد من عملية الاستثمار عن الممكن تحقيقه في الدولة الأم.

ثانيا: نظرية عدم كمال الأسواق Théorie des marchés imparfaits

تم صياغتها من طرف الاقتصادي الكندي Stephane Hymer، في محاولة منه لتفسير كيفية قيام الشركات بالاستثمار في الخارج في ظل عدم كمال الأسواق.

تفترض هذه النظرية عدة افتراضات تعتمد عليها في تحليل أسباب اتجاه الشركات متعددة الجنسيات للاستثمار في الدول المضيفة، فهي تفترض أولا غياب المنافسة الكاملة في أسواق الدول النامية، لذلك فهي تفترض عدم قدرة شركات هذه الأخيرة الوطنية على منافسة الشركات متعددة الجنسيات من حيث مستوى الإدارة، أو المستوى التكنولوجي، أو توافر الموارد المالية. فالشركات متعددة الجنسيات تتمتع بقوة نسبية مقارنة بالشركات الوطنية، وبالتالي تدفع هذه النظرة الشمولية

[1] Ramdane Djoudad, op cit, p69-72.

[2] أميرة حسب الله محمد، " محددات الاستثمار الأجنبي المباشر وغير المباشر في البيئة الاقتصادية العربية، دراسة مقارنة بين تركيا، كوريا الجنوبية ومصر"، الدار الجامعية، 2004-2005، ص27.

لمجالات الاستثمار المختلفة تلك الشركات التي تمتلك جوانب القوة لإقامة وتملك مشروعات الاستثمار خارج حدود الدولة الأم[1]، وتكون هذه المزايا عوضا لها عن المخاطر التي تواجهها نتيجة استثمارها بالخارج.

وحسب نظرية عدم كمال الأسواق، فإن تدفق الاستثمارات الأجنبية المباشرة إلى الدول المضيفة يعتمد على وجود العوامل التالية[2]:

ـــ تفوق الشركات متعددة الجنسيات في مجال التكنولوجيا.

ـــ توافرها على المهارات الإدارية والتسويقية والإنتاجية أكثر من مثيلاتها في الشركات الوطنية.

ـــ وجود اختلافات جوهرية بين منتجات الشركات متعددة الجنسيات ومنتجات الشركات الوطنية.

ـــ ارتفاع الرسوم الجمركية المفروضة من طرف الدول المضيفة، مما يقف عائقا أمام تصدير منتجات تلك الشركات من الدولة الأم إلى الدول المضيفة.

وقد وجهت لهذه النظرية انتقادات منها:

ـــ تفترض هذه النظرية معرفة الشركات متعددة الجنسيات لجميع فرص الاستثمار في الخارج، وهذا غير ممكن من الناحية العملية[3].

ـــ تجاهلت هذه النظرية أهمية المزايا المكانية للدول المضيفة كسبب هام لتوطن الاستثمار الأجنبي فيها[4]، وباستثناء ارتفاع الرسوم الجمركية على الواردات، فقد أهملت في تحليلها لمكانة باقي متغيرات مناخ الاستثمار في الدول المضيفة، وبالتالي استراتيجيات حكوماتها في مجال تشجيع الاستثمار الأجنبي المباشر.

[1] عبد السلام أبو قحف، " نظريات التدويل وجدوى الاستثمارات الأجنبية"، مؤسسة شباب الجامعة، الإسكندرية، 2001، ص53-54.

[2] منور أوسرير وعليان نذير، مرجع سبق ذكره، ص109.

[3] عبد السلام أبو قحف، " اقتصاديات الأعمال والاستثمار الدولي"، مرجع سبق ذكره، ص398.

[4] أميرة حسب الله محمد، مرجع سبق ذكره، ص28.

ثالثا: نظرية دورة حياة المنتوج Théorie du cycle de vie de produit

في عام 1960 قام Vernon Raymond بنشر مقال أتبعه في عام 1970 بكتاب، حاول من خلالهما تفسير أسباب انتشار الاستثمارات الأجنبية في الدول النامية بصفة خاصة والدول المتقدمة بصفة عامة.

ارتكز تحليل **فرنون** على سلوك الشركات الأمريكية في عقدي الخمسينات والستينات، إذ أكد على أن هذه الشركات وبحكم امتلاكها لرأس المال، واهتمامها بالبحث والتطوير، وزيادة إنفاقها لتشجيع الابتكار، وارتفاع مستويات أجور عمالتها، كلها عوامل أعطتها القدرة الكافية لابتكار منتج جديد لا تستطيع بلوغه شركات دول أوربا الغربية(لافتقارها للعوامل السابقة بنفس المستوى)، كما أن ارتفاع متوسط دخل الفرد في الولايات المتحدة الأمريكية عن أي بلد آخر في العالم في تلك الفترة، عامل مشجع على ابتكار منتجات جديدة، لأنها سوف تُقَابل بطلب استهلاكي محلي مرتفع، وبمرور الوقت، فإن الفجوة التكنولوجية بين الشركات الأمريكية والأوربية سوف تزول، وبالتالي فإن التكنولوجيا تصبح أكثر نمطية، مما يؤدي إلى قيام منافسة حادة بينهما في إنتاج وتسويق هذا المنتج، ولكي تتكيف الشركات الأمريكية صاحبة الاختراع مع هذه المنافسة، فإنها تقوم بتوسيع خطوط إنتاجها إلى الدول النامية لتخفيض تكاليف الإنتاج (لأنها أصبحت العامل المحدد لمستوى المنافسة وبالتالي لمواقع الإنتاج) لحماية أرباحها، والحفاظ على نصيبها من الأسواق الخارجية[1].

ولقد استطاع **فرنون** أن يبرّر ما توصّل إليه عبر استخدامه لنموذج يعرف بـ **"دورة حياة المنتوج"** والذي حاول من خلاله تفسير كيفية قيام الاستثمار الأجنبي من طرف الشركات متعدّدة الجنسيات (الأمريكية) ومن ثم كيفية توسعها من جهة، ومن جهة أخرى تفسير أسباب انتشار الابتكارات والمعارف التكنولوجية في الدول المضيفة ـ الدول النامية خاصة ـ وكذلك الدول المتقدمة الأخرى، وهذه الدورة تتضمن أربعة مراحل رئيسية، ولتوضيح ذلك جليا نستعين بالشكل الأتي:

---

(1) Ramdane Djoudad, op cit, p61-62.

الشكل رقم (4): دورة حياة المنتوج الدولي

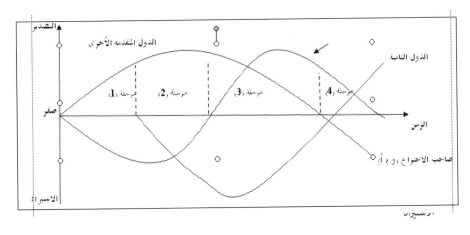

المصدر: عبد السلام أبو قحف، " اقتصاديات الأعمال و الاستثمار الدولي"، مرجع سبق ذكره، ص 401.

بالنظر إلى الشكل السابق، يتضح وجود أربعة مراحل رئيسية هي:

- المرحلة الأولى: وفيها يتم اختراع المنتوج الجديد وإنتاجه وبيعه في الدولة المبتكرة (الولايات المتحدة الأمريكية مثلا)، والتي تتوفر على شروط الابتكار من الموارد المالية والتنظيمية اللازمة لإجراء البحوث (جانب العرض)، كما أن لديها عددا كبيرا من المستهلكين ذوي الدخول المرتفعة والأذواق العالية، مما يسمح باختبار المنتوج الجديد في الدولة الأم (جانب الطلب)[1]، كما نجد في هذه المرحلة أن حجم الإنتاج من هذا المنتوج يفوق مستوى الطلب المحلي، مما يستدعي ضرورة البحث عن الأسواق الخارجية من خلال تصدير كميات منه إلى دول متقدمة أخرى ذات ظروف طلب مشابهة.

- المرحلة الثانية: فيها تقوم الدولة المخترعة بتعظيم إنتاجها وصادراتها إلى الأسواق الدولية، ومن ثم تعظيم أرباحها نضرا لتحكمها في الأسعار، بالإضافة إلى

---

(1) أميرة حسب الله محمد، مرجع سبق ذكره، ص29.

استمرار التباين التكنولوجي بينها وبين الدول المتقدمة الأخرى المفتقدة للمعارف المختلفة المستخدمة في صناعة هذا المنتوج، كما تبدأ في هذه المرحلة بعض الدول النامية " ذات الدخل المرتفع" باستيراد هذا المنتوج.

• المرحلة الثالثة: وفيها تتوقف الدول المتقدمة الأخرى عن استيراد هذا المنتوج من الدولة الأم نظرا لامتلاكها للمعارف التكنولوجية المستخدمة في إنتاجه، بل وتبدأ في تصديره، مما يؤدي إلى قيام منافسة شديدة بينها وبين الدولة المخترعة خاصة في ظل زيادة الطلب على هذا المنتوج من طرف الدول النامية المختلفة، لذلك تقوم شركات الدولة المخترعة بنقل خطوط إنتاجها إلى الدول المتقدمة الأخرى في إطار إستراتيجية دفاعية لتخفيض تكاليف النقل والعمالة المرتفعة.

• المرحلة الرابعة: في هذه المرحلة تنخفض أهمية العامل التكنولوجي في تكلفة الوحدة المنتجة، وتصبح تكلفة العمل ومدخلات الإنتاج الأخرى ذات أهمية أكبر، لذلك تقوم شركات الدولة صاحبة الاختراع (للتكيف مع المنافسة الشديدة التي تواجهها من طرف الدول المتقدمة الأخرى) بنقل إنتاجها إلى الدول النامية التي تتوفر على الخصائص السابقة الذكر، لتخفيض تكاليف الإنتاج (توافر العمالة والمواد الأولية بتكاليف منخفضة وتنافسية)، هذا ما ينعكس في بداية الانخفاض التدريجي لصادرات الدول المتقدمة الأخرى لكون أن الدول النامية التي كانت تستورده أصبحت قادرة على إنتاجه محليا، وتبدأ في تصديره إلى الدولة المخترعة وإلى الدول المتقدمة الأخرى.

لكن ثمة عدة انتقادات وجهت لهذه النظرية منها:

- اهتمامها بالاستثمار المتعلق بالمنتوج الجديد، دون الاستثمار المتعلق بالمنتجات الموجودة في الأسواق مسبقا.

- ركزت في تحليلها لدوافع الاستثمار في الخارج على سعي الشركات إلى الحفاظ على نصيبها من الأسواق الخارجية من خلال استغلال تكاليف الإنتاج المنخفضة في الدول المضيفة(المتقدمة وخاصة النامية)، وبالتالي فقد أغفلت العديد

من الدوافع الأخرى المؤثرة في القرار الاستثماري للشركات والتي قد تكون سياسية أو اجتماعية أو اقتصادية.

— صحيح أن هذه النظرية تفسر انتقال الابتكارات والمعارف من الدول المخترعة إلى الدول النامية، ويؤيد الواقع العملي ذلك في بعض السلع، كالحاسبات الآلية، لكن من الصعب تطبيق هذه النظرية على كل المنتجات خاصة تلك التي تتميز بتكنولوجيا دقيقة ومتطورة ومعقدة، إذ تظل الدولة صاحبة الاختراع محتكرة للمعارف المستخدمة في إنتاجها، أضف إلى ذلك فإن التكنولوجيا المحولة وفق نموذج **دورة حياة المنتوج** إلى الدول النامية متقادمة، تُبقي على الفجوة بينها وبين الدولة المخترعة، وما يؤكد ذلك هو عدم تمكن أغلب الدول النامية من ابتكار منتجات ذات مستوى تكنولوجي متطور.

رابعا: نظرية الموقع

ترى هذه النظرية أن الدوافع والعوامل التي تدعوا الشركات متعددة الجنسية إلى الاستثمار بالخارج متعلقة بالمزايا المكانية للدول المضيفة للاستثمار نظرا لارتباط هذه العوامل بتكاليف إقامة المشروع، وإنتاجه، وتشغيله، وتسويقه، وإدارته، والتي من بينها[1]:

- العوامل ذات الصلة بالتكاليف، كمدى امتلاك الثروات الطبيعية، أو الموقع الجغرافي الذي ينعكس في القرب من المواد الخام والمواد الأولية، وتكلفة اليد العاملة (انخفاض الأجور ونوعية عنصر العمل المطلوب)، مدى توفر رأس المال، وانخفاض تكاليف النقل، والتسهيلات الإنتاجية الأخرى.

- العوامل التسويقية، والمتمثلة بدرجة المنافسة في الأسواق، ومنافذ التوزيع، وحجم الأسواق ومعدل نموها، واحتمالات التصدير.

- الإجراءات الحمائية وضوابط التجارة الخارجية، كنظام الحصص، والرسوم

---

[1] فليح حسن خلف، مرجع سبق ذكره، ص183-184.

الجمركية، والقيود الأخرى على الواردات والصادرات.

● الحوافز والتسهيلات التي تمنحها حكومات الدول المضيفة من أجل جذب الاستثمارات الأجنبية وتشجيعها.

● العوامل الأساسية المكونة لمناخ الاستثمار، كدرجة تقييد الاستثمارات الأجنبية، والاستقرار السياسي، ونظام الضرائب، قيود الملكية، واستقرار سعر الصرف...

والملاحظ أن هذه النظرية أهملت في تحليلها للمزايا التي تتمتع بها الشركات والتي تعتبر من العوامل المحددة لتوجهها للاستثمار في الخارج.

خامسا: النموذج الانتقائي le Paradigme éléctique

تم صياغته من طرف John Dunning، ويعد بمثابة نظرية شاملة لتفسير مختلف الأنشطة التي تتم على المستوى الدولي، سواء الصادرات، أو اتفاقيات التعاون الدولي، أو الاستثمار الأجنبي المباشر.

أكد Dunning على أن توجه الشركة إلى تدويل أنشطتها في الخارج بإحدى الصيغ السابقة الذكر يرجع في الأساس إلى امتلاكها لميزة احتكارية في إنتاج منتج معين ناتجة عن المزايا الخاصة بها، كالتكنولوجيا المتطورة، والموارد المالية الكبيرة، والكوادر البشرية المؤهلة، وفي إطار توسيع نشاطها في الخارج، فإنها تفاضل ما بين القيام بذلك بنفسها (احتكار تلك الميزة) من خلال الاستثمار الأجنبي المباشر، أو التصدير، وما بين بيع تلك الميزة من خلال اتفاقيات التعاقد كمنح التراخيص، وكل ذلك في إطار إستراتيجية كلية تهدف من ورائها إلى تعظيم أرباحها، والشكل رقم (5) يوضح ذلك.

الشكل رقم (5): أشكال تدويل الشركات متعددة الجنسية لأنشطتها خارج حدود الدولة الأم

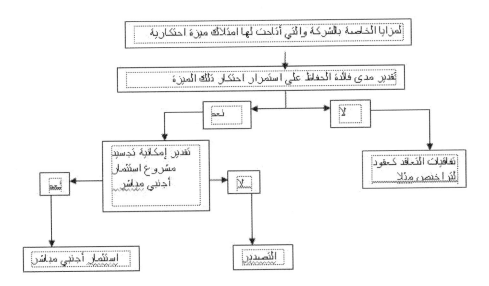

Source: Eric jasmin, nouvelle économie et FMNs, le paradigme éléctique, Ceim. Montreal, Avril 2003, p15.

ولتحديد الصيغة الواجب اتخاذها من طرف الشركات متعددة الجنسيات في إطار توسيع نشاطها خارج حدود الدولة الأم، قام Dunning بصياغة ما يعرف بنموذج OLI*، بين من خلاله أن محددات توطن الشركات في الخارج مرهونة بتوفر المزايا التالية:

*المزايا الخاصة بالشركة: Les avantages spécifiques d'une firme

وهي مختلف الإمكانيات التي تتمتع بها الشركة، والتي تشمل التكنولوجيا المتطورة، ونوعية التنظيم والتسيير، وحجم الشركة، ومواردها المالية...، هذه المزايا تسمح لها بتغطية مختلف تكاليف عملية التوطن خارج الدولة الأم، مما يسمح لها بتعظيم أرباحها في الأجل الطويل[1].

---

* هو اختصار لـ:Ownership advantages, Location advantages, Internalization specific advantages

(1) Cnuced, Sociétés transnationales, industries extractives et développement, Nations Unie, New York and Geneva, 2007, p46.

*مزايا الموقع Les avantages des lieux d implantation

عندما تمتلك الشركة مزايا الملكية السابقة الذكر، تكون مؤهلة لتوطين أنشطتها خارج حدود الدولة الأم، وتبدأ بالبحث عن أحسن موقع لذلك من خلال المفاضلة بين المواقع التي تتوفر عنها المعلومات، بالاستناد إلى عدة متغيرات، كنوعية وكمية عوامل الإنتاج المتوفرة، ومستوى الاستقرار الاقتصادي الكلي، وحجم السوق، ومستوى تطور الهياكل القاعدية وشبكات التوزيع، ومستوى التعليم، والصحة...، مما يسمح لها بتعظيم استفادتها من مزايا الملكية التي تتمتع بها[1].

*مزايا التدويل Les avantages de l'internalisation

وهي مرتبطة باحتمالات التوسع والتطور في أنشطة الشركات، وتتمثل في القدرة على توظيف موارد الشركة في سوق الدول المضيفة بطريقة فعالة للحد من مختلف القيود والمخاطر والمستجدات الطارئة، مما يسمح بتخفيض تكلفة المعاملات، والتوسع في أسواق جديدة، وحماية التكنولوجيا المحولة، ومراقبة الإنتاج[2].

وتتحدد الأنماط التي يتم بها اختراق الأسواق الخارجية وفقا لمدى توافر المزايا السابقة الذكر كما هو موضح في الجدول رقم (6)، والملاحظ أن المزايا الخاصة بالشركة تعتبر شرطا ضروريا وأساسيا لاختراق الأسواق الخارجية، وهي العنصر المشترك بين مختلف الأنماط داخل النموذج.

الجدول رقم (6): أنماط اختراق الأسواق الأجنبية حسب النموذج الانتقائي

أنماط دخول الأسواق	المزايا الخاصة بالشركة	مزايا الموقع	مزايا التدويل
الاستثمار المباشر الأجنبي	+	+	+
التصدير	+	-	+
اتفاقيات التعاقد	+	-	-

المصدر: ليلى جاد وآخرون، مرجع سبق ذكره، ص29.

(1) Eric jasmin, opcit, p11.

(2) Jean Luis Mucchielli, déterminant de délocalisation et firmes multinationales, in: revue économique, n4, 1992, p649.

تدل (+) على توافر المزايا، وتدل (-) على عدم توافر المزايا.

يلاحظ من خلال الجدول رقم (6) أن الخيارات المطروحة أمام الشركات لاختراق الأسواق الأجنبية هي:

*الخيار الأول: يتمثل في خيار الاستثمار الأجنبي المباشر، لأن الشركة في متناولها المزايا الثلاثة السابقة الذكر.

*الخيار الثاني: كنتيجة لغياب مزايا الموقع، فإن الشركة تتخذ أسلوب التصدير كأسلوب لاختراق الأسواق الأجنبية.

*الخيار الثالث: يقتصر على استخدام أسلوب اتفاقيات التعاقد مثل التراخيص، لغياب مزايا الموقع، ومزايا التدويل.

وبهذا، فقد تعددت النظريات التي حاولت تفسير ظاهرة الاستثمار الأجنبي المباشر، ومحددات قيامها، وقد تباينت في النتائج التي توصلت إليها، لأنها جاءت في مراحل زمنية مختلفة، كما ارتكزت على أسس متباينة.

المبحث الثالث

تقييم الاستثمار الأجنبي المباشر

يشكل الاستثمار الأجنبي المباشر أحد القضايا المهمة التي طغت على اهتمام المفكرين والمسؤولين الذين تباينت آراؤهم في إمكانية توظيفه لخدمة أغراض التنمية المختلفة في الدول المضيفة خصوصا النامية، لكونه عملية تربط بين طرفين أحدهما المستثمر الأجنبي والآخر الدول المضيفة، ولكل منهما أهداف متعددة يسعى لتحقيقها من ورائه، ومع احتمال تعارض أو توافق هذه الأهداف، فإنه يترك آثار وتبعات قد تكون ايجابية أو سلبية تمتد إلى العديد من المتغيرات في الدول المضيفة.

أولا: مزايا وعيوب الاستثمار الأجنبي المباشر

تسعى الدول المضيفة للاستثمار الأجنبي المباشر إلى توظيفه كعامل لتدعيم خططها التنموية، وبالموازاة لذلك فإن المستثمرين الأجانب يعتبرونه عاملا ديناميكيا لانتشارهم في السوق العالمية وتعظيم أرباحهم.

1- دوافع الاستثمار الأجنبي المباشر

يتجسد حوار الرفض والدفاع في مجال الاستثمار الأجنبي المباشر في مختلف دوافعه، والتي يمكن تلخيصها في الجدول التالي:

الجدول رقم (7): مصفوفة مناظرة بين دوافع المستثمر الأجنبي ودوافع الدول المضيفة

دوافع المستثمر الأجنبي	دوافع الدولة المضيفة
- البحث عن فرص استثمارية بضرائب منخفضة أو بدون ضرائب. - تصريف المنتجات التي تفوق مستوى الطلب المحلي بإنشاء فروع في الدول المضيفة. - التخلص من تكنولوجيا متقادمة. - التغلب على البطالة المقنعة في الدولة الأم. - البحث عن أسواق جديدة. - اختبار منتجات جديدة واستخدام عمالة الدول المضيفة في التجارب المعملية. - البحث عن أرباح ضخمة. - التخلص من مخلفات الإنتاج بالدولة المضيفة. - الاستفادة من الأجور المنخفضة لعمالة الدولة المضيفة. - استغلال المواد الخام المتاحة بالدولة المضيفة. - الاستفادة من الإعفاءات والمزايا الممنوحة من ضرائب ورسوم. - استغلال بعض الاستثمارات المتاحة محليا. - اعتبارات إستراتيجية أخرى.	- تحقيق تقدم اقتصادي مضطرد. - الحصول على التكنولوجية المتقدمة. - تطوير الإدارة المحلية. - المشاركة في حل مشكلة البطالة المحلية. - توظيف عوامل الإنتاج المحلية. - إحلال الإنتاج المحلي محل الواردات. - زيادة الصادرات من خلال الشركات الوافدة. - إنشاء صناعات جديدة. - التوسع في صناعات الخدمات كالسياحة والتأمين والمصارف. - تحسين المركز التنافسي للدولة.

المصدر: فريد النجار، مرجع سبق ذكره، ص36.

يتضح جليا من خلال الجدول رقم (7) أن لكل طرف من أطراف الاستثمار الأجنبي المباشر أهداف يسعى من ورائه لتحقيقها، قد تتوافق أو تتعارض مع أهداف الطرف الآخر، مما قد ينجر عنه آثار إيجابية أو سلبية على طرفيه، وهذا ما سيتضح في الفقرة الموالية.

2- مزايا الاستثمار الأجنبي المباشر

يمكن أن تسهم مشروعات الاستثمار الأجنبي المباشر في تحقيق مزايا متعددة، وتختلف هذه المزايا في حالة الدولة المضيفة أو المستثمر الأجنبي:

2-1 بالنسبة للدولة المضيفة: تهدف من استقطابها للاستثمار الأجنبي المباشر إلى تحقيق المزايا التالية[1]:

(1) سعدي فضيل وبن عامر خالد، مداخلة بعنوان: "أثر الاستثمار الأجنبي المباشر على المتغيرات الاقتصادية في الدول النامية"، الملتقى العلمي الدولي:الاستثمار الأجنبي المباشر ومهارات الأداء الاقتصادي، جامعة بومرداس (الجزائر)، 23/22 أكتوبر 2007، ص15.

- تعويض النقص في الاستثمارات المحلية عن طريق التدفقات الأساسية للاستثمار الأجنبي المباشر وإعادة استثمار أرباحه .

- تخفيض العجز في ميزان المدفوعات عن طريق تدفقات رؤوس الأموال الواردة، وزيادة الصادرات من المشروعات الأجنبية المقامة .

- تقليص حجم البطالة من خلال فرص العمل التي يتيحها، ويتوقف ذلك على ممارسات الشركات المستثمرة، والبيئة التي تعمل فيها، بالإضافة إلى مستوى ومهارة قوة العمل في الدولة المضيفة ، كما يعمل على تحقيق وفرات اقتصادية للعمال تتمثل في زيادة أجورهم وقدراتهم الإنتاجية.

- إمداد الدول النامية بحزمة من الأصول المختلفة في طبيعتها والنادرة في هذه الدول، وذلك من خلال الشركات متعددة الجنسية، والتي تشمل على التكنولوجيا، ورأس المال، والمهارات الإدارية، كما تعتبر قناة يتم من خلالها تسويق المنتجات دوليا.

- ارتفاع إنتاجية الاقتصاد الوطني نتيجة محاكاة المشروعات المحلية للمشروعات الأجنبية، مما يؤدي في النهاية إلى ارتفاع معدل النمو الاقتصادي.

- بث روح المنافسة بين الشركات المحلية، وما يصاحب ذلك من منافع عديدة تتمثل في خفض الاحتكار، وتحفيز الشركات على تحسين نوعية الخدمات والمنتجات .

كما تسعى الدول المضيفة من وراء استقطاب الاستثمارات الأجنبية المباشرة إلى زيادة حصيلة الإيرادات العامة عن طريق الضرائب التي يتم تحصيلها من نشاط هذه الاستثمارات، بالإضافة إلى علاج العديد من الظواهر السلبية كهجرة الأدمغة ورؤوس الأموال المحلية، فوجود الشركات الأجنبية يؤدي إلى زيادة طلب الكوادر وأصحاب الكفاءات، بالإضافة إلى المستثمرين المحليين لإقامة مشاريع مشتركة، ومن ثم إبقاء هذه العوامل الإنتاجية وتوظيفها محليا.

2-2 بالنسبة للمستثمر الأجنبي :

يمثل الاستثمار الأجنبي المباشر نشاطا للتوسع في أسواق جديدة، والانتقال إلى بيئة الأعمال الدولية، وبالتالي تتحول الشركات المستثمرة إلى شركات متعددة الجنسيات[1]، وهذا ما يتيح لها العديد من المزايا، إذ يظهر من الجدول رقم (7) السابق، أن المستثمر الأجنبي يسعى إلى الاستفادة من انخفاض تكلفة العمالة في الدول المضيفة، ومن توافر المواد الخام، ومن التسهيلات والمزايا الضريبية، كما يستفيد من انخفاض المنافسة في أسواقها مما يسمح له باستخدام تكنولوجيا متقادمة غير مكلفة، وتوسيع أنشطته لاختراق أسواق جديدة، وبالتالي زيادة مبيعاته وتعظيم أرباحه.

3- عيوب الاستثمار الأجنبي المباشر

بالرغم من الايجابيات السابقة للاستثمار الأجنبي المباشر، فإنه ينطوي على عدد من السلبيات، منها:

1-3 بالنسبة للدول المضيفة[2]:

- قد لا تسهم مشروعات الاستثمار الأجنبي المباشر بدرجة ملموسة في توفير فرص العمل، لأنها في الغالب عبارة عن شراء لشركات موجودة، هذه العملية وإن كانت تسهم في زيادة فعالية هذه المؤسسات فإنها تؤدي في الغالب إلى تسريح العمال خاصة عندما تستخدم أساليب الإنتاج المتطورة، كما تؤدي إلى إغلاق مؤسسات محلية أخرى تنشط في نفس المجال بفعل المنافسة غير المتكافئة، مما يؤدي إلى تعميق أزمة البطالة.

- قد لا توفر الفرص الكافية لتطوير مهارات وخبرات عمالة الدول المضيفة، نتيجة تقديمها لأساليب إدارية وتنظيمية متطورة لا تراعي ظروف البيئة المحلية

---

(1) سعد غالب ياسين، "الإدارة الدولية، مدخل إستراتيجي"، دار اليازوزي العملية، عمان، 1998، ص85.

(2) René Deschuter, les investissements directs étrangers, revue: Le financement du devloppement durable, n: 60, 2003, p51.

وطبيعة ومستوى ومهارات القوى العاملة الوطنية، أو عندما تتطلب عمالة ماهرة ومؤهلة قد لا تتوفر محليا، أو عند توجهها للاستثمارات ذات الكثافة في رأس المال، كما أن الطرائق الفنية المنقولة قد تقتصر على المشروع الأجنبي دون نقلها للعمالة المحلية، ويتأكد ذلك في حالة المشاريع المملوكة بالكامل للمستثمر الأجنبي.

- تحصل على أرباح قد تكون أكبر من تدفقات الاستثمار الأجنبي المباشر الواردة، وفي حالة تحويلها إلى الخارج، فإن ذلك يشكل استنزافا للموارد المحلية، ويزداد الأمر سوء عندما تكون مشروعات الاستثمار الأجنبي المباشر قد اعتمدت في تمويل أنشطتها على أسواق الدول المضيفة.

- قد لا تسهم في تحويل التكنولوجيا، ويتأكد ذلك عندما تعمل الشركات الأجنبية على احتكار التكنولوجيا المحولة معها لأنها سر تنافسيتها، أو عندما تحول تكنولوجيا متطورة لا يمكن استيعابها في الدول المضيفة، أو في حالة تحويل تكنولوجيا متقادمة لم تعد منافسة تبقي على استمرار الفجوة التكنولوجية، كما تتحمل الدول المضيفة تكاليف باهظة كمقابل للتكنولوجيا المحولة.

- العديد من هذه المشروعات – وخاصة في إفريقيا- تتمركز في قطاع المواد الأولية كالنفط والمناجم، وهذا ما يطرح إشكالية القيمة المضافة التي تحصل عليها هذه الدول المضيفة، كما تطرح نفس الإشكالية في المشروعات التي يتم فيها استيراد كل مستلزماتها من الخارج، ويتم تصدير إنتاجها، مع تحويل الأرباح والمداخيل.

- تمارس هذه الاستثمارات العديد من الضغوط على مستوى الدول الصغيرة نسبيا لإتباع استراتيجيات إنمائية محددة، قد لا تكون في صالحها، كما قد تعمل على تعميق النفوذ السياسي والاقتصادي للمستثمر الأجنبي مع بعض الفئات الرأسمالية الطفيلية المستفيدة محليا.

كما أن مبالغة الدول المضيفة في تقديم إعفاءات ضريبية للمستثمرين الأجانب ينعكس سلبا في تخفيض إيراداتها العامة، وتتعمق هذه السلبيات أكثر في كون المستثمر الأجنبي يسعى كذلك إلى تجسيد أهداف الدولة الأم في كثير من

الحالات(أنظر الجدول رقم (7))، كتخفيض البطالة المقنعة فيها، أو التخلص من مخلفات الإنتاج في الدول المضيفة مما قد ينجر عنه آثار سلبية على البيئة وتحميل الدول المضيفة تكاليف اقتصادية واجتماعية كبيرة، بالإضافة إلى بعض الاعتبارات الإستراتيجية كالسيطرة على مصادر الطاقة لضمان الإمدادات للدول الأم، مما قد ينجر عنه ممارسة ضغوط سياسية.

2-3 بالنسبة للمستثمر الأجنبي[1]:

- في الاستثمار المشترك، قد يسعى الطرف المضيف إلى إقصاء الطرف الأجنبي من المشروع، مما يعني ارتفاع درجة الخطر غير التجاري، وهذا يتناقض مع أهداف المستثمر الأجنبي في الاستقرار.

- في الاستثمار المشترك، عندما يكون الطرف الوطني حكومة ، يمكن أن تضع شروطا صارمة على التوظيف، والتصدير، وتحويل الأرباح.

- انخفاض القدرات المالية والفنية للمستثمر الوطني، قد تؤثر سلبيا على فعالية المشاريع المشتركة.

- احتمال التعارض في المصالح بين الطرف الوطني والمحلي، وفي قرارات التسيير والإدارة.

- تنطوي الاستثمارات المملوكة بالكامل للمستثمر الأجنبي على عدد من الأخطار غير التجارية كالتأميم، والمصادرة، والتصفية الجبرية أو التدمير الناجمة عن عدم الاستقرار السياسي أو الاجتماعي والحروب الأهلية.

وتتأكد هذه المخاطر في كون مشاريع الاستثمار الأجنبي المباشر تتطلب وقتا طويلا لتغطية التكاليف وتحقيق الأرباح، لذلك فالمستثمر الأجنبي يكون عرضة لكل التغيرات المفاجئة التي قد تحدث في مناخ الاستثمار في الدول المضيفة سواء الاقتصادية، الاجتماعية، السياسية، القانونية والتنظيمية .

---

(1) عبد السلام أبو قحف، " اقتصاديات الأعمال والاستثمار الدولي"، مرجع سبق ذكره، ص486 و490.

ثانيا: آثار الاستثمار الأجنبي المباشر على بعض المتغيرات في الدول المضيفة

تتباين الآثار التي يتركها الاستثمار الأجنبي المباشر على اقتصادات الدول المضيفة كما تأكد سابقا، فقد تكون إيجابية أو سلبية، مما يصعب معه تقدير إمكانية توظيفه لخدمة أهدافها التنموية، خصوصا النامية منها، لذلك سيسلط هذا الجزء الضوء على تقدير ذلك بدراسة أثر الاستثمار الأجنبي المباشر على بعض المتغيرات بنوع من التحليل.

1- آثاره على مستوى العمالة

تعتبر البطالة من ضمن التحديات التي تواجه حكومات الدول النامية، لذلك تسعى جاهدة إلى توظيف الاستثمار الأجنبي المباشر لخلق فرص عمل جديدة ومتزايدة.

وهناك رأي يؤيد التأثير الايجابي للاستثمار الأجنبي المباشر على التوظيف، إذ يرى أن الشركات المحلية قد لا تدرك فرص الاستثمار المتاحة، وحتى إذا أدركتها فإنها قد تكون غير قادرة على استغلالها بسبب عدم امتلاكها الموارد المالية والفنية اللازمة لجعل الاستثمار ناجحا، في حين أن الشركات متعددة الجنسيات تكون أكثر معرفة بالفنون الإنتاجية والتسويقية، وبالتالي تكون ذات قدرة أفضل في تمييز وتنفيذ المشروعات الإنتاجية في الدول المضيفة، مما يؤدي إلى خلق فرص عمل جديدة[1]، ويتأكد هذا في استثمارات الشركات متعددة الجنسيات في الأنشطة الكثيفة العمالة ذات التوجه التصديري في الدول النامية وبالدرجة الأولى في الصناعات التحويلية[2].

كما يظهر التأثير الإيجابي بصفة غير مباشرة من خلال زيادة إيرادات الدول

(1) جون هدسون، مارك هندنر، " العلاقات الاقتصادية الدولية"، دار المريخ، الرياض، 1987، ص724-725.

(2) مؤتمر الأمم المتحدة للتجارة والتنمية، الاستثمار الأجنبي المباشر والتنمية، سلسلة منشورات الأونكتاد حول القضايا التي تتناولها اتفاقيات الاستثمارات الدولية، الأمم المتحدة، نيويورك وجنيف، 1999، ص64.

المضيفة من تحصيل الضرائب على المستثمرين الأجانب(في حالة عدم تقديم مزايا وإعفاءات ضريبية)، وما ينتج عنه من زيادة الإنفاق الاستثماري، كما أن توسع المستثمرين الأجانب في استثماراتهم في الدول المضيفة سوف ينعكس إيجابا في زيادة مناصب العمل المستحدثة، ويتوقف ذلك أساسا على مدى التحسين المتواصل لمناخ الاستثمار في الدول المضيفة.

وهناك من يرى عكس ذلك، فقد تنسحب الشركات المحلية من السوق نتيجة عدم قدرتها على المنافسة مما يعني فقدان مناصب عمل، ومن الأمثلة الواقعية على ذلك ما حدث في البرازيل بين سنتي 1970 و1975، إذ خرج من السوق ما يزيد عن 300 شركة وطنية تعمل في مجال صناعة الأغذية نتيجة المنافسة التي فرضتها الشركات الأجنبية، كما اختفى من السوق أيضا عددا من المشروعات الصغيرة وتحولت إلى مجرد منافذ لتوزيع منتجات الشركات الأجنبية، كما أوضحت التحقيقات أن استقرار العمل في الشركات الأجنبية هو أقل منه في الشركات المحلية، ويعود ذلك إلى إمكانية تحويل أنشطتها نظرا لخبرتها الدولية[1]. ويضاف للأثر السلبي الناجم عن المنافسة غير المتكافئة، أن مشاريع الاستثمار الأجنبي المباشر قد تكون مساهمتها في التشغيل ضعيفة عند تتطلب عمالة ماهرة ومؤهلة قد لا تتوفر محليا، أو عندما تعتمد على أساليب الإنتاج المتطورة، خاصة وأن أساليب الإنتاج للدول المتقدمة وشركاتها في تجديد دائم.

وتبقى العلاقة بين الاستثمار الأجنبي المباشر والعمالة معقدة، وتحليلها صعب في ظل تباين الآراء السابقة، لكن الملاحظ أن هناك أثرا إيجابيا في العديد من الدول المضيفة، ونقطة الخلاف تكمن في حجم مساهمة الاستثمار الأجنبي المباشر في التوظيف في الدول المضيفة، ويتضح من الجدول رقم (8)، أن تايوان كان المستفيد الأكبر في عدد مناصب العمل المستحدثة من خلال مشاريع الاستثمار الأجنبي

---

[1] سعدي فضيل وبن عامر خالد، مداخلة بعنوان: "أثر الاستثمار الأجنبي المباشر على المتغيرات الاقتصادية في الدول النامية"، الملتقى العلمي الدولي:الاستثمار الأجنبي المباشر ومهارات الأداء الاقتصادي، جامعة بومرداس (الجزائر)، 22/23 أكتوبر 2007، ص6-7.

المباشر، إذ قدرت إجمالي العمالة في المشاريع الأجنبية بأكثر من نصف مليون منصب في الصناعات المصنعة وبأكثر من مليون منصب في كل الصناعات، متبوعة بسيريلانكا ثم الفتنام، مع تسجيل انخفاض عدد المناصب المستحدثة في تركيا في الصناعات المصنعة إلى 31000 منصب، لتقدر بذلك مساهمته في إجمالي التشغيل بـ3.2%، مع الملاحظ أن نسبة مساهمة المستثمرين الأجانب في التشغيل في سيريلانكا تزيد عنها في تايوان نتيجة انخفاض إجمالي العمالة في الصناعات المصنعة وكل الصناعات.

الجدول رقم (8): مساهمة الاستثمار الأجنبي المباشر في مستوى التشغيل في بعض الدول

الدول		إجمالي العمالة في المشاريع الأجنبية بالآلاف		إجمالي العمالة بالآلاف		نسبة مساهمة المستثمرين الأجانب في إجمالي التشغيل %	
		الصناعات المصنعة	كل الصناعات	الصناعات المصنعة	كل الصناعات	الصناعات المصنعة	كل الصناعات
سيريلانكا	1996	197.6	240.2	363.3	1089.0	54.4	22.1
تايوان	1995	517.6	1003.6	2449.0	9045.0	21.1	11.1
تركيا	1990	31.0	-	975.2	-	3.2	-
الفتنام	1995	110.9	144.4	745.0	2707.0	14.9	5.3

Source: unctad, world investment report 1999, p409.

وقد يعود التباين في عدد المناصب المستحدثة من طرف المستثمرين الأجانب في الدول السابقة إلى تباين مستوى استقطابها للاستثمارات الأجنبية المباشرة، أو إلى تباين طبيعة وظروف سوق العمل فيها، مما انعكس في تباين مستويات إشراك عمالة هذه الدول في المشاريع المقامة.

كما تمارس الاستثمارات الأجنبية المباشرة آثارا أخرى غير مباشرة على العمالة في الدول المضيفة تخص الأجور، و تتلخص في النقاط التالية:

– بما أن الأجور في الدول الأم تكون أكبر من الأجور في الدول المضيفة، فإن الشركات متعددة الجنسية تكون مستعدة لدفع أجور أكبر من تلك التي تمنحها شركات الدول المضيفة.

- من أجل جذب اليد العاملة المؤهلة، تعمل الشركات متعددة الجنسية على عرض أجور أكثر ارتفاعا، وهذا يكون خاصة في الأنشطة التي تتطلب التأهيل والخبرة.

- تكون الإنتاجية والمردودية بالشركات متعددة الجنسية أكبر مقارنة بشركات الدولة المضيفة، وبالتالي فإن الأولى يكون بمقدورها دفع أجور أعلى من الأجور التي تدفعها الثانية.

- يكون لسياسية رفع الأجور التي تتبعها الشركات متعددة الجنسيات دور في دفع النقابات العمالية إلى مطالبة شركات الدولة المضيفة برفع الأجور لعمالها[1].

لكن الملاحظ دائما أنه بالرغم من أن مستويات الأجور المدفوعة من الشركات الأجنبية أعلى من التي تدفعها الشركات المحلية، تظل الفروق كبيرة بين أجور العمالة الأجنبية والعمالة المحلية في المشاريع المقامة في الدول المضيفة، كما تبقى ضعيفة مقارنة بمستويات الأجور المدفوعة في الدول الأم، لأن الشركات الأجنبية تسعى جاهدة للاستفادة من انخفاض تكلفة العمالة في الدول المضيفة لتعظيم أرباحها.

2- الأثر على ميزان المدفوعات

يعتبر الاستثمار الأجنبي المباشر حركة لرؤوس الأموال الدولية طويلة الأجل، وللحكم على أثره على ميزان المدفوعات لابد من دراسة شاملة لأثره على كل مكوناته .

<u>2-1 آثاره على الحساب الجاري:</u> تتجلى آثار الاستثمار الأجنبي على الحساب الجاري في النقاط التالية:

أ- الميزان التجاري: يمكن أن يؤثر الاستثمار الأجنبي المباشر بشكل إيجابي أو سلبي على الميزان التجاري، وذلك حسب الحالات التالية:

---

(1) Bernard Hugonnier, Investissements directs, coopération internationale et firmes multinationales, éd: Economica, Paris, 1984 , P 199.

– عند توجيه الاستثمار الأجنبي المباشر وفق إستراتيجية الإنتاج الموجه للتصدير ينعكس ذلك إيجابا في زيادة صادرات الدول المضيفة، مما سيترك أثرا إيجابيا على الميزان التجاري، ويتضح من الجدول رقم (9) أن نسبة مساهمة صادرات مشاريع الاستثمار الأجنبي المباشر في إجمالي صادرات العديد من الدول كانت مهمة، سواء المتقدمة، إذ تصل في كندا، والنمسا، وفرنسا، والولايات المتحدة الأمريكية، والسويد إلى45.5%، و24.7%، و22.4%، و22.3%، و19.7% على الترتيب، أو النامية، إذ تصل في سنغافورة، وماليزيا، والصين، وتايوان، والمكسيك إلى 60.6%، و51%، و36.1%، و26.8%، و18.2% على الترتيب.

الجدول رقم (9): مساهمة مشاريع الاستثمار الأجنبي المباشر في إجمالي صادرات بعض الدول الوحدة: مليون دولار

الدول	ل كندا	النمسا	السويد	فرنسا	و.م.أ	الصين	المكسيك	تايوان	ماليزيا	سنغافورة
السنوات	1994	1996	1994	1992	1996	1997	1993	1995	1994	1996
صادرات المستثمرين الأجانب (1)	83603	23061	14253	50283	136588	74900	11174	22957	28874	44511
إجمالي الصادرات(2)	183707	93401	72279	224833	611800	207251	61477	85743	56590	73465
% (2)/(1)	45.5	24.7	19.7	22.4	22.3	36.1	18.2	26.8	51	60.6

Source: unctad, world investment report 1999, p410.

- صحيح أن الاستثمارات الأجنبية المباشرة قد دعمت صادرات العديد من الدول، لكنها قد تلجأ إلى استيراد بعض مستلزمات الإنتاج من الخارج خصوصا من الدولة الأم لتدعيم صادراتها، لذلك فإن الأثر الصافي لها على الميزان التجاري للدول المضيفة يتمثل في فرق صادراتها عن وارداتها، ويظهر جليا من الجدول رقم (10) أن الاستثمارات الأجنبية المباشرة في الدول المتقدمة أثرت سلبا على ميزانها التجاري، أما في الدول النامية فقد أثرت سلبا على الميزان التجاري للصين والمكسيك، في حين لعبت دورا إيجابيا في تدعيم الميزان التجاري لماليزيا، وتايوان.

الجدول رقم (10): صادرات وواردات المستثمرين الأجانب في عدد من الدول المتقدمة والنامية الوحدة: مليون دولار

الدول	السنوات	إجمالي الصادرات	إجمالي الواردات	الرصيد
النمسا	1996	23061	27059	3998-
اليابان	1995	23917	42383	18466-
الولايات المتحدة الأمريكية	1996	136588	252588	116402-
الصين	1997	74900	77721	2821-
البرازيل	1997	21745	19371	2374
ماليزيا	1994	28874	17584	11290
المكسيك	1993	11174	18081	6907-

Source: unctad, world investment report 1999, p411.

- من الآثار المهمة التي يمارسها الاستثمار الأجنبي المباشر على الميزان التجاري للدول المضيفة مقدار مساهمته في تخفيض إجمالي وارداتها من خلال تمويله لأسواقها المحلية بالسلع والخدمات، ويظهر من خلال الجدول رقم (11) أن مبيعات الشركات الأجنبية المستثمرة في أسواق الدول المُستَثمَر فيها في عام 2005 تعد هائلة، إذ تصل في الو.م.أ، وألمانيا، واليابان، وهونج كونج إلى 2755.9، و805، و317.1، و266.8 مليار دولار على الترتيب، نتيجة اتساع حجم أسواقها بفعل ارتفاع دخل الفرد فيها، وتصل في الهند وسلوفينيا إلى 41.2، و14.9 مليار دولار على الترتيب.

الجدول رقم (11): مبيعات الشركات الأجنبية في أسواق الدول المستثمَر فيها بالمليون دولار في عام 2005

الدول	و.م.أ	ألمانيا	اليابان	هونج كونج	الهند	سلوفينيا
2005	2755941	805005	317192	266827	41237	14954

Source: unctad, world investment report 2008, p283.

- زيادة دخل الدولة المضيفة بسبب وجود الشركات الأجنبية إذا انعكس في زيادة الطلب على الواردات، فإنه ينعكس سلبا على رصيد ميزانها التجاري[1].

(1) جون هدسون، مارك هندنر، مرجع سبق ذكره، ص728.

وبهذا فإن تقدير الأثر الصافي لمشاريع الاستثمار الأجنبي المباشر على رصيد الميزان التجاري للدول المضيفة يعتمد على مقارنة إجمالي صادرات هذه المشاريع بوارداتها، ومدى مساهمتها في تخفيض الاستيراد بتمويلها للسوق المحلي، إضافة مقدار الزيادة في الواردات الناجمة عن زيادة الدخل، ولا شك أن هذا الأثر الصافي لا يخضع فقط إلى إستراتيجية المستثمر الأجنبي، بل يعتمد كذلك على مدى قدرة الدول المضيفة على توفير مستلزمات الإنتاج بتكلفة منخفضة (للحد من استيرادها من الخارج)، ومدى اتساع حجم أسواقها وارتفاع دخل الفرد فيها لتكون حافزا على تمويل أسواقها المحلية، وبمدى قدرتها على توظيف الدخل المتأتي من هذه المشاريع لتدعيم صادراتها والتقليل من الاستيراد.

ب- حساب الخدمات والمداخيل: تحتاج الشركات الأجنبية إلى مجموعة من الخدمات كالنقل، والتأمين، والخدمات المصرفية، فإذا ما اعتمدت على خدمات محلية، فإن ذلك يسجل أثرا منعدما على حساب الخدمات والمداخيل، أما إذا اعتمدت في ذلك على مصادر خارجية فإن هذا يترتب عليه أثرا سلبيا على الحساب المتعلق بالخدمات والمداخيل ككل للدولة المضيفة.

كما أن تحويل الأرباح ومدفوعات خدمة التكنولوجيا إلى الدول الأم من شأنه أن يمارس تأثيرا سلبيا على حساب الخدمات والمداخيل للدول المضيفة، وفي هذا الإطار، فقد قدرت إجمالي استثمارات الولايات المتحدة الأمريكية في أمريكا اللاتينية للفترة (1950-1967) بنحو7473 مليون دولار، في حين بلغت الأرباح المحولة لنفس الاستثمارات وخلال نفس الفترة بنحو 16079 مليون دولار، كما تدفقت خلال الفترة (1978-1980) إلى الدول النامية نحو 6 مليار دولار كاستثمارات مباشرة أسفرت عن أرباح بلغت نحو13 مليار دولار، أعيد استثمار منها 2 مليار دولار فقط، والباقي تم تحويله إلى الدول الأم (المتقدمة). هذا وقد بلغت تكلفة استيراد التكنولوجيا في 16 دولة شملتها الدراسة في آسيا، وإفريقيا، وأمريكا اللاتينية بنحو 5% من إجمالي صادراتها[1]. هذه الإحصائيات تؤكد ارتفاع

---

(1) نزيه عبد المقصود مبروك، "الآثار الاقتصادية للاستثمار الأجنبي"، دار الفكر الجامعي، الإسكندرية، 2007، ص281-282، و485.

الأعباء التي تتحملها الدول المضيفة خصوصا النامية منها جراء ارتفاع حجم الأرباح المحولة ومدفوعات خدمة التكنولوجيا، مما ينعكس سلبا على موازين الخدمات والمداخيل، وفي المقابل يترك آثارا إيجابية على موازين المدفوعات الدول الأم، وهذا ما يشكل استنزافا لرأس مال الدول المضيفة خصوصا النامية منها، ويزداد الأمر سوء إذا تم تمويل هذه المشاريع من المدخرات المحلية.

جـ- حساب صافي التحويلات: في حالة اعتماد الشركات الأجنبية على العمالة الأجنبية، وقامت هذه الأخيرة بتحويل مدفوعات الدخل للخارج، فإن ذلك يترك أثرا سلبيا على حساب صافي التحويلات للدولة المضيفة[1]. ويزداد هذا الأثر سوء في حالة ضعف مهارات وخبرات العمالة في الدول المضيفة (النامية)، مما لا يسمح بإشراكها في مشاريع الاستثمار الأجنبي المباشر، إضافة إلى ارتفاع نفقات الإدارة والخبرات الفنية الأجنبية، والرواتب والأجور الممنوحة للعمالة الأجنبية ككل.

2-2 حساب رأس المال: يظهر الأثر في النقاط التالية:

- يظهر أثر الاستثمار الأجنبي المباشر على حساب رأس المال للدول المضيفة بقيمة التدفقات الواردة إليها منه، وبمدى قدرتها على الحفاظ عليها موجبة ومتزايدة، باستقطاب تدفقات جديدة، أو بنجاحها في إقناع المستثمرين الأجانب بإعادة استثمار الأرباح الناجمة عن الاستثمارات السابقة، وهذا من شأنه تدعيم رصيد حساب رأس المال فيها، ويظهر الجدول رقم (12) أن أغلب الاستثمارات الأجنبية المباشرة هي عبارة عن استثمارات جديدة (مابين 58 و70%)، والباقي عبارة عن قروض بين الفروع، أو أرباح أعيد استثمارها، هذه الأخيرة سجلت نسبة وسطية ضعيفة قدرت بـ22,2% خلال الفترة (1995-2004)، وبالرغم من ارتفاعها بدء من عام 2003 إلا أنها كانت على حساب القروض بين الفروع، مما يؤكد مرة أخرى على أن أغلب الأرباح المحققة في الدول المضيفة يتم تحويلها إلى الخارج (الأرباح إذا أعيد

---

(1) جون هدسون، مارك هدندر، مرجع سبق ذكره ص727.

استثمارها تعتبر استثمارا مباشرا جديدا يدعم رصيد حساب رأس المال، أما إذا تم تحويلها إلى الخارج فإنها تمارس أثرا سلبيا على حساب الخدمات والمداخيل).

الجدول رقم (12): تطور نسب مكونات الاستثمار الأجنبي المباشر للفترة (1995- 2004)

السنوات	1995	1996	1997	1998	1999	2000	2001	2002	2003	2004
استثمارات جديدة %	70	60	58	63	68	61	65	72	71	67
قروض بين الفروع %	13	23	23	30	24	30	32	18	9	0
أرباح أعيد استثمارها %	17	13	19	9	8	9	3	10	20	33

Source: Unctad, world investment report 2005, p11.

كما أن الظروف التي تميز الدولة المضيفة نفسها والتي تتجلى في مدى وجود المناطق الحرة، السياسة الضريبية والجمركية، ومعدلات التضخم...، ففي حالة عدم فعالية متطلبات الاستثمار المختلفة فإن ذلك سيؤدي إلى خروج الاستثمارات الأجنبية المباشرة، وبالتالي التأثير سلبا على حساب رأس المال[1]، كما أن هذه البيئة قد لا تشجع على إعادة استثمار الأرباح وبالتالي تحويلها إلى الخارج، مما ينعكس سلبا على رصيد حساب الخدمات والمداخيل.

وهناك العديد من الدراسات التي تناولت أثر الاستثمار الأجنبي المباشر على ميزان المدفوعات، منها دراسة Lall وStreeten، وكذلك دراسة Sanders وزملائه على بعض الدول النامية، وقد أظهرت وجود تأثير سلبي على كل دول الدراسة، وفي المقابل فقد مارس الاستثمار الأجنبي المباشر أثرا إيجابيا على الدخل في أغلب دول الدراسة، والجدول التالي يوضح ذلك :

---

[1] أليخاندرو لوبيز ميخيا، "التدفقات الضخمة لرأس المال، الأسباب والنتائج ورد فعل السياسة"، مجلة التمويل والتنمية، المجلد 36، العدد3، سبتمبر 1999، ص29-30.

الجدول رقم (13): أثر الاستثمار الأجنبي المباشر على الدخل و ميزان المدفوعات

SANDERS و زملائه			دراسة LALL و STREETEN		
مجال التأثير			مجال التأثير		
ميزان المدفوعات	الدخل	الدول	ميزان المدفوعات	الدخل	الدول
(-) تأثير سلبي	(+) تأثير إيجابي	الهند	(-) تأثير سلبي	(+) تأثير إيجابي	الهند
(-) تأثير سلبي	(+) تأثير إيجابي	الفيليبين	(-) تأثير سلبي	(+) تأثير إيجابي	إيران
(-) تأثير سلبي	(+) تأثير إيجابي	جواتيمالا	(-) تأثير سلبي	(-) تأثير سلبي	كولومبيا
(-) تأثير سلبي	(+) تأثير إيجابي	الأرجنتين	(-) تأثير سلبي	(+) تأثير إيجابي	كينيا
(-) تأثير سلبي	(+) تأثير إيجابي	غانا	(-) تأثير سلبي	(+) تأثير إيجابي	جامايكا
			(-) تأثير سلبي	(-) تأثير سلبي	ماليزيا

المصدر: سعدي فضيل وبن عامر خالد، مرجع سبق ذكره، ص5.

3- أثر الاستثمار الأجنبي المباشر على الوضع التكنولوجي

تعرف التكنولوجيا بأنها فن الإنتاج، أي مختلف الأساليب والوسائل المستخدمة في عملية الإنتاج، أو هي مجموعة المعارف والمهارات اللازمة لصنع منتج معين، وبالتالي امتلاك الآلية اللازمة لإنتاجه، أو هي مزيج الموجودات المادية والموارد البشرية، والقدرة التنظيمية اللازمة لتوليد التكنولوجيا ذاتها واستخدامها بكفاءة في إنتاج السلع والخدمات وتطويرها تماشيا مع الاحتياجات والمتطلبات الاقتصادية والاجتماعية المتنامية[1].

وإذا كان حجم الإنتاج يتحدد بعاملي العمل ورأس المال، فإن عامل التكنولوجيا محدد هام لنجاح أو فشل الاستراتيجيات التنموية، نظرا لمساهمته في النمو الاقتصادي، وتعزيز المنافسة، وتراكم الثروة[2]، لهذا يعتبر موضوع التكنولوجيا ذو

---

[1] نزيه عبد المقصود مبروك، مرجع سبق ذكره، ص444.

[2] Mouhamed mansour kadah, foreign direct investment and international technology transfer to Egypt, working paper 0317, p1.

70

أهمية بالغة سواء للدول المتقدمة وشركاتها التي عززت به من سيطرتها على الأسواق العالمية، وسيكون محددا هاما لاستمرار تنافسيتها مستقبلا، أما الدول النامية، ففي ظل الفجوة التكنولوجية بينها وبين الدول المتقدمة، فقد أدركت أن استيراد هذا العامل واستيعابه يعني إمكانية بناء قاعدة تكنولوجية ذاتية تكون محددا هاما لنجاح خططها التنموية.

ويتم استيراد التكنولوجيا بطرق مختلفة، سواء بالاعتماد على أشكال التعاون الدولي كعقود الترخيص، أو من خلال التواصل مع الخبراء الأجانب والتدريب بالممارسة وتبادل الخبرات، كما يتم استيراد التكنولوجيا من خلال الأشكال المختلفة للاستثمار الأجنبي المباشر التي تنطوي على أنشطة البحث والتطوير.

وبغية تحليل فعالية الاستثمار الأجنبي المباشر كقناة من قنوات استيراد التكنولوجيا من طرف الدول المضيفة خاصة النامية منها، نعرض مختلف الآراء؛ فالرأي الأول يرى أن مشاريع الاستثمار الأجنبي المباشر الوارد إلى الدول المضيفة والتي تنطوي على مستويات عالية من البحث والتطوير تساهم بفعالية في تدعيم وتطوير قدراتها التكنولوجية، فالاستثمارات المشتركة تسمح بخلق احتكاك بين شركات الدول المضيفة والشركات الأجنبية مما يسمح باستيعاب واستخدام التقنيات الحديثة، وبالتالي تطوير مهارات الدول المضيفة وتوليد معارف تكنولوجيا ذاتية، كما يساعد الاستثمار الأجنبي المباشر على خلق منافسة بين فروع الشركات المتعددة الجنسيات و الشركات المحلية مما يشجع هذه الأخيرة على زيادة أنشطة البحث و التطوير الخاصة بها، واستخدام التكنولوجيا القائمة بأكثر كفاءة الأمر الذي يؤدي إلى تحسين جودة المنتجات القائمة وإنتاج منتجات جديدة لحماية نصيبها وأرباحها في السوق المحلي.

وتأخذ الآثار الايجابية لاستيراد التكنولوجيا بواسطة الاستثمار الأجنبي المباشر ثلاثة أشكال تشمل البحوث والتطوير ، والمعرفة الجديدة ، وتراكم رأس المال البشري (انظر الشكل رقم (6)). وطبقا لهذا الشكل ، فإن أنشطة البحوث والتطوير

التي تصاحب الاستثمار الأجنبي المباشر تؤدي إلي خلق منافسة داخل الدول المضيفة، مما يؤدي إلي تشجيع الشركات الوطنية على زيادة أنشطة البحوث والتطوير الخاصة بها، الأمر الذي يؤدي إلي زيادة حجم المعرفة الجديدة، ويترتب على ذلك تحسين جودة المنتجات القائمة وإنتاج منتجات جديدة من ناحية وزيادة إنتاجية عوامل الإنتاج من ناحية أخري، وهو ما يؤدي في النهاية إلي تحقيق معدلات مرتفعة من النمو الاقتصادي.

الشكل رقم (6): الأثر غير المباشر للاستثمارات الأجنبية المباشرة على النمو الاقتصادي

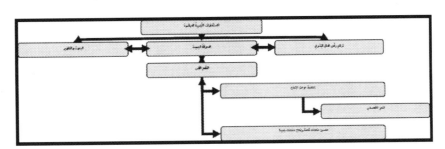

المصدر: مجدي الشوربجي، مداخلة بعنوان: "أثر الاستثمارات الأجنبية المباشرة على النمو الاقتصادي في دول الشرق الأوسط وشمال إفريقيا" الملتقى العلمي الدولي الثاني: إشكالية النمو الاقتصادي في بلدان الشرق الأوسط وشمال إفريقيا، فندق الأوراسي(الجزائر)، 15/14 نوفمبر 2005، ص 264.

أما الرأي الثاني، فيؤكد أن عملية استيراد التكنولوجيا تخضع إلى استراتيجيات الشركات الأجنبية التي ترغب في استمرار تدعيم مركزها الاحتكاري، فعامل التكنولوجيا هو سر تفوقها وتنافسيتها، لذلك من غير المعقول أن تُمِده لشركات الدول المضيفة، بل وتتخذ إجراءات تحول دون استفادة هذه الأخيرة من هذا العامل، كتحويل تكنولوجيا جد متطورة لا تتناسب مع خصائص العديد من الدول المضيفة التي تتميز بغياب الخبرات والمعارف، والكفاءات التي تستوعبها، أو تركيز نشاطات البحث والتطوير في مقرات الشركات الأم في الدول المتقدمة[1]، كما أن المشاريع المملوكة بالكامل للمستثمر الأجنبي لا تسمح بخلق أية علاقات مع الشركات المحلية

[1] Franck moulin, une analyse dynamique du role de l' IDE dans les restructions industerielles dans les pays d' europe C et O, revue d'etudes comparatives East West, 1997,p13.

خاصة إذا اعتمدت في تلبية احتياجات أنشطتها على الاستيراد من الخارج (وهذا ما يلغي أثر الاحتكاك السابق الذكر)، كما قد يمارس الاستثمار الأجنبي المباشر آثارا سلبية على جهود التطوير التكنولوجي في الدول المضيفة ككل، فالشركات الأجنبية بما تمتاز به من قدرات مالية وبشرية وتكنولوجية لن تصمد أمامها الشركات المحلية التي سوف تخرج من السوق بفعل المنافسة غير المتكافئة[1]، وهذا ما يلغي أثر المنافسة الإيجابي السابق الذكر، كما قد تتضمن بعض مشاريع الاستثمار الأجنبي المباشر تحويلا لتكنولوجيا متقادمة لم تعد منافسة، تبقي على الفجوة بين الدول المتقدمة والمضيفة (النامية)، كما تتحمل الدول المضيفة تكاليف وأعباء كبيرة من جراء الاستفادة من التكنولوجيا المستوردة ككل كما تأكد سابقا.

وفي ظل تباين الآراء السابقة الذكر، فإن الدراسات الميدانية في هذا المجال أكدت على أن الاستثمار الأجنبي المباشر لعب دورا في تحويل التكنولوجيا إلى بعض الدول المضيفة، فوفقا لدراسة شملت 56 شركة أمريكية وأوروبية ويابانية مستثمرة في الهند، والبرازيل، وجنوب إفريقيا، ومصر، وتايوان، وهونج كونج، فأن أغلب هذه الشركات تمارس أنشطة البحث والتطوير خارج الدولة الأم ويغلب على هذه البحوث الطابع التطبيقي، بالإضافة إلى إشراكها لمهارات الدول المضيفة بنسبة عالية، واستفادتهم من برامج تدريبية وتطبيقية، كما قامت بتنمية مهارات الموردين للمواد الخام والنصف جاهزة من خلال عقد دورات تدريبية في الطرق الحديثة في النقل والتوزيع والتخزين، كما قامت بتدعيم العديد من جامعات الدول المضيفة ماديا وتكنولوجيا، كل هذا انعكس إيجابا في أن استطاعت العديد من شركات هذه الدول تطوير منتجاتها وأساليب إدارتها على النحو المطبق تقريبا في نظيراتها الأجنبية، وهذا ما ظهر في تايوان وهونج كونج وكوريا الجنوبية[2].

---

[1] Vinish Kathuria, the impact of FDI inflows on R and D investment by medium and high tech firms in India, transnational corporations, volume 17, n 2, August 2008, p48-49.

[2] نزيه عبد المقصود مبروك، مرجع سبق ذكره، ص452.

وما يؤكد ذلك هو أن أنشطة البحث والتطوير لفروع الشركات متعددة الجنسيات لم تعد تتوطن فقط في المركز الرئيسي بالدولة الأم، والدليل هو ارتفاع مساهمة متوسط نفقات البحث والتطوير لفروع الشركات الأجنبية في الدول النامية كنسبة من إجمالي النفقات على البحث والتطوير فيها من 2.3% في عام 1993إلى 17.7% في عام 2002، وقد سجلت معدلات مرتفعة في سنغافورة، والصين، والمكسيك، والأرجنتين، وبالرغم من انخفاضها في تركيا إلا أنها تبقى معتبرة، كما يؤكد ذلك الجدول رقم (14).

الجدول رقم (14): تطور إنفاق فروع الشركات الأجنبية على البحث والتطوير كنسبة من إجمالي الإنفاق على البحث والتطوير في بعض الدول النامية للفترة (1993-2003)

السنوات	1993	1994	1995	1996	1997	1998	1999	2000	2001	2002	2003
متوسط الدول النامية %	2.3	2.3	1.5	2.3	2.5	4.1	11.8	14.3	18.3	17.7	-
الأرجنتين %	-	-	-	14.3	12	15.1	7.1	11.8	16.5	23.2	-
الصين %	-	-	-	-	-	18	19.2	21.6	21.7	22.0	23.7
سنغافورة %	-	-	-	-	-	-	-	-	57.6	52.9	59.8
تركيا %	-	-	-	-	14.8	8.4	7.3	10.6	-	-	-
المكسيك %	-	52.7	29.3	51.3	46.9	38.9	39.9	45.9	32.5	-	-

Source: Unctad, world investment report 2005, p292293-.

وتعتبر سياسة تدويل أنشطة البحث والتطوير للشركات متعددة الجنسية خارج حدود الدول الأم من صميم استراتيجياتها، أي أن ذلك لا يعني أن هذه الشركات تسعى إلى إمداد الدول النامية المضيفة لفروعها بالتكنولوجيا المتطورة، ذلك أن زيادة المنافسة في الدول المتقدمة، وارتفاع تكاليف البحث والتطوير فيها، وندرة

الخبرات العلمية والهندسية بتكاليف تنافسية، كل هذه العوامل جعلت الشركات متعددة الجنسيات تدرك بأن نشاط البحث والتطوير يجب أن يتجزأ ليتم القيام بمراحل معينة منه في مناطق تضمن له أداء أفضل وبتكلفة أقل، ولن يتم ذلك إلا بالوصول إلى مجمعات المواهب المتوفرة في الدول النامية، فقد زادت في هذه الأخيرة نسبة المستفيدين من التعليم العالي، والتعليم المهني والتقني. إذ تشير الإحصائيات أنه خلال الفترة (2001-2002) وصل عدد طلاب التعليم التقني في الصين، وروسيا، والهند كأحسن الدول في العالم إلى 2.58 ، و2.388، و1.913 مليون طالب[1]. ولا شك أن مشاريع الاستثمار الأجنبي المباشر التي تنطوي على البحث والتطوير والمقامة في مثل هذه الدول سوف تنعكس إيجابا في استغلال هذه المواهب ذات التكلفة المنخفضة، وهذا ما سيعزز من تنافسية الشركات الأجنبية، خاصة في ظل تطور تكنولوجيا المعلومات والاتصالات والتي انجر عنها توفير المعلومات عن أفضل مواطن القدرات البحثية في العالم، وفي ظل استمرار تحسن المناخ الاستثماري ككل في هذه الدول.

وأمام إستراتيجية الشركات متعددة الجنسية التوسعية لتلبية احتياجاتها من المهارات والمعرفة المتطورة في بعض الدول النامية، فقد أصبحت هذه الأخيرة مواقع جذابة للاستثمار الأجنبي المباشر الذي ينطوي على التكنولوجيا المتطورة، مما فتح لها المجال (في ظل امتلاكها لبنى بحثية متطورة) لاستيراد التكنولوجيا واستيعابها وبالتالي توطينها في مرحلة أولى، ثم إعادة إنتاجها وتصديرها في مرحلة ثانية، وبذلك فقد نجحت العديد من الدول النامية في الارتباط الإيجابي بشبكة الابتكار العالمية*.

---

[1] Unctad, world investment report 2005, p296

* ظهرت العديد من الشركات في بعض الدول النامية في مختلف المجالات وأصبحت منافسة لشركات الدول الغربية، مثل شركة **ميتال الهندية** في الحديد والصلب (أكبر شركة في هذا المجال عالميا)، الشركة الكورية **سامسونج** في الاتصالات والإلكترونيات، وفي مجال النفط نجد شركة **بتروناس** الماليزية، وشركة **بتروبراس** البرازيلية، وشركة **بترو شاينا** الصينية، أنظر: جاسم المناعي، "التغير في البيئة الاقتصادية الدولية والاقتصادات العربية (الفرص والتحديات)"، صندوق النقد العربي، ماي 2008، ص5.

لكن ذلك لم يُتح لكل الدول النامية، ولا يعود ذلك إلى استراتيجيات الشركات الأجنبية فقط، بل يرجع في جزء مهم منه إلى ضعف قدرات الابتكار والإبداع في الدول النامية نفسها، فالعديد منها لم يعتمد لحد الآن على عامل التكنولوجيا في استراتيجياته التنموية، نتيجة ضعف الإنفاق على البحث والتطوير، وعدم الاعتناء بالمواهب، وغياب ربط الجامعات بمختبرات الشركات الخاصة والعامة، واستمرار هجرة الأدمغة والذي يعتبر تحويلا عكسيا للتكنولوجيا من الدول النامية إلى المتقدمة، كل هذه العوامل جعلت من هذه الدول مهمشة في استقطابها لمشاريع الاستثمار الأجنبي المباشر التي تنطوي على التكنولوجيا المتطورة، وحتى إذا استقطبتها فإنه لا تستطيع الاستفادة منها، فهي غير قادرة أصلاً على استيعاب التكنولوجيا المحولة معها. هذا ما عمق من الفجوة التكنولوجية بينها وبين الدول المتقدمة، وبعض الدول النامية التي نجحت في تطوير تكنولوجيتها الذاتية.

ولكي تعزز الدول النامية من موقعها في استقطاب الاستثمارات الأجنبية المباشرة ذات التكنولوجية المتطورة من جهة، والاستفادة منها في تطوير قدراتها في البحث و الابتكار، لابد من[71]:

- تعزيز الاستثمار في رأس المال البشري، وتحسين إنتاجية العمل، من خلال تطوير مستويات التعليم والتدريب.

- تعزيز الدعم الحكومي لأنشطة البحث والتطوير، كجزء من إستراتيجية طويلة المدى للتجديد التكنولوجي، بتقديم دعم مادي في شكل حوافز مالية للقطاع الخاص في أنشطة البحث والتطوير، بالإضافة إلى تبني تجمعات البحث والتطوير في القطاع العام.

- تشجيع المشاريع المشتركة واتفاقيات استيراد التكنولوجيا مع الشركات الأجنبية.

---

(71) Mouhamed Mansour kadah, Opcit, P9-10.

- تحديد نوع التكنولوجيا الواجب استيرادها والتي تتوافق مع المتطلبات الاقتصادية والاجتماعية والبيئية.

- اعتماد إطار قانوني مشجع للبحث والتطوير، يتضمن إصدار وتطبيق قوانين حماية حقوق الملكية الفكرية.

ولا بد أن تكون هذه السياسات مرتبطة بجهود تحسين المناخ الاستثماري ككل، لأنها المحدد الأساسي لاستقطاب الاستثمارات الأجنبية المباشرة بما فيها التي تنطوي على أنشطة البحث والتطوير، كما يجب أن لا يكون الاعتماد على التكنولوجيا الأجنبية على حساب تطوير القدرات التكنولوجية المحلية، بمعنى أنه مرحلة انتقالية فقط للاستقلال بتكنولوجيا ذاتية يتم الاعتناء بها وتطويرها.

وبين الآراء المؤيدة والداعية إلى ضرورة السعي لاستقطاب الاستثمارات الأجنبية المباشرة لخدمة الأغراض التنموية، والآراء المشككة والمعارضة لذلك، وبما أن المحصلة النهائية لهذه الظاهرة على الدول المضيفة يجب أن تكون إيجابية، فإن ذلك لن يتحقق إلا بالانفتاح الإيجابي على الاستثمارات الأجنبية المباشرة، بتبني مناخ استثماري ملائم بكل مؤشراته السياسية والاقتصادية والاجتماعية والثقافية، والقانونية والتنظيمية، ليشكل إطارا شاملا ومتكاملا لاستقطاب هذه الظاهرة والتفاعل الإيجابي معها بتوجيهها لخدمة خطط التنمية، بما يكفل تعظيم إيجابياتها، وتحجيم سلبياتها، وهذا ما سيتم السعي إلى تبيانه في الفصل الموالي.

الفصل الثاني

مقدمة:

شهد العالم خلال السنوات الأخيرة زيادة هائلة في تدفق الاستثمارات الأجنبية المباشرة، وتعزى هذه الزيادة في جزء كبير منها إلى حقيقة مفادها أن العديد من الدول أصبحت أكثر انفتاحا على الاستثمار الأجنبي المباشر، ولم يعد السؤال المهم هو السماح أو عدم السماح لهذا النوع من الاستثمارات بالدخول إلى مختلف الدول، وإنما كيف السبيل لجذبها؟

تشير الأدبيات الاقتصادية إلى أن ذلك ينصرف إلى مجموعة القوانين والسياسات والهيئات والخصائص الاقتصادية والاجتماعية والهيكلية والسياسية، والتي تشكل في مجملها ما يعرف بـ**"مناخ الاستثمار"**، هذه العناصر المتداخلة تؤثر وتتأثر ببعضها البعض، وجلها متغير، يخلق تفاعلها أوضاعا جديدة بمعطيات مختلفة، وتترجم محصلتها كعوامل جاذبة للاستثمار الأجنبي المباشر أو طاردة له.

ولا يقتصر اختيار البلد المضيف من طرف المستثمر الأجنبي على معرفة البيانات والقوانين والتصريحات الصادرة من هذا البلد، وإنما تتم عملية الاختيار هذه بناء على عدة معايير تهدف كلها إلى قياس وتحديد طبيعة مناخ الاستثمار في البلد المضيف، وتكون صادرة في شكل دراسات ومنشورات تحتوي على عدة مؤشرات من طرف مراكز الأبحاث، وبعض الهيئات الدولية المختصة.

وتلعب الشركات متعددة الجنسيات دورا مهما في الاستثمار الدولي، إذ تجسد نسبا مهمة من مختلف أشكاله خصوصا الاستثمارات الأجنبية المباشرة، ومن الطبيعي أن تتبع في ذلك استراتيجيات في تحديد مناطق الاستثمار حسب أهدافها، ووضعية المنافسة السوقية، وخصائص البلد المضيف، لذلك يشكل مناخ الاستثمار موقعا هاما في إستراتيجياتها.

وعلى ضوء هذا، سيتم التطرق من خلال هذا الفصل إلى مختلف التدابير

اللازمة لجذب الاستثمار الأجنبي المباشر، وأهم المعايير والمؤشرات المستخدمة في تقييم مناخ الاستثمار، وموقع مناخ الاستثمار في إستراتيجية الشركات متعددة الجنسيات، وانعكاس ذلك على الدول المضيفة.

المبحث الأول

التدابير اللازمة لخلق مناخ استثماري جذاب للاستثمار الأجنبي المباشر

شهدت الساحة العالمية تنافسا شديدا بين مختلف الدول لجذب الاستثمارات الأجنبية المباشرة، من خلال تسابقها لتوفير المناخ الاستثماري الملائم وتحسينه باستمرار، تماشيا مع مختلف التغيرات واستجابة لرغبات المستثمرين الأجانب، كون قراراتهم ليست عملية ارتجالية بل تأخذ بعين الاعتبار طبيعة مناخ الاستثمار ومدى ملاءمته لممارسة الأعمال من أجل مواجهة كل الاحتمالات، وبالتالي اتخاذ القرارات الرشيدة.

يعرف **البنك الدولي** مناخ الاستثمار بأنه مجموعة العوامل الخاصة بموقع محدد، والتي تحدد شكل الفرص والحوافز التي تتيح للشركات الاستثمار بطريقة منتجة، وخلق فرص العمل، والتوسع. وللسياسات الحكومية تأثير قوي على مناخ الاستثمار من خلال تأثيرها على التكاليف، والمخاطر، والعوائق أمام المنافسة[1].

وحسب **الانكتاد** Unctad فإن مناخ الاستثمار يتضمن بعدين أساسين في الدول المضيفة، هما[2]:

[1] زايري رابح وبلحسن هواري، مداخلة بعنوان "تحليل المحيط الاقتصادي لبيئة الأعمال وأثره على المؤسسات الصغيرة والمتوسطة في الجزائر"، الملتقى الدولي متطلبات تأهيل المؤسسات الصغيرة والمتوسطة في الدول العربية، جامعة الشلف (الجزائر)، 17 و18 أفريل 2006، ص19.
[2] زايري بلقاسم وزيدان محمد، مداخلة بعنوان " الحكم الراشد ونوعية المؤسسات، هل هي المحددات الحقيقية للاستثمار الأجنبي؟"، الملتقى العلمي الدولي:الاستثمار الأجنبي المباشر ومهارات الأداء الاقتصادي، جامعة بومرداس(الجزائر)، 22-23 أكتوبر 2007، ص02.

*البعد الأول: يتضمن مختلف العوامل الأساسية المؤثرة في القرار الاستثماري، والتي تشمل مستوى الاستقرار السياسي والاقتصادي والاجتماعي، والقوانين المتعلقة بالاستثمارات الأجنبية، والمعايير المطبقة للتعامل مع المستثمرين الأجانب، وسياسات العمل وطبيعة السوق وآلياته، والاتفاقيات الدولية حول الاستثمار الأجنبي المباشر، وبرامج الخصخصة والسياسات التجارية والأنظمة الضريبية.

*البعد الثاني: يتعلق بسمعة الدولة، ونوعية الحياة (مستوى المرافق الاجتماعية المختلفة)، ومستوى دعم الاستثمار وتعزيزه، من خلال تقديم الحوافز المالية كالإعفاءات الضريبية والجمركية، والحوافز التمويلية كمنح قروض بفوائد منخفضة، والإعانات المقدمة للاستثمار.

ولا يمكن أن تؤدي هذه الحوافز أي دور مهم في جلب اهتمامات المستثمرين الأجانب في ظل غياب العوامل الأساسية المشكلة لمناخ الاستثمار.

كما قدمت **المؤسسة العربية لضمان الاستثمار** تعريفا أشمل، ويتمثل في مجمل الأوضاع والظروف المؤثرة في اتجاهات رأس المال وتوطنه، فالأوضاع السياسية العامة للدولة وما تتصف به من استقرار أو اضطراب، والتنظيم الإداري لها وما يتميز به من فاعلية، والأوضاع الاقتصادية التي تتأثر بما حبي به البلد من خصائص جغرافية وديموغرافية، مما ينعكس على توفر عناصر الإنتاج، وما أشاده البلد من بنى تحتية، ثم خطط البلد وبرامجه الاقتصادية وموازناته ومدى مساهمتها في تحقيق نمو مضطرد ومتوازن، وطبيعة السوق السائد بالدولة وآلياته، والنظام القانوني بالدولة ومدى كماله ووضوحه واتساقه وثباته وتوازنه بما ينطوي من حقوق وأعباء[1]. وكل هذه العناصر مترابطة ومتداخلة تؤثر في بعضها البعض، وتترجم في محصلتها كعوامل جذب أو طرد لرأس المال، لذلك ينبغي على الدول التي تسعى إلى جذب الاستثمارات الأجنبية المباشرة أن تأخذ بعين الاعتبار مختلف

[1] مأمون ابراهيم حسن، موضي عبد العزيز الحمود، "مناخ الاستثمار ومأزق التنمية في الوطن العربي"، سلسلة المحاضرات العامة، العدد 07، المعهد العربي للتخطيط-الكويت، أفريل 1994، ص14.

العناصر السابقة مجتمعة بعين الاعتبار، وأن لا تقتصر على بعضها دون البعض الآخر، لبلوغ مستوى الارتقاء والأداء الجيد، وتعميق الثقة في المستثمرين الأجانب.

ولتحقيق ذلك يجب على الدول المضيفة أن تجسد التدابير التالية:

أولا: التدابير الخاصة بالأوضاع السياسية، والاجتماعية، والثقافية

تشكل هذه التدابير أحد النواحي الجوهرية في قرار الاستثمار، باعتبارها انعكاسا مباشرا لمدى استقرار مناخ الاستثمار، وتشمل على:

1- الاستقرار السياسي

تتوقف عملية الاستثمار على مدى توفر الاستقرار السياسي والأمني، إذ لا يمكن تصور انتقال رؤوس الأموال إلى بيئة فاقدة لهذا الشرط حتى في ظل ارتفاع المردودية المتوقعة من عملية الاستثمار، ويعود ذلك إلى:

- اتصاف رأس المال بالحذر والخوف الشديد، وبالتالي فهو يبحث بطبيعته عن الأمان والاستقرار.

- تتطلب عملية استثمار رؤوس الأموال الأجنبية المباشرة أفقا زمنيا متوسط أو طويل الأجل لكي يتمكن المستثمر الأجنبي من تغطية تكاليفه وتحقيق الأرباح.

ولقد أكدت العديد من الدراسات الميدانية على العلاقة السلبية بين جذب الاستثمار الأجنبي المباشر وغياب الاستقرار السياسي في الدول المضيفة، منها دراسة Basi سنة 1963 التي أوضحت أن الاستقرار السياسي يعتبر المحدد الأول أو الثاني للاستثمارات الأمريكية في الدول النامية، كما أكدت ذلك الدراسة التي قام بها Petrochilas سنة 1984 في اليونان للفترة (1955-1978)، وقد تم تدعيم نتائج الدراسات السابقة بأعمال Schneider و Frey سنة 1985 والتي شملت 54 دولة نامية[1].

---

[1] عمر صقر، "العولمة وقضايا اقتصادية معاصرة"، الدار الجامعية، 2000-2001، ص54-55.

ومن بين مظاهر عدم الاستقرار السياسي التعاقب السريع للحكومات مما ينعكس سلبا في عدم استقرار السياسات الاقتصادية وبالتالي عدم وضوح الخطوط العريضة لاقتصادات الدول المضيفة، إضافة إلى انتشار الخلافات السياسية وتحولها إلى عنف، واندلاع الحروب الأهلية.

لذلك فالاستقرار السياسي هو ضمان الحفاظ على رأس مال المستثمر الأجنبي وعدم تعرضه –إضافة إلى مظاهر عدم الاستقرار السابقة– إلى مختلف المخاطر السياسية الأخرى كالتأميم والمصادرة ونزع الملكية، ويتعدى الاستقرار السياسي إلى انعدام المنازعات الإقليمية التي تزيد من احتمالات قيام الحروب، وغياب الانقلابات العسكرية والاغتيالات السياسية، وضرورة تقوية أسس الحكم على مفاهيم المشاركة، والشفافية، والمساءلة، وسيادة القانون، ومحاربة الفساد والبيروقراطية، واحترام حقوق الإنسان، وتدعيم استقلال جهاز القضاء، مما ينعكس إيجابا في اطمئنان المستثمر الأجنبي.

2- العلاقات الاجتماعية والثقافية

تنشأ في إقليم أي دولة علاقات اجتماعية وثقافية، فالقدرة على تسهيل إدماج المستثمر الأجنبي في الوسط الاجتماعي والثقافي للدولة المضيفة لابد أن يكون من ضمن اهتمامات حكوماتها، نظرا لتركيز المستثمر الأجنبي على نمط المعيشة، ونوعية التعليم، ومستوى الخدمات الصحية وتكلفتها، وتوفر دور الثقافة، ومعدل الفقر، ومعدل البطالة، والعادات والتقاليد، ونشاط النقابات العمالية(عدد ومدة الإضرابات)، واللغات المستعملة، ومستوى الجريمة، والتفاوت المسجل في توزيع الدخل، ومدى تفضيل المستهلكين بالدول المضيفة للمنتج الوطني على غيره، ومستوى ترحيبهم بالأجانب ككل[1].

ولابد للدول المضيفة أن تلعب الدور المنوط بها في توفير الأمن والاستقرار الاجتماعيين، ونشر الطمأنينة بين أفراد المجتمع، وتهيئة الرأي العام للتعامل

---

[1] Claude de nehme, stratigies comerciales et techniques internationales, Ed: organisation, Paris, 1992, P88.

الإيجابي مع المستثمر الأجنبي، ومحاربة الفقر والجريمة، وتعميم التعليم ورفع نوعيته، وفتح دور الثقافة، وتحسين الخدمات الصحية وتعميمها.

ولقد توصل **أوجوروا** سنة 1978، و**كونتراكتور** سنة 1991 إلى أن الاستقرار السياسي والاجتماعي على جانب كبير من الأهمية في شرح تمركز الاستثمار الأجنبي المباشر[1]، باعتباره يقلل من حالات عدم اليقين لدى المستثمر المحتمل، ويشجع المستثمر الموجود على زيادة حجم استثماراته وربما إعادة استثمار أرباحه.

ثانيا: الإجراءات الخاصة بالسياسة الاقتصادية والانفتاح على العالم الخارجي

تؤدي السياسة الاقتصادية دورا متميزا في استقطاب الاستثمار الأجنبي المباشر ونموه وتطوره، فالمستثمر الأجنبي يكون شديد الحساسية لمختلف المتغيرات الاقتصادية الكلية من معدل النمو الحقيقي، ومعدل التضخم، وسعر الصرف...، إضافة إلى مدى تكريس الدول المضيفة لمختلف شروط الانفتاح الاقتصادي ومستوى اندماجها الإقليمي والدولي.

1- فعالية السياسة الاقتصادية

تعتبر فعالية السياسة الاقتصادية التي تدعم التوازنين الداخلي والخارجي بمثابة الإشارة الحقيقية للمستثمر الأجنبي على نجاح سلطات الدولة المضيفة وقدرتها على تنفيذ الإصلاحات الاقتصادية السليمة والضرورية، والتي من شأنها تعزيز ربحية الاستثمارات المحلية والأجنبية، وتشمل على:

1-1 حجم السوق واحتمالات النمو: من دون شك فإن الاستثمارات المباشرة شديدة الحساسية لحجم السوق واحتمالات النمو في الدول المضيفة نظرا لما لذلك من انعكاسات واضحة على أدائها وأرباحها، إذ يعكس حجم السوق حجم الطلب المعبر عنه بالكميات وبالقيم، فأحد دوافع الاستثمار هو وجود الطلب الكافي والقادر على تغطية التكاليف، وتحقيق أرباح مقبولة تضمن مردودية الأموال المستثمرة.

---

[1] رضا عبد السلام، "محددات الاستثمار الأجنبي المباشر في عصر العولمة"، المكتبة العصرية، 2007، ص101.

ومن بين المقاييس المستعملة لقياس حجم السوق في الدول المضيفة متوسط نصيب الفرد من الناتج المحلي الإجمالي، كمؤشر للطلب الجاري، كما يستخدم عدد السكان كمؤشر للحجم المطلق للسوق[1]. وحجم السوق يكون أقل أهمية أمام احتمالات تطوره ونموه المضطرد في المستقبل، كون المستثمر الأجنبي يكون أكثر انجذابا للمناطق التي تشهد ديناميكية كبيرة ومستمرة، وتوسعا في أسواقها، وبالتالي توفر فرصا جديدة للاستثمار.

وقد أكدت العديد من الدراسات على علاقة الارتباط القوية بين معدل نمو الناتج وبين الاستثمار الأجنبي المباشر، فنمو الناتج المحلي الإجمالي يؤدي إلى زيادة مستوى دخل الفرد*، مما يجعله يتطلع لأنماط استهلاكية جديدة، وبالتالي ضرورة وجود استثمارات لإشباع هذه الرغبات المتزايدة[2]، كما تشير معدلات النمو المرتفعة للناتج المحلي الإجمالي للدول المضيفة على تمتعها بأساسيات اقتصادية قوية فضلا عن ارتفاع معدل العائد المتوقع من عملية الاستثمار.

2-1 انخفاض معدل التضخم: تؤثر معدلات التضخم المرتفعة سلبا على تدفقات الاستثمار الأجنبي المباشر إلى الدول المضيفة، إذ:

– تؤثر على سياسات التسعير وعلى تكاليف الإنتاج وربحية السوق[3].

– تعتبر معدلات التضخم المرتفعة مؤشرا على عدم الاستقرار الاقتصادي الكلي، وعجز الحكومة في التحكم في السياسة الاقتصادية الكلية[4].

---

(1) أميرة حسب الله محمد، مرجع سبق ذكره، ص35.

* يتأثر نصيب الفرد من الناتج المحلي الإجمالي بكيفية توزيع هذا الناتج، فكلما غابت العدالة في التوزيع كلما تركزت الثروة لدى فئة قليلة من أفراد المجتمع وانعكس ذلك في سوء استخدام هذه الثروة من جهة، ومن جهة أخرى في انخفاض القدرة الشرائية لدى الفئة العظمى من السكان وتهديد السوق المحلية باحتمالات الركود والاختناق نتيجة تراجع الطلب الإجمالي، وما لذلك من احتمالات تهديد الاستقرار السياسي والاجتماعي، وبالتالي عرقلة عملية الاستثمار.

(2) محمد عبد العزيز عبد الله عبد، مرجع سبق ذكره، ص66.

(3) عمر صقر، مرجع سبق ذكره، ص53.

(4) محمد عبد العزيز عبد الله عبد، مرجع سبق ذكره، ص61.

— تؤدي معدلات التضخم المرتفعة إلى تآكل القيم النقدية وتعمل على تشويه الحقائق والبيانات الاقتصادية، مما يعقد في النهاية عملية التنبؤ الاقتصادي، وبالتالي صعوبة إدارة العمليات والأنشطة الاستثمارية.

— قامت بعض الدول بغية السيطرة على التضخم بإتباع سياسات أدت في النهاية إلى حالة من الركود الاقتصادي، مما انعكس في خسائر فادحة تحملها المستثمرون المحليون والأجانب.

- تساهم معدلات التضخم المرتفعة في تشويه هيكل الاقتصاد، إذ توجه المستثمرين إلى الأنشطة ذات الربحية السريعة (كالمتاجرة في العملات والعقارات)، والتخلي عن الأنشطة الإنتاجية الطويلة الأجل.

لذلك كله لابد من تفعيل السياسة الاقتصادية لكبح جماح التضخم من خلال تفعيل استقلالية السلطات النقدية في الدول المضيفة، والتحكم في عجز الموازنة عند الحدود المقبولة، والتحكم في معدل نمو العرض النقدي، مع ضرورة تكامل إجراءات السياستين المالية والنقدية وعدم تعارضهما لكبحه.

3-1 استقرار سعر الصرف: ترتبط تدفقات الاستثمار الأجنبي المباشر سلبا مع تقلبات سعر الصرف، إذ:

- تساهم في انخفاض أو ارتفاع ما يحققه المستثمر الأجنبي من أرباح. فإذا كان هدفه تمويل سوق الدولة المضيفة بالسلع والخدمات فإن العائد يكون بالعملة المحلية وبالتالي فإن التقلبات فيها تنعكس في تقلبات مباشرة في هامش الربح بالعملات الأجنبية، وإذا كان هدفه التصدير فإن تقلبات سعر صرف الدولة المضيفة تؤدي إلى زيادة أو انخفاض تنافسية منتجاتها، وبالتالي التأثير إيجابا أو سلبا على النشاط الاستثماري فيها.

- قد يتم استيراد مستلزمات الإنتاج من الخارج وبالتالي تتأثر تكاليف الإنتاج بتقلبات سعر الصرف[1].

[1] فادية محمد عبد السلام وأحمد جاد كمالي، "السياسات المقترحة لجذب الاستثمار الأجنبي المباشر إلى مصر"، مجلس الوزراء، مركز المعلومات ودعم إتخاذ القرار، مصر، يوليو 2004، ص18.

لذلك يجب على الدول المضيفة أن تحافظ على استقرار سعر صرف عملتها، وعدم المبالغة في قيمتها.

4-1 المديونية الخارجية: لجأت العديد من الدول النامية إلى سياسة الاستدانة من الخارج لتمويل عملية التنمية الاقتصادية، لكن أدى ذلك على تعميق الاختلال الخارجي وزيادة الضغوط على الاقتصاد جراء زيادة خدمات الديون، وفي هذا الإطار ينبغي على الدول التي ترغب في جذب الاستثمارات المباشرة أن تعمل على[1]:

– التنسيق بين الموارد الداخلية والخارجية مع ترجيح دور الأولى بصورة تدريجية.

– اعتماد سياسة ثابتة للاقتراض من الخارج في ضوء قدرة الاقتصاد الوطني على استيعاب هذه القروض، وعدم استخدامها إلا في المشروعات الإنتاجية.

5-1 النظام الضريبي: تعتبر الضرائب من بين الأدوات الهامة للسياسة المالية، وفي مجال الاستثمار فإنها تلعب دور الموجه للاستثمارات، لأنها تدخل في تكوين التكاليف الاستثمارية وتقلل من مستوى العوائد[2].

وتحرص بعض الدول على تقديم عروض ضريبية للمستثمرين الأجانب بهدف تحسين جاذبيتها للاستثمارات مقارنة بالدول المنافسة من خلال سياسة الإعفاءات الضريبية.

إن فلسفة الإعفاء الضريبي على الصعيد الاقتصادي هي خروج عن القاعدة العامة في التكليف، إذ وُجدت لمساعدة ودعم الأنشطة والمشاريع ذات الريعية والربحية الضعيفة، أو تلك التي لا يرغب المستثمرون القيام بها، بسبب ضخامة الأخطار أو صعوبات المكان، وليس من أجل التعويض عن فقدان عناصر أخرى تعيق الاستثمار والتي يمكن معالجتها بطرق وأساليب أخرى[3].

---

(1) مطانيوس حبيب، " أوراق في الاقتصاد السوري"، سلسلة الرضا للمعلومات، دمشق، 2006، ص303.
(2) منذر خدام، "الأسس النظرية للاستثمار"، منشورات وزارة الثقافة، دمشق، 2004، ص50.
(3) إلياس نجمة، "السياسة المالية في سوريا"، ندوة الثلاثاء الاقتصادية، جمعية العلوم الاقتصادية السورية، دمشق، 2003،ص7.

وقد خلصت دراسة قامت بها **المؤسسة العربية لضمان الاستثمار** إلى الحقائق التالية[1]:

– يبحث المستثمر عن الربح بشرط ألا يتحمل في الدولة المضيفة عبئا ضريبيا زائدا عما هو مسموح بخصمه من ضرائب في دولته.

– لا تهم المستثمر القوي الإعفاءات بقدر ما تهمه معقولية النظام الضريبي، وحتى **البنك الدولي** غير راض عن سياسة الإعفاءات الضريبية ولا يرى فيها الوسيلة الأنجع لتشجيع الاستثمارات.

– يأتي ارتفاع الضرائب والرسوم ضمن المجموعة الأولى من بين العوامل المعيقة للاستثمار، وتأتي الإعفاءات الضريبية ضمن المجموعة الأخيرة من بين العوامل المحفزة للاستثمار[2].

وقد أدت سياسة الإعفاءات الضريبية الغير مدروسة في العديد من الدول النامية إلى زيادة عجز الموازنة العامة[*]، واللجوء إلى تغطيته بالإصدار النقدي، مما أدى إلى ارتفاع معدلات التضخم وتهديد الاستقرار الاقتصادي الكلي لهذا ينبغي على الدول التي ترغب في جذب الاستثمار الأجنبي المباشر أن تعمل على:

– تطبيق نظام ضريبي عصري يتصف بالوضوح والشفافية والمرونة والعدالة في التكليف والفعالية.

– ترشيد الإعفاءات الضريبية وربطها بالأولويات الاقتصادية، وإلغاء غير المبرر منها.

---

[1] رسلان خضور، "سياسة الإعفاءات الضريبية والجمركية وآثارها الاقتصادية والاجتماعية (النموذج السوري)"، مجلة بحوث اقتصادية عربية، العدد6، 1996، ص110.

[2] رسلان خضور، "المقومات الاقتصادية الكلية لمناخ الاستثمار"، ندوة سياسات الاستثمار في سوريا،جامعة دمشق، سوريا، 97/03/23، ص24.

[*] أوضح صندوق النقد الدولي أنه يمكن أن تنخفض الإيرادات العامة لبعض الدول المضيفة للاستثمار الأجنبي المباشر بنسبة 10%، بسبب المزايا الضريبية باسم إجراءات تحسين مناخ الاستثمار، أنظر: نزيه عبد المقصود مبروك، مرجع سبق ذكره، ص487.

—العمل على مكافحة التهرب الضريبي من خلال وحدة وتماسك وتجانس التشريعات الضريبية، وتطوير الإدارة الضريبية وتحديثها ورفع كفاءة العاملين فيها.

5-1 ميزان المدفوعات: يعتبر رصيد ميزان المدفوعات من ضمن المؤشرات الهامة التي تعكس الوضعية الاقتصادية الكلية لأي بلد، لذا يهتم المستثمر الأجنبي بوضعيته، فإذا كان يعاني من عجز فمن الممكن أن يتخذ البلد إجراءات تقييدية بغية تعديله قد لا تكون في صالح المستثمر الأجنبي كمنع تحويل الأرباح، أو فرض رسوم جمركية مرتفعة...، وهذا من شأنه إعاقة عملية الاستثمار.

6-1 موارد الأصول: والتي تضم:

*وفرة المواد الأولية: يعتبر توافر المواد الأولية - والتي لا علاقة للإنسان بها - أو القرب منها من ضمن العوامل المفسرة لحركة الاستثمارات الأجنبية المباشرة لضمان التموين وتقليل تكلفة النقل، لذلك كله ظل - ولمدة طويلة - تموقع الشركات الأجنبية في إطار دائرة استغلال المواد الأولية المختلفة لأنها تشكل الشروط الموضوعية للاستثمار.

وقد أثبتت الإحصاءات أن المناطق المتوفرة على المعادن(كالنحاس والنيكل والقصدير والألمنيوم) وكذلك المعادن النفيسة من ضمن المناطق الجذابة للاستثمار[1].

كما أن الموقع المتميز للدولة كمركز جغرافي بين الأسواق الرئيسية والواعدة، أو كبوابة رئيسية للطرق والمطارات والبحار يمكن أن يعطيها ميزة تنافسية في جذب الاستثمار الأجنبي المباشر.

*البنية التحتية: أشار تقرير **البنك الدولي** لسنة 1994 تحت عنوان " منشآت قاعدية

(1) Moin S, Pourquoi ne pas investir en Afrique?, revue: problèmes économiques , n° 2621, 16 Juin 1999, Ed: La documentation française , p14.

من أجل التنمية " على أهمية هذا العامل، إذ أكد على أن " نوعية المنشآت القاعدية تساعد على فهم سبب نجاح بلد معين أو إخفاق بلد آخر في تنويع إنتاجه وتطوير مبادلاته، بمعنى مستوى استثماراته وزيادة معدلات نموه وتقليص مستوى الفقر ...، والمؤكد أن مستوى المنشآت القاعدية والنمو الاقتصادي يسيران بنفس السرعة"[1].

ويمكن التمييز بين فئتين من المنشآت القاعدية، تشمل الأولى المنشآت الاقتصادية كالطرق والمطارات والموانئ والسكك الحديدية، وشبكات الاتصال السلكية واللاسلكية، ومنشآت الري، والطاقة، ومكاتب القانون والمحاسبة ، وتشمل الفئة الثانية على المنشآت الاجتماعية المتعلقة بجوانب الرفاهية كالصحة والتعليم والبيئة وغيرها.

وقد استطاعت عدة دول الاندماج في النظام الاقتصادي العالمي من خلال جذب الاستثمارات الأجنبية المباشرة والاستحواذ على نصيب مرض من التجارة الخارجية نتيجة تحسين هياكلها القاعدية والتي أدت إلى تخفيض التكلفة، وزيادة الكفاءة، والانطلاقة السريعة للمشاريع الاستثمارية (ربح الوقت)، وبالتالي زيادة العائد من الاستثمار.

*اليد العاملة: تتجه الاستثمارات إلى الدول التي تتوفر على يد عاملة رخيصة، وخاصة في الاستثمارات الكثيفة العمالة لأنها تضمن تكلفة أقل وتمنح المستثمر الأجنبي قدرة أكبر على المنافسة[2]. ويجب على الدول المضيفة أن تعمل جاهدة لتطوير وتنمية مهاراتها البشرية لأن انخفاض تكاليف العمالة قد لا يكون محددا هاما للاستثمار الأجنبي المباشر إذا لم تكن هذه العمالة مدربة، من خلال[3]:

[1] المجلس الوطني الاقتصادي والاجتماعي، ملخص التقرير التمهيدي حول الاستثمارات في المنشآت القاعدية ودور الأوساط الاجتماعية والاقتصادية في تسيير الفضاء الأورو-متوسطي، القمة الرابعة للمجالس الاقتصادية والاجتماعية، لشبونة، سبتمبر 1998.
[2] سمير سعيفان، "مقالات في الاقتصاد والإدارة في سوريا"، دار نشر القرن 21، دمشق، كانون الثاني، 2000، ص110.
[3] فادية محمد عبد السلام وأحمد جاد كمالي، مرجع سبق ذكره، ص36.

- تطوير برامج تستهدف المتسربين من التعليم وغير المؤهلين.

- توسيع المجالات التعليمية في التعليم الثانوي.

- تطوير كافة الجامعات لتقوم بجهود البحث والتطوير لخدمة المشاريع الاستثمارية.

- تنظيم برامج لتطوير مهارات العاملين في القطاعات التي تشهد تطورا تكنولوجيا.

إضافة إلى اهتمام المستثمر الأجنبي بمستوى تكوين اليد العاملة وتكلفتها في الدول المضيفة، فإنه يولي كذلك أهمية بالغة لمستوى البحوث والتطوير فيها، مما يحتم على هذه الأخيرة زيادة الإنفاق على البحث والتطوير، وتشجيع مراكز البحث العلمي، هذا ما يجعلها ملتقى أنظار الاستثمارات كثيفة استخدام التكنولوجيا الحديثة، وبالتالي الاستفادة منها في استيراد التكنولوجيا المتطورة واستيعابها.

2- سياسات تعزيز الانفتاح على العالم الخارجي

أكدت العديد من الحقائق التجريبية على أن الدول المنفتحة تنمو بمعدلات أعلى من الدول الأقل انفتاحا، فمع تزايد الانفتاح تزداد فرص التبادل التجاري وانسياب الاستثمارات الأجنبية المباشرة.

ومن الإجراءات الواجب اتخاذها لتعزيز الانفتاح على العالم الخارجي مايلي:

- تطوير النظام المصرفي والسماح بإنشاء مصارف خاصة محلية وأجنبية، وتفعيل أدائها، للارتقاء بمستوى الخدمات المصرفية بهدف تعبئة المدخرات، وتوفير التمويل اللازم للمشاريع الاستثمارية بتكاليف منخفضة، مع تبسيط الإجراءات اللازمة لذلك، بالإضافة إلى إنشاء سوق للأوراق المالية وتطويره، مع توفير مختلف اللوائح المنظمة لعملية التعامل فيه، وتفعيل عملية الإشراف والرقابة لتفادي كل الممارسات الاحتكارية التي تضعفه.

- خلق الشروط الموضوعية للانضمام إلى المنظمة العالمية للتجارة، كالتخفيض

التدريجي للرسوم الجمركية، وإزالة القيود الكمية المباشرة من نظام الحصص وحظر الاستيراد، وتحرير قوانين الاستثمار من القيود ذات الأثر على التجارة الدولية، بالإضافة إلى تحرير تجارة الخدمات المصرفية، والتأمينية، والنقل، والسياحة، والاتصالات، ومختلف الخدمات المهنية كمكاتب الاستشارات الفنية[1].

- الانضمام إلى التكتلات الاقتصادية وتوقيع اتفاقيات ثنائية تكفل حرية تدفق الاستثمارات، مع ضرورة التعاون مع المؤسسات الدولية التي لها دور في عمليات ترويج الاستثمار وتقديم الخدمات الاستثمارية.

- تطبيق سياسات المؤسسات المالية الدولية من إقرار عملية الخصخصة، وتفعيل دور القطاع الخاص، وإلغاء الدعم، وتحرير الأسعار...الخ.

- إلغاء القيود على عمليات تحويل رأس المال والأرباح المتحققة منه، وتخفيف الإجراءات المعقدة من وراء ذلك، كما ينبغي أن تتوافر الدول المضيفة على نسب مهمة من الاحتياطي من العملات الصعبة استجابة لرغبة المستثمر الأجنبي في تحويل الأرباح إلى الدولة الأم والتي تكون بواحدة من العملات الصعبة المتداولة والمقبولة دوليا.

- عقد اتفاقيات لمنع الازدواج الضريبي مع الدول الأم للمستثمرين الأجانب، لتساهم في خفض تكلفة رؤوس الأموال الأجنبية وبالتالي تحفيز تدفق الاستثمارات الأجنبية المباشرة.

- تطبيق المعايير المحاسبية الدولية والتي تسمح للشركات بزيادة احتمالات الاندماج والشراكة، وتخفيض تكلفة رأس المال، وزيادة الشفافية، وزيادة مصداقية القوائم المالية للشركات في الدول المضيفة، وزيادة فهم التقارير المالية وقابلية مقارنة البيانات بين مختلف الدول.

---

[1] أحمد شعبان محمد علي، " انعكاسات المتغيرات المعاصرة على القطاع المصرفي ودور البنوك المركزية "،الدار الجامعية،مصر، 2007،ص37-38.

ويجب أن لا تكون سياسات تعزيز الانفتاح على العالم الخارجي كتبني الخصخصة، والانضمام إلى المنظمة العالمية للتجارة على حساب جهود التنمية في الدول المضيفة، لأن الهدف النهائي من جذب الاستثمار الأجنبي المباشر هو خدمة الأغراض التنموية في الدول المضيفة، كما يجب على هذه الأخيرة أن تعمل على تحقيق أقصى تكامل بين إجراءات السياسات السابقة الذكر مجتمعة مع مبدأ تشجيع الاستثمار وتعزيز مناخ الاستثمار ضمن إطار كلي يخدم جهودها التنموية.

ثالثا: الإطار التشريعي والتنظيمي والتحفيزي

إذا كانت للعوامل السابقة أهمية بالغة في جذب الاستثمار الأجنبي المباشر، فإن العوامل القانونية والتنظيمية تلعب دورا مكملا لها ولا تقل أهمية عنها.

1- النظام القانوني:

تتطلب عملية الاستثمار إعداد تنظيم قانوني متكامل قدر الإمكان يعامل المستثمر الأجنبي على أسس ثابتة وواضحة، ولا يقتصر على تحديد المزايا التي يتمتع بها فقط، بل بجب أن يتسع هذا التنظيم ليشمل مختلف جوانب الاستثمار الأجنبي المباشر بدء بطرق جذبه مرورا إلى طرق معاملته وحمايته (ضمانه)، وانتهاء بتصفيته[1]، ولبلوغ ذلك يجب على التشريعات أن:

- تتميز بالتفاصيل الدقيقة التي تعالج كل المسائل الموضوعية والإجرائية المتعلقة بالعملية الاستثمارية بالإضافة إلى تبنيها للوائح التنفيذية[2].

- تتصف بالديناميكية والعمل على تطويرها بشكل دائم وتحديثها بشكل يتناسب مع التطورات والمستجدات المختلفة[3]، أي من دون المساس بمبدأ استقرار التشريع

---

(1) دريد محمود السامرائي، "الاستثمار الأجنبي المعوقات والضمانات القانونية"، مركز دراسات الوحدة العربية، بيروت، مارس 2006، ص80.
(2) المؤسسة العربية لضمان الاستثمار، "تقرير مقارن عن تشريعات تشجيع الاستثمار في الدول العربية وما يقابله في بعض دول العالم الأخرى"، سلسلة الخلاصات المركزة، الكويت، ص18.
(3) مصطفى العبد اللـه الكفري، "مناخ الاستثمار في سوريا"، ندوة الثلاثاء الاقتصادية والاجتماعية، دمشق، 18-03-2008، ص20.

لتوليد الثقة لدى المستثمر الأجنبي.

- تتصف كل الإجراءات الإدارية (منها المتعلقة بالعملية الاستثمارية) بالشفافية، وأن تبتعد عن التعتيم وعدم اليقين، ويكون ذلك بتطوير وإصلاح الإدارة، من خلال وضع قانون يحدد مهامها الدائم بوضوح، ونموذج يحدد دورها كأداة قائمة على التخطيط والعقلانية بما يتفق مع متطلبات الاستثمار الأجنبي المباشر، وبتعيين موظفين أكفاء وعلى دراية كبيرة بشؤون الاستثمار، باعتماد معايير الكفاءة عند التعيين، والعمل على نقاء هذه الإدارة من أشكال المحسوبية والوساطة والفساد[1].

ولابد من التأكيد على أن تبسيط الإجراءات الإدارية الخاصة بالاستثمار الأجنبي المباشر يجب أن لا تقتصر على فترة الترخيص والتسجيل، بل يجب أن تمتد إلى تشخيص مختلف العوائق والمشاكل التي يمكن أن تواجه المستثمر الأجنبي في مختلف المستويات وإيجاد حلول لها.

- الاستفادة من تجارب بعض الدول التي نصت تشريعاتها على معاملة الخسائر التي يتعرض لها المستثمر الأجنبي في حالات الطوارئ بنفس معاملة المستثمر المحلي، وخضوع المستثمر الأجنبي للدستور وبالتالي تمتعه بأرفع وأسمى قواعد الحماية التشريعية[2].

- تنص على إنشاء هيأة مسؤولة عن تشجيع الاستثمار من حيث تكوينها ومهامها واعتماداتها المالية، وتعتبر الأداة الرئيسية للتعريف بفرص الاستثمار من خلال تنظيمها للملتقيات والندوات والمعارض، كما تعمل على استقبال المستثمرين، وتوجيههم، ومتابعتهم.

---

[1] العماري عمار، مداخلة بعنوان "بعض الملاحظات عن واقع الإدارة العمومية في الجزائر وسبل إصلاحها للاندماج إيجابيا في الحركية العالمية"، الملتقى العلمي الدولي الأول أهمية الشفافية في نجاعة الأداء للاندماج في الاقتصاد العالمي، الأوراسي (الجزائر)، 2003، ص15.

[2] المؤسسة العربية لضمان الاستثمار، "تقرير مقارن عن تشريعات تشجيع الاستثمار في الدول العربية وما يقابله في بعض دول العالم الأخرى"، مرجع سبق ذكره، ص13 و15 و17.

- تنص على إنشاء ما يعرف بالشباك الوحيد(النافذة الواحدة) One stop shop، كجهة إدارية واحدة يتعامل معها المستثمر الأجنبي، وتتكون من ممثلين عن كل الدوائر المعنية بعملية الاستثمار، كإدارة الجمارك، ووزارة المالية، والمصرف المركزي، ووزارة التجارة، وتعمل على تبسيط الإجراءات الإدارية وتلافي مختلف العوائق البيروقراطية.

- تشكل الاتفاقيات الدولية الثنائية والمتعددة الأطراف أداة مهمة لتطوير الاستثمار الأجنبي المباشر لذلك لابد على الدول المضيفة أن تنظم إليها، لتدعم الضمانات المقرة بموجب قوانينها المحلية بالضمانات التي نصت عليها هذه الاتفاقيات، كما تقر أحكاما تحدد الجهة المختصة في الفصل في منازعات الاستثمار الأجنبي المباشر، سواء كانت هذه الجهة قضاء الدولة المضيفة أو جهة قضائية دولية أو هيئة تحكيم متفق عليها[1]. وتضمن الاتفاقيات الثنائية والمتعددة الأطراف المرتبطة بترقية وحماية الاستثمار إعطاء مصداقية أكبر للتشريعات المحلية، فهي توضح الخطوط العريضة القابلة للتطبيق كالحماية من المصادرة والتعويض عن الخسائر، وتحويل الأرباح وإعادة رأس المال إلى الوطن الأم، وتسوية مختلف المنازعات، مما يؤدي إلى زيادة الثقة في نفوس المستثمرين الأجانب.

وتشيرالإحصائيات إلى تزايد عدد الدول التي اتجهت نحو تعديل أنظمتها الاستثمارية لتتلاءم في غالبيتها مع رغبات المستثمرين الأجانب[*]، والجدول رقم (15) يوضح ذلك:

---

(1) دريد محمود السامرائي، مرجع سبق ذكره، ص82.

* لكن لوحظ كذلك فرض قيود جديدة على الملكية الأجنبية في الصناعات الاستخراجية والإستراتيجية، فالجزائر تشترط ملكية للحكومة لا تقل عن51% في مشاريع النفط والغاز، وفي روسيا لازالت تخضع الصناعات الاستخراجية والدفاع للدولة، كما قامت فنزويلا بعمليات تأميم في الطاقة والاتصالات، وقامت بوليفيا بإعادة ملكية احتياطات النفط للشركة الحكومية.

الجدول رقم (15): التعديلات في اللوائح التنظيمية للاستثمار للفترة (1992-2006)

السنوات	92	93	94	95	96	97	98	99	00	01	02	03	04	05	06
عدد الدول التي غيرت أنظمتها	43	56	49	63	66	76	60	65	70	71	72	82	103	93	93
عدد التغييرات في اللوائح التنظيمية	77	100	110	112	114	150	145	139	150	207	247	242	270	205	184
أكثر ملاءمة له	77	99	108	106	98	134	136	130	147	193	234	218	234	164	174
أقل ملاءمة له	0	1	2	6	16	16	9	9	3	14	12	24	36	41	37

المصدر: مؤتمر الأمم المتحدة للتجارة والتنمية، "الشركات عبر الوطنية والصناعات الإستخراجية والتنمية"، تقرير مناخ الاستثمار العالمي لعام 2007، ص15.

ويجب أن يشمل الجانب القانوني إضافة إلى التشريعات الخاصة بالاستثمار الأجنبي المباشر وكيفية معاملته على مختلف التشريعات الخاصة بحماية حقوق الملكية الفكرية، ومنع الاحتكار ودعم المنافسة، ومحاربة القطاع الموازي، وقوانين الشركات والخصخصة، وقوانين تحرير التجارة ورأس المال، ولا يمكن لهذه القوانين أن تمارس تأثيرا إيجابيا في المستثمر الأجنبي إلا إذا تأكد أنه سوف يتم تنفيذها وتجسيدها، لذلك لابد أن تكفل الجهة التنفيذية (الحكومة) تحويل هذه التشريعات إلى إجراءات فعلية واضحة ومستقرة.

ولابد من الإشارة إلى ضرورة أن تراعي التشريعات القانونية المتطلبات السابقة الذكر مع متطلبات الدول المضيفة من الحفاظ على البيئة، وعلى أمن وسلامة اقتصاداتها بتحقيق أهدافها المختلفة كزيادة الصادرات، وتخفيض البطالة، وتحويل التكنولوجيا، ومراقبة المستثمرين الأجانب للتأكد من تنفيذهم لكل الالتزامات المتفق عليها.

2- الإطار التنظيمي

تنص أغلب تشريعات الدول المضيفة على إنشاء هيئة أو جهاز يشرف على تخطيط وتوجيه وترويج الاستثمار الأجنبي المباشر فيها، وتتحدد مهامه في[1]:

- تنظيم وتوجيه الاستثمارات الأجنبية في المجالات الاقتصادية المختلفة.

- منح الموافقات الخاصة بمشروعات الاستثمار بعد دراستها.

- متابعة ومراقبة انجازات المستثمرين الأجانب ومدى تطبيقهم للالتزامات المتفق عليها.

- تقديم المساعدات اللازمة لإجراء دراسات الجدوى التمهيدية وحل المشكلات التي تواجه المستثمر الأجنبي.

- الترويج لفرص الاستثمار داخليا وخارجيا من خلال توفير المعلومات والبيانات المختلفة، ووضع قوائم تحدد ترتيب الأولويات للمجالات الاستثمارية التي يحتاج إليها الاقتصاد، وتركيز جهود جذب الاستثمار في المجالات ذات الأولوية في هذا السياق[2].

وتجدر الإشارة إلى أن الحملة الترويجية يجب أن تشمل جميع الهيئات ذات الصلة، كوسائل الإعلام والمكاتب التجارية في الخارج والسفارات وغيرها من المؤسسات التي يمكن أن تساهم في الترويج لفرص الاستثمار، وتشمل هذه الحملة توفير قاعدة بيانات فعلية وشاملة عن فرص الاستثمار المعروضة في مختلف القطاعات الاقتصادية، بالإضافة إلى مختلف المزايا والحوافز والخدمات الحكومية المتوفرة لخدمة هذه الفرص، مع ضرورة التنسيق بين الوزارات والهيئات الحكومية وبين المستثمرين الأجانب فيما يخص المشاريع المقترح إقامتها، والإشارة إلى التوزيع القطاعي للاستثمارات المنجزة من قبل، والمشاريع التي حققت نجاحا لتكون بمثابة حافز لتشجيع تدفق الاستثمارات الأجنبية المباشرة.

---

[1] عبد السلام أبو قحف، "اقتصاديات الأعمال والاستثمار الدولي"، مرجع سبق ذكره، ص519-521.

[2] "تجارب دولية لتحسين مناخ الاستثمار"، مجلس الوزراء، مركز المعلومات ودعم اتخاذ القرار، مصر، يوليو 2004، ص19.

3- الجانب التحفيزي

قصد دعم تدفق الاستثمار الأجنبي المباشر، تقوم العديد من الدول المضيفة بتقديم حزمة من الحوافز، هذه الأخيرة تساهم في زيادة معدلات أرباح المستثمر الأجنبي، ويمكن تلخيصها في:

3-1 الحوافز المالية: وتتلخص في:

- الإعفاءات الجمركية للواردات من الأجهزة والمعدات سواء عند بداية المشاريع أو في مراحل التوسع[1].

- إعفاء كلي أو جزئي من مختلف الضرائب وفق الأنظمة الضريبية المعمول بها في الدول المضيفة[2].

- تطبيق معدلات ضريبية منخفضة على مشاريع الاستثمار الأجنبي المباشر.

- تخفيض الرسوم المتعلقة باستغلال المرافق العامة كالمياه والكهرباء والغاز.

3-2 الحوافز التمويلية: والتي منها:

- منح قروض بفائدة منخفضة لتمويل مشاريع الاستثمار الأجنبي.

- أولوية تخصيص العملات الأجنبية لشراء مختلف المعدات والتجهيزات.

ويمكن تعزيز ربحية المستثمر الأجنبي بحوافز أخرى كتقديم الأراضي والبنية الأساسية المطلوبة بأسعار منخفضة، وتقديم مساعدات خاصة بالبحوث والدراسات الهادفة إلى توسيع المشاريع القائمة.

ويعتبر دعم تدفق الاستثمار الأجنبي المباشر بالحوافز السابقة الذكر عبئا تتحمله الدول المضيفة لذلك يجب أن يكون العائد النهائي من هذا الدعم أكبر من

---

[1] زينب حسن عوض الله، "الاقتصاد الدولي نظرة عامة على بعض القضايا"، الدار الجامعية، بيروت، 1998، ص391.

[2] OCDE, Fiscalité et investissement direct étranger, L'expérience des économies en transition, 1995, p45.

العبء وإلا فلا داعي لتقديمها، باعتبارها ليست من العناصر المشكلة للقرار الحاسم في الاستثمار من جهة، كما أنها لا يمكن أن تؤدي أي دور مهم في جذب الاستثمار الأجنبي المباشر في ظل غياب المقومات الأساسية لمناخ الاستثمار من الاستقرار السياسي والاقتصادي ووضوح القوانين والتشريعات ....، لذلك لابد من ترشيدها وتقنينها بحيث تكون أداة لتوجيه المشاريع الاستثمارية لخدمة عملية التنمية في الدول المضيفة، من خلال[1]:

- نظرا لتعدد أغراض الاستثمار الأجنبي المباشر، لابد من تحديد الأهداف المراد تحقيقها من هذا الدعم، هذا من شأنه تحديد الحوافز الواجبة التقديم بحيث لا تكون هدفا عاما مجردا، بل تتجه إلى نوعية الاستثمار المراد جذبه طبقا للهدف المعلن.

- يجب أن تكون سياسة دعم الاستثمار الأجنبي المباشر مكملة لسياسة دعم الاستثمار المحلي، وليست متنافسة أو متناقضة معها، وهذا يتطلب عدم التمييز بين الاستثمار الأجنبي والمحلي في الحوافز.

فبالرغم من الاستقرار الذي يتسم به الاستثمار الأجنبي المباشر مقارنة بغيره من التدفقات المالية الدولية فإنه قد ينخفض نتيجة ظروف عالمية أو محلية، كما حدث في سنة 2001 عندما انخفض بنسبة كبيرة مقارنة بسنة 2000، وفي عامي 2008 و2009 مقارنة بعام 2007، لذلك يتحتم على الدول المضيفة عدم التمييز في سياسة الدعم بين الاستثمار الأجنبي والمحلي لتكون المحصلة النهائية زيادة الاستثمارات المحلية وليس هروبها.

- إتباع سياسة تراعي نوعية الاستثمار المراد جذبه وليس فقط كمية الاستثمار الأجنبي المباشر لتحقيق أقصى قدر من الأثر الايجابي على اقتصاد الدول المضيفة،

---

[1] اللجنة الاقتصادية والاجتماعية لغربي آسيا، سياسات جذب الاستثمار الأجنبي والبيني في منطقة الاسكوا: تحسين مناخ الاستثمار الأجنبي المباشر وتعبئة المدخرات المحلية، مع دراسة حالة الأردن والبحرين واليمن، الأمم المتحدة، نيويورك، 2003، ص21-22.

ويتم ذلك بربط سياسة دعم الاستثمار الأجنبي المباشر بالسياسة الاقتصادية الكلية.

ويجب أن لا تكون الحوافز السابقة الذكر محاولة لتعويض العناصر الأساسية لمناخ الاستثمار، كما يجب على الدول المضيفة أن تربط سياسة الحوافز بتحقيق بعض الأهداف الاقتصادية كزيادة التصدير ومستويات التشغيل، وتطوير المناطق النائية، واستيراد التكنولوجيا.

ويلخص الشكل رقم(7) مختلف الإجراءات والسياسات السابقة الذكر:

الشكل رقم(7): المكونات الأساسية لخطة جذب ودعم الاستثمار الأجنبي المباشر

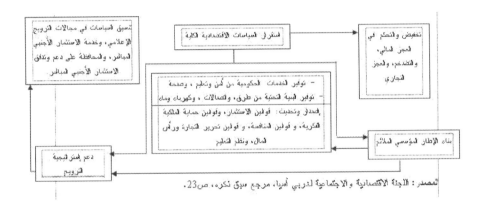

المصدر: اللجنة الاقتصادية والاجتماعية لغربي آسيا، مرجع سبق ذكره، ص23.

وإذا كانت السياسات السابقة الذكر كفيلة بتحسين مناخ الاستثمار وتدعيم نصيب الدول التي تطبقها من الاستثمار الأجنبي المباشر، فإن استفادة الدول المضيفة لا تظهر بمقدار التدفقات الواردة إليها، خاصة في ظل السلبيات التي يمكن أن تنجر عنها، لذلك فإن سياسات تحسين مناخ الاستثمار يجب أن تمتد إلى وضع الأسس السليمة والصحيحة للتعامل مع الاستثمار الأجنبي المباشر من خلال[1]:

---

[1] سعد محمد الكواز، مداخلة بعنوان: "الاستثمار الأجنبي المباشر وآثاره على الأقطار النامية" الملتقى العلمي الدولي الثاني: إشكالية النمو الاقتصادي في بلدان الشرق الأوسط وشمال إفريقيا، فندق الأوراسي(الجزائر)، 15/14 نوفمبر 2005، ص 343.

- وضع ضوابط تلتزم على أساسها الشركات الأجنبية في المساهمة بنقل التكنولوجيا وتدريب العمالة وغيرها من الإسهامات الضرورية للاستثمار الأجنبي المباشر.

- عدم السماح للمستثمر الأجنبي بالسيطرة على القطاعات الإستراتيجية في الأقطار النامية كالطاقة النووية والبترول والشركات الكبرى كونها ترتبط بالأمن القومي.

- توجيه الاستثمار الأجنبي المباشر نحو إقامة مشاريع استثمارية غير تقليدية ولا تؤثر سلبيا على المشاريع القائمة مما يزيد من جدوى هذا الاستثمار وتفعيل دوره الاقتصادي.

- دعم قدرات القطاع الخاص المحلي من قبل الحكومات الوطنية لتفعيل دوره في الإنتاج وإسهامه بشكل اكبر في الاستثمار.

- عدم المبالغة في تقديم المزايا والتسهيلات للمستثمر الأجنبي ذلك أن العوائد التي يحصل عليها اكبر بكثير من الفوائد التي تحققها الدولة المضيفة.

- القيام بدراسات الجدوى الاقتصادية في الدولة المضيفة قبل دخول أي استثمار أجنبي من أجل تحديد أنواع الاستثمارات الواجب جذبها، وبشكل لا يؤثر على المشاريع التي تقوم بها الشركات المحلية.

ويضاف للسياسات السابقة ضرورة تفعيل مراقبة الجهات المسئولة عن الاستثمار في الدول المضيفة لمشاريع الاستثمار الأجنبي المباشر للتأكد من تطبيق المستثمر الأجنبي لكل الالتزامات المتفق عليها معه، والتي منها حماية البيئة، ذلك أن العديد من مشاريع الاستثمار الأجنبي المباشر التي تنشط في بعض المجالات كالصناعات الاستخراجية قد تترك آثارا سلبية على البيئة، مما ينعكس في تحميل الدول المضيفة تكاليف اقتصادية واجتماعية باهظة، إضافة إلى أن السعي لاستقطاب الاستثمارات الأجنبية المباشرة لا يجب أن يكون بداية للتخلي عن تعبئة الموارد المحلية، بل يجب أن يقع على عاتق حكومات الدول النامية مسئولية توفير الموارد اللازمة للتنمية، بتعبئة المدخرات المحلية وزيادة مستويات الاستثمار المحلي، فالاستثمار الأجنبي المباشر لا يشكل بديلا عن الاستثمار المحلي، بل يكون مكملا له .

وساهمت السياسات السابقة الذكر مجتمعة والمستندة إلى الأدبيات الاقتصادية في تحسين المناخ الاستثماري للعديد من الدول، وانعكست إيجابا في الارتقاء بمستوى أدائها واجتذابها للاستثمار الأجنبي المباشر والاستفادة منه.

المبحث الثاني

مؤشرات تقييم مناخ الاستثمار

يسعى المستثمر الأجنبي إلى المفاضلة بين مختلف الدول بناء على توافر مختلف الشروط والمتطلبات التي تضمن سلامة استثماره وزيادة أرباحه، وكاستجابة لذلك نشأت العديد من الهيئات والمؤسسات التي قامت بتطوير مؤشرات تساعدهم على اتخاذ القرارات السليمة والرشيدة، وبالرغم من أن هذه المؤشرات لم تصل لمرحلة الدقة الكاملة والثبات، إلا أن الواقع أثبت أن هناك صلة قوية بين مواقع الدول في هذه المؤشرات وحصتها من الاستثمار الأجنبي المباشر.

أولا: المؤشر المركب لمكون السياسات الاقتصادية لمناخ الاستثمار

قامت المؤسسة العربية لضمان الاستثمار في محاولة منها لقياس أداء الاقتصادات العربية وتوصيف مناخ الاستثمار في عام 1996 بتأسيس مؤشر مركب يقيس درجة التحسن أو التراجع في مناخ الاستثمار، وقد شمل المؤشر ثلاث مجموعات هي السياسة المالية، والسياسة النقدية، وسياسة المعاملات الخارجية*، بحيث[1]:

---

* لا يعكس هذا المؤشر مختلف التطورات الأخرى في مناخ الاستثمار كدرجة الاستقرار السياسي، والتطورات التشريعية والمؤسسية، وتطور مستوى الموارد البشرية، إلا أن المؤسسة تعمل على تقديرها كل سنة من خلال تقارير مناخ الاستثمار الصادرة عنها.

[1] المؤسسة العربية لضمان الاستثمار، تقرير مناخ الاستثمار في الدول العربية لعام 2001، ص49-51.

1- مؤشر رصيد الموازنة العامة كنسبة من الناتج المحلي الإجمالي: يستخدم لتقييم تطورات السياسة المالية،

وتعطى الدرجات حسب تغير المؤشر على النحو التالي:

- انخفاض العجز بأقل من نقطة مئوية واحدة إلى ارتفاع بنقطة مئوية واحدة = الصفر؛

- ارتفاع العجز بأكثر من نقطة مئوية واحدة إلى أقل من خمس نقاط = سالب درجة واحدة؛

- ارتفاع العجز من خمس نقاط مئوية إلى أقل من عشر نقاط = سالب درجتين؛

- انخفاض العجز بنقطة مئوية إلى نقطتين و نصف النقطة = درجة واحدة؛

- انخفاض العجز بنقطتين إلى ثلاث نقاط مئوية و نصف النقطة = درجتان؛

- انخفاض العجز بأكثر من ثلاث نقاط مئوية و نصف النقطة = ثلاث درجات.

2- مؤشر رصيد الحساب الجاري كنسبة من الناتج المحلي الإجمالي: ويستخدم لتقييم تطور

المعاملات الخارجية للاقتصاد، وتعطى الدرجات حسب تغير المؤشر على النحو الآتي:

- ارتفاع العجز بنقطتين مئويتين ونصف النقطة إلى أقل من خمس نقاط = سالب درجة واحدة؛

- ارتفاع العجز من خمس نقاط مئوية إلى أقل من عشر نقاط = سالب درجتين ؛

- ارتفاع العجز بأكثر من عشر نقاط = سالب ثلاث درجات ؛

- انخفاض العجز بأقل من نقطة مئوية واحدة إلى ارتفاع بنقطتين = صفر ؛

- انخفاض العجز بنقطة مئوية واحدة إلى أقل من نقطتين = درجة واحدة؛

- انخفاض العجز بنقطتين مئويتين إلى أقل من أربع نقاط = درجتان؛

- انخفاض العجز بأكثر من أربع نقاط مئوية = ثلاث درجات.

3- مؤشر معدل التضخم: يستخدم لتلخيص تطورات السياسة النقدية في سعيها نحو تدعيم استقرار

التوازن النقدي، وتعطى الدرجات حسب تغير المؤشر على النحو التالي:

-انخفاض معدل التضخم بأقل من نقطة مئوية واحدة إلى ارتفاع بأربع نقاط مئوية و نصف النقطة
= صفر؛

-انخفاض معدل التضخم بنقطة مئوية إلى أقل من خمس نقاط = درجة واحدة؛

-انخفاض معدل التضخم بخمس نقاط مئوية إلى أقل من 25 نقطة = درجتان ؛

-انخفاض معدل التضخم بأكثر من 25 نقطة مئوية = ثلاث درجات.

ويتم قياس التطورات في مناخ الاستثمار بعد حساب المؤشر المركب، وهو متوسط متوسطات المؤشرات الثلاثة السابقة، فإذا كانت قيمته أقل من "1" فإن ذلك يدل على عدم تحسن مناخ الاستثمار، وإذا كانت قيمته محصورة بين (1≤ قيمة المؤشر≥2) فإن ذلك يدل على وجود تحسن في مناخ الاستثمار، أما إذا كانت قيمته بين (2< قيمة المؤشر≥3) فإن ذلك يدل على تحسن كبير مناخ الاستثمار[1].

ثانيا: مؤشر الحرية الاقتصادية[2]

1- تعريف المؤشر:

يصدر معهد "هيرتاج" بالتعاون مع صحيفة "وال ستريت" منذ عام 1995 مؤشر الحرية الاقتصادية لغرض قياس درجة تدخل الحكومة في الاقتصاد وتأثير ذلك على الحرية الاقتصادية لأفراد المجتمع، وقد تصاعد مؤخرا اهتمام الدول بموقعها في هذا المؤشر وقياس درجة تحسنها بمرور السنوات في مجال الحرية الاقتصادية.

2- مكونات المؤشر

يستند هذا المؤشر إلى عشرة مؤشرات فرعية، تشمل كل من السياسة التجارية (معدل التعريفة الجمركية، ووجود حواجز غير جمركية)، والسياسة الضريبية

---

[1] المؤسسة العربية لضمان الاستثمار، تقرير مناخ الاستثمار في الدول العربية لسنة 2001، نفس المرجع السابق، ص52.
[2] المؤسسة العربية لضمان الاستثمار، تقرير مناخ الاستثمار في الدول العربية لسنة 2002، ص99-100.

(معدل الضريبية على الأفراد والشركات)، وحجم مساهمة القطاع العام في الاقتصاد، والسياسة النقدية (معدل التضخم)، وحجم تدفقات الاستثمارات الأجنبية المباشرة، ووضع القطاع المصرفي والتمويل، ومستوى الأجور، وحماية حقوق الملكية الفردية، والتشريعات والإجراءات الإدارية ومستوى البيروقراطية، وأنشطة السوق السوداء.

3-**دليل المؤشر**: يحسب المؤشر بأخذ متوسط المؤشرات الفرعية السابقة، وتمنح هذه الأخيرة أوزانا متساوية، فإذا كانت قيمة المؤشر ما بين "1" وأقل من "2" فإن ذلك يدل على وجود حرية اقتصادية كاملة، وإذا كانت قيمته محصورة بين "2" وأقل من "3" فإن ذلك يدل على وجود حرية اقتصادية شبه كاملة، وإذا كانت قيمته محصورة بين "3" وأقل من "4" فإن ذلك يدل على حرية اقتصادية ضعيفة، أما إذا كانت قيمته بين "4" و"5" فإن ذلك يدل على انعدام الحرية الاقتصادية.

وتعني الحرية الاقتصادية حماية حقوق الملكية الفكرية، وتوفير مجالات لحرية الاختيار الاقتصادي للأفراد وتعزيز روح المبادرة والإبداع، كما تعني غياب الإكراه في عمليات الإنتاج والتوزيع والاستهلاك للسلع والخدمات باستثناء مستلزمات حماية المصلحة العامة، ويعطي مؤشر الحرية الاقتصادية صورة عامة عن مناخ الاستثمار في الدول المضيفة، لأنه يأخذ بعين الاعتبار التطورات المتعلقة بالمعوقات الإدارية والبيروقراطية، ووجود عوائق للتجارة، ومستوى سيادة القانون.

ثالثا: المؤشر المركب للمخاطر القطرية [1]

1- تعريف المؤشر

هو مؤشر لتقييم مستوى المخاطر السياسية والمخاطر المالية والاقتصادية، ويصدر منذ عام 1980 ، ويعتبر مرجعا مهما للباحثين و المستثمرين و أصحاب

---

[1] المؤسسة العربية لضمان الاستثمار، تقرير مناخ الاستثمار في الدول العربية لسنة 2001، مرجع سبق ذكره، ص126-128.

القرار للاستفادة منه في مخططاتهم، كما أنه أداة فنية مهمة لمحللي المخاطر في المؤسسات المالية خاصة تلك التي تعمل في مجال ضمان المخاطر السياسية (مخاطر غير تجارية)، وفي مجال التأمين و إعادة التأمين.

2-مكونات المؤشر :

يستند هذا المؤشر إلى ثلاث مؤشرات فرعية هي:

2-1 **مؤشر المخاطر السياسية:** ويشكل نسبة 50% من هذا المؤشر الإجمالي، يتكون من عدة متغيرات أعطيت لكل منها نقطة محددة، وتشمل درجة استقرار الحكومة، ودرجة استقرار الأوضاع الاقتصادية والاجتماعية، ووجود نزاعات داخلية، ووجود نزاعات خارجية، وتعطى لكل منها 12 نقطة، بالإضافة إلى متغيرات أخرى تشمل كل من مستوى الفساد، ودور الجيش في السياسة، ودور الدين في السياسة، ومستوى سيادة القانون، ومدى وجود النزاعات العرقية، ومصداقية الممارسات الديمقراطية، وتعطى لكل منها 6 نقاط، في حين يعطى لمتغير مستوى البيروقراطية 4 نقاط.

2-2 **مؤشر المخاطر المالية:** ويشكل نسبة 25% من المؤشر الإجمالي، ويتكون من خمسة متغيرات تشمل رصيد الحساب الجاري كنسبة من الناتج المحلي الإجمالي بـ15 نقطة، ونسبة الدين الخارجي إلى الناتج المحلي الإجمالي، ونسبة خدمة الدين الخارجي إلى إجمالي الصادرات، ومدى استقرار سعر الصرف، وتعطى لكل منها 10 نقاط، بالإضافة إلى متغير عدد الأشهر من الواردات التي تغطيها الاحتياطات من العملة الصعبة بـ5 نقاط.

2-3 **مؤشر المخاطر الاقتصادية:** ويشكل نسبة 25% من المؤشر الإجمالي، ويتكون من خمسة متغيرات، تشمل رصيد الموازنة العامة كنسبة من الناتج المحلي الإجمالي بـ15 نقطة، ورصيد الحساب الجاري كنسبة من الناتج المحلي الإجمالي، ومعدل التضخم، ومعدل النمو الحقيقي، وتمنح لكل منها 10 نقاط، بالإضافة إلى نصيب الفرد من الناتج بـ5 نقاط.

3- **دليل المؤشر:** كلما ارتفع دليل المؤشر كلما انخفضت درجة المخاطر، فإذا كانت قيمته محصورة ما بين من "0" وأقل من"50.0" نقطة، فإن ذلك يدل على درجة مخاطر مرتفعة جدا، أما إذا كانت قيمته ما بين "50.0" وأقل من"60.0" نقطة، فإنه يدل على درجة مخاطر مرتفعة، وإذا كانت قيمته ما بين "60.0" وأقل من "70.0" نقطة، فإنه يدل على درجة مخاطر معتدلة، وما بين "70.0" وأقل من "80.0" نقطة، فإنه يدل على درجة مخاطر منخفضة، ومن "80.0" إلى "100.00" نقطة، فإنه يدل على درجة مخاطر منخفضة جدا.

رابعا: مؤشر التنمية البشرية

1- تعريف المؤشر

يصدر عن برنامج الأمم المتحدة الإنمائي، ويعتبر أداة هامة لقياس توجهات التنمية البشرية في العالم، وهو مؤشر مركب يقيس ما تم تحقيقه في الدولة لجهة التنمية البشرية (الصحة والتعليم ونصيب الفرد من الناتج)[1].

2- مكونات المؤشر

يتم احتساب المؤشر المركب للتنمية البشرية على أساس متوسط ثلاث مكونات هي[2]:

- طول العمر (يقاس بمتوسط العمر المتوقع عند الولادة ، ويتراوح في حديه الأدنى والأقصى ما بين 25 سنة و85 سنة).

- المعرفة (تقاس بمعدل الأمية ويتراوح ما بين 0% و100%).

- مستوى المعيشة (ويقاس بنصيب الفرد من الناتج المحلي الإجمالي الحقيقي ويتراوح ما بين 100 دولار و40000 دولار).

---

[1] المؤسسة العربية لضمان الاستثمار، تقرير مناخ الاستثمار في الدول العربية لسنة 2005، ص 99-100.
[2] المؤسسة العربية لضمان الاستثمار، تقرير مناخ الاستثمار في الدول العربية لسنة 2001، مرجع سبق ذكره، ص 116.

3- دليل المؤشر

كلما ارتفع دليل المؤشر كلما دل ذلك على زيادة الاهتمام بالتنمية البشرية، فإذا كانت قيمته "0.80" فأكثر فإن ذلك يدل على أن مستوى التنمية البشرية مرتفع، أما إذا كانت قيمته محصورة ما بين "0.50" و"0.79" فإن ذلك يدل على أن مستوى التنمية البشرية متوسط، ويكون مستوى التنمية البشرية منخفض إذا سجل قيمة أقل من "0.50".

ويستخدم هذا المؤشر من قبل صانعي القرار والمنظمات غير الحكومية وقطاع الإعلام كوسيلة لتحديد السياسات الأكثر جدوى لتعزيز التنمية المستندة إلى الإنسان، إذ يعتبر الإنسان أساس التنمية المستدامة وليس فقط السياسات الاقتصادية، كما يستفاد منه لتبيان الفوارق داخل الدولة وبين المناطق والمجموعات العرقية المختلفة كي تتخذ السياسات اللازمة لتصحيح الخلل.

خامسا: مؤشر مخطر بيئة الأعمال

1-تعريف المؤشر

تقوم شركة BERI الأمريكية بتقديم ثلاثة تقييمات متتابعة لمناخ الاستثمار في كل سنة في العديد من الدول، فمؤشر BERI هو مؤشر حقيقي للمناخ السياسي والاقتصادي للبلدان التي يتّم تصنيفها وفق خمسة عشر معيارا، و يتّم ترجيح كل معيار(مجال الترجيح ما بين 0,5 و 3) حسب درجة أهميته، أما التنقيط فيتراوح ما بين الصفر (مخطر أعلى) و أربعة (مخطر منعدم)، والجدول رقم (16) يوضح ذلك:

الجدول رقم (16): مكونات مؤشر مخطر بيئة الأعمال

المعيار	معامل الترجيح	البلد	
		التقييم	العلامة النهائية
درجة الاستقرار السياسي ؛	03		
الموقف اتجاه الاستثمارات الأجنبية والأرباح الخارجية؛	1.5		
إمكانية التأميم؛	1.5		
التضخم النقدي؛	1.5		
رصيد ميزان المدفوعات؛	1.5		
درجة البيروقراطية؛	10		
احترام العقود؛	1.5		
النمو الاقتصادي؛	2.5		
تكلفة العمل/الإنتاجية؛	20		
جودة الخدمات الإنتاجية؛	0.5		
البنية التحتية؛	10		
الشركاء المحليين؛	10		
توافر القروض قصيرة الأجل؛	20		
توافر الروض طويلة الأجل؛	20		
قابلية العملة للتحويل.	2.5		
المـــجموع			

المصدر: قدي عبد المجيد، مرجع سبق ذكره، ص.55.

2- دليل المؤشر[1]

تصنف الدول وفق هذا المؤشر إلى خمس مجموعات، تضم المجموعة الأولى البلدان ذات مناخ استثماري مناسب ومحفز، ويكون مجموع نقاطها في المؤشر من "86" إلى "100"، وتضم المجموعة الثانية الدول ذات مناخ استثماري ملائم نسبيا ويكون مجموع نقاطها ما بين "70" و"85"، وتضم المجموعة الثالثة البلدان ذات مخطر متوسط، ويكون مجموع نقاطها في المؤشر بين "56" و"69"، وتضم المجموعة الرابعة البلدان ذات مخطر بالنسبة للمستثمرين الأجانب ويكون

---

[1] قدي عبد المجيد، مرجع سبق ذكره، ص255-256.

مجموع نقاطها ما بين "41" و"55"، بينما تضم المجموعة الأخيرة البلدان التي تتميز بمناخ غير ملائم للاستثمار ويكون تنقيطها ما بين "0" و"40".

ويلاحظ من خلال الجدول رقم (16)، بأن مؤشر BERI يولي أهمية كبرى لكل من الاستقرار السياسي، وقابلية العملة للتحويل، ومستوى النمو الاقتصادي، وأهمية أقل للشركاء المحليين، ولجودة الخدمات الإنتاجية.

سادسا: مؤشر الأداء ومؤشر الإمكانات للاستثمار الأجنبي المباشر الوارد

1- تعريف المؤشر

أطلقت **الأنكتاد** في سنة 2001 مؤشر الاستثمار الأجنبي المباشر الوارد لتقييم مدى نجاح جهود الدول في استقطاب الاستثمارات الأجنبية المباشرة، من منظور يحاول مقاربة قوة الدولة الاقتصادية ومدى توافق ذلك مع مساهمة حصتها من الاستثمار الأجنبي المباشر في إجمالي الاستثمار المباشر الوارد عالميا، وفي سنة 2002 راجعت **الانكتاد** هذا المؤشر ليصبح مؤشرين، الأول يقيس الأداء والثاني يقيس الإمكانات[1].

2- مكونات المؤشر [2]

بالنسبة لمؤشر الأداء، فإنه يستند إلى قسمة حصة الدولة من الاستثمار الأجنبي المباشر(FDI_i) إلى الإجمالي الوارد عالميا منه(FDI_w)، مقسوما على حصة الدولة من الناتج المحلي الجمالي(GDP_i) إلى الناتج المحلي الإجمالي العالمي(GDP_w)، وفق الصيغة الرياضية الآتية:

$$IND_i = (FDI_i \div FDI_w) / (GDP_i \div GDP_w)$$

ويؤخذ متوسط ثلاث سنوات للحد من تأثير العوامل الموسمية أو التطورات

---

[1] المؤسسة العربية لضمان الاستثمار، تقرير مناخ الاستثمار في الدول العربية لسنة 2002، مرجع سبق ذكره، ص119.

[2] Unctad, World investment report, 2002, p360.

التي تحدث لمرة واحدة، وكلما حصلت الدولة على مقدار "**واحد**" فما فوق كلما دل ذلك على انسجام قوتها الاقتصادية مع حصتها من الاستثمار الأجنبي المباشر.

أما مؤشر الإمكانات، فإنه يستند إلى عدة متغيرات تشمل كل من معدل نمو الناتج المحلي الإجمالي، ومتوسط دخل الفرد، ونسبة الصادرات إلى الناتج المحلي الإجمالي، وعدد خطوط الهاتف لكل ألف نسمة، وحجم استهلاك الطاقة، والإنفاق على البحوث والتطوير كنسبة من الدخل الوطني، ونسبة الملتحقين بالدراسات العليا للسكان.

3- دليل المؤشر

عندما يتم تصنيف أي بلد وفق مؤشري الأداء والإمكانات فإنه يكون إما في مجموعة الدول السباقة، وهي التي تحظى بمؤشر أداء مرتفع ومؤشر إمكانات مرتفع، أو في مجموعة الدول المتجاوزة إمكاناتها، وهي التي تحظى بمؤشر أداء مرتفع ومؤشر إمكانات منخفض، أو في مجموعة الدول ما دون إمكاناتها، وهي الدول التي تحظى بمؤشر أداء منخفض ومؤشر إمكانات مرتفع، أو في مجموعة الدول متدنية الأداء ، وهي التي تحظى بمؤشر أداء منخفض ومؤشر إمكانات منخفض[1].

سابعا: مؤشر Coface

يقيس مخاطر عدم قدرة الدول على السداد، ويبرز مدى تأثر الالتزامات المالية للشركات بأداء الاقتصاد المحلي والأوضاع السياسية المحلية والعلاقات الاقتصادية مع العالم الخارجي.

1-مكونات المؤشر[2]

يستند المؤشر إلى مؤشرات فرعية تتمثل في العوامل السياسية، ومخاطر

---

[1] المؤسسة العربية لضمان الاستثمار، تقرير مناخ الاستثمار في الدول العربية لعام 2002، مرجع سبق ذكره، ص120.

[2] المؤسسة العربية لضمان الاستثمار، تقرير مناخ الاستثمار في الدول العربية لعام 2006، ص215.

نقص العملة الصعبة، وقدرة الدولة على الوفاء بالتزاماتها المالية الخارجية، ومخاطر انخفاض قيمة العملة المفاجئ الذي يعقب سحوبات رأسمالية ضخمة، ومخاطر الأزمات في القطاع المصرفي.

2- دليل المؤشر

تصنف الدول وفق مؤشر Coface إلى مجموعتين:

*مجموعة درجة الاستثمار(A) وتنقسم إلى:

- A_1 وتدل على أن البيئة السياسية والاقتصادية مستقرة وسجل السداد جيد جدا، وبالتالي فاحتمال بروز مخاطر عدم القدرة السداد ضعيف جدا.

- A_2 وتدل على أن احتمال عدم السداد ضعيف جدا حتى في ظل وجود بيئة سياسية واقتصادية أقل استقرارا أو بروز سجل مدفوعات لدولة ما بدرجة تقل نسبيا عن الدول المصنفة ضمن المجموعة A_1.

- A_3 وتدل على أن بروز بعض الظروف السياسية والاقتصادية غير الملائمة قد يؤدي بسجل المدفوعات المنخفض أصلا إلى أن يصبح أكثر انخفاضا من الفئات السابقة، رغم استمرار استبعاد إمكانية عدم القدرة على السداد.

- A_4 وتدل على أن سجل المدفوعات المتقطع قد يصبح أسوأ حالا مع تدهور الأوضاع السياسية والاقتصادية، ورغم ذلك فإن إمكانية عدم السداد تبقى في حدود مقبولة جدا.

*مجموعة درجة المضاربة وتضم:

- B يرجح أن يكون للبيئة السياسية والاقتصادية الغير مستقرة تأثيرا أكبر على سجل السداد السيئ أصلا.

- C قد تؤدي البيئة السياسية والاقتصادية شديدة التقلب إلى تدهور أكبر في سجل السداد السيئ أصلا.

D - ستؤدي درجة المخاطرة العالية للبيئة السياسية والاقتصادية في دولة ما إلى جعل سجل السداد السيئ جدا، أكثر سوء.

ثامنا: مؤشر " اليورو مني" للمخاطر القطرية

هو مؤشر لقياس قدرة الدولة على الوفاء بالتزاماتها المالية كخدمة الديون الأجنبية وسداد قيمة الواردات أو السماح بتحويل الأرباح، ويصدر عن مجلة "اليورو مني" مرتين سنويا.

1- مكونات المؤشر

يضم المؤشر تسعة مؤشرات فرعية ذات أوزان مختلفة، وقد أولى أهمية كبرى لكل من المخاطر السياسية والأداء الاقتصادي بنسبة 25% لكل منهما، تليها مؤشرات المديونية، ووضع الديون المتعثرة، والتقويم السيادي للقطر بنسبة 10% لكل مؤشر، وتوافر التمويل من القطاع المصرفي للمدى الطويل، وتوافر التمويل للمدى القصير، ووجود الأسواق المالية بنسبة 5% لكل متغير[1].

2- دليل المؤشر

يرتب المؤشر الدول وفق النسبة المئوية التي تسجلها، فكلما ارتفعت النسبة دل ذلك على انخفاض مخاطر عدم السداد و الإيفاء بالالتزامات.

وكلما ارتفعت نسبة عجز الحساب الجاري إلى الناتج المحلي الإجمالي، أو ارتفعت خدمة الدين إلى إجمالي الصادرات، أو نسبة الدين الخارجي إلى الناتج المحلي، وكذا نسبة الديون المعاد جدولتها إلى إجمالي الدين انخفض الرصيد الإجمالي للمؤشر وازدادت مخاطر عدم السداد.

---

[1] المؤسسة العربية لضمان الاستثمار، تقرير مناخ الاستثمار في الدول العربية لعام 2006 المرجع السابق، ص215.

تاسعا: مؤشر التنافسية العالمي[1]

هو مؤشر لقياس قدرة الدول على النمو و منافسة الدول الأخرى والتنمية المستدامة وزيادة الكفاءة الإنتاجية باستخدام أحدث التقنيات وتحسين مناخ الأعمال، يصدر عن المنتدى الاقتصادي الدولي دافوس منذ عام "1979" .

1- مكونات المؤشر

يستند هذا المؤشر إلى اثني عشرة عامل، تشمل وضع المؤسسات، ومستوى تطور البنية التحتية، ومستوى الإبداع، والاستقرار الاقتصادي الكلي، والصحة والتربية، والتعليم العالي والتكوين، وفعالية سوق السلع، وفعالية سوق العمالة، وتطور السوق المالية، والاستعداد التقني، وحجم السوق، وتطور الأعمال، ويتضمن كل منها عدة مؤشرات فرعية، يقدر عددها الإجمالي بـ107

2- دليل المؤشر

ترتبط درجة تنافسية الدولة بدرجة الاستقرار السياسي، ومدى عمق الممارسة الديمقراطية مع الاستقرار الاقتصادي الكلي. وترتب الدول وفق هذا المؤشر إلى دول ذات تنافسية عالية، أو ذات تنافسية متوسطة، أو ذات تنافسية متدنية. ويظهر هذا المؤشر الدور المحوري للتكنولوجيا المتقدمة و المعلوماتية في مجتمع المعرفة لتحقيق التنمية الاقتصادية المستدامة.

عاشرا: مؤشر سهولة أداء الأعمال[2]

يصدر منذ عام 2004 ضمن تقرير بيئة أداء الأعمال سنويا عن مجموعة البنك الدولي ومؤسسة التمويل الدولية.

[1] المؤسسة العربية لضمان الاستثمار، "ضمان الاستثمار"، نشرة فصلية، السنة 25، العدد03، سبتمبر 2007، ص11.
[2] المؤسسة العربية لضمان الاستثمار، "ضمان الاستثمار"، نشرة فصلية، السنة 25، العدد04، مرجع سبق ذكره، ص17.

1- مكونات المؤشر

يتكون المؤشر من عشرة مؤشرات فرعية تضم مؤشر تأسيس المشروع، ومؤشر استخراج

التراخيص، ومؤشر توظيف العمالة، ومؤشر تسجيل الملكية، ومؤشر الحصول على الائتمان،

ومؤشر حماية المستثمر، ومؤشر دفع الضرائب، ومؤشر تنفيذ العقود، ومؤشر إغلاق المشروع، ومؤشر

التجارة عبر الحدود.

2- دليل المؤشر

يدل تصنيف الدول في مؤشر سهولة أداء الأعمال على مدى تمتعها ببيئة أعمال مناسبة وجاذبة

للاستثمار،حيث تدل القيمة الأدنى على بيئة أعمال أفضل والعكس صحيح، وقد منحت للمؤشرات الفرعية

السابقة الذكر أوزانا متساوية، وتحسب قيمة المؤشر المركب لكل دولة من متوسط النسب المئوية

لمؤشراتها الفرعية.

ويعتبر هذا المؤشر نتاج جهود آلاف الاقتصاديين البارزين في العالم، وينظر له كأداة استرشادية في

تقييم تأثير القوانين والإجراءات المتصلة بأداء الأعمال على عملية التنمية الاقتصادية في دول العالم، ويتيح

إجراء المقارنات فيما بينها كما يستعرض تجارب الإصلاح في العديد من الدول.

وما يمكن قوله عن هذه المؤشرات أنها لم تصل إلى مرحلة الدقة الكاملة والثبات، ولا تخلو من

الأخطاء لكنها حتما من "محسنات القرار" أي من الوسائل والأدوات التي يأخذها المستثمر الأجنبي في

الحسبان للاستفادة من مدلولاتها الهامة، وقد أعطت صورة عامة عن مختلف المتغيرات التي يتكون منها

مناخ الاستثمار والواجب التركيز عليها من طرف الدول التي تسعى إلى تحسين مناخها الاستثماري

لاستقطاب الاستثمارات الأجنبية المباشرة.

المبحث الثالث

موقع مناخ الاستثمار في إستراتيجية الشركات متعددة الجنسية

تجسد الشركات متعددة الجنسية نسبا معتبرة من أشكال الاستثمار الدولي منها الاستثمار الأجنبي المباشر، ومن الطبيعي أن تتبع في ذلك استراتيجيات تهدف من خلالها إلى تعظيم أرباحها، وقد تختلف تفاصيل هذه الإستراتيجية من شركة إلى أخرى نظرا لتعدد أشكال الاستثمار، أو لاختلاف خصائص الدول المضيفة، إلا أن هناك عناصر مشتركة تتضمنها هذه الاستراتيجيات نتبينها من خلال هذا المبحث.

أولا: اتخاذ قرار الاستثمار

يرتبط توسيع نطاق أعمال الشركة متعددة الجنسية خارج حدود الدولة الأم بتحقيق الأهداف التالية:

*تعظيم الربح: وهو الهدف الأساسي والرئيسي لتصدير رؤوس الأموال بواسطة الشركات متعددة الجنسية، وتشمل أرباح الفروع والشركة الأم سواء كانت قصيرة أو طويلة الأجل[1]. وتركز أغلبها على تعظيم الربح في الأجل الطويل بتبنيها استراتيجيات بعيدة المدى.

*تدعيم المركز التنافسي وتعظيم المبيعات: يرتبط هذا الهدف بعدة محددات منها حاجة الشركات متعددة الجنسية إلى الاتصال المباشر بالعملاء لتفهم احتياجاتهم، بالإضافة إلى أهمية خدمات ما بعد البيع المقدمة بشكل دوري والتي تحدد المنافسة على المبيعات الدولية، كما تفرض العديد من الدول قيودا على التجارة مما يعرق في النهاية صادرات الشركات متعددة الجنسية إليها[2]، بالإضافة إلى محددات أخرى تتعلق بالدولة الأم والتي قد تنخفض فيها المبيعات نتيجة كساد

[1] مروان نشأت ريال، أثر الشركات متعددة الجنسيات على تطور العلاقات الدولية، رسالة ماجستير، الجامعة الأردنية،1993، ص09.
[2] جون هدسون، مارك هرندر، مرجع سبق ذكره، ص703-704.

اقتصادي، أو تشبع السوق المحلي، أو ظهور سلع بديلة، أو السعي للسيطرة على مصادر الطاقة....، مما يحتم في النهاية على الشركات متعددة الجنسية إنشاء فروع لها في الخارج لتحقيق هذه الأهداف.

وقد تمارس الشركات متعددة الجنسية سياسات خطيرة في سبيل تحقيق هذه الأهداف، مما يعني أنها قد تترك آثارا سلبية على مختلف الجوانب الاقتصادية، والاجتماعية، وحتى الاستقلال السياسي للدول المضيفة، لأن فروع الشركات تجسد استراتيجيات المركز الرئيسي للشركة، هذه الأخيرة في النهاية تجسد سياسات الدولة الأم.

ويتوقف اتخاذ القرار الاستثماري من طرف الشركة متعددة الجنسية، وبالتالي تحقيق الأهداف السابقة الذكر على جملة من العوامل، منها داخلية وأخرى خارجية، ويوضح ذلك الشكل رقم (8).

الشكل رقم (8): العوامل المحددة لاتخاذ القرار الاستثماري في الشركة متعددة الجنسية

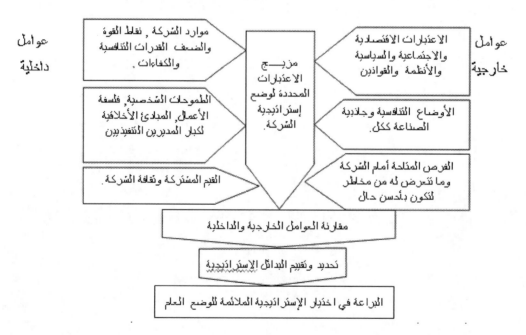

المصدر: أيمن حسن أيوب، نموذج مقترح للتنمية الإدارية في الشركات متعددة الجنسيات، أطروحة دكتوراه، جامعة عين شمس، 2006، ص109.

من خلال الشكل رقم (8)، فإن قرار الاستثمار لدى الشركة متعددة الجنسية يتأثر بالعوامل التالية:

1-العوامل المرتبطة بظروف الشركة:

وتتعلق بالقدرات الإنتاجية ومكانة الشركة في الاقتصاد العالمي، كمدى احتلالها لمركز القيادة التكنولوجي في الدولة الأم، أو تمثيلها لماركة تجارية مشهورة، أو تمتعها بقدرات تسويقية ومالية كبيرة، أو قدرتها على السيطرة على المواد الأولية الأساسية، بالإضافة إلى تمتعها بحجم كبير ومؤثر في السوق، وتعتبر هذه العوامل داخلية بالنسبة للشركة، أي يمكنها التحكم والتأثير فيها.

2-العوامل المرتبطة بالدولة المضيفة:

وهي مختلف العناصر المكونة لمناخ الاستثمار والتي تؤثر على نمو وتوسع الشركة، وتتلخص في الاستقرار السياسي والأمني، وتَوَفُر حزمة من الخدمات الاجتماعية والثقافية التي تسمح بإدماج الشركة في المجتمع، بالإضافة إلى مدى فعالية السياسة الاقتصادية ومساهمتها في تحقيق الاستقرار الاقتصادي الكلي، ومدى استقرار ووضوح قوانين الاستثمار، والوضع التنافسي في سوق الدولة المضيفة وإجمالي الفرص المتاحة أمام الشركة. وتعتبر هذه العوامل خارجية بالنسبة للشركة متعددة الجنسية، وبالتالي تتجه إلى الاستثمار في الدول التي تتوفر على مناخ استثماري ملائم.

وتسعى الشركات متعددة الجنسية إلى الاستغلال الأمثل لإمكانياتها الذاتية، عن طريق الوصول إلى أفضل مواطن الاستثمار التي تتيح لها مختلف المزايا(أين تكون العوامل الخارجية ملائمة).

ثانيا: سياسات التخطيط الاستراتيجي في الشركة متعددة الجنسية

يعتبر التخطيط الاستراتيجي الرابط الأساسي بين الشركة ومناخ الاستثمار،

ويركز التخطيط الاستراتيجي على الأبعاد التالية[1]:

- قياس الفرص والتهديدات في مناخ الاستثمار للدول المضيفة.

- تحديد الفرص البديلة للاستثمار مع تحديد عوامل القوة و الضعف في صيغ الاستثمار المطروحة للمفاضلة.

- التعرف على أساليب المنافسة الدولية، وتحديد التنبؤات والسيناريوهات للاستثمار مستقبلا.

- تحديد السياسات العامة للاستثمار مع وضع خطة عامة قصد تحديد الأهداف والمصالح المشتركة للدولة المضيفة و القائم بالاستثمار (الشركات).

ويحتاج التخطيط الإستراتيجي إلى قاعدة بيانات، ومراكز دعم قرارات الاستثمار، ونظم وأطر كفؤة وخبيرة، فهو يتضمن عددا من المعايير منها: المعاملة الضريبية، و تكلفة التمويل، والربحية و تقييم المخاطر كالمخاطر السياسية مثلا.

1- تفاصيل الخطة الإستراتيجية للشركة متعددة الجنسية

تتضمن الخطة الإستراتيجية لكل شركة متعددة الجنسية عناصر مشتركة هي:

1-1 التخطيط: تسعى كل الشركات إلى وضع خطط إستراتيجية عامة تكون أداة استرشاد للإدارة تساعدها على اتخاذ القرار السليم، وبما يسمح بالاستغلال الأمثل لمواردها المالية وقدراتها الفنية، ويعتمد هذا التخطيط على سرعة تدفق المعلومات من مختلف الدول التي يكون للشركة فروعا فيها، وذلك للتأكد من أن الخطة الموضوعة تلاءم الظروف والمتغيرات على المدى المتوسط والطويل[2].

2-1 تحديد صورة الاستثمار الواجبة التجسيد: تفاضل الشركة بين الاستثمارات الرامية إلى إحلال الواردات وتلك الموجهة للتصدير، فيتخذ القرار في

---

[1] فريد النجار، مرجع سبق ذكره، ص61.
[2] الأمانة العامة لاتحاد الغرف العربية الخليجية، "دور الشركات المتعددة الجنسية في التنمية الاقتصادية"، الدمام، 1989، ص07.

الأولى بسبب ارتفاع تكاليف النقل، أو الاختلافات في تكاليف العملية الإنتاجية بين الدولة الأم والدولة المضيفة، أو لوجود حواجز جمركية وغير جمركية، أو لوجود خطر يهدد بفقدان السوق التصديرية للشركة بفعل المنافسة. أما الاستثمارات الموجهة نحو التصدير، فالغاية منها بيع المنتجات في سوق الدولة الأم أو أسواق أخرى، أو لغرض إنتاج أجزاء لتجميعها في بلدان أخرى[1].

1-3 التمويل: تقوم الشركة متعددة الجنسية بتمويل عملياتها الاستثمارية في البلدان المضيفة في إطار خطة مالية شاملة، تركز من خلالها على مصادر التمويل المتوفرة في الدول المضيفة، سواء عن طريق الاقتراض من المصارف المحلية، أو إصدار أوراق مالية في السوق المالية المحلية، وهذا لا يعني أن الشركات متعددة الجنسية لا تملك إمكانيات مالية، فالعديد منها يفوق مجموع أصولها ميزانية العديد من الدول النامية. وإنما الغاية من ذلك تحقيق الربحية بأقل تكلفة ممكنة(الاستفادة من انخفاض تكلفة التمويل في الدول المضيفة) وبالتالي إحكام السيطرة، وتجنب مشاكل تحويل رؤوس الأموال[2].

ومن شأن هذه السياسة أن تؤدي إلى خلق تشوهات في اقتصاد الدول المضيفة، بسبب امتصاص مصادر رأس المال فيها، وتحويل الأرباح إلى الخارج .

1-4 السياسات الإدارية والتنظيمية: يتم إخضاع فروع الشركة متعددة الجنسية إلى المركز الرئيسي اعتمادا على تطور وسائل الاتصال الدولية، وتحقق سياسة إنشاء الفروع وتنظيمها للشركة الأم مزايا عديدة، هي[3]:

- يكون توزيع الفروع نتيجة دراسة معمقة حول توفر ظروف وعوامل الإنتاج من رؤوس الأموال الضخمة، واليد العاملة المتخصصة، والتجهيزات والطاقة، وهذا

[1] مركز الأمم المتحدة المعني بالشركات عبر الوطنية، "الشركات عبر الوطنية في التنمية العالمية، الدراسة الثالثة"، الأمم المتحدة، نيويورك، 1983، ص256-257.
[2] زينب حسن عوض الله، الاقتصاد الدولي، مرجع سبق ذكره، ص187.
[3] جورج الراسي، "الاشتراكية والشركات متعددة الجنسية"، دار الثورة للصحافة والنشر، 1977، ص101، و103، و116، و117، و135.

التوزيع يكون حسب قدرة كل سوق على توفير هذه العناصر.

- الأخذ بعين الاعتبار المخاطر المترتبة على التواجد في بلد واحد.

- قد تُستعمل بعض الفروع بغرض التمويل وتحويل الأرباح، فقد يستدين فرع في بلد ما أين أسعار الفائدة منخفضة ويمول بها فرعا آخر لنفس الشركة في بلد آخر أين أسعار الفائدة مرتفعة، أو لوجود قيود على عمليات الاقتراض. وقد يكون الهدف الرئيسي من إنشاء بعض الفروع هو جمع الأرباح، إذ تقام في الدول حيث الضرائب منخفضة، أو غير موجودة أحيانا كحالة الجنات الضريبية في سويسرا والباهماس وغيرها.

وتعطي الأمثلة السابقة مدى الديناميكية المدهشة والقدرة الكبيرة للشركات متعددة الجنسية على التكيف، مع العلم أن توزيع الأسواق بين الفروع لا يسمح بقيام منافسة بينها، بل هدفه استغلال كل المزايا واستخدام طاقات الإنتاج لأقصى مدى ممكن.

5-1 **سياسات التسويق:** تضع الشركة متعددة الجنسية برامجها التسويقية على أساس خطة سنوية مرنة تراعي ظروف وأوضاع السوق العالمية المتغيرة والمتطلبات والقدرات الإنتاجية والتنافسية لها.

وتختار الشركة مابين إستراتيجية التخصص أو التنويع، ففي حالة[1]:

*إستراتيجية التخصص: تتمحور جهود الشركة على سوق واحدة أو عدد قليل من الأسواق، وتستعين الشركة في هذه الإستراتيجية بالمزايا التالية:

- التحكم في التكاليف: بمعنى الإنتاج بأقل تكلفة ممكنة مقارنة بمنافسيها.

- تمييز الأسواق: باعتبار أن السوق سوف يكون الوحيد للشركة لذلك لابد أن يتم اختياره بدقة لتأخذ وضعية احتكارية فيه.

---

[1] Pesco berho Corinne, Marketing international ,2eme edition, Ed: Dunod, Paris, 1997, P31.

وقد تكون إستراتيجية التخصص في مجال الإنتاج، فتتمحور جهود الشركة على إنتاج منتج واحد، لكن تسويقه يتم إلى عدة أسواق[1].

*إستراتيجية التنويع: تعني للشركة تسويق منتجاتها إلى أسواق متعددة، ذلك أن عملية تنويع الأسواق تسهل من عملية التسويق.

وتختار الشركة بين إحدى الإستراتيجيتين، فالأولى تعني تخصيص الموارد المتاحة على سوق واحد أو عدد قليل من الأسواق، هدفها الحصول على حصة هامة ودائمة فيها. أما الثانية فتعني تقسيم الجهود التسويقية على العديد من الأسواق. إلا أنه وبمرور الوقت يمكن أن تصل كلا الإستراتيجيتين إلى نفس عدد الأسواق وهذا ما يوضحه الشكل رقم(9).

الشكل رقم(9): إستراتيجية التخصص والتنويع

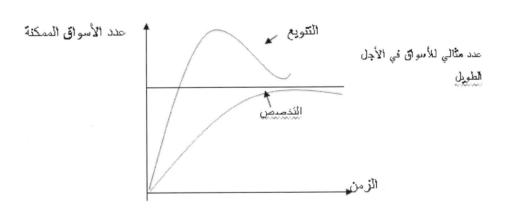

Source: Pasco Berho, Marketing International ,Opcit, p 32

من خلال الشكل رقم(9)، نلاحظ بأن إتباع إستراتيجية التنويع يؤدي إلى تخلي الشركة عن بعض الأسواق في مرحلة التوسع، في حين أن إستراتيجية التخصص

---

[1] محمد عبد الرحمن، "أثر الشركات المتعددة الجنسية على التنمية والعلاقات الدولية"، تقرير مجموعة كبار خبراء الأمم المتحدة، المنظمة العربية للعلوم الإدارية، ص149-150.

122

تتميز بتقدم ملحوظ في البداية لتبقى منتظمة فيما بعد عند مستوى العدد المثالي للأسواق في المدى الطويل.

2- إستراتيجية منافسة الشركات الأخرى

تنشأ منافسة كبيرة بين مختلف الشركات متعددة الجنسية هدفها زيادة الأرباح والسيطرة على مزيد من الأسواق، هذا ما يؤدي في النهاية إلى تراجع ترتيب العديد منها عالميا وظهور شركات أخرى، ويتضح ذلك جليا في الجدول رقم (17).

الجدول رقم (17): تطور ترتيب بعض الشركات عالميا حسب معيار قيمة الأصول بين سنتي 1990 و2002

الشركات التي تحسن ترتيبها عالميا	General electric de19 ā 1, British petroleum de6 ā 4, Royal dutch shell de6 ā 5, Volkswagen de16 ā 11, News corps de23 ā 21, Total fina ELF de17 ā 8.
الشركات التي تراجع ترتيبها عالميا	Ford de2 ā 3, General motors de3 ā 5, Simens de14 ā 17, Fiat de13 ā 19.

Source: Fabrice mazerolle, cours de l`economie internationale,ed: economica, Paris, juin 2008, p236.

ومن بين الاستراتيجيات التي تعتمد عليها الشركات متعددة الجنسية لتعزيز مكانتها العالمية ما يلي:

2-1 التجديد: معظم الشركات متعددة الجنسية هي إما شركات ضخمة أو تمارس نشاطاتها في قطاعات متطورة حيث يلعب التجديد دورا أساسيا وهاما، أو تتضمن الميزتين معا. ويعتبر سلاح التجديد من بين الأسلحة الهامة المستخدمة في الصراع على الأسواق، فبفضل تطوير الأبحاث بشكل دائم وتنظيم شبكة للدعاية والإعلان تحافظ الشركة على موقعها في السوق[1]، لهذا تتسابق كل الشركات إلى تطوير أبحاثها وتخصص لذلك مبالغ مالية ضخمة، كما تلجأ إلى إقامة مراكز للبحث في الدول التي تمتلك مصادر هامة على صعيد الباحثين مما يضمن لها استغلالها وبالتالي ضمان التجديد المستمر.

---

(1) جورج الراسي، مرجع سبق ذكره، ص87.

2-2 **التكامل الرأسي:** يكون من خلال قيام الشركة الأم بإنشاء فروع في الدول المضيفة لتزويد الشركة الأم أو الفروع الأخرى بمدخلات العملية الإنتاجية وإحكام السيطرة على المواد الخام[1]، ويعتبر سلاحا هجوميا للشركات متعددة الجنسيات التي تسعى إلى مراقبة أسواقها ومواردها والسيطرة عليها، وبالتالي تهديد منافسيها، ويظهر هذا جليا في تسابق الشركات الكبرى إلى السيطرة على مصادر الطاقة العالمية.

2-3 **إستراتيجية التركيز والتمايز:** تكون من خلال تركيز الشركة على قطاع معين تستخدم معه إستراتيجية القيادة في التكاليف والتي تعني أن تخفض من تكلفتها حيث يمكنها بيع منتجاتها بأقل من السعر الخاص بالمنافسين وتحقيق قدر كبير من الربح. أو إستراتيجية التمايز وذلك من خلال إيجاد درجة عالية من التمايز لمنتجاتها عن تلك التي يقدمها المنافسون، حيث يمكن للشركة حينئذ أن تحدد السعر وعدد الوحدات المباعة[2].

ثالثا: تسيير المخاطر من طرف الشركات متعددة الجنسية وأثره على الدول المضيفة

تخضع الشركات متعددة الجنسية نتيجة تجسيدها لاستثماراتها في الخارج لمختلف القواعد القانونية السارية، والقيود الضريبية والنقدية المطبقة، كما أنها عرضة لمختلف الحالات الطارئة كالأزمات السياسية وظروف الحرب والاضطرابات الاجتماعية، مما يحتم عليها في النهاية تبني استراتيجيات للتعامل مع مختلف المخاطر الحادقة بها.

1- تسير المخاطر السياسية والاجتماعية

تتمثل المخاطر السياسية والاجتماعية في إمكانية قيام حرب، والاضطرابات الداخلية والاجتماعية كالمظاهرات وأعمال العنف، والحروب الأهلية، والنزاعات العرقية، والأزمات السياسية التي من شأنها أن تخلق جوا من التوتر وعدم الاستقرار، إضافة إلى إمكانية اتخاذ الدول المضيفة لبعض الإجراءات القانونية

(1) جون هدسون، مارك هرندر، مرجع سبق ذكره، ص701.
(2) أيمن حسن أيوب، مرجع سبق ذكره، ص112.

تحقيقا لمنفعتها العامة ومصالحها الوطنية كالتأميم والمصادرة ونزع الملكية[1]. وتتعامل الشركات مع المخاطر السابقة بالطرق التالية:

أ- تقوم الشركات متعددة الجنسية بإجراء دراسة لمناخ الاستثمار بما في ذلك الأوضاع السياسية والاجتماعية في البلد الذي تنوي الاستثمار فيه، وتتخذ قرار الاستثمار بناء على ذلك، فإذا كان البلد يعاني من وضع سياسي وأمني غير مستقر نتيجة حرب ، تتخذ الشركة قرارا بعدم الاستثمار، وتسمح هذه الطريقة للشركة بالمفاضلة بين عدة دول قبل اتخاذها لقرار الاستثمار.

وتستعين الشركات متعددة الجنسية ببعض الهيئات المتخصصة، مثل **Nord Sud export**، التي يقوم بترتيب الدول وفق سبعة مستويات حسب درجة المخاطر، فإذا كان المستوى "1" أو "2" فإن هذا البلد يجب اجتنابه، أما إذا كان المستوى "7"، فهذا يدل على وضع الثقة، أي يمكن للشركة الاستثمار، والتصدير، وإنشاء مصارف، كما يتضح من الجدول رقم (18).

الجدول رقم (18): اتخاذ قرار الاستثمار والتصدير وإنشاء المصارف بناء على مستويات المخاطر وفق Nord Sud export

مستوى الخطر	القرار*
1 (خطير)	بلد يجب اجتنابه
2 (جد مرتفع)	بلد يجب اجتنابه
3 (مرتفع)	ضرورة التأمين
4 (مرتفع بما فيه الكفاية)	ضرورة التأمين
5 (معتدل)	ضرورة التأمين
6 (ضعيف)	الثقة
7 (تشبه المخاطر الموجودة في الدول الصناعية)	الثقة

Source:J.P le maire, Développement Internationale de l'entrepris stratégie d'internationalisation, Dunod, France, 1997,P58.

---

(1) Michel jura, Technique financière international, 2ème édition, Ed: Dunod, Paris, 2003, p323-324.

*يضم المؤشر الكلي ثلاث مؤشرات فرعية، تشمل إمكانية الاستثمار، وإمكانية التصدير، وإمكانية إنشاء مصرف، وتعطى لكل منها قيمة ما بين "1" و"7"، وبالتالي فالقرار مستقل في كل منها، أي يمكن أن نجد في نفس البلد إمكانية للتصدير إليه مع عدم إمكانية الاستثمار.

ويتضح من خلال الجدول رقم (18) أن هناك بلدان يمكن الاستثمار فيها، أو التصدير إليها، أو إنشاء المصارف فيها، وبلدان يجب اجتنابها كما توجد بلدان يمكن ممارسة الأنشطة السابقة الذكر فيها لكن بشرط التأمين. وتأخذ الشركات متعددة الجنسية كل هذه المعطيات بعين الاعتبار لضمان سلامة وأمن مختلف عملياتها ونشاطاتها.

ب- ضمان الاستثمار الأجنبي ضد المخاطر السياسية: تلجأ الشركات متعددة الجنسية إلى تغطية استثماراتها من المخاطر السياسية من خلال الضمانات، والتي تشمل على:

*ضمان شركات التأمين: تقوم بعض شركات التأمين التابعة للدول المتقدمة بتقديم ضمان للاستثمارات الأجنبية المباشرة ضد المخاطر السياسية والاجتماعية كالتأميم والخسائر الناتجة عن الحروب والمظاهرات، وغالبا ما تتجاوز نسبة التعويض90% من الخسائر، وتمتد هذه التغطية ما بين 10 و20 سنة، وتتراوح تكلفة الضمان ما بين 0,5 و1% من قيمة الاستثمار. ومن أمثلة هذه الهيئات نجد **Coface**، هذه الأخيرة تقوم بتسيير الضمان، أما القرارات فتتخذها الدولة الفرنسية بناء على ما تم إبرامه من اتفاقيات مع مختلف الدول لحماية الاستثمارات من المخاطر السياسية، وتوجد شركات تأمين أخرى خاصة، إذ عرف سوق التأمين تطورا هائلا منذ سنة 1970، ومن بينها **KALGوLioydi**، هذه الأخيرة تقدم تأمينا للاستثمارات ضد المخاطر السياسية مع العلم أن التكلفة تتجاوز ما هو معمول به في Coface [1].

*الاتفاقيات الثنائية ومتعددة الأطراف لحماية الاستثمارات: تقوم الدولة الأم للشركات متعددة الجنسية بإبرام اتفاقيات ثنائية ومتعددة الأطراف مع العديد من

---

(1) Yves simon, Delphine lautier, Opcit,p796 &797 .

الدول المضيفة، لحماية شركاتها من مختلف المخاطر السياسية، فوفقا لهذه الاتفاقيات تتحدد طريقة معاملة الشركات الأجنبية، وبالتالي تستطيع أن تحصل على تعويض فعال وسريع وكافي في بعض الحالات كالتأميم مثلا وفقا لما تم الاتفاق عليه.

*الضمانات المقدمة من طرف **الوكالة الدولية لضمان الاستثمارات** (MIGA): تقوم الوكالة بضمان الاستثمارات المتدفقة إلى الدول النامية ضد التأميم والمصادرة والنزاع المسلح والثورات الشعبية، وتتراوح مدة الضمان بين 3 و20 سنة، وتمتد ضمانات الوكالة إلى عقود الترخيص، وعقود المساعدات التقنية، وهو ما لا تختص به Coface[1].

جـ- بالإضافة إلى التقنيات السابقة، تستعمل الشركات متعددة الجنسية بعض السياسات مثل[2]:

- الحد من رؤوس الأموال المستثمرة والاعتماد على رؤوس الأموال المحلية، وتفضيل استئجار المباني والمعدات على شرائها، واستعمال تجهيزات مهتلكة جزئيا.

- تجنب توطين المشروع الاستثماري في بلد واحد، فتوقف فرع من الفروع في بلد ما نتيجة حرب أو تأميم ...، لا يؤدي إلى توقف الشركة كليا لوجود فروع مماثلة له في دول أخرى[3].

كما تقوم الشركات متعددة الجنسية بمحاولة تعزيز سلطتها لحماية نفسها من المخاطر السياسية باستخدام النفوذ السياسي بإشراك أصحاب القرار من شركاء محليين لتوفير الحماية في الحالات الطارئة.

---

(1) Ibid, p799.

(2) Henri Bordinat et autres, Gestion financière Internationales, les Variables , les décisions financières de l'entreprise internationale, Ed: Dunod, Paris, 1998 p130.

(3) تيودور موران، ترجمة جورج خوري، "الشركات متعددة الجنسيات، الاقتصاد السياسي للاستثمار الأجنبي المباشر"، دار الفارس، عمان، الأردن، 1994، ص157.

2- تسيير المخاطر الاقتصادية

قد تتعرض الشركات متعددة الجنسية نتيجة مباشرة أنشطتها في الدول المضيفة للعديد من المخاطر الاقتصادية، كالتضخم، ومخاطر سعر الصرف، ومختلف القيود المفروضة على تحويل الأرباح، وارتفاع معدلات الضرائب ...، وللحد من التأثير السلبي للمخاطر والقيود السابقة الذكر على أنشطتها وعملياتها تقوم بتوزيع فروعها في العديد من الدول، هذه الفروع تعمل تحت سيطرة مركزية موحدة (المركز الرئيسي) في إطار إستراتيجية كلية هدفها تعظيم أرباح الشركة الأم.

ولا يمكن أن تتم سياسة توزيع وتوطين مختلف الفروع دون دراسة، بل تتم وفق إستراتيجية مبنية على استغلال الفروق والاختلافات القائمة بين الأنظمة المالية والنقدية المختلفة في الدول المضيفة، مدعومة بخلق علاقات مالية وتجارية بين هذه الفروع، بحيث[1]:

- تتمثل العلاقات المالية في تحريك مبالغ مالية ضخمة بين فروع الشركة.

- تتمثل العلاقات التجارية في استعمال تقنية التلاعب بأسعار التحويل، وهي الأسعار التي تتبادل بموجبها فروع الشركة المنتجات والخدمات والتي لا علاقة لها بأسعار السوق.

وتعتبر العلاقات التجارية وسيلة لتجسيد العلاقات المالية، فبيع منتجات بين فرعين يؤدي إلى انتقال مبلغ من المال بينهما.

وتسمح هذه النظرة الكلية للشركة متعددة الجنسية واستغلال هذه العلاقات بتحقيق:

2-1 الحد من الأعباء الضريبية: نظرا لاختلاف النظم الضريبية في الدول التي تتوزع عليها فروع الشركة متعددة الجنسية من حيث معدلات الضرائب المفروضة أو الإعفاءات الممنوحة، تقوم الشركة بغية التخفيف من الأعباء

---

[1] جورج الراسي، مرجع سبق ذكره، ص125-126.

الضريبية بنقل أرباح الفروع المختلفة إلى الفروع التي تنشط في ظل أفضل النظم الضريبية[1]. وبهذه الطريقة تستطيع الشركة متعددة الجنسية أن تستغل إلى أبعد الحدود هذه الفروق بحيث لا تظهر أرباحها إلا حيث الضريبة أقل.

وقد قامت العديد من الشركات متعددة الجنسية بإنشاء فروع في بعض المناطق المعروفة بالجنات الضريبية **كسويسرا ولوكسمبورج، وبناما، وجزر الأنتيل الهولندية** لجمع الأرباح فيها، نظرا للمزايا الضريبية التي تتيحها هذه المناطق.

2-2 التحايل على قيود تحويل رأس المال والأرباح: يتم استخدام أسلوب نقل رؤوس الأموال بين الفروع من خلال التحكم في أثمان السلع والخدمات المتبادلة بين الفروع نفسها، إذ يتم نقل الأموال بالتقنيات السابقة الذكر من الفروع الموجودة في البلدان التي تشترط إعادة استثمار الأرباح مثلا، إلى فروع أخرى في دول لا تشترط ذلك.

وقد قامت بعض الفروع الموجودة في الدول التي تفرض قيودا على إعادة تصدير رأس المال بشراء تجهيزات من الشركة الأم (أو أحد الفروع الأخرى في دول أخرى)، وبطلب مساعدات تقنية، وقامت بإعداد فواتير بمبالغ خيالية كسياسة لتصدير الأموال والأرباح للشركة الأم (أو الفروع الأخرى) في ظل القيود المفروضة.

3-2 الحد من مخاطر التضخم وسعر الصرف: عند بداية ارتفاع معدلات التضخم أو ظهور بوادر انهيار قيمة عملة إحدى الدول المضيفة، تصدر الشركة الأم أوامر إلى فروعها المتواجدة في هذه الدولة بتحويل أصولها المالية السائلة إلى فروعها المتواجدة في دول أخرى تعرف استقرارا نقديا.

وتستخدم في ذلك الشركة متعددة الجنسية عدة أساليب منها زيادة الأرباح التي يوزعها الفرع (عن طريق السحب من الاحتياطي) والتي يتم تصديرها كلها أو

[1] حسام عيسى، "الشركات المتعددة القوميات"، المؤسسة العربية للدراسة والنشر، بيروت، ص186.

معظمها إلى الشركة الأم، كما قد تأمر الفرع بتسديد ما عليه من ديون تجاه الشركة الأم والفروع الأخرى، بل وإلى التعجيل بالوفاء بالديون الآجلة[1]. أما إذا كان هذا الفرع دائنا للفروع الأخرى، فإن الشركة الأم تصدر أمرا بتأجيل الوفاء بهذه الديون حتى تستقر الأوضاع النقدية في الدولة المضيفة التي يتواجد فيها.

وتدل السياسات السابقة الذكر على قدرة الشركات متعددة الجنسية على التكيف مع المتغيرات الخارجية في إطار سياسة كلية هدفها زيادة أرباحها، دون مراعاة أهداف الدول المضيفة، مما ينعكس سلبا على الأوضاع الاقتصادية في الدول المضيفة، فالتهرب من الضرائب ينعكس سلبا في انخفاض الإيرادات العامة، كما أن تحويل الأرباح وامتصاص رؤوس الأموال المحلية من شأنه أن ينعكس سلبا على موازين مدفوعاتها، ومن ثم انهيار قيمة عملاتها.

وباعتبار الشركات متعددة الجنسية المجسد الرئيسي للاستثمار الأجنبي المباشر، فإن السياسات السابقة الذكر تؤكد مرة أخرى حقيقة المخاوف والشكوك التي أبداها الكثير من الاقتصاديين في جدوى توظيف هذا العامل لخدمة الأغراض التنموية في الدول المضيفة له، خاصة ما تعلق بأثره السلبي على ميزان المدفوعات نتيجة استخدامها للسياسات السابقة الذكر، والتي تسمح لها بتحريك مبالغ ضخمة بين الفروع والمركز الرئيسي، لذلك يجب أن يقترن السعي لجذب الاستثمارات الأجنبية المباشرة بإجراءات تنظيمية وتوجيهية، وذلك بإرفاق سياسات تحسين مناخ الاستثمار بشروط محددة ومدروسة لتلافي هذه السلبيات(كما تم التأكيد سابقا)، وخصوصا في حالة الدول النامية منها العربية، التي دخلت في منافسة شديدة لاستقطاب الاستثمارات الأجنبية المباشرة، ويأتي الفصل الموالي لتقدير وتقييم موقعها في هذه الظاهرة.

---

[1] حسام عيسى، نفس الرجع السابق، ص193-194.

الفصل الثالث

مقدمة

لم يلق الاستثمار الأجنبي المباشر كامل الترحيب من طرف الدول العربية حتى نهاية الثمانينات إذا استثنينا الحجم الضئيل منه والذي تجسد في قطاع النفط في دول الخليج والجزائر وليبيا، وبعض الدول التي انفتحت مبكرا عليه كمصر وتونس*، مع تسجيل فرض العديد من القيود، نتيجة عدة عوامل ميزت هذه الفترة، منها سيادة مفاهيم التنمية الذاتية والاعتماد على الذات، بالإضافة إلى الاعتماد المتزايد على مصادر التمويل الدولية الأخرى كالقروض والمساعدات، وسيادة الاعتقاد الجازم بسلبية آثار الاستثمار الأجنبي المباشر على الدول المضيفة منها العربية، لهذا استخدمت هذه الأخيرة على غرار العديد من الدول النامية مختلف الأساليب المعادية له من تأميم ومصادرة واستيلاء ...وغيرها.

لقد شكلت نهاية الثمانينات بداية لتسابق العديد من الدول العربية لاستقطاب الاستثمار الأجنبي المباشر والإقرار الفعلي لسياسة الباب المفتوح أمامه بسبب الظروف التي سادت الساحة العالمية من زيادة حدة العولمة، وزيادة الاعتماد المتزايد عليه كأحد مصادر التمويل الدولية، إضافة إلى انهيار أسعار النفط في عام 1986، مما جعل الحاجة لجذب الاستثمار الأجنبي المباشر أمرا لا مفر منه سواء للدول العربية النفطية منها وغير النفطية، والتي أولت اهتماما متزايدا لخلق بيئة استثمارية مواتية من خلال صياغة القوانين والتشريعات الخاصة به، وإقرار إصلاحات اقتصادية كلية، ومنح عدة ضمانات وحوافز مع عقد اتفاقيات ثنائية ودولية لحمايته.

---

* قدر متوسط التدفق السنوي من الاستثمار الأجنبي المباشر للفترة (1980-1985) إلى الجزائر، والمملكة العربية السعودية، وعـمان، وليبيـا، ومصـر وتونس بـ77، و85، و136، و408، و665، و212 مليون دولار على الترتيب، أنظر:
Unctad, Transnational corporations as engines of growth, world investment report, United Nations, New York, 1992, p312-314.

وبناء على ما تم ذكره، سيتم التطرق من خلال هذا الفصل لعرض تقييمي لجهود الدول العربية في تحسين مناخها الاستثماري، وانعكاس ذلك على تطور نصيبها من الاستثمار الأجنبي المباشر، مع التركيز على الفترة ما بعد عام 1990، لأنها تشكل المرحلة التي أولت فيها أغلب الدول العربية أهمية لجذبه.

المبحث الأول

تطورات مناخ الاستثمار في الدول العربية

سعت الدول العربية بمستويات مختلفة ولازالت تسعى على اختلاف خصائصها ودرجات النمو فيها إلى إتباع أنجع الوسائل واتخاذ أكثر التدابير المناسبة لجذب الاستثمار الأجنبي المباشر، بتحسين أوضاعها السياسية والاجتماعية، وبتبني سياسات الإصلاح الاقتصادي، وبتحسين واستكمال أطرها القانونية والمؤسسية والإجرائية.

وسيتم التطرق من خلال هذا الجزء إلى تسليط الضوء على التطورات الحاصلة في البيئة الاستثمارية العربية نتيجة الجهود المبذولة.

أولا: تطورات المناخ السياسي والاجتماعي

تشهد الدول العربية أوضاعا سياسية واجتماعية مختلفة من دولة لأخرى، وتتصف بأنها دائمة التغير والسرعة لاشتراك العديد من العوامل المتداخلة فيما بينها لتحديدها.

1-   المناخ السياسي

بالرغم من الجهود المبذولة من طرف الدول العربية في مجال إصلاح جوانبها السياسية، إلا أن العالم العربي لا زال يعاني من:

● ضعف الارتقاء بالإصلاحات السياسية لإشراك القوى الفاعلة والكفاءات في رسم السياسات الاقتصادية والسياسية الصحيحة، وعدم إمكانية معالجة السلبيات

وكشف الممارسات الفاسدة، لغياب مفهوم المواطنة، وتكافؤ الفرص، وحرية التعبير، نتيجة ضعف المشاركة الشعبية وأداء منظمات المجتمع المدني، وضعف استقلال جهاز القضاء، إلى جانب عدم ارتقاء مستوى سيادة القانون، وضعف تطبيق الحقوق السياسية والمدنية، واحترام حقوق الإنسان، وضعف فعالية الحكومة والذي أدى إلى ضعف نوعية الخدمات العامة كالرعاية الصحية، وضعف أداء القطاع العام، إضافة إلى تفشي البيروقراطية والتعقيدات الإدارية والروتين الخانق على مستوى كل المصالح والأجهزة الحكومية، مما أدى إلى ارتفاع تكلفة المعاملات.

وتتأكد هذه الحقائق جليا عند مقارنة ترتيب الدول العربية في مؤشرات الحكم الراشد (الاستقرار السياسي، وسيادة القانون وإبداء الرأي والمساءلة، والسيطرة على الفساد، ومستوى البيروقراطية، وفعالية الحكومات) ببعض الدول المتقدمة منها دول منظمة التعاون والتنمية الاقتصادية، وبعض الأقاليم النامية كدول شرق آسيا ودول أمريكا اللاتينية والكاريبي، ويظهر من الشكل رقم(10) أن الدول العربية لم تحقق ما حققته هذه الأقاليم في تطوير مناخها السياسي، وما يؤكد هذه الحقائق، هو حالة الغليان والحراك الشعبي التي تعيشها العديد من الدول العربية كتونس، مصر، اليمن، ليبيا وسوريا، والتي من شأنها أن يكون لها تأثير مباشر على مناخ الاستثمار في هذه الدول، خاصة وأنها أدت إلى توقف الحركية الاقتصادية في العديد منها لعدة أشهر.

الشكل رقم (10): مؤشرات الحكم الراشد لمنطقة الشرق الأوسط و شمال إفريقيا و الأقاليم المقارن بها

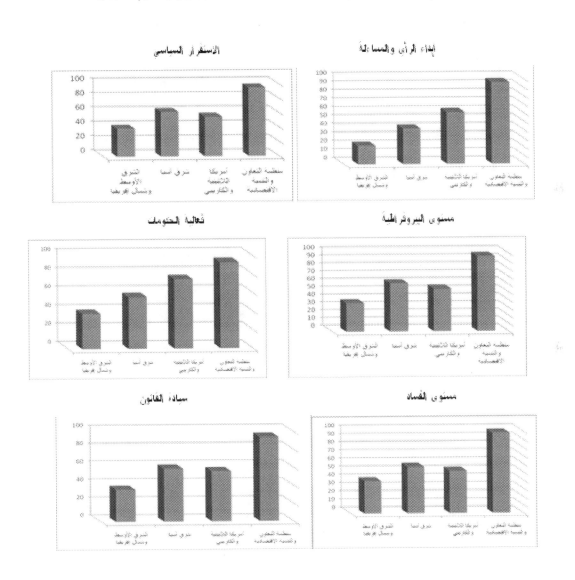

المصدر: جورج توفيق العبد، "لماذا تخلفت منطقة الشرق الأوسط وشمال إفريقيا في النمو والعولمة"، مجلة التمويل والتنمية، مارس 2003، ص13.

لا يتوقف تحليل المناخ السياسي في الدول العربية على ما تم ذكره، بل يتعدى إلى جوانب أخرى ساهمت ولا تزال تساهم في عدم استقرار المنطقة سياسيا، وهي:

- الصراع العربي مع الكيان الصهيوني وتوتر الأوضاع السياسية في العديد من الدول العربية جراء ذلك خاصة المجاورة منها.

- سيادة الصراعات والمشاكل الحدودية بين الدول العربية وتغليب المصلحة القطرية على المصلحة القومية ، وضعف العلاقات البينية وتدني مستوياتها.

- خضوع المنطقة العربية ككل لأطماع القوى الكبرى، والتطورات التي جاءت بها أحداث 11 سبتمبر واحتلال العراق[*].

- الحراك الشعبي الذي شهدته بعض الدول، والذي أدى في العديد منها إلى توقف الحركية الاقتصادية بها لعدة أشهر كاليمن وسوريا وليبيا، وهو ما سيؤثر سلبا على مناخ الاستثمار.

ولا شك أن تطورات المناخ السياسي تختلف من دولة لأخرى، ولتبيان ذلك نستعين بالجدول رقم(19)، الذي يبين تطورات **المؤشر المركب للمخاطر القطرية** (الجانب السياسي من المؤشر).

---

[*] من انعكاس أحداث 11 سبتمبر على الوطن العربي تقليص السفر بنحو 35% لتقدر الخسائر بنحو 10 مليار دولار، وعزوف السياح المقدر عددهم 30 مليون سائح سنويا لتقدر الخسارة بنحو 60 مليار دولار، أنظر: نوزاد عبد الرحمان الهيتي، "مستقبل التنمية في الوطن العربي في ظل التغييرات العالمية المعاصرة"، مجلة العلوم الإنسانية، نوفمبر، العدد31، الجزائر، نوفمبر 2006، ص8.

الجدول رقم (19): تطور المؤشر المركب للمخاطر القطرية للفترة (1990-2010)

السنوات	2001-1990	2002	2003	2004	2005	2006	2010
دول ذات درجة مخاطرة منخفضة جدا	لا توجد	الإمارات، البحرين والكويت	الكويت، الإمارات وعمان	الكويت، الإمارات وعمان والسعودية	الكويت،ليبيا الإمارات وعمان والسعودية البحرين	الكويت، الإمارات وعمان والسعودية البحرين وليبيا	السعودية، الإمارات، عُمان، قطر، الكويت وليبيا
دول ذات درجة مخاطرة منخفضة	عمان	عمان، قطر، المغرب، السعودية، تونس، الأردن وليبيا	البحرين، قطر، السعودية، ليبيا المغرب، تونس وسوريا	البحرين، قطر، تونس ليبيا، المغرب، وسوريا	قطر ، الأردن، المغرب وتونس	قطر، الأردن، المغرب وتونس	البحرين، المغرب، تونس والجزائر
دول ذات درجة مخاطرة معتدلة	تونس،اليمن، قطر، الإمارات، ليبيا، الأردن، السعودية، الكويت، البحرين، سوريا، المغرب	سوريا، مصر، اليمن	اليمن، مصر	مصر، سوريا واليمن	مصر، اليمن وسوريا	اليمن، مصر، وسوريا	الأردن، سوريا، لبنان، مصر، اليمن
دول ذات درجة مخاطرة مرتفعة	مصر ولبنان	لا توجد	لبنان والسودان	لبنان والسودان	لبنان والسودان	لبنان والسودان	السودان، العراق
دول ذات درجة مخاطرة مرتفعة جدا	موريتانيا والسودان	لبنان، السودان، الصومال والعراق	الصومال والعراق	الصومال والعراق	العراق والصومال	العراق والصومال	الصومال

المصدر: من إعداد الباحث بالاعتماد على البيانات الواردة في :

- سالم توفيق النجفي وآخرون، "الاقتصادات العربية وتناقضات السوق والتنمية"،مركز دراسات الوحدة العربية، بيروت، فيفري 2005، ص219.
- المؤسسة العربية لضمان الاستثمار، تقرير مناخ الاستثمار لأعوام 2002، و2004، 2006، 2010.

ويظهر من الجدول رقم (19) :

- استمرار تحسن أوضاع دول مجلس التعاون الخليجي بفعل الاستقرار المتواصل الذي تعرفه، وبدء من سنة 2005 انضمت كلها إلى مجموعة الدول ذات درجة المخاطرة المنخفضة جدا، باستثناء البحرين التي تراجعت إلى مجموعة الدول ذات درجة مخاطرة منخفضة.

- استمرار تحسن وضع المغرب وتونس وليبيا، إذ انضمت كلها إلى مجموعة الدول ذات درجة مخاطرة منخفضة سنة 2002، مع ظهور الجزائر في هذه المجموعة في عام 2010، وقد استمر تحسن ترتيب ليبيا في المؤشر لتنضم إلى المجموعة الأولى عام 2005*.

- انضمت مصر بدء من عام 2002 إلى مجموعة الدول ذات درجة مخاطرة معتدلة إلى جانب سوريا واليمن، مع تراجع ترتيب الأردن التي انضمت إلى هذه المجموعة في عام 2010 بعدما كانت في مجموعة الدول ذات درجة مخاطرة منخفضة إلى غاية 2006.

- استمرار ترتيب كل من لبنان والسودان في مجموعة الدول ذات درجة مخاطرة مرتفعة إلى غاية 2006، إذ تعرف السودان تفاقما لأزمة دارفور وزيادة الضغوطات الخارجية، كما عرفت لبنان حالة اللا استقرار واستمرار الانتهاكات الصهيونية، وفي عام 2010 تحسن الوضع في العراق لتنظم إلى هذه المجموعة، وتحسن ترتيب لبنان التي انضمت إلى دول ذات مخاطرة معتدلة.

- واصلت الصومال ترتيبهما في مجموعة الدول ذات درجة مخاطرة مرتفعة جدا، بسبب تردي الأوضاع الأمنية فيها.

ويتضح جليا من الجدول السابق أن وضع أغلب الدول العربية في المؤشر

---

* يرجع التحسن المتواصل لليبيا إلى عودتها إلى المجموعة الدولية وخروجها من العزلة الدبلوماسية التي فرضت عليها، أنظر: تقرير مناخ الاستثمار لسنة 2004، مرجع سبق ذكره، ص22.

امتاز بالتذبذب من سنة إلى أخرى، ولا زال العديد منها تمتاز بمناخ سياسي غير مستقر، ويتأكد ذلك في الأوضاع التي شهدتها العديد من الدول العربية في عام 2011، فليبيا التي امتازت بدرجة مخاطرة منخفضة جدا في عام 2010 شهدت أحداثا غير مسبوقة في عام 2011 وصلت إلى حد التدخل العسكري، وهذا من شأنه أن يخلق حالة من عدم التأكد واليقين التي تقف عائقا أمام اتخاذ القرارات الاستثمارية الطويلة التي تتطلبها الاستثمارات الأجنبية المباشرة، هذه الحالة شهدتها بعض الدول العربية الأخرى بدرجات متفاوتة.

ويمكن إبراز أهم تداعيات الحراك الشعبي في الدول العربية على مناخها الاستثماري في[1]:

- التغيرات السياسية والإدارية؛ خصوصا مع ما ينجم عن الحراك من درجات متفاوتة للتغيرات في التشريعات والإجراءات الإدارية والحكومات والوزراء والمسئولين واحتمالات حدوث ضبابية في الأطر الحاكمة والإجراءات المعمول بها وأسس سيادة القانون والتسرع في اتخاذ القرار.

- التوترات الأمنية؛ وما ينتج عن غياب الأمن، في بعض الأحيان، وما يترتب عليها بالطبع من آثار تختلف من حالة لأخرى بحسب درجة الانفلات واتساعه الجغرافي والقطاعي وحدته والتي بالطبع تنعكس سلبا على مناخ الاستثمار وأداء الأعمال بشكل عام.

- الاضطرابات العمالية الفئوية؛ وما ينجم عنها من تداعيات معظمها سلبي، ويتمثل في تعطيل العمل والإنتاج وارتفاع تكلفة عنصر العمل، والبعض الآخر ايجابي في حالة حصول هؤلاء على حقوق عادلة قد تؤدي لتخفيف حدة الاحتقان وزيادة روح الانتماء.

- إجراءات محاربة الفساد؛ وتشمل سحب مشاريع وأراضٍ وغيرها من بعض

---

[1] المؤسسة العربية لضمان الاستثمار، تقرير مناخ الاستثمار في الدول العربية لعام 2010، ص94-95.

المستثمرين، مراجعة الامتيازات المالية التي كان يحصل عليها بعض المستثمرين، وعمليات تجميد الأرصدة الخارجية لعدد من المسئولين ورجال الأعمال في الداخل والخارج. وتتوقف طبيعة نتائج تلك الإجراءات على مدى عدالتها والتزامها بالقانون وإن كانت في الغالب ستنعكس سلبا في المدى القصير، وإيجابا في المدى المتوسط والطويل بحسب قدرتها على توفير موارد إضافية للحكومات تسهم في تحسين عدد من المؤشرات، فضلا عن خفض تكلفة الفساد على المستثمرين في المستقبل..

- هروب رؤوس الأموال للخارج؛ سواء التي تخص مستثمرين محليين أو أجانب أو مسئولين وما يترتب على ذلك من آثار سلبية على حجم الاستثمار المحلي والأجنبي، والأثر السلبي على ميزان المدفوعات وأسواق الصرف وقدرات الدولة التنافسية، ومناخ الاستثمار فيها بشكل عام.

- الموقف من القطاع الخاص؛ بشكل عام والمستثمرين الأجانب بشكل خاص، حيث قد يترتب على القرارات الحكومية موجة معادية للقطاع الخاص في دول الحراك، وخصوصا المؤسسات ذات الصلة الوثيقة بالنظم الحاكمة السابقة، وما يترتب على ذلك من تغيرات إدارية أو تشريعية تمس الامتيازات والضمانات الممنوحة للقطاع الخاص، وما يرتبط بذلك من قضايا الإخلال بالعقود الموقعة مع القطاع الخاص، ومدى حيادية القضاء المحلي والقدرة على الاحتكام إلى الاتفاقيات والأطر الدولية الحاكمة للاستثمار وأداء الأعمال، ومن بينها اللجوء إلى التحكيم الدولي وفعاليته.

- التأثيرات الإقليمية؛ حيث ينتج عن الحراك الشعبي تأثيرات محلية ذات طابع إقليمي من انتقال عنصر العمل ورؤوس الأموال والسلع وإعادة توزيع اتجاهات وكثافة تلك الحركة عبر الحدود، سواء فيما بين الدول العربية التي تشهد حراكا والدول العربية الأخرى والعالم، أو فيما بين الدول العربية التي لا تشهد حراكا وبقية الدول، حيث ستتغير خريطة حركة العمالة والاستثمارات والتجارة البينية العربية، وكذلك المعاملات التجارية والمالية العربية مع باقي دول العالم.

وبالرغم من التحسن المسجل في العديد من الدول العربية، فإن تحقيق الاستقرار السياسي في المنطقة العربية ككل لا يمكن أن يتم نتيجة تعرض مسيرة التكامل الاقتصادي العربي إلى الشلل شبه التام، وبالمقابل طرح بدائل من الخارج، كالسوق الشرق أوسطية أو الشراكة الاورومتوسطية أو الوحدة الأفريقية، والتي ستؤدي إلى انفصال الاقتصادات العربية وجعلها دائرة اقتصادية متقاطعة فيما بينها متكاملة دوليا وإقليميا، وتقسيم المحتوى الاقتصادي العربي إلى أجزاء غير متآخية ودفع مؤسساته إلى مزيد من التفكك، وهذا ما يؤدي إلى ظهور توترات وانفعالات هنا وهناك نتيجة لعدم استقرار المنطقة أمنيا، واقتصاديا، وسياسيا، الأمر الذي يؤثر سلبا على جذب الاستثمارات الأجنبية المباشرة[1]. فالمنطقة العربية ستكون مستقرة سياسيا وقوية اقتصادية ومتماسكة اجتماعية بوحدة الدول المشكلة له على كل المستويات، ومن دون ذلك ستبقى رهينة مشاريع احتواء خارجية تخدم مصالح أصحابها، وتغذي فيها حالة اللااستقرار.

2- التطورات الاجتماعية

يقدر إجمالي عدد السكان في الدول العربية في عام 2009 بحوالي 340 مليون نسمة، بمعدل نمو بلغ 2,3%، لازال الأعلى بين الأقاليم الرئيسية في العالم باستثناء منطقة إفريقيا جنوب الصحراء[2]، ونظرا للدور الذي تلعبه البنية الأساسية البشرية في جذب الاستثمار الأجنبي المباشر فقد أولت الدول العربية اهتماما متزايدا لتطويرها، وبغرض تقييم ذلك نعرض تطور **مؤشر التنمية البشرية** والذي يضم:

2-1 مستوى المعيشة: لتقييم تطور مستويات الرفاه في الدول العربية نعرض تطور نصيب الفرد من الناتج المحلي الإجمالي فيها، هذا الأخير يختلف من دولة لأخرى، كما يتضح من الجدول رقم (20).

---

(1) طلال محمد مفضي بطاينية، "العولمة وانعكاساتها على الدول العربية"، مجلة العلوم الاجتماعية والإنسانية، جامعة باتنة، الجزائر، العدد 09، جانفي 2004، ص26.

(2) صندوق النقد العربي، التقرير الاقتصادي العربي الموحد 2010، ص33.

الجدول رقم(20): تطور نصيب الفرد من الناتج المحلي الإجمالي في الدول العربية

بالدولار للفترة (1995 -2010)

الدول	1995	2000	2005	2006	2007	2008	2009	2010
قطر	16642	28925	47506	58003	66298	76459	59984	76186
الإمارات	17755	23366	33271	41032	45532	52856	44538	59717
الكويت	14397	16927	28182	33273	34437	43266	29941	36412
البحرين	10032	12582	15140	16512	17754	21668	16950	20475
عمان	6477	8097	12318	14282	15180	20906	14533	18657
السعودية	7855	9247	13640	15041	15868	19152	14550	16996
ليبيا	6340	6130	7186	8113	9642	11860	8469	11314
لبنان	3178	4585	5617	5729	6353	7466	8383	10044
الأردن	1560	1742	2300	2614	2971	3630	3837	4500
الجزائر	1500	1801	3133	3503	3940	4915	3959	4435
تونس	2015	2244	3216	3398	3811	4349	4174	4200
المغرب	1258	1288	1973	2152	2439	2857	2872	3249
سوريا	1171	1159	1571	1781	2108	2505	2599	2877
مصر	1072	1573	1279	1505	1770	2161	2445	2789
العراق	365	871	1296	1891	2501	3568	3142	2504
السودان	258	430	994	1253	1519	1599	1626	1705
جيبوتي	858	622	935	942	1007	1131	1233	1383
اليمن	358	622	935	4091	1201	1399	1308	1282
موريتانيا	618	405	623	884	902	1105	923	1195

المصدر: صندوق النقد العربي، التقرير الاقتصادي العربي الموحد ، 2010، ص22.

- World Economic Forum, The global competitiveness report 2011-2012, p94-331, in: www.weforum.org, 2011.

* تم ترتيب الدول تنازليا بناء على نصيب الفرد من الناتج المحلي الإجمالي لعام 2010.

يتبين من الجدول رقم (20) أن هناك تباينا كبيرا في نصيب الفرد من الناتج فيما بين الدول العربية، إذ يزيد في قطر عن نظيره في موريتانيا في عام 2010 بنحو 64 مرة.

وفي الوقت الذي تحسن نصيب الفرد من الناتج بصفة كبيرة في دول مجلس التعاون الخليجي، ونسبيا في لبنان وليبيا، فإن باقي الدول العربية لازالت عند

مستويات متأخرة مقارنة بالعديد من الدول كالبرازيل، والمكسيك، وتركيا، وكوريا الجنوبية، الذي يصل فيها نصيب الفرد من الناتج في عام 2010 نحو 10816، و9566، و10399، و20591 دولار على الترتيب، ويصل في الكيان الصهيوني إلى 28686 دولار[1]، مع العلم أن البيانات السابقة لا تعكس التفاوت الموجود في توزيع الدخول على مستوى الدولة الواحدة، والذي يمارس تأثيرا سلبيا على وضع التنمية البشرية في العديد من الدول النامية منها العربية.

2-2 الوضع الصحي: يستخدم **مؤشر التنمية البشرية** لتقييم الوضع الصحي متوسط العمر المتوقع بعد الولادة، وقد عرف هذا الأخير في الدول العربية تحسنا كبيرا، إذ ارتفع بـ23,8 سنة خلال الفترة (1977-2010) متجاوزا بدء من عام 2001 المعدلات المسجلة في الدول النامية، وبمقارنتها مع معدلات الدول المتقدمة يظهر التقلص التدريجي للفجوة من 20 سنة في عام 1977 إلى 11 سنة في عام 2010[*]، كما يتضح من الجدول رقم (21).

الجدول رقم (21): تطور مؤشر العمر المتوقع بعد الولادة بالسنوات في الدول العربية والنامية والمتقدمة للفترة (1977-2010)

السنوات	1977	1990	نهاية التسعينات	2001	متوسط الفترة (2002-2005)	2006	2010
الدول العربية	54	62,1	66	66	67	67.8	69.1
الدول النامية	50	62,8	66,4	64,4	64,9	66.3	67.1
الدول المتقدمة	74	74,5	77	77	79	79.3	80.1

المصدر: - صندوق النقد العربي، التقرير الاقتصادي العربي الموحد لعامي 2002 و2006.

- عبد المنعم الحسيني، "التنمية البشرية في العالم النامي مع إشارة خاصة إلى العالم العربي"، شؤون عربية، العدد92، ديسمبر 1997، ص172-173.

---

[1] World Economic Forum, The global competitiveness report 2011-2012, Opcit, p94-371.

[*] يبقى الطموح في أن يرقى المعدل في العالم العربي على الأقل إلى المعدلات الموجودة في بعض الأقاليم المشكلة للدول النامية كإقليم شرق آسيا باستثناء الصين والتي عرفت في عام 1993 معدلا قدر بـ71,3 سنة، أنظر: تقرير التنمية البشرية لسنة 1996، برنامج الأمم المتحدة الإنمائي، ص209.

-United Nations Development programme, Human development indices, New York, 2010, p146.

يضاف لما سبق ذكره التباين الكبير الموجود بين الدول العربية في نفس المؤشر، ففي الوقت الذي عرفت فيه بعض الدول في عام 2010 معدلات قاربت معدلات العالم المتقدم كالإمارات (77.7سنة)، والكويت(77.9سنة)، والبحرين وقطر (76سنة)، تبقى بعض الدول دون العمر الإنتاجي والمحدد بـ65 سنة كجيبوتي (56.1 سنة)، واليمن (63 سنة)، وموريتانيا (57.3 سنة)، والسودان (58.9 سنة)[**].

3-2 التعليم: يستخدم مؤشر التنمية البشرية لتقييم الانجاز التعليمي تطور نسب الأمية، هذه الأخيرة عرفت انخفاضا في الدول العربية من 53% في عام 1990 إلى 34% في عام 2000، ثم إلى 30,1% في عام 2004، هذه المعدلات تبقى مرتفعة مع ما هو مسجل في الدول النامية لنفس السنوات، إذ انخفضت فيها من 40% إلى 28%، ثم إلى 21,1%[1].

ويتأكد من البيانات السابقة أن هناك بطئا في تراجع المعدل العربي للأمية والمقدر بنحو نقطة مئوية سنويا، مما يعني أن الدول العربية قد تحتاج إلى ثلاث عقود للقضاء على الأمية الأبجدية وهذا لا يتماشى مع متطلبات التنمية. يضاف لكل هذا غياب الاهتمام بالأدمغة وانخفاض معدلات الإنفاق على البحث والتطوير.

ويتضح من الجدول رقم (22) أن الإمارات تعتبر أحسن الدول العربية أداء في مؤشر التنمية البشرية، إذ احتلت المرتبة 32 في عام 2010 بتنقيط 0,815، متبوعة بقطر، البحرين، هذه الدول الثلاث تقع في مجموعة الدول ذات مستوى التنمية البشرية جد مرتفع(VERY HIGH HUMAN DEVELOPMENT)، بينما تقع كل من الكويت، ليبيا، السعودية، تونس، الأردن والجزائر في مجموعة الدول

[**] لمزيد من التفصيل في تتبع تطور العمر المتوقع بعد الولادة في كل الدول العربية أنظر:
United Nations Development programme, Op cit, p143-146.
[1] المؤسسة العربية لضمان الاستثمار، "تنمية الموارد البشرية في الدول العربية"، سلسلة الخلاصات المركزة، الكويت، ص9.

ذات مستوى تنمية بشرية مرتفع (HIGH HUMAN DEVELOPMENT)، وتقع مصر، سورية والمغرب في مجموعة الدول ذات مستوى تنمية بشرية متوسطة (MEDIUM HUMAN DEVELOPMENT)، في حين تعتبر كل من اليمن، موريتانيا، جيبوتي والسودان دولا ذات مستوى تنمية بشرية منخفض (LOW HUMAN DEVELOPMENT).

الجدول رقم (22): تطور موقع الدول العربية في مؤشر التنمية البشرية للفترة (2000-2010)

الدول	1980	1990	1995	2000	2005	2009	2010	الترتيب في عام 2010 من بين 169 دولة
الإمارات	.6270	.6930	.7320	.7560	.7940	.8120	0,815	32
قطر	-	-	-	.7640	.7990	.7980	0,803	38
البحرين	.6150	.6940	.7380	.7650	.7930	.7980	0.801	39
الكويت	.6750	-	.7600	0.763	.7640	0.769	0.771	47
ليبيا	-	-	-	.7260	.7490	0.840	0.755	53
السعودية	.5560	.6200	.6490	.6900	.7320	.7480	0.752	55
تونس	.4360	.5260	.5680	.6130	.6500	.6770	0.683	81
الأردن	.5090	.5640	.5950	.6210	.6520	.6770	0.681	82
الجزائر	.4430	.5370	.5640	.6020	.6510	.6710	0.667	84
مصر	.3930	.4840	.5230	.5660	.5870	.6140	.6200	101
سورية	.4700	0.519	0.546.	-	.5760	0.586	.5890	111
المغرب	.3510	0.421	0.450	0.491	.5360	0.562	.5670	114
اليمن	-	-	-	0.358	.4030	0.431	.4390	133
موريتانيا		0.337	0.368	0.390	.4110	0.429	.4330	136
جيبوتي	-	-	-	-	.3820	0.399	.4020	147
السودان	.2500	.2820	.3100	.3360	.3600	.3750	.3790	154
المتوسط	**.3960**	**.4700**	**.5050**	**.5250**	**.5620**	**.5830**	**.5880**	-

Source :United Nations Development programme ,Op cit, p143-146 .

ووفقا لدليل التنمية البشرية لعام 2010، فقد بلغ متوسط مؤشر التنمية البشرية في الدول العربية 0.588 (تنمية بشرية متوسطة)، وقد ساهم في هذا التحسن دول مجلس التعاون الخليجي وليبيا، وهو يقل عن نظيره في الدول النامية البالغ 0.590 (تنمية بشرية متوسطة)، كما يقل عن المتوسط المسجل في إقليم شرق آسيا والباسيفيك والعالم البالغ 0.643 و0.624 على الترتيب، ويقل كثيرا عن مستوى إقليم أمريكا اللاتينية والكاريبي ومنظمة التعاون والتنمية الاقتصادية الذين حققا مستويات مرتفعة من التنمية البشرية، والشكل رقم (11) يدل على ذلك.

الشكل رقم (11): مستوى التنمية البشرية في الدول العربية وبعض الأقاليم المقارن بها لعام 2010

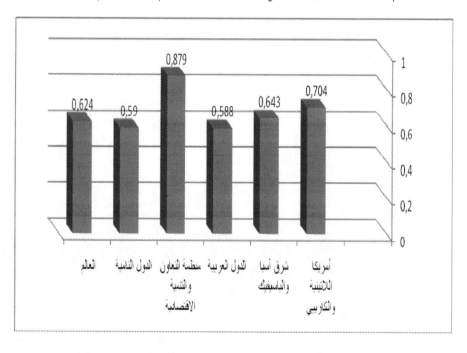

المصدر: من إعداد الباحث بالاعتماد على:United Nations Development programme ,Op cit, p146-

ثانيا: المناخ الاقتصادية

اتجهت الحكومات العربية إلى تطبيق برامج شاملة لإصلاح الاختلالات التي شهدتها اقتصاداتها، وفي هذا الإطار نميز ما بين الدول التي خضعت لبرامج

التثبيت والتكيف الهيكلي كالجزائر ومصر ...، والدول التي اعتمدت برامج إصلاح ذاتية كدول مجلس التعاون الخليجي وسوريا، لذلك سنبلور انعكاس هذه الإصلاحات على تفعيل مناخ الاستثمار في المنطقة ككل.

1-الأداء الاقتصادي الكلي

لتحليل التطورات التي شهدتها الدول العربية في سياساتها الاقتصادية الكلية يتم التطرق إلى:

1-1 معدلات النمو الحقيقية: ترتبط تدفقات الاستثمار الأجنبي المباشر ارتباطا وثيقا بمعدلات النمو الحقيقية للدول المضيفة، فهي تدل على مستوى العائد المتوقع على الاستثمار، ويظهر من الشكل رقم (12) ارتفاع معدلات النمو المسجلة في الدول العربية بعد الألفية الثالثة عن تلك المسجلة في المنتصف الثاني من التسعينات، كما عرفت تباطؤا في أعوام 1996، و1998، و2001، 2002 و2009.

الشكل رقم (12): تطور معدل النمو الحقيقي في الدول العربية وسعر برميل النفط للفترة (1995-2010)

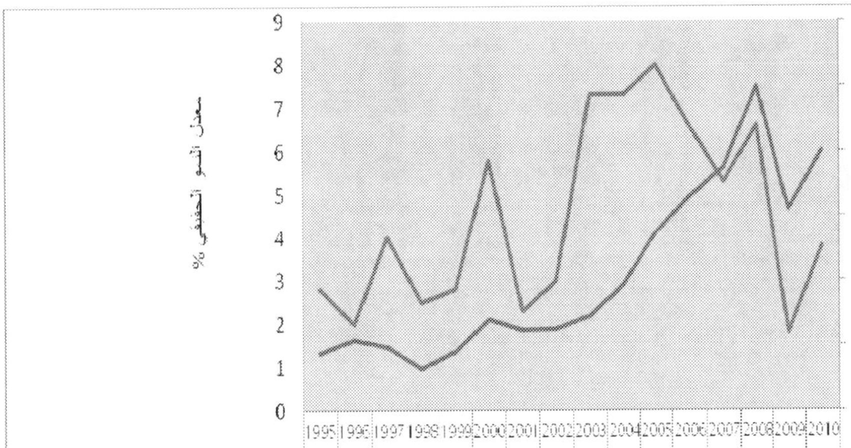

	1995	1996	1997	1998	1999	2000	2001	2002	2003	2004	2005	2006	2007	2008	2009	2010
معدل النمو الحقيقي في الدول العربية %	2.8	2	4	2.5	2.8	5.8	2.3	3	7.3	7.3	8	6.6	5.3	6.6	1.8	3.8
سعر برميل النفط بالدولار	17.6	21.6	19.49	12.85	18.03	28	24.8	25.24	29.03	38.66	54.64	65.85	75	100	62.3	80.2

المصدر : من إعداد الباحث بالاعتماد على البيانات الواردة في:

- المؤسسة العربية لضمان الاستثمار، تقرير مناخ الاستثمار لعام 2006، ص18.

- صندوق النقد العربي، التقرير الاقتصادي العربي الموحد لعام 2010، ص17.

- المؤسسة العربية لضمان الاستثمار، تقرير مناخ الاستثمار لعام 2010، ص236.

وبالرغم من تحسن مستوى النمو الحقيقي في الدول العربية بعد عام 2002، وارتفاعه عن المستويات المسجلة في نهاية التسعينات وبداية الألفية، إلا أن ذلك لم يغير من السمات الأساسية لهذه المنطقة، إذ نلاحظ:

*استمرار خضوع النمو الاقتصادي للدول العربية كمجموعة لأسعار النفط، وهذا ما يفسر تباطؤ معدل النمو الحقيقي مع بداية 1998 متأثرا بالأزمة الأسيوية وانعكاس ذلك على تراجع أسعار النفط، ثم تحسنت في نهاية 1999 بعد تحسن أسعار النفط، وقد ترافق ارتفاع أسعار النفط بدء من سنة 2003 في ارتفاع معدلات النمو للدول العربية، لينعكس التراجع الكبير لأسعار النفط في عام 2009 تحت تأثير الأزمة المالية والاقتصادية العالمية في انخفاض حاد لها، إذ قدرت بـ1.8%، وهذا يدل على استمرار هيمنة القطاع النفطي على هيكل العديد من اقتصاداتها، وقد تعزز الاعتماد المقلق على النفط أكثر بعد تبني الإصلاحات الاقتصادية، ويتضح ذلك جليا من ارتفاع مساهمة الصناعة الإستخراجية في القيمة المضافة الإجمالية للدول العربية من 23.6% في عام 1990 إلى 43.4% في عام 2008، ويعزى الانخفاض المسجل لهذه المساهمة في عام 2009 إلى تراجع أسعار النفط متأثرة بالأزمة المالية والاقتصادية العالمية، والجدول رقم (23) يوضح ذلك.

الجدول رقم (23): تطور مساهمة القطاعات الاقتصادية في القيمة المضافة الإجمالية للدول العربية للفترة (1990-2009)

الوحدة: %

السنوات	1990	1995	2000	2006	2007	2008	2009
الزراعة	12.5	9.5	8.3	6.2	6.1	5.2	6.2
الصناعة الاستخراجية	23.6	21.7	31	40.5	39.8	43.4	30.4
الصناعة التحويلية	10.6	11.3	10.6	9.4	9.4	8.7	10.2
باقي قطاعات الإنتاج	8.7	7.9	6.5	6.2	6.5	5.5	6.6
قطاع الخدمات	44.6	45.9	40.9	37	37.4	37.2	46.6
المجموع	100	100	100	100	100	100	100

المصدر: - صندوق النقد العربي، التقرير الاقتصادي العربي الموحد، 2001، ص27.

- صندوق النقد العربي، التقرير الاقتصادي العربي الموحد، 2008، ص23.

- صندوق النقد العربي، التقرير الاقتصادي العربي الموحد، 2010، ص24.

وفي الوقت الذي ارتفعت فيه مساهمة الصناعة الاستخراجية في القيمة المضافة الإجمالية، فقد انخفضت مجموع مساهمة قطاعي الزراعة والصناعة من 23.1% في 1990 إلى 16.4% في عام 2009، وهذا ما يطرح مساهمة معدلات النمو السابقة في تخفيض معدلات البطالة، وتنويع الصادرات والحد من الاستيراد، كما أن قطاع الخدمات لازال يشغل مكانة هامة في الاقتصادات العربية نتيجة ارتفاع مساهمته من 44.6% في عام 1990 إلى 46.6% في عام 2009.

*بالرغم من ارتفاع معدلات النمو الحقيقية في الدول العربية إلى مستويات فاقت 5%، إلا أن مقارنة حجم الناتج المحلي الإجمالي لها كمجموعة مع بعض الدول النامية يدل على أنها مهمشة، إذ يصل فيها في عام 2010 إلى نحو31998. مليار دولار، وهو أقل من حجم الناتج المحلي الإجمالي لدولة كالبرازيل والذي يقدر فيها في نفس السنة بنحو 2090.3 مليار دولار، ويصل في الهند وإسبانيا إلى 1538 و1409.9 مليار دولار على الترتيب[1]، مما يدل على صغر حجم الاقتصاد العربي كتكتل بالرغم من أنه يضم 22 دولة.

*تبقى معدلات النمو السابقة متواضعة مقارنة بالتحديات الاجتماعية المتمثلة أساسا في ارتفاع معدلات البطالة، ومعدلات الفقر. إذ يقدر عدد العاطلين عن العمل في الدول العربية في عام 2009 بنحو 14 مليون عاطل، ويصل معدل البطالة في جيبوتي، الصومال، موريتانيا وفلسطين على الترتيب إلى 50%، 34.7%، 30% و24.3%، ويتراوح ما بين 10 و20% في السودان، ليبيا، اليمن، لبنان، تونس، العراق، الأردن والجزائر، ويقل في باقي الدول العربية عن 10%، كما يتضح من الشكل رقم (13).

[1] World Economic Forum, The global competitiveness report 2011-2012, Opcit, p94-371.

148

الشكل رقم (13): معدلات البطالة في الدول العربية

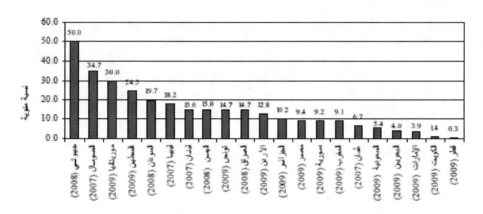

المصدر: صندوق النقد العربي، التقرير الاقتصادي العربي الموحد لعام 2010، مرجع سبق ذكره، ص37.

ويبقى معدل البطالة في الدول العربية الأعلى بين الأقاليم الرئيسية في العالم، وتتركز في فئة الشباب خصوصا والمتعلمين والباحثين لأول مرة عن عمل، وهذا ما يشكل مصدر عدم استقرار اجتماعي دائم، لأنه سيؤثر سلبا على الاستقرار والسلم الاجتماعي، وهذا ما سينعكس سلبا على مناخ الاستثمار، كما يتضح من الشكل رقم (14).

الشكل رقم (14): معدلات البطالة في الدول العربية والأقاليم المقارن بها

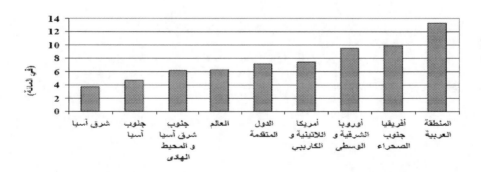

المصدر: صندوق النقد العربي، التقرير الاقتصادي العربي، 2007، مرجع سبق ذكره، ص188.

149

ويُفسر ارتفاع معدل البطالة في الدول العربية بـ:

— تراجع دور القطاع العام في التوظيف وعدم تعويضه بالقطاع الخاص نتيجة تواضع بيئة الأعمال في العديد من الدول العربية.

— النمو المرتفع لحجم قوة العمل في الدول العربية لم يقابله نمو اقتصادي وزيادة الاستثمار بنفس الوتيرة، نتيجة ارتفاع معدلات نمو القوى العاملة، وارتفاع عدد العاطلين خصوصا الداخلين الجدد لسوق العمل من حملة الشهادات الجامعية من الشباب والنساء خصوصا، وهو ما انعكس في ضغوط كبيرة على أسواق العمل العربية، وستستمر هذه الضغوط على سوق العمل[1]، وهذا ما يستوجب مضاعفة مستوى التشغيل الحالي من خلال تكثيف الجهود لدعم مسارات النمو التي تخلق فرص العمل بتحقيق معدلات نمو أكبر من المعدلات الحالية، وزيادة حجم الاستثمار، وربط مخرجات الجامعة ومعاهد التكوين باحتياجات سوق العمل، ودعم برامج تشغيل الشباب وإنشاء المؤسسات الصغيرة والمتوسطة.

— تراجعت مساهمة قطاعي الزراعة والصناعة في التشغيل من 33.5% و19.1% في عام 1995 على الترتيب إلى نحو 27.7% و16.5% في عام 2006[2]، نتيجة تراجع مساهمتهما في إجمالي القيمة المضافة، وهذا ما يستوجب إعادة هيكلة النمو لصالح القطاعات الإنتاجية (الزراعة والصناعة التحويلية)، وإشراك القطاع الخاص في ذلك.

كما تتميز المنطقة العربية بارتفاع مستويات الفقر، فبناء على خطوط الفقر الوطنية، يمكن تصنيف الدول العربية إلى ثلاث مجموعات، تضم المجموعة الأولى الدول التي ترتفع فيها مستويات الفقر عن 40% وتضم كل من موريتانيا، فلسطين، الصومال، جيبوتي، في حين تضم المجموعة الثانية الدول التي يتراوح فيها مستوى

---

(1) تحتاج المنطقة العربية إلى توفير أكثر من 100 مليون منصب عمل بحلول عام 2020 للقضاء على مشكل البطالة، أنظر: صندوق النقد العربي، التقرير الاقتصادي العربي، 2007، مرجع سبق ذكره، ص188.

(2) صندوق النقد العربي، التقرير الاقتصادي العربي الموحد، 2008، مرجع سبق ذكره، ص39.

الفقر ما بين 10 و25% وتضم كلا من الأردن، البحرين، العراق، سورية ومصر، وتقل معدلات الفقر في المجموعة الثالثة التي تضم باقي الدول العربية عن 10[1]%، إ ذ تقدر نسبة السكان الذين يعيشون بأقل من دولارين في اليوم في عام 2006 في اليمن بـ46.6%، وفي سوريا بـ44.1%، وفي الجزائر بـ23.6%، وفي مصر بـ18.4%، وفي المغرب بـ14%، وفي تونس بـ12.8%، وفي الأردن بـ3.5%[2].

كما أكد تقرير التنمية البشرية لعام 2008، بناء على مؤشر الفقر الخاص بالدول النامية، على أن نسبة السكان الذين يعيشون تحت خط الفقر تصل في الأردن إلى 6.1%، وفي قطر إلى 7.2%، وفي البحرين إلى 8.3%، وفي لبنان إلى 8.5%، وفي السعودية إلى 12.5%، وفي سوريا إلى 13%، وفي ليبيا إلى13.6%، وفي عمان إلى15%، وفي تونس إلى16.1%، وفي الجزائر إلى18.1%، وفي مصر إلى20%، وفي جيبوتي إلى26.5%، وفي فلسطين إلى31%، وفي المغرب إلى31.8%، وفي السودان إلى34.3% وفي موريتانيا إلى35.9%، وتصل في اليمن إلى 36.6%*، وهذا المؤشر يدل على أن تحسن أداء العديد من الدول العربية في مؤشر التنمية البشرية لم يشمل كل فئات المجتمع، نتيجة ضعف عدالة توزيع الدخل، أي أن النمو لم يكن في صالح الفئات الفقيرة والمحرومة، وهذا ما سينعكس سلبا على وضع التنمية البشرية فيها وبالتالي مناخ الاستثمار ككل.

2-1 تطور المؤشر المركب لمناخ الاستثمار: والذي يضم:

1-2-1 السياسة المالية: في سعيها لتعميق الإصلاحات المالية، انتهجت الدول العربية سياسات أكثر عزما لتنويع مصادر إيراداتها العامة، عبر تعديل قوانين

---

(1) صندوق النقد العربي، التقرير الاقتصادي العربي الموحد، 2010، مرجع سبق ذكره، ص29.

(2) United Nations Development programme , Human development indices, New York, 2008, p3353-

* يستعمل هذا المؤشر لقياس مستويات الفقر في الدول النامية أربع مؤشرات فرعية، تتمثل في نسبة الأمية في البالغين (أكثر من 15 سنة)، ونسبة السكان الذين لا يشربون الماء الصالح للشرب، ونسبة السكان الذين يحتمل أن لا تتجاوز حياتهم 40 عام، ونسبة الأطفال (أقل من 5 سنوات) الذين يقل وزنهم عن أعمارهم، أنظر: United Nations Development programme, 2008, Op cit, p4-5

الضرائب في بعض منها، واستحداث ضرائب جديدة كالضريبة العامة على المبيعات في البعض الآخر. وبالرغم من ذلك استمر ارتفاع مساهمة الإيرادات النفطية في إجمالي الإيرادات العامة لتصل إلى أكثر من75 2.% في عام2008 ، في حين سُجل تراجع مساهمة الإيرادات الضريبية بين سنتي 1995 و2008 بـ614.%، وكنتيجة لتراجع أسعار النفط في عام 2009 فقد تراجعت مساهمة الإيرادات النفطية في إجمالي الإيرادات العامة إلى 60,8% ، وارتفعت مساهمة الإيرادات الضريبية إلى 21,6%، كما يتضح ذلك من الجدول رقم(24).

الجدول رقم(24): تطور هيكل الإيرادات العامة في الدول العربية للفترة (1995-2009) الوحدة: %

السنوات	1995	1996	1997	1998	1999	2000	2001	2002	2003	2004	2005	2006	2007	2008	2009*
الإيرادات النفطية	57,2	54,2	56,9	47,5	48,8	59,3	58,5	56,4	62	65,2	71,6	73,4	70.91	275.	860.
الإيرادات الضريبية	28	31,6	29,6	36,9	35,6	27,7	28,2	29,2	25	23,7	19,2	18,1	19.41	614.	621.
إيرادات غير ضريبية	11.7	11.5	10.9	12.2	13	10.9	10.26	10.18	9.49	7.28	6.39	5.76	6.39	26.	210.
إيرادات أخرى	3.1	2.7	2.6	3.4	2.6	2.1	3.04	4.22	3.51	3.82	2.81	2.74	3.29	14.	17.

المصدر:

- صندوق النقد العربي، التقرير الاقتصادي العربي الموحد لعام 2006، ص132.

- صندوق النقد العربي، التقرير الاقتصادي العربي الموحد لعام 2001، ص220.

-- صندوق النقد العربي، التقرير الاقتصادي العربي الموحد لعام 2007، ص340.

--- صندوق النقد العربي، التقرير الاقتصادي العربي الموحد لعام 2010، ص123.

*: بيانات أولية.

هذه الحالة تعكس ضعف فعالية الإصلاحات الضريبية التي انتهجتها الدول العربية، إذ نلاحظ من الجدول رقم (25) أن دول المجموعتين الثانية والثالثة عرفت عجزا مستمرا خلال الفترة (1995-2009)، في حين أن دول المجموعة الأولى** ارتبط تطور رصيد موازناتها العامة بأسعار النفط، ففي عام 1998 وكنتيجة للانخفاض الشديد في أسعار النفط ارتفع عجز الموازنة فيها إلى 25.8 مليار دولار، كما تحول الفائض المسجل في عام 2000 إلى عجز في سنتي 2001 و2002 نتيجة انخفاض سعر النفط، ومع تحسن أسعار النفط بدء من عام 2003 ارتفع فائض موازناتها العامة ليصل في عام 2008 إلى نحو 250,5 مليار دولار.

** تضم المجموعة الأولى كل من السعودية، والكويت، والإمارات، والعراق، والجزائر، وليبيا، وقطر، وعمان وتعرف بالدول الرئيسية المصدرة للنفط، بينما تضم المجموعة الثانية كل من مصر، وسوريا، والبحرين، والسودان، وموريتانيا، واليمن وهي مصدرة للنفط لكن بدرجة أقل حدة من المجموعة السابقة، وتعتبر باقي الدول العربية الأخرى مستوردة صافية للنفط (المجموعة الثالثة). أنظر: صندوق النقد العربي، التقرير الاقتصادي العربي الموحد لعام 2007، مرجع سبق ذكره، ص169.

الجدول رقم (25): تطور مؤشر السياسة المالية للدول العربية للفترة (1995-2010) الوحدة: مليون دولار

السنوات	المجموعة الأولى	المجموعة الثانية	المجموعة الثالثة	العجز أو الفائض الكلي (1)	أسعار النفط بالدولار	الناتج المحلي الإجمالي(2)	المؤشر :(1)\(2) %
1995	18662-	2494-	3851-	25007-	17.6	477913	5.23-
1996	13685-	2090-	4537-	20312-	21.6	585188	3.47-
1997	5087-	1873-	5933-	12893-	19.49	607062	2.12-
1998	25867-	2256-	3495-	31618-	12.85	586498	5.39-
1999	23211-	4885-	3966-	32062-	18.03	629470	5.09-
2000	12965	4069-	6370-	2526	28	677111	0.37
2001	7849-	6573-	5539-	19961-	24.8	664014	3-
2002	8869-	9840-	5456-	24165-	25.24	674202	3.58-
2003	17853	10565-	5532-	1756	29.03	755320	0.23
2004	21522	9208-	4674-	35476	38.66	891437	3.97
2005	72039	10739-	6633-	89411	54.64	1089236	8.20
2006	129825	9004-	3887-	142716	65.85	1291407	11.05
2007	73587	13160-	4539-	91286	74.95	1471656	6.20
2008	267624	13978-	3183-	250491	100	1699957	13
2009	غ م	غ م	غ م	65625.7-	62.3	1930286	3.4-
2010	غ م	غ م	غ م	7973.2-	80.2	1998300	0.4-

المصدر: من إعداد الباحث بالاعتماد على:

- صندوق النقد العربي، التقرير الاقتصادي العربي الموحد لعام 2003.
- صندوق النقد العربي، التقرير الاقتصادي العربي الموحد لعام 2001، ص43، 218.
- صندوق النقد العربي، التقرير الاقتصادي العربي الموحد لعام 2008، ص276، 346.
- المؤسسة العربية لضمان الاستثمار، تقرير مناخ الاستثمار لغام 2010، ص237.
- صندوق النقد العربي، التقرير الاقتصادي العربي الموحد لعام 2010، ص307، 308، و371.

غ م: بيانات غير متوفرة.

وبالرغم من ارتباط تطور رصيد الموازنة العامة للدول العربية كمجموعة بتطورات أسعار النفط، وبتطور مستوى العجز الذي تسجله موازنات دول المجموعتين الثانية والثالثة، إلا أن الوزن الكبير لفائض أو عجز الموازنات العامة لدول المجموعة الأولى هو الذي يحدد طبيعة الرصيد الإجمالي للموازنة العامة للدول العربية كمجموعة (موجب أو سالب)، وفي ظل العجز المسجل خلال الفترتين (1995-1999) و(2001-2002) فإن رصيد الموازنة العامة كنسبة من الناتج المحلي الإجمالي كان سالبا مع تسجيل ارتفاعه في عام 1998 إلى (-5.6%) كنتيجة لانخفاض الناتج المحلي الإجمالي إلى 586.49 مليار دولار، وبالرغم من ارتفاع الناتج المحلي الإجمالي بدء من عام 2003 فإن رصيد الموازنة العامة كنسبة من الناتج استمر في الارتفاع ليصل في عام 2006 إلى 11.05%، مع تسجيل انخفاضه في عام 2007 إلى 6.2% كنتيجة لاستمرار نمو الناتج المحلي الإجمالي إلى 1471.6 مليار دولار، وانخفاض رصيد الموازنة العامة للدول العربية إلى 91.2 مليار دولار، ليتحول الفائض المسجل في الموازنة العامة للدول العربية كنسبة من الناتج في عام 2008 والمقدر بـ13% إلى عجز في عامي 2009 و2010 والمقدر بـ-3.4% و-0.4% على الترتيب، كنتيجة لتراجع سعر برميل النفط من 100 دولار إلى 62,3 دولار، ليرتفع إلى 80.2 دولار في 2010، وبهذا يتأكد أن تطورات مؤشر السياسة المالية خضعت إلى حد كبير لتطورات أسعار النفط، ويوضح الشكل رقم (15) ذلك بوضوح، مما يحتم على الدول العربية إجراء مزيد من الإصلاحات الضريبية اللازمة لتجاوز ارتباط حالة موازناتها العامة بأسعار النفط(دول المجموعة الأولى)، أو لمواجهة مشكلة الافتقار للإيرادات العامة (دول المجموعتين الثانية والثالثة).

الشكل رقم (15): تطور رصيد الموازنة العامة والحساب الجاري للدول العربية كنسبة من الناتج المحلي الإجمالي وأسعار النفط للفترة (1995-2010)

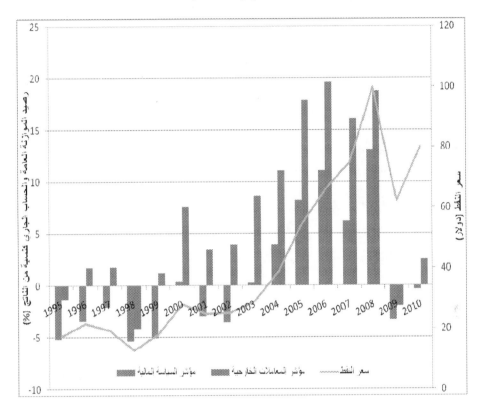

<u>1-2-2 تطور مؤشر المعاملات الخارجية</u>: يستعمل المؤشر المركب لرصد تطور المعاملات الخارجية، تطورات عجز أو فائض الحساب الجاري كنسبة من الناتج المحلي الإجمالي، ولتحليل تطورات هذا المؤشر نستعين بالجدول رقم (26).

الجدول رقم (26): تطور مؤشر المعاملات الخارجية للدول العربية للفترة (1995-2010) الوحدة: مليون دولار

السنوات	الصادرات	الواردات	رصيد الميزان التجاري	صافي حساب الخدمات والدخل	صافي التحويلات	رصيد الحساب الجاري(1)	الناتج المحلي الإجمالي(2)	المؤشر: (1)\(2) %	أسعار النفط بالدولار
1995	155244.1	135185.9	20058.2	15361-	11245.8-	6548.6-	477913	1.37-	17.6
1996	179300.4	140479	38821.4	19512.2-	9269-	10040.2	585188	1.71	21.6
1997	182718.7	144530.8	38188.4	18682.9-	8731.6-	10774	607062	1.77	19.49
1998	137968.6	144443.8	6475.1-	10734.9-	7611.7-	24821.7-	586498	4.23-	12.85
1999	165928.8	138048.2	27844.6	12549.3-	7752.5-	7542.8	629470	1.19	18.03
2000	263457	153416	109502.7	38361.3-	19529.5-	51611.9	677111	7.62	28
2001	239784.5	160005.8	77538.1	378969.1-	16557.2-	22931.7	664014	3.45	24.8
2002	247477.2	171543.6	75271.5	34403.5-	14772.1-	26095.9	674202	3.87	25.24
2003	306392.9	195852.1	109824.9	34606.7-	9810.3-	65407.9	755320	8.65	29.03
2004	404443	258165.8	145320.2	41100.5-	5484-	98735.8	891437	11.07	38.66
2005	562859	315469.3	247389.7	46781.4-	5602.2-	194916.1	1089236	17.89	54.64
2006	676875.7	362853.7	314022	52137.3-	8459.7-	253424.6	1291407	19.62	65.85
2007	788160.4	467027	321085.4	75616.3-	8570.6-	236898	1471656	16.09	74.95
2008	1067801.9	705024.9	441325.8	94443.2-	28095.6-	318786	1699957	18.75	100
2009	غ م	غ م	غ م	غ م	غ م	3860.72-	1930286	2.0-	62.3
2010	غ م	غ م	غ م	غ م	غ م	4995.75	1998300	2.5	80.2

المصدر:من إعداد الباحث بالاعتماد على:

- صندوق النقد العربي، التقرير الاقتصادي العربي الموحد، 2001، ص286-289.
- صندوق النقد العربي، التقرير الاقتصادي العربي الموحد، 2006، ص173-176.
- صندوق النقد العربي، التقرير الاقتصادي العربي الموحد، 2008، ص365-368.
- المؤسسة العربية لضمان الاستثمار، تقرير مناخ الاستثمار لعام 2010، ص238.
- صندوق النقد العربي، التقرير الاقتصادي العربي الموحد، 2010، ص385، و394-396.

غ م: بيانات غير متوفرة.

يتبين من الجدول رقم (26)، أن حساب الخدمات والدخل قد سجل عجزا خلال الفترة (1995-2008)، وقد ارتفع هذا العجز في السنوات الأخيرة ليصل في عام 2008 إلى نحو (94.44-) مليار دولار، ويرجع ذلك إلى ارتفاع العجز في موازين الخدمات والدخل لدول المجموعة الرئيسية المصدرة للنفط، نتيجة ارتفاع دخل الاستثمار المحول للخارج، وارتفاع مدفوعات الشحن والتأمين ومصاريف السفر والسياحة للخارج، كما سجل حساب صافي التحويلات عجزا خلال الفترة نفسها نتيجة ارتفاع الرصيد السالب للدول الرئيسية المصدرة للتحويلات(خصوصا السعودية، والإمارات، والكويت، وليبيا) عن الرصيد الموجب للدول المستقبلة لهذه التحويلات (خصوصا مصر، والمغرب، ولبنان).

لذلك، فالتحسن المسجل في رصيد الحساب الجاري ككل يرجع أساسا إلى تحسن رصيد الميزان التجاري نتيجة الارتفاع الكبير في إجمالي صادرات الدول العربية، فقد تضاعفت بين عامي 2003 2008 بنحو ثلاث مرات ونصف المرة، ويرجع ذلك أساسا إلى ارتفاع أسعار النفط، بفضل الوزن الكبير للصادرات النفطية في إجمالي صادرات الدول العربية (أنظر الجدول رقم (27))، إذ ومنذ أن تجاوزت أسعار النفط في عام 1999 آثار الهزة التي تعرضت لها في عام 1998، تواصل تحقيق الفوائض في الموازين الجارية للدول العربية بشكل سنوي مضطرد إلى غاية 2008 (مع تسجيل انخفاض هذا الرصيد في سنة 2001 إلى 22.93 مليار دولار نتيجة انخفاض أسعار النفط)، وتحوله من 318.78 مليار دولار في عام 2008 إلى سالب (3.86-) مليار دولار في عام 2009 لانخفاض سعر برميل النفط من 100 دولار إلى 62.3 دولار خلال نفس العامين، وارتفاعه في عام 2010 إلى 4.99 مليار دولار لارتفاع سعر برميل النفط إلى 80.2 دولار.

الجدول رقم (27): تطور هيكل الصادرات العربية بالنسبة المئوية للفترة (1996-2009)

السنوات	1996	1997	1998	1999	2000	2001	2002	2003	2004	2005	2006	2007	2008	2009
الأغذية والمشروبات	**3.7**	**3.8**	**5.7**	**4.3**	**3**	**3.9**	**4.1**	**3.6**	**3.1**	**2.8**	**2.4**	**2.2**	**2.9**	**3.1**
وقود ومواد خام	**74.7**	**73.1**	**58.6**	**66.1**	**73.3**	**71.1**	**70.3**	**72.1**	**73.6**	**76.9**	**77.2**	**77.1**	**78**	**70.8**
المواد الخام	2.2	2.4	3	2.8	2.3	2.8	2.8	2.5	2.6	2.2	2.1	2.1	-	-
الوقود المعدني	72.5	70.7	55.6	63.3	71	68.3	67.5	69.6	71	74.7	75.1	75.4	-	-
مصنوعات	**13.6**	**14.3**	**22.5**	**18.9**	**14.5**	**15.9**	**16.1**	**15.1**	**14.2**	**12.8**	**11.6**	**11.8**	**12.5**	**16.4**
صادرات أخرى	**8**	**8.8**	**13.2**	**10.7**	**9.2**	**9.1**	**9.5**	**9.2**	**9.1**	**7.5**	**8.8**	**8.9**	**6.6**	**9.6**

المصدر: - صندوق النقد العربي، التقرير الاقتصادي العربي الموحد، 2001، ص256.

- صندوق النقد العربي، التقرير الاقتصادي العربي الموحد، 2008، ص146.

- صندوق النقد العربي، التقرير الاقتصادي العربي الموحد، 2010، ص387.

وبهذا فقد ارتبط تطور مؤشر المعاملات الخارجية (رصيد الحساب الجاري كنسبة من الناتج المحلي الإجمالي في الدول العربية) إلى حد كبير بتغيرات أسعار النفط(أنظر الشكل السابق رقم (15))، ففي عام 1998 وكنتيجة لانخفاض سعر برميل النفط إلى 12.85 دولار، فقد انعكس ذلك سلبا في ارتفاع عجز الحساب الجاري إلى (-28.82 مليار دولار)، وفي انخفاض الناتج المحلي الإجمالي إلى 568.49 مليار دولار، لذلك ارتفع عجز الحساب الجاري كنسبة من الناتج إلى (-4.23%)، وبدء من عام 2003 فقد ارتفع هذا الأخير باستمرار ليصل في عام 2006 إلى 19.62%، وهذا بالرغم من استمرار ارتفاع الناتج المحلي الإجمالي، إلا أنه انخفض في عام 2007 إلى 16.09% كنتيجة لانخفاض فائض الحساب الجاري من 243.42 مليار دولار في عام 2006 إلى 236.89 مليار دولار في عام 2007 في ظل استمرار ارتفاع الناتج المحلي الإجمالي، لينخفض مؤشر المعاملات الخارجية من 18.75% في عام 2008 إلى نحو (-2%)في عام 2009، وبالرغم من ارتفاعه إلى 2.5% في عام 2010 إلا أنه لازال عند مستويات منخفضة مقارنة بعام 2008، لذلك

يتحتم على الدول العربية تنمية قطاع الصادرات غير النفطية والذي لا يزال دون الطموحات من خلال تحسين مناخ الاستثمار، وإزالة كل المعوقات الإجرائية والإدارية التي تحد من أداء قطاع التصدير من جهة ، كما يجب على الدول النفطية أن تغتنم التطورات الإيجابية للسوق النفطية في زيادة وتسريع إصلاحاتها المختلفة. ويسمح تنويع قاعدة الإنتاج والتصدير من زيادة مرونة الاقتصاد وقدرته على امتصاص الصدمات الخارجية المرتبطة بتقلبات أسعار النفط المحتملة، إضافة إلى نقل وسائل الإدارة والتسويق والتقنيات الحديثة إلى داخل الاقتصاد، مما يترك أثرا إيجابيا على القطاعات الأخرى.

وفي ظل ارتباط التحسن الكبير في المؤشرات السابقة (معدل النمو الحقيقي، ورصيد الموازنة العامة والحساب الجاري كنسبة من الناتج) بارتفاع أسعار النفط في الدول العربية كمجموعة، فإن ذلك يعتبر مؤشرا لضعف مناخ الاستثمار في المنطقة العربية، فقد أدت الأزمة المالية والاقتصادية العالمية الحالية إلى تراجع أداء الدول العربية كمجموعة في هذه المؤشرات في عام 2009 كما تأكد سابقا.

3-2-1 معدلات التضخم: تواصلت معدلات التضخم في الدول العربية في الانخفاض بدرجات متفاوتة نتيجة استمرارها في تطبيق سياسات الإصلاح الاقتصادي والمالي والتي من بين أهدافها تحقيق الاستقرار النقدي، ويوضح الجدول رقم (28) ذلك.

الجدول رقم (28): تطور معدلات التضخم في الدول العربية للفترة (1995-2010) الوحدة (%)

الدول	1995	1999	2000	2001	2002	2003	2004	2005	2006	2007	2009	2010
الأردن	2,4	0,6	0,7	1,8	1,8	1,6	3,4	3,5	6,3	5.4	0.7-	5
الإمارات	2,7	2,1	1,3	1,2	2,9	3,1	5	6,2	10	14	1.6	0.9
البحرين	2,7	1,3-	0,7-	0,5	0,5-	1,7	2,3	2,6	2,1	3.4	2.8	2.0
تونس	6,3	2,7	0,3	4,2	2,6	2,8-	3,6	2	4,5	3.1	3.5	4.4
الجزائر	29,8	2,6	0,3	4,2	1,4	2,6	3,6	1,6	2,5	3.5	5.7	4.3
جيبوتي	4,8	2	2,4	1,8	1,5	2,1	3,1	3,1	3,6	5	1.7	4
السعودية	5,1	1,3-	0,6-	0,8-	0,6	0,2	0,3	1,1	1,8	4.1	5.1	5.4
السودان	68,4	16	10	7,4	7,8	8,6	7,4	6,1	15,1	8.2	11.3	13
سورية	8	2,1-	0,5-	0,5	1	4,8	4,1	7,4	10	4.5	2.8	4.4
عمان	1,1-	0,5	1,2-	1-	0,3-	0,2	0,7	1,9	3,2	10.3	3.5	3.0
قطر	3	2,2	1,7	0,7-	0,2	2,3	6,8	8,8	11,8	13.8	4.9-	2.4-
الكويت	2,7	3	1,8	1,7	0,9	1	1,3	4,1	3,1	5.5	4.0	4.1
لبنان	4,2	0,2	0,4-	0,0	1,8	1,3	3	0,0	5,6	4.1	1.2	4.5
ليبيا	5,3	2,7	3,5-	8,1-	9,5-	2,1-	2,2-	2	3,5	6.2	2.5	2.4
مصر	8,4	3,1	2,7	2,2	3	5,5	17,3	3,1	12,4	9.5	11.7	11.6
المغرب	6,2	0,7	1,9	0,6	2,8	1,2	1,5	1	2,1	2.1	1.0	1.0
موريتانيا	6,5	4,1	3,3	4,7	5,3	4,6	10,4	12,1	6,5	7.3	2.2	6.1
اليمن	54,4	8,2	10,9	4,3	12,2	10,8	12,5	11,4	18,4	12.6	3.7	12.1

المصدر: - صندوق النقد العربي، التقرير الاقتصادي العربي الموحد لعامي 2008، ص 22.
- صندوق النقد العربي، التقرير الاقتصادي العربي الموحد لعامي 2001، ص 26.
- المؤسسة العربية لضمان الاستثمار، تقرير مناخ الاستثمار لعام 2010، ص 239.

يلاحظ من الجدول رقم (28) عودة الضغوط التضخمية في عام 2007 في عدد من الدول، منها النفطية كعمان، وقطر والإمارات، وليبيا نتيجة زيادة إيراداتها من النفط ما انعكس في زيادة الطلب المحلي من خلال الإنفاق الحكومي الاستثماري في مشاريع ضخمة في البنية التحتية والخدمات، انعكست في خلق مستويات عالية من السيولة، في حين ارتفعت في السودان، ومصر، واليمن بسبب خفض الدعم المقدم لبعض السلع الأساسية منها المشتقات النفطية. ولا شك أن تأثير الأزمة على الوضع النقدي يختلف من دولة إلى أخرى، فقد تراجعت معدلات التضخم في الدول النفطية التي شهدت ارتفاعا كبيرا لمعدل التضخم قبل الأزمة (عُمان، قطر، الإمارات وليبيا) نتيجة انخفاض معدلات السيولة المحلية فيها لانحسار دور الموجودات الأجنبية كمصدر للتوسع النقدي في السيولة المحلية، في ظل تراجع الفوائض النفطية لديها، هذا السيناريو كان غائبا في الجزائر والسعودية كدولتين نفطيتين التي ارتفعت فيها نوعا ما معدلات التضخم في 2009 و2010 للتأثير التوسعي للائتمان الحكومي على السيولة المحلية كجهود بُذلت لإنعاش الاقتصاد نتيجة تباطئه تحت تأثير الأزمة، وهو نفس الأمر الذي حدث في دول أخرى وبدرجات متفاوتة في عام 2010 كالسودان ومصر، سورية، اليمن، العراق، الأردن، تونس ولبنان.

ويعكس تطور المؤشرات الثلاثة السابقة تطور المؤشر المركب لمناخ الاستثمار، ويتضح من الشكل رقم (16) مدى إيجابية الارتباط بين تطور المؤشر المركب لمناخ الاستثمار وحصة الدول العربية من الاستثمار الأجنبي المباشر الوارد عالميا*.

حيث يلاحظ من الشكل رقم (16) أن تطورات المؤشر جاءت متوافقة مع

---

* يعكس المؤشر المركب التطورات الاقتصادية فقط، ولا يعكس التطورات الحاصلة في البيئة التشريعية والسياسية والاجتماعية، لذلك لم يظهر توافق تام وكلي بين تطور حصة الدول العربية من الاستثمار الأجنبي المباشر الوارد عالميا وقيم المؤشر المركب.

تطورات مؤشراته الفرعية وتطور معدلات النمو الحقيقية، ففي عام 1998 سجل المؤشر قيمة سالبة، كما عرف انخفاضا في عام 2001 وفي عام 2009، والملاحظ أن هناك تذبذبا في قيمة المؤشر نتيجة غياب الاستقرار الاقتصادي والمالي في العديد من الدول العربية، مما يعني ضعف فعالية إصلاحاتها الاقتصادية، وعدم وضوح التوجهات الحكومية العربية لقضايا التنمية والاستثمار.

الشكل رقم (16): تطور المؤشر المركب وحصة الدول العربية من الاستثمار المباشر الوارد عالميا للفترة (1996-2009)

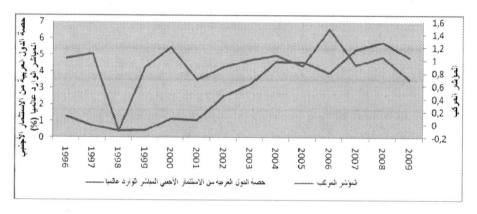

المصدر: من إعداد الباحث بالاعتماد على البيانات الواردة في:- الملحق الإحصائي رقم (2).

-المؤسسة العربية لضمان الاستثمار، تقرير مناخ الاستثمار لعام 2006، ص18.

-المؤسسة العربية لضمان الاستثمار، تقرير مناخ الاستثمار لعام 2010، ص18.

<u>3-1 المديونية الخارجية:</u> اعتمدت الدول العربية على سياسة الاستدانة لتمويل عملية التنمية، وقد نجم عن ذلك ازدياد تبعيتها السياسية والاقتصادية، وإبطاء حركة التنمية وإضعاف الترابط العربي، كما أصبحت خدمة الديون عبئا متزايدا على الاقتصاد العربي[1]، خاصة وأن معظم الموارد المقترضة ذات مصدر غير عربي، في حين تتدفق فوائض الدول العربية النفطية إلى أسواق المال الغربية.

---

[1] محمد الصقور وآخرون، "قضايا التنمية العربية"، دار الفكر للنشر والتوزيع، الطبعة الأولى،1994،ص20.

وبهدف معرفة تطورات أزمة المديونية في الدول العربية يتم الاستعانة بالجدول رقم (29) والذي يبرز تطور مؤشرات المديونية العربية.

الجدول رقم (29): تطور مؤشرات المديونية العربية بالمليون دولار لسنوات 1995، 2000، 2008 و2009.

السنوات	الدين الإجمالي القائم	خدمة الدين	نسبة إجمالي الدين إلى الناتج%	نسبة خدمة الدين إلى إجمالي الصادرات %
1995	159139	12482	73.3	18.1
2000	143828	13759	49.9	15.6
2008	157009.3	17681.3	21.7	6.3
2009	162260	14595	22.7	6

المصدر:

- صندوق النقد العربي، التقرير الاقتصادي العربي الموحد لعام 2008، ص164.

- صندوق النقد العربي، التقرير الاقتصادي العربي الموحد لعام، 2001 ، ص280.

- صندوق النقد العربي، التقرير الاقتصادي العربي الموحد لعام، 2010 ، ص402-405. يظهر من الجدول رقم (29) أن انخفاض الدين الخارجي للدول العربية من 159,1 مليار دولار في عام 1995 إلى 143,8 مليار دولار في عام 2000 انعكس إيجابيا في تحسن مؤشر نسبة الدين الإجمالي إلى الناتج المحلي الإجمالي الذي انخفض من 73,3% إلى 49,9%، وانخفض مؤشر نسبة خدمة الدين الإجمالي إلى الصادرات من 18,1% إلى 15,6%، بينما الملاحظ في أعوام 2008 و2009 هو استمرار تحسن المؤشرات السابقة بالرغم من ارتفاع المديونية الخارجية إلى نحو 157 و162.2 مليار دولار على الترتيب، وارتفاع خدمة الدين إلى 17.68 و 14.59 مليار دولار على الترتيب، وهذا راجع أساسا إلى ارتفاع الناتج المحلي الإجمالي وصادرات الدول العربية كمجموعة. مما يدل على أن العديد من الدول العربية لازالت تعاني من أزمة المديونية الخارجية، هذه الأخيرة استنزفت ولازالت تستنزف الموارد العربية، وهذا من شأنه إعاقة جهودها التنموية، وبالتالي التأثير

سلبا على مناخها الاستثماري[*].

<u>4-1 إقرار الخصخصة</u>: تميزت الاقتصادات العربية قبل إجراء الإصلاحات الاقتصادية بهيمنة القطاع العام على نسبة عالية من الأنشطة الاقتصادية مما أدى إلى تضييق الفرص الاستثمارية المتاحة للقطاع الخاص، فقد كانت في بعض البلدان العربية قطاعات بأكملها لا يستطيع القطاع الخاص دخولها وطنيا كان أو أجنبيا[1]، وهي نفس الحالة التي سادت في العديد من الدول النامية، إلا أنه مع بداية التسعينات، اكتسبت الخصخصة أهمية متزايدة نتيجة التحول الهام الذي حدث في الإستراتيجية التنموية للعديد من الدول النامية، والتي تحولت من الأنظمة الشمولية المرتكزة على القطاع العام إلى الانفتاح على العالم الخارجي، وتشجيع القطاع الخاص محليا كان أو أجنبيا، وقد بذلت الدول العربية جهودا في هذا الإطار، وتنازلت عن حقها في التدخل في المجال الاقتصادي والإداري للمؤسسات العامة لصالح القطاع الخاص، والتزمت بتشجيع هذا الأخير سواء كان محليا أو أجنبيا بهدف دعم انفتاحها على العالم وبالتالي تدعيم مناخها الاستثماري لجذب الاستثمار الأجنبي المباشر من خلال عملية الخصخصة، إضافة إلى إشراكه في عملية التنمية، ويلاحظ من الجدول رقم (30) أن حصيلة الخصخصة في الدول العربية خلال عشرية التسعينات بلغت نحو 12.7 مليار دولار، وهي أكبر من حصيلة إفريقيا والمقدرة بـ8.2 مليار دولار، وتقل كثيرا عن مستويات إقليمي شرق آسيا والمحيط الهادي وأمريكا اللاتينية والكاريبي المقدرة بنحو 65.44 و177.83 مليار دولار على الترتيب، كما يلاحظ كذلك أن حجم تدفقات الاستثمار الأجنبي المباشر والتي كان مصدرها خصخصة مؤسسات القطاع العام في الدول العربية والمقدرة بـ3.687 مليار دولار أقل مما هو مسجل في إفريقيا والبالغة 4.738 مليار دولار، وهي

---

[*] تشمل الدول العربية المقترضة كل من الأردن، وتونس، والجزائر، وجيبوتي، والسودان، وسوريا، والصومال، وعمان، لبنان، ومصر، والمغرب، وموريتانيا، واليمن.

[1] سعيد النجار، "آفاق الاستثمار في الوطن العربي"، أبحاث ومناقشات المؤتمر الذي نظمه إتحاد المصارف العربية، مصر، 1992، ص67.

ضعيفة مقارنة بالتدفقات الواردة إلى إقليمي شرق آسيا والمحيط الهادي وأمريكا اللاتينية والكاريبي والبالغة 37.292 و88.844 مليار دولار على الترتيب.

الجدول رقم (30): تطور حصيلة الخصخصة ومشاركة المستثمرين الأجانب فيها في الدول العربية والأقاليم المقارن بها لفترة التسعينات

الوحدة: مليون دولار

المجموع	1999	1998	1997	1996	1995	1994	1993	1992	1991	1990		السنوات
65446	10335	8002	16537	5446	9742	3957	3988	3626	2551	1262	*	شرق آسيا والمحيط الهادي
37292	6503	5190	8874	1880	4778	1588	2932	3069	1892	586	**	
177834	32614	37685	33892	14142	4616	8199	10488	15560	18723	10915	*	أمريكا اللاتينية والكاريبي
88844	19567	21535	12486	6448	2206	5058	3765	4037	7384	6358	**	
12692	2213	2214	2480	2387	1858	1034	417	70	17	2	*	الدول العربية
3687	1871	603	603	16	109	325	138	19	3	0	**	
8264	694	1356	2348	745	473	605	641	207	1121	74	*	إفريقيا
4738	418	694	1969	299	275	453	566	66	5	38	**	

المصدر: صندوق النقد العربي، التقرير الاقتصادي العربي الموحد لعام 2002، ص168.

*: تشير إلى إجمالي حصيلة الخصخصة، و**: تشير إلى حصة الاستثمار الأجنبي المباشر في عمليات الخصخصة.

هذا وقد تفاوتت جهود الدول العربية في مجال الخصخصة ودعم القطاع الخاص، والنتائج التي حققتها والتكاليف التي تحملتها، إلا أن الملاحظ هو بطئ هذه العملية (بدرجات متفاوتة)، فقد قدرت حصيلة الخصخصة في المغرب، ومصر، والكويت، والأردن، وتونس خلال الفترة (1990-2001) بنحو 5.2 و5.18، و3.96، و1.04، و0.976 مليار دولار على الترتيب، في حين قدرت في دول أخرى كمجموعة (الجزائر، ولبنان، وعمان، وقطر، والإمارات) بنحو 1.116 مليار دولار[1]، وهذا ما يدل على هيمنة البيروقراطية على الإجراءات والقرارات التي

---

[1] صندوق النقد العربي، التقرير الاقتصادي العربي الموحد، 2002، ص161.

تعمل على بطئ إصدار القوانين والتشريعات المتعلقة بذلك، ومعارضة العديد من المسؤولين لعملية الخصخصة أصلا بسبب تخوفهم من سلبياتها، مما يشكل عائقا أمام المزيد من تدفقات الاستثمار الأجنبي المباشر الوارد بدلا من أن يكون محددا رئيسيا لها.

2- النظام المالي

نظرا لتركيز المستثمر الأجنبي على وضعية النظام المالي في الدول المضيفة والخدمات التي يمكن أن يقدمها باعتباره من الأعمدة المحفزة للاستثمار والنمو الاقتصادي، أولت الدول العربية اهتماما متزايدا لتطوير أنظمتها المصرفية وأسواقها المالية.

1-2 النظام المصرفي: نظرا لمساهمة القطاع المصرفي في دعم النمو بتعبئة المدخرات وتمويل الاستثمارات أولت الدول العربية أهمية بالغة لتطويره، إذ خضع لمجموعة من الإصلاحات على كل مستوياته التقنية والبشرية والمؤسسية، هذا ما انعكس في إنجازات مهمة حققها القطاع المصرفي العربي تتجلى بوضوح في المؤشرات الواردة في الجدول رقم (31)، إذ توسع في نطاق تسليفه للأنشطة الاقتصادية من 339,4 مليار دولار في عام 1999 إلى 1181.73 مليار دولار في عام 2009، كما ارتفع إجمالي الودائع من 321,7 مليار دولار في عام 1999 إلى 1126.31 مليار دولار في عام 2009.

الجدول رقم (31): تطور بعض المؤشرات للمصارف العربية للفترة (1999-2009) (الوحدة: مليار دولار)

السنوات	1999	2000	2001	2002	2003	2004	2005	2006	2008	2009
إجمالي القروض	339,4	349,5	359,2	392,5	426,2	481,3	575,7	674,1	1125.76	1181.73
حصة القطاع الخاص من إجمالي القروض (%)	62,6	63,6	62,3	62,1	64,5	67,7	69	68,8	74.1	73.6
حصة القطاع الخاص من إجمالي القروض كنسبة من الناتج المحلي الإجمالي (%)	38,8	35,6	35,6	38,4	36,6	37,5	38	38,8	43.2	51.2
إجمالي الودائع	321,7	343,3	352,4	397,2	441,3	506,8	601,1	720,2	1140.68	1126.31
نسبة الودائع لأجل من إجمالي الودائع (%)	78,4	77,2	75,1	74,4	73	71	62,4	63	57.6	61.3

المصدر: صندوق النقد العربي، التقرير الاقتصادي العربي الموحد لأعوام 2000، 2002، 2006 و2010.

ويستوجب على الدول العربية تعزيز هذه المكاسب والتي تعتبر متواضعة في ظل مكامن الضعف التي لازال يعاني منها القطاع المصرفي العربي، والتحديات التي تواجهه، إذ نلاحظ:

- تراجع قدرة البنوك العربية على تقديم الائتمان المتوسط والطويل الأجل نتيجة تراجع مؤشر نسبة الودائع لأجل من إجمالي الودائع من 78,4% في عام 1999 إلى 61.3% في عام 2009.

- تدني معيار العمق المصرفي في قطاع المصارف العربية نتيجة صغر حجم هذا الأخير والتخلف المالي والنقدي له في العديد من الدول العربية، وهذا ما تؤكده الحصص المتدنية لنصيب القطاع الخاص من إجمالي الائتمان كنسبة من الناتج المحلي الإجمالي.

- بطئ مساهمته في تعزيز الانفتاح الاقتصادي وتدعيم دور القطاع الخاص في الدول العربية نتيجة ضعف نمو حصة القطاع الخاص من إجمالي القروض، والتي تراوحت بين 62,1% و73.6%.

- تمارس أغلب المصارف العربية الوساطة المالية التقليدية لذلك فهي بعيدة عن مفهوم الصيرفة الشاملة الذي تمارسه المصارف في الدول المتقدمة، لذلك فالمصارف العربية مجبرة على تبني مفهوم الصيرفة الشاملة وتنويع الخدمات التي تقدمها، وتبسيط مختلف الإجراءات.

- ضعف الرأس مال التقني والبشري بسبب قصور تطبيق التكنولوجيا المصرفية الحديثة، وندرة الكوادر الإدارية والتنفيذية ذات الخبرة العالية[1]، مما يعني اشتداد حدة المنافسة الخارجية بتحرير أسواق المال ودخول مصارف أجنبية أكبر حجما وأكثر قدرة على استيعاب واستخدام التقنيات الحديثة.

- تتسم معظم الأسواق المصرفية العربية بسيطرة عدد محدود من المصارف (المصارف العامة) على الجانب الأكبر من نشاط هذه الأسواق مما خلق جوا من الاحتكار[*].

2-2 <u>أسواق الأوراق المالية العربية</u>: باستثناء ليبيا، وموريتانيا، والصومال، وجيبوتي، أنشأت باقي الدول العربية أسواقا للأوراق المالية، وأولت لها اهتماما متزايدا لتطويرها وتحسين أدائها، هذا ما أدى إلى[2]:

[(1)] صلاح الدين حسين السبيسي، "القطاع المصرفي والاقتصاد الوطني، القطاع المصرفي وغسيل الأموال"، عالم الكتب، ط1، 2003، ص91.

[*] يستحوذ مصرفان في السعودية على نحو 50% من إجمالي أصول المصارف السعودية، وتستحوذ في مصر مصارف القطاع العام الأربعة على 50% من إجمالي أصول المصارف، وتصل هذه النسبة في الأردن إلى 80%، أنظر: مصطفى عبد اللطيف، بلعوز سليمان، مداخلة بعنوان: " تحديات العولمة المالية للمصارف العربية واستراتيجيات مواجهتها"، الملتقى الدولي المنظومة المصرفية الجزائرية والتحولات الاقتصادية ،واقع وتحديات، جامعة الشلف، الجزائر، 14 و15 ديسمبر 2004، ص254.

[(2)] لمزيد من التفصيل أنظر: المؤسسة العربية لضمان الاستثمار، تقرير مناخ الاستثمار لعام 2006، ص153. وصندوق النقد العربي، التقرير الاقتصادي العربي الموحد لعام 2007، مرجع سبق ذكره، ص243، تقرير مناخ الاستثمار لعام 2010، ص241.

- ارتفاع رسملة البورصات العربية مجتمعة من حوالي 72,5 مليار دولار في عام 1994 إلى 882 مليار دولا ر في عام 2006، لترتفع في عام 2009 إلى 903 مليار دولار.

- الارتفاع الكبير لقيمة الأسهم المتداولة من 10,5 مليار دولار في عام 1994 إلى 1685 مليار دولار في عام 2006، لتنخفض في عام 2009 إلى 653.5 مليار دولار.

ارتفاع عدد الشركات المدرجة في البورصات العربية من 1089 شركة في عام 1994 إلى 1495 شركة في عام 2009.

- هذه التطورات الايجابية انعكست ايجابيا في ارتفاع المؤشر المركب لصندوق النقد العربي كمؤشر لأسواق المال العربية بنسبة 137,7% بين عامي 1994 و2006، ليبلغ 237,7 نقطة.

ويظهر الجدول رقم (32) أن المؤشرات (معدل الرسملة البورصية كمؤشر لحجم السوق، ومعدل الدوران كمؤشر لسيولة السوق، ونسبة التداول والذي يعكس إضافة لسيولة السوق الطاقة الاستيعابية لأسواق المال العربية) شهدت تحسنا مستمرا بدء من سنة 2003 لتبلغ معدلات كبيرة جدا في عام 2006، لتشهد انخفاضا حاد في عام 2009.

الجدول رقم (32): تطور درجة تقدم ونضج أسواق المال العربية للفترة (1995-2006) و2009

السنوات	1995	1996	1997	1998	1999	2000	2001	2002	2003	2004	2005	2006	2009
معدل الرسملة البورصية *%	30,7	35,7	46	40,8	41,1	34,6	30,3	40,0	52,9	78,4	133,4	79,1	46.78
نسبة حجم التداول **%	5,4	10,1	20,2	11,8	9,7	8,5	8,5	12,5	33,7	71,7	148,3	150,1	33.85
معدل الدوران ***%	14,43	17,71	28,28	43,9	28,92	23,86	24,66	28,04	31	63,791	111,1	189,7	72.36

المصدر: من إعداد الباحث بالاعتماد على البيانات الواردة في:

- المؤسسة العربية لضمان الاستثمار، تقرير مناخ الاستثمار لعام 2006، مرجع سبق ذكره، ص153.

- المؤسسة العربية لضمان الاستثمار، تقرير مناخ الاستثمار لعام 2010، مرجع سبق ذكره، ص241.

- صندوق النقد العربي، التقرير الاقتصادي العربي الموحد لأعوام 2001، و2003، و2004.

* تحسب بقسمة القيمة السوقية للأسهم المقيدة في البورصة على الناتج المحلي الإجمالي، ** تحسب بقسمة قيمة الأسهم المتداولة على الناتج المحلي الإجمالي. *** هي حاصل قسمة إجمالي الأسهم المتداولة على الرسملة البورصية.

وإذا كان التحسن في المؤشرات السابقة الذكر إلى غاية 2006 يرجع في جزء منه إلى ارتفاع القيمة السوقية وحجم التداول نتيجة الزيادة الهائلة في السيولة المحلية لارتفاع الإيرادات النفطية وبالتالي توسع الاكتتابات العامة يضاف لذلك عودة بعض رؤوس الأموال العربية الموظفة في الخارج. إلا أن هذا الارتفاع لم يكن طبيعيا بسبب ضعف بنية هذه الأسواق أصلا، وضعف الدور الرقابي فيها، ويتأكد هذا جليا أنه بمجرد تنفيذ إصلاحات هيكلية ورقابية بداية من عام 2006 لتصحيح مسار حركة أسعار الأسهم انخفض مؤشر صندوق النقد العربي من 413,5 نقطة في عام 2005 إلى 237,7 نقطة في نهاية2006[1].

وما يلاحظ دائما من الجدول السابق التراجع الكبير في المؤشرات السابقة في عام 2009، ويرجع ذلك إلى تأثر أسواق المال العربية بدرجات متفاوتة بالأزمة المالية والاقتصادية العالمية ، بحسب درجة ارتباطها بالأسواق العالمية، لخروج توظيفات المستثمرين منها، ولتأثر القطاع الحقيقي الذي شهد تباطؤا كبيرا، والذي أثر بدوره سلبا على أداء الشركات المدرجة في هذه الأسواق وعلى ربحيتها[2]. إن العديد من أسواق المال العربية لازالت تتميز بصغر حجمها لانخفاض عدد الشركات المدرجة فيها، وانخفاض معدلات الرسملة البورصية فيها، كما تعاني انخفاضا في النشاط وضعفا في السيولة لتدني مؤشر معدل الدوران، هذا ما انعكس

[1] صندوق النقد العربي، التقرير الاقتصادي العربي الموحد لعام 2006، مرجع سبق ذكره، ص143.
[2] صندوق النقد العربي، التقرير الاقتصادي العربي الموحد لعام 2010، مرجع سبق ذكره، ص155.

سلبا في ضعف قدرتها على تعبئة المدخرات لصغر حجم التداول فيها، وضعف تنوع الأوراق المالية في العديد منها، وما يؤكد كل ذلك هو عجزها عن استقطاب فوائض الطفرة النفطية والتي تتدفق إلى البورصات والمصارف الغربية.

كما تشترك البورصات العربية في خصائص أخرى منها شدة التقلبات في حركة الأسعار، وقصور الطلب على الأوراق المالية لانخفاض معدلات دخل الفرد، إضافة إلى تدني الوعي الاستثماري في العديد من الدول العربية، يضاف لهذا قصور الأطر التشريعية والتنظيمية في العديد منها مما يزيد من حدة المخاطر فيها[1]، كل هذا من شأنه إضعاف مساهمتها في تعبئة الادخار، وتمويل الاستثمارات، وبالتالي التأثير سلبا على مناخ الاستثمار في الدول العربية.

3- تحرير التجارة الخارجية

سارعت العديد من الدول العربية إلى تكثيف جهودها لتحرير تجارتها الخارجية من خلال برامج الإصلاحات الاقتصادية التي اعتمدتها تسهيلا لاندماجها في الاقتصاد العالمي لتدعيم مناخها الاستثماري، فباشرت المفاوضات للانضمام إلى المنظمة العالمية للتجارة، وبالتالي المصادقة على كل بنودها بما فيها المنظمة للاستثمار والمتعلقة بالتجارة (مثل التخلي عن اشتراط تحديد النسبة من إنتاج المشروعات الأجنبية المباشرة الموجهة للتصدير، أو إجبار المستثمر الأجنبي على تسويق إنتاجه في السوق المحلي، أو الربط بين استيراد منتج يستخدم في مشروع الاستثمار الأجنبي المباشر وكمية النقد الأجنبي المتاح لهذا المشروع أو كمية الصادرات من الإنتاج لهذا المشروع، أو تحديد نسبة المكون المحلي في مشاريع الاستثمار الأجنبي المباشر من خلال تقييد حصة المستثمر الأجنبي بنسبة محددة في هذه المشاريع)[*]، وقد أثبتت كل من دول مجلس التعاون الخليجي والأردن وتونس،

[1] حسين عبد المطلب الأسرج، مرجع سبق ذكره، ص74.

[*] للمزيد من التفصيل، أنظر: عبد الرحمان صبري، "سياسات الاستثمار في الدول العربية واتفاقية الجات"، شؤون عربية، مارس 1997، ص134-136.

وجيبوتي، ومصر، والمغرب، وموريتانيا عضويتها في المنظمة، وتبقى كل من الجزائر واليمن، والسودان، والعراق، ولبنان، وليبيا بصفة عضو مراقب ولازالت تفاوض من أجل الانضمام أما باقي الدول العربية فإنها لم تفاوض إطلاقا.

وبالرغم من أن انضمام الدول العربية السابقة الذكر للمنظمة العالمية للتجارة سوف يدعم مناخها الاستثماري، نتيجة الحرية الكبيرة المعطاة للمستثمرين الأجانب بعد الإمضاء على اتفاقيات المنظمة، خصوصا التحرير الكامل للتجارة، وتلافي الضوابط المنظمة للاستثمار السابقة الذكر، إلا أنه في ظل ما يؤخذ على ذلك من تحفظات، فاستفادة الدول النامية منها العربية بانضمامها للمنظمة لا تتحدد فقط باستقطابها للاستثمارات الأجنبية المباشرة، إنما تتحدد كذلك بمدى قدرتها على التكيف والمنافسة الخارجية، أي الاندماج مع العالم الخارجي بصفة شريك (الاندماج الإيجابي)، إلا أن واقع الاقتصادات العربية التي تتميز بضعف المنافسة والاختلالات المتعددة لا يمكن أن تحقق ذلك، لذلك كان الأجدر أن تقوم الدول العربية بتفعيل السوق العربية المشتركة، لحماية اقتصاداتها استعدادا للانضمام إلى المنظمة، من خلال توحيد سياساتها التجارية، وفي هذا الإطار فإن تبني مشروع منطقة التجارة العربية الكبرى في عام 1998، لم يحقق ما كان مرجوا منه**، لذلك فإن تفضيل الدول العربية الاندماج فرادى في الاقتصاد العالمي سوف يعزز من المخاطر التي تتحملها ويقلل مكاسبها وقدرتها التفاوضية

ثالثا: التطورات التشريعية والتنظيمية

بهدف تدعيم مناخها الاستثماري وبعث الاطمئنان في نفوس المستثمرين الأجانب، بذلت الدول العربية جهودا لإحداث تطورات تشريعية ومؤسسية، كما اعتمدت برامج للترويج، ومنحت العديد من الحوافز.

** قرت نسبة الصادرات البينية إلى إجمالي الصادرات العربية، ونسبة الواردات البينية إلى إجمالي الواردات العربية في عام 2007 بـ8.3% و12.1% على الترتيب، ليقدر بذلك متوسط حصة التجارة العربية البينية في إجمالي التجارة العربية بـ10.2%، أنظر: التقرير الاقتصادي العربي الموحد، 2008، ص148.

1- الإطار التشريعي

شهدت الدول العربية استمرارا في تحسين أطرها التشريعية سواء بإصدارها للتشريعات المرتبطة بتحسين مجمل أطرها القانونية كاعتماد قوانين حماية حقوق الملكية الفكرية، ومحاربة غسيل الأموال والفساد، وتشجيع المنافسة والحد من الاحتكار، أو بمواصلة جهودها في تطوير التشريعات المتعلقة بالاستثمار بإصدار قوانين جديدة أو بتعديل وتنقيح القوانين القائمة.

وفي هذا الإطار، ففي عام 2010 عملت وزارة الاقتصاد في الإمارات على إصدار 14 قانون تغطي الاستثمارات الأجنبية، الصناعات، الملكية الفكرية وحوكمة المؤسسات، وتسعى الكويت لإقرار مشاريع قوانين لمحاربة الفساد، وتشجيع المنافسة، والحد من الإحتكار، كما أقرت مصر القانون رقم 76 الخص بنسب مشاركة القطاع الخاص في مشروعات البنية الأساسية والخدمات والمرافق، كما أصدرت اليمن القانون رقم الخاص بمكافحة غسيل الأموال وتمويل الإرهاب، وكذلك القرار الجمهوري رقم 15 المتعلق بتعديل المنظومة التشريعية الخاصة بالاستثمار والتجارة[1].

وعند مقارنة تشريعات الاستثمار للدول العربية بتشريعات العديد من الدول منها النامية، نجد أنها لازالت تعاني من مكامن ضعف هي[2]:

- تحرص معظم دول العالم على إيراد تعاريف للمفردات الواردة في تشريعاتها، في حين لم تنهج معظم الدول العربية هذا النهج، مما يعني غياب عنصر التفصيل والتدقيق فيها.

---

[1] المؤسسة العربية لضمان الاستثمار، تقرير مناخ الاستثمار لعام 2010، ص96-97.
[2] المؤسسة العربية لضمان الاستثمار، "تقرير مقارن عن تشريعات تشجيع الاستثمار في الدول العربية وما يقابله في بعض دول العالم الأخرى"، سلسلة الخلاصات المركزة، مرجع سبق ذكره، ص3-17.

- تمنح أغلب تشريعات الاستثمار في دول العالم لأجهزة الاستثمار حق مفاوضة المستثمر الأجنبي بشأن المزايا في حالة الاستثمارات الضخمة ذات العائد الإيجابي، هذه النصوص تكاد تكون غائبة في تشريعات الاستثمار العربية والتي تقر أغلبها المزايا بشكل موحد ينطبق على كل المستثمرين.

- لا تتضمن تشريعات الاستثمار العربية نصوصا صريحة على خضوع المستثمر الأجنبي للدستور وقوانينه السارية، خلافا لما جاء في تشريعات الدول الأخرى، مما يتيح للمستثمر أسمى قواعد الحماية.

- تنص تشريعات الاستثمار في العديد من الدول على ضرورة استقرارها وعدم تغييرها المفاجئ بما يلحق ضررا بالمستثمر، وقد سار على هذا النهج عدد محدود من الدول العربية كالأردن، ومصر.

- اكتفت تشريعات الاستثمار العربية بالنص على هيئات الاستثمار في صلب هذه التشريعات، وهذا خلاف العديد من الدول التي تحدد اختصاصاتها، وسلطاتها، واعتماداتها، ومعاملة التظلم من قراراتها. ولقد انعكس اهتمام الحكومات العربية بفتح آفاق الاستثمار وتمتين العلاقات بينها وبين المستثمر الأجنبي أن أولت مزيدا من الأهمية لإعطاء مصداقية لتشريعات الاستثمار فيها، والتقليل من السلبيات التي تم ذكرها، وذلك بإبرام العديد من الاتفاقيات الثنائية والمتعددة الأطراف، وبالتالي الالتزام دوليا بشأن المعاملة العادلة للمستثمر الأجنبي وحمايته، وتجسيد التحكيم لتسوية المنازعات المحتملة.

* على المستوى الثنائي: كان فحوى هذه الاتفاقيات المعاملة بالمثل فيما يخص تشجيع وحماية الاستثمار الأجنبي المباشر، بالإضافة إلى تفادي الازدواج الضريبي، وبخصوص الدول التي أبرمت معها الدول العربية هذه الاتفاقيات، نميز بين:

الاتفاقيات بين الدول العربية نفسها: حتى نهاية 2010، أبرمت كل الدول العربية اتفاقيات تخص تشجيع وحماية الاستثمار الأجنبي المباشر باستثناء العراق، وبرزت مصر بـ 19 اتفاقية، وسوريا والمغرب وتونس بـ 16، 15 و14 اتفاقية

على الترتيب، بالإضافة إلى اتفاقيات منع الازدواج الضريبي التي برزت فيها مصر وتونس بـ16 اتفاقية لكل منهما، اليمن بـ 14 اتفاقية، في حين لم تبرم كل من جيبوتي أية اتفاقية في هذا الإطار[1].

— الاتفاقيات مع باقي دول العالم: خلال الفترة (1980-2009) وقعت الدول العربية على 743 اتفاقية لحماية وتشجيع الاستثمار الأجنبي المباشر مع العديد من الدول النامية والمتقدمة، وقد برزت مصر، المغرب، عمان وتونس بـ101، 58، 56 و54 اتفاقية كما أبرمت إلى غاية 2009 نحو 496 اتفاقية لتجنب الازدواج الضريبي[2].

* اتفاقيات متعددة الأطراف: وبالموازاة مع هذه الاتفاقيات المبرمة على المستوى الثنائي، أبرمت الدول العربية عددا من الاتفاقيات متعددة الأطراف، ونميز بين:

— المستوى الإقليمي: وتتمثل في[3]:

— اتفاقية الوحدة الاقتصادية بين دول الجامعة العربية لعام 1957، وكان هدفها إقامة وحدة اقتصادية بين الدول العربية، من بين بنودها حرية انتقال رؤوس الأموال من خلال تنسيق السياسات والتشريعات الاقتصادية.

— اتفاقية استثمار رؤوس الأموال العربية وانتقالها بين الدول العربية في عام 1970، من بين بنودها معاملة المستثمر العربي معاملة مماثلة للمستثمر المحلي، وعدم جواز التأميم والمصادرة.

- اتفاقية المؤسسة العربية لضمان الاستثمار في عام 1971، وقد هدفت إلى تأمين المستثمر العربي بتعويضه عن الخسائر التي قد تلحق به نتيجة المخاطر غير التجارية المختلفة.

---

[1] المؤسسة العربية لضمان الاستثمار، تقرير مناخ الاستثمار لعام 2010، الملحق الإحصائي.

[2] Unctad, world investment report,2011, UNCTAD, FDI/TNC database
www.unctad.org/fdistatistics

[3] لمزيد من التفصيل في فحوى هذه الاتفاقيات أنظر: المؤسسة العربية لضمان الاستثمار، تقرير مناخ الاستثمار في الدول العربية لعام 1985، الكويت، ص15-18.

- اتفاقية تسوية منازعات الاستثمار في عام 1974، وقد تضمنت قواعد ونصوص لحل كل النزاعات بين المستثمر العربي والدول العربية المضيفة للاستثمار.

- في عام 1973 أبرمت الدول العربية اتفاقية لتجنب الازدواج الضريبي، ومنع التهرب الضريبي.

- الاتفاقية الموحدة لاستثمار رؤوس الأموال العربية لعام 1980، وهي ثمرة الجهود القومية المتواصلة لتحقيق التكامل الاقتصادي العربي والتنمية الشاملة، هدفها توحيد القواعد القانونية العامة التي تنظم معاملة رأس المال العربي في الدول العربية تسهيلا لحركة الاستثمار فيها.

- الاتفاقية المغاربية لتشجيع الاستثمار: أبرمت في الجزائر في عام 1990 من طرف خمس دول مغاربية (الجزائر، وتونس، وليبيا، وموريتانيا، والمغرب)، وبموجبها تلتزم هذه الدول بالمعاملة العادلة وبالمثل للاستثمار المنجز بينها[1].

وتبقى الاتفاقيات السابقة الذكر حبرا على ورق، إذ لم يتم تجسيدها فعليا، نظرا للتفاوت المسجل في تشريعات الاستثمار في الدول العربية واختلاف النظم القانونية والقواعد التنظيمية، وتهميش دور المؤسسة العربية لضمان الاستثمار في تشجيعها لانتقال رؤوس الأموال بين الدول العربية.

- أبرمت الدول العربية المطلة على حوض البحر الأبيض المتوسط باستثناء فلسطين اتفاقية مع الاتحاد الأوروبي، والتي دخلت حيز التنفيذ الكامل في عام 1998، من بين بنودها حرية التجارة وانتقال رؤوس الأموال.

- على المستوى الدولي: استمرارا للجهود السابقة وقعت الدول العربية على المستوى الدولي اتفاقيات متعددة الأطراف، منها اتفاقية **الوكالة الدولية لضمان الاستثمار** إذ وقعت كل الدول العربية باستثناء فلسطين والصومال عليها وبالتالي أثبتت عضويتها فيها، ويعكس تسارع الدول العربية لتوقيع هذه الاتفاقية إدراكها بأن

---

[1] " promotion et garantie des investissements ", in: média Bank , n° 19, aout-septembre 1995 , p 25.

تأكيد الالتزام الدولي بشأن حماية وتشجيع الاستثمار الأجنبي المباشر خطوة أساسية لتحسين أدائها في جذبه.

2- الإطار التنظيمي

تدعيما لسياسة الباب المفتوح للاستثمار الأجنبي المباشر، حرصت الدول العربية على إنشاء أطر هيكلية خاصة بتنظيم وتشجيع العملية الاستثمارية، وقد اتخذت شكل هيئات خاصة أو شكل مكاتب وإدارات تابعة لوزارات وصية، وتحرص هذه الهيئات على تأدية المهام المنوط بها، إضافة إلى امتثالها لتطبيق مختلف البنود الخاصة بمعاملة المستثمر الأجنبي وحمايته.

كما تحرص هذه الهيئات على الترويج للاستثمار من خلال التعريف بمناخ الاستثمار وبالفرص الاستثمارية المتاحة في الدول العربية، وبالمزايا والحوافز المتوفرة عبر عقد اللقاءات، والمؤتمرات وتنظيم المعارض.

لكن الملاحظ في العملية الترويجية في للدول العربية إهمالها لتقديم نماذج لمشروعات تم تأسيسها منذ فترة وحققت نتائج إيجابية على كل المستويات، بالإضافة إلى اهتمامها بإعداد دراسات ما قبل الاستثمار والتي تتميز بالتكلفة المرتفعة دون ربط هذه المشروعات بالمستثمرين المحليين باعتبارهم شركاء محتملين[1]. يضاف لكل هذا أن كل دولة عربية تقوم بالترويج لفرص الاستثمار فيها على حدة مما خلق جوا من التنافس فيما بينها، ولم يتم إيجاد آلية للتنسيق فيما بينها للترويج للمنطقة العربية كإقليم واحد، من خلال تبادل المعلومات والخبرات والترويج للمشروعات العربية المشتركة[2].

---

[*] في هذا الإطار عد إلى العنصر الثالث من المبحث الأول من الفصل الثاني من هذا البحث.

[1] بجاوي سهام، "الاستثمارات العربية البينية ومساهمتها في تحقيق التكامل الاقتصادي العربي"، رسالة ماجستير، جامعة الجزائر، 2005، ص55-56.

[2] اتحاد غرف التجارة والصناعة "ندوة الترويج للاستثمار والمشروعات الاستثمارية في الدول العربية"، آفاق اقتصادية، الإمارات، العدد 57-58، أفريل 1994، ص168.

لكن ما يجب التأكيد عليه، هو أن إبرام الدول العربية للاتفاقيات السابقة الذكر، وإنشائها للأطر التنظيمية لم يعالج أوجه القصور ومكامن الضعف في البيئة التشريعية والتنظيمية للعديد منها، ولتسليط الضوء عليها يتم الاستعانة بالملحق الإحصائي رقم (01)، والذي يبرز تقيما لبيئة أداء الأعمال في الدول العربية **(مؤشر سهولة أداء الأعمال)** وبعض دول المقارنة لعام 2011، واعتمادا عليه يتضح:

أ. مؤشر تأسيس الكيان القانوني للمشروع:

تعتبر السعودية أحسن الدول العربية أداء في المؤشر بترتيب (13) من بين 183 دولة، متبوعة بمصر في المرتبة (18)، ثم الإمارات وتونس في المرتبتين (46) و(48) على الترتيب، وما يلاحظ أن تحسن أداء أغلب الدول العربية في أحد مؤشراته الفرعية يقابله ضعفا في الأخرى، لأن ترتيب أغلبها فاق المائة، في الوقت الذي يقدر في الكيان الصهيوني بـ(36) عالميا، وفيما يلي تفصيل واقع الدول العربية ودول المقارنة في مؤشراته الفرعية:

- يتراوح عدد الإجراءات المطلوبة لتأسيس الكيان القانوني للمشروع في الدول العربية بين (4) إجراءات كحد أدنى في السعودية، و(14) إجراء كحد أعلى في الجزائر، كما يقدر في عُمان ولبنان بنفس العدد في الكيان الصهيوني(5) إجراءات، ويقدر في مصر، المغرب واليمن بنفس العدد في تركيا (6) إجراءات، وبذلك يقدر متوسط عدد الإجراءات اللازمة لتأسيس الكيان القانوني في الدول العربية بـ(8.5) إجراء، وهو أعلى من المستوى المسجل في تركيا والكيان الصهيوني، وأعلى بكثير من العدد المسجل في أحسن الدول أداء في هذا المؤشر (نيوزيلندا) والذي يقدر فيها بإجراء واحد فقط، لذلك فإن أغلب الدول العربية مطالبة ببذل المزيد من الجهود لتقليل هذا العدد.

- يتراوح الوقت اللازم لانجاز إجراءات تأسيس المشروع في الدول العربية بين (7) أيام في السعودية كحد أدنى، و(77) يوم في العراق كحد أعلى، وبالرغم من تحسن هذا المؤشر في مصر والمقدر بـ(7) أيام، لبنان والبحرين بـ(9) أيام،

فإن الوقت يعد طويلا في معظم الدول العربية مقارنة بأحسن الدول أداء في المؤشر (نيوزلندا بيوم واحد)، ومقارنة بـ(6) أيام في تركيا، خاصة وأن المتوسط العربي يقدر بـ(21.6) يوم.

- ارتفاع متوسط تكلفة إنجاز الإجراءات كنسبة من الدخل القومي للفرد والبالغ 46.2% في الدول العربية، ويتراوح بين أدنى حد له في البحرين بـ0.8% وأعلى حد له في جيبوتي بـ169.9%، ويقدر في أحسن الدول أداء في المؤشر (الدنمارك) بـ0%، و4.3% في الكيان الصهيوني، ويصل في تركيا إلى 17.2%. - يبلغ الحد الأدنى لرأس المال اللازم لتأسيس شركة كنسبة من الدخل الوطني للفرد في مصر، السعودية، تونس، الإمارات واليمن بـ0%، وهو نفس المستوى المسجل في الكيان الصهيوني وفي أحسن الدول أداء في المؤشر (نيوزيلندا)، ويصل المتوسط العربي إلى 126.5%، وهو مرتفع مقارنة بـ9.9% في تركيا، ويرجع ذلك أساسا إلى تسجيل مستويات جد مرتفعة في بعض الدول العربية، إذ تجاوز 100% في البحرين، جيبوتي، موريتانيا، عُمان، سورية وفلسطين.

ب. مؤشر تسجيل ملكية الأصل العقاري:

تعتبر السعودية أحسن الدول أداء في العالم في هذا المؤشر(المرتبة الأولى من بين 189 دولة)، متبوعة بالإمارات في المرتبة الرابعة، كما جاءت دول أخرى في مراتب متقدمة كعُمان(المرتبة 21)، والبحرين(المرتبة 29)، والسودان(المرتبة 40)، في المقابل فاق ترتيب دول أخرى المائة كالجزائر، جيبوتي، الأردن، لبنان، المغرب، وفيما يلي واقع مؤشراته الفرعية في الدول العربية:

- سجلت أغلب الدول العربية تحسنا في مؤشر عدد الإجراءات اللازمة لتسجيل العقار، إذ وصل إلى مستويات قياسية في الإمارات بإجراء واحد فقط، وفي السعودية، عمان والبحرين بإجراءين، وقد سجل مستويات مرتفعة في قطر بـ(10) إجراءات، وفي الجزائر كحد أعلى في الدول العربية بـ(11) إجراء.

- سجلت بعض الدول العربية مستويات جد مرضية في مؤشر عدد الأيام اللازمة لتسجيل العقار كالسعودية والإمارات بيومين لكل منهما، والسودان بـ(9) أيام، ويصل المتوسط العربي إلى (31.6) يوم، وهو أعلى من المستوى المسجل في تركيا(6) أيام، وأقل بكثير مما هو مسجل في الكيان الصهيوني(144) يوم، وبالرغم من تفوق كل الدول العربية على هذا الأخير إلا أن المدة تعتبر طويلة في العديد منها، إذ تصل في مصر، الكويت، العراق وموريتانيا إلى (72)، (55)، (51) و(49) يوم على الترتيب، وتصل في الجزائر، المغرب وفلسطين إلى (47) يوم لكل منها.

- بلغ متوسط تكلفة تسجيل ملكية الأصل العقاري في الدول العربية بـ6.1%، وهي أعلى مما هو مسجل في تركيا(3%)، والكيان الصهيوني(5%)، وتعتبر السعودية الأحسن في العالم بـ0%، كما تقل عن 1% في مصر، الكويت، قطر وفلسطين.

ج. مؤشر حماية المستثمر: جاءت

السعودية في المرتبة الأولى عربيا في المؤشر، وقد احتلت المرتبة (16) عالميا، متبوعة بالكويت في المرتبة (28)، وقد تحسن أداء فلسطين والبحرين اللتين جاءتا في المرتبتين (44) و(59) على الترتيب، إلا أن ترتيب باقي الدول العربية يقترب أو يتجاوز المائة، مما يدل ضعف مستوى حماية المستثمرين الأجانب في الدول العربية، إذ نلاحظ أن:

- متوسطات مؤشر الإفصاح، ومؤشر مسؤولية الإدارة، ومؤشر سهولة مقاضاة المساهمين للإدارة، ومؤشر مدى قوة حماية المستثمر في الدول العربية (6)، و(4.5)، و(3.7)، و(4.7) نقطة على الترتيب، وبالرغم من تسجيل بعض الدول العربية لمعدلات مرضية في أحد هذه المؤشرات فإن وضعها متردٍ في المؤشرات الأخرى، فمثلا لبنان سجلت معدلا مرضيا في مؤشر الإفصاح بـ (9) نقاط، في حين بلغ مؤشر مسؤولية الإدارة نقطة واحدة، هذا ما انعكس في ترتيب الدول العربية في مراتب متأخرة كما تم التأكيد سابق، في المقابل جاء الكيان الصهيوني في المرتبة الخامسة عالميا، بمؤشرات الإفصاح، مسؤولية الإدارة، سهولة مقاضاة المساهمين للإدارة وحماية المستثمر بلغت على الترتيب (7)، (9)، (9) و(8.3).

د. مؤشر الحصول على الائتمان:

- تراجع - على خلاف المؤشرات السابقة الذكر - ترتيب السعودية كأحسن الدول العربية في هذا المؤشر إلى المرتبة (48) عالميا، تليها مباشرة مصر والإمارات في المرتبة (72) لكل منهما، مع ضعف ترتيب باقي الدول العربية، لذلك يقدر متوسط مؤشر ضمان الحقوق القانونية في الدول العربية بـ(3.1) نقطة، في الوقت الذي يصل إلى (9) في الكيان الصهيوني، و(10) في سنغافورة كأحسن الدول أداء في هذا المؤشر في العالم، كما يصل متوسط مؤشر معلومات الائتمان في الدول العربية إلى (2.9) نقطة، في الوقت الذي يصل في تركيا والكيان الصهيوني إلى (5) نقاط من (6).

ه. مؤشر تنفيذ العقود التجارية:

تعتبر اليمن أحسن الدول العربية أداء في هذا المؤشر، إذ جاءت في المرتبة (34) عالميا، متبوعة بالإمارات، وموريتانيا وقطر في المراتب (78)، (83) و(95) على الترتيب، بينما كان ترتيب باقي الدول فوق المائة، وهو وضع يدل على الضعف الكبير لموقعها في المؤشر، إذ يصل:

- متوسط عدد الإجراءات اللازمة لتنفيذ العقود في الدول العربية إلى (44.6) يوم، ويتراوح بين أدنى مستوى له في اليمن بـ(36) إجراء وأعلى مستوى له في سورية بـ(55) إجراء، وهي مستويات أعلى من تلك المسجلة في دول المقارنة، إذ تصل إلى (20) إجراء في ايرلندا (كأحسن دولة في العالم)، و(35) إجراء في الكيان الصهيوني وتركيا.

- يقدر متوسط الوقت المستغرق لإنجاز الإجراءات بالأيام في الدول العربية بـ(656.7) يوم، ويتراوح بين أدنى مستوى له في موريتانيا والمقدر بـ(370) يوم وأعلى مستوى له في جيبوتي والمقدر بـ(1225) يوم، في الوقت الذي يصل إلى (150) يوم في سنغافورة كأحسن دولة في العالم في هذا المؤشر، بينما يصل في تركيا (التي تفوقت على كل الدول العربية باستثناء موريتانيا) إلى (420) يوم، ويعد مرتفعا

في الكيان الصهيوني الذي يصل فيه إلى (890) يوم. وبذلك يقدر متوسط تكلفة تنفيذ العقود التجارية كنسبة من الدين في الدول العربية بـ(27%)، وهو أعلى مما هو مسجل في تركيا والكيان الصهيوني المقدر بـ(18.8%) و(25.3%) على الترتيب.

ر. مؤشر التجارة عبر الحدود الدولية:

تعتبر الإمارات أحسن الدول العربية أداء في المؤشر، إذ جاءت في المرتبة الثالثة عالميا، كما جاءت دول أخرى في مراتب متقدمة على غرار السعودية، مصر، تونس، البحرين وقطر التي جاءت في المراتب 18، 21، 30، 33 و46 على الترتيب، ويتبين بتفحص المؤشرات الفرعية ما يلي:

- يقدر متوسط عدد الوثائق اللازمة لتصدير شحنة واحدة في الدول العربية بـ(6.8) وثيقة، وهو أعلى بكثير من المستوى المسجل في أحسن الدول أداء في المؤشر (فرنسا) والمقدر بوثيقتين، كما يزيد عما هو مسجل في الكيان الصهيوني والمقدر بـ(5) وثائق، ويقل عن تركيا والمقدر فيها بـ(7) وثائق، ويتراوح بين الحد الأدنى في الإمارات وتونس والمقدر بـ(4) وثائق لكل منهما والحد الأعلى في موريتانيا بـ(11) وثيقة، ويقدر متوسط عدد الوثائق اللازمة لاستيراد شحنة واحدة في الدول العربية بـ(7.7) وثيقة، وهو أعلى بكثير من المستوى المسجل في أحسن الدول أداء في المؤشر (فرنسا) والمقدر بوثيقتين، كما يزيد عما هو مسجل في الكيان الصهيوني والمقدر بـ(4) وثائق، ويقل عن تركيا والمقدر فيها بـ(8) وثائق، ويتراوح بين الحد الأدنى في السعودية، الإمارات جيبوتي والمقدر بـ(5) وثائق لكل منها والحد الأعلى في موريتانيا بـ(11) وثيقة.

- يقدر متوسط عدد الأيام اللازمة لتصدير شحنة واحدة في الدول العربية بـ(22.2) يوم، وهو مستوى مرتفع يدل على ثقل إجراءات التصدير في العديد من الدول العربية وهو ما يشكل عائقا لتطوير القطاعات المنتجة الموجهة للتصدير، في حين يصل في الدنمارك كأحسن دولة في المؤشر إلى 5 أيام، ويصل في الكيان الصهيوني وتركيا على الترتيب إلى 11 و14 يوم، كما يقدر عدد الأيام اللازمة

لاستيراد شحنة واحدة في الدول العربية بـ25.6 يوم، وهو أعلى بكثير مما هو مسجل في أحسن الدول أداء في المؤشر (سنغافورة) والمقدر بـ4 أيام، ويصل في الكيان الصهيوني وتركيا إلى 10 و15 يوم على الترتيب.

- أدى ارتفاع عدد الأيام اللازمة للتصدير والاستيراد في أغلب الدول العربية إلى ارتفاع تكلفة تصدير (واستيراد) كل شحنة بالدولار فيها، ففي الوقت الذي تقترب تكلفة التصدير في الإمارات (521 دولار) من أحسن الدول أداء في المؤشر (ماليزيا) والمقدرة بـ(450 دولار)، فإنه يتجاوز عتبة 1000 دولار في 10 دول عربية ليصل إلى 3550 دولار كأعلى مستوى له في العراق، لذلك ارتفع متوسط تكلفة التصدير في الدول العربية إلى 1125.7 دولار، في الوقت الذي يصل في الكيان الصهيوني وتركيا إلى 670 و990 دولار على الترتيب، كما أنه في الوقت الذي تقترب فيه تكلفة الاستيراد في الإمارات (542 دولار) من أحسن الدول أداء في المؤشر (سنغافورة) والمقدرة بـ(439 دولار)، فإنه يتجاوز عتبة 1000 دولار في 12 دولة عربية ليصل إلى 3650 دولار كأعلى مستوى له في العراق، لذلك ارتفع متوسط تكلفة الاستيراد في الدول العربية إلى 1293.6 دولار، وهو يتجاوز ضعف ما هو مسجل في الكيان الصهيوني الذي يصل فيه إلى 605 دولار، في حين يرتفع في تركيا إلى 1063 دولار.

و. مؤشر استخراج تراخيص البناء:

- بلغ عدد الإجراءات اللازمة لاستخراج تراخيص البناء في السعودية كأحسن دولة عربية في المؤشر بـ(12) إجراء، وهو ضعف المستوى المسجل في الدنمارك كأحسن دولة في العالم والمقدر بـ6 إجراءات، ليقدر بذلك المتوسط في الدول العربية بـ19 إجراء، وهو أقل مما هو مسجل في الكيان الصهيوني وتركيا والمقدر بـ20 و25 لكل منهما، لأنهما جاءتا في مراتب متأخرة في المؤشر(121 للكيان و137 لتركيا عاميا)، ليصل بذلك متوسط عدد الأيام اللازمة لإنجاز هذه الإجراءات في الدول العربية إلى 152.4 يوم، وهو مستوى مرتفع مقارنة بأحسن دولة في العالم وهي

184

سنغافورة والمقدر فيها بـ25 يوم، وإذا كانت تكلفة استخراج تراخيص البناء كنسبة من الدخل القومي للفرد تصل في قطر إلى 0.8% وبذلك فهي أحسن دولة في العالم، فإن متوسط تكلفة استخراج التراخيص في الدول العربية كنسبة من الدخل القومي للفرد تقدر بـ385.4%، ويعتبر هذا المعدل مرتفعا مقارنة بالمعدل المسجل بدول المقارنة والذي يبلغ 104% في الكيان الصهيوني، و231.1% في تركيا.

ن. مؤشر سداد الضرائب:

- جاءت دول مجلس التعاون الخليجي باستثناء البحرين في المراتب العشرة الأولى في المؤشر، وتصل نسبة إجمالي الضرائب كنسبة من إجمالي الربح في قطر التي جاءت في المرتبة الثانية عالميا إلى 11.3%، ويصل المتوسط في الدول العربية إلى 43.5%، لارتفاعه في العديد من الدول ليصل إلى أعلى مستوى له في الجزائر بـ72%، في المقابل يقدر في دول المقارنة ما بين 0.2% في تيمور الشرقية كأحسن دولة في العالم، و44.5% في تركيا.

ي. مؤشر تصفية وإغلاق المشروع:

- يقدر متوسط الوقت اللازم لشركة لكي تخرج من السوق في الدول العربية بـ(3,6) سنة، ويتراوح بين الحد الأدنى(1,3) سنة في تونس والحد الأعلى(8) سنوات في موريتانيا، وهو أكبر مقارنة بـ(0.4) سنة في ايرلندا كأحسن دولة في المؤشر عالميا، و(3.3) سنة في تركيا، لذلك ارتفعت متوسط تكلفة الخروج من السوق كنسبة من الأموال بعد الإفلاس في الدول العربية إلى 13.6%، وتتراوح ما بين الحد الأدنى في الكويت والمقدر بـ1% وهي نفس النسبة المسجلة في سنغافورة كأحسن دولة في المؤشر عالميا، و الحد الأعلى في الإمارات والمقدر بـ30% .

ويبين الشكل الموالي ترتيب الدول العربية في مؤشر سهولة أداء الأعمال لعام 2011 من بين 183 دولة استنادا إلى المؤشرات الفرعية السابقة الذكر، إذ نلاحظ أن سنغافورة أحسن دول العالم أداء في العالم في المؤشر، وقد جاءت السعودية مثل ما كان متوقعا(لأدائها المتميز في المؤشرات الفرعية، ولارتفاع قيمة التدفقات الواردة

إليها من الاستثمارات المباشرة في السنوات الأخيرة) في المرتبة الأولى عربيا وفي المرتبة 11 عالميا، متبوعة بالبحرين في المرتبة 28، ثم الإمارات، قطر، تونس وعمان في المراتب 40، 50،55 و57 عالميا على الترتيب، بينما جاءت الكويت ومصر في المرتبتين 74 و94 عالميا، وفاق ترتيب باقي الدول الأخرى المائة.

الشكل رقم (17): ترتيب الدول العربية في مؤشر سهولة أداء الأعمال لعام 2011

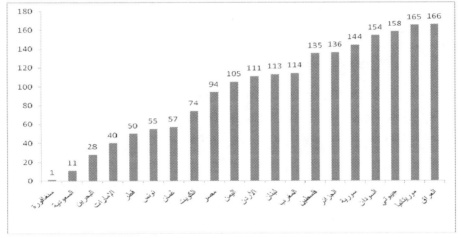

المصدر: من إعداد الباحث بالاعتماد على:

World bank, Making a difference for entrepreneurs, Doing business 2011, p145-205 .

ويتأكد من الترتيب السابق الوارد في الشكل أعلاه، ومن المؤشرات الفرعية السابقة الذكر أن العديد من الدول العربية بالرغم من إصدارها للقوانين والتشريعات، وإنشائها للأطر التنظيمية، وإبرامها للاتفاقيات الثنائية والمتعددة الأطراف لحماية وتشجيع الاستثمار الأجنبي المباشر، لازالت تعاني (وبدرجات متفاوتة) من تعقيد الإجراءات وغموض السياسات وعشوائية اللوائح التنفيذية، وضعف الحفاظ على حقوق المستثمرين وتفشي الفساد، وضعف تنفيذ العقود، مما انعكس سلبا في ارتفاع تكلفة الأعمال فيها، يضاف لكل هذا تعدد مراكز اتخاذ القرار التي يتعامل معها المستثمر الأجنبي بسبب الدور الشكلي لهيئات الاستثمار

فيها، هذا الواقع يعكس حقيقة ضعف جاذبية المنطقة العربية للمستثمرين الأجانب، واتجاه المستثمرين العرب لاستثمار وتوظيف أموالهم خارج المنطقة العربية، مما يستلزم من الدول العربية بذل المزيد من الجهود لإصلاح وتدعيم بيئة أعمالها.

المبحث الثاني

وضع الدول العربية في تدفقات الاستثمار الأجنبي المباشر

انعكست ملامح الضعف المختلفة في مناخ الاستثمار في أغلب الدول العربية والتي تأكدت في الفقرات السابقة في:

- التذبذب الواضح لحصة الدول العربية مجتمعة من الاستثمار الأجنبي المباشر الوارد عالميا بالرغم من التغيرات والتوجهات التي عرفتها.

- الضعف الذي ميزها ككتل مقارنة بالأقاليم الأخرى المشكلة للدول النامية كدول جنوب شرق آسيا، وأمريكا اللاتينية، التي عززت من موقعها في جذب الاستثمار الأجنبي المباشر.

- الوضع نفسه ينطبق على الاستثمارات العربية البينية، إذ بالرغم من الجهود التي بذلتها الدول العربية لتشجيع انتقال رؤوس الأموال فيما بينها، إلا أن حقيقة هجرة رؤوس الأموال العربية للخارج بقيت مستمرة.

وتتأكد هذه الحقائق في المحاور التالية:

أولا: تقييم تدفقات الاستثمار الأجنبي المباشر في الدول العربية

يمتد تحليل وتقييم تطور حصة الدول العربية من الاستثمار الأجنبي المباشر إلى:

1- تطور تدفقات الاستثمار الأجنبي المباشر إلى الدول العربية

بناء على الملحق الإحصائي رقم (02)، فقد بلغ متوسط حصة الدول العربية مجتمعة من إجمالي الاستثمار الأجنبي المباشر الوارد عالميا للفترة (1986-1991)

نحو 2,1 مليار دولار، وبما يمثل 267%. و1,32% من إجمالي حصة الدول النامية والتدفقات الواردة عالميا على الترتيب، وقد برز خلال هذه الفترة كل من مصر، والسعودية، والمغرب بنحو 0,932، و0,531، و0,132 مليار دولار على الترتيب.

وخلال الفترة (1992-2002)، فقد بلغت مجمل تدفقات الاستثمار الأجنبي المباشر الوارد إليها 56.162 مليار دولار، وبمعدل تدفق سنوي بلغ نحو 5.1 مليار دولار، وبالرغم من أنه أعلى من المعدل المسجل للفترة (1986-1991)، فإن الملاحظ هو انخفاض نسبة متوسط حصة الدول العربية من إجمالي الاستثمار الأجنبي المباشر الوارد إلى الدول النامية والعالم إلى 3,65% و1,17% على الترتيب مقارنة بـ 7,26% و21,3% كمتوسط للفترة (1986-1991)، وهذا يدل على أنه بالرغم من رهان الدول العربية خلال هذه الفترة على سياسة الباب المفتوح أمام المستثمرين الأجانب فإنها لم تستطع أن تعزز من موقعها كتكتل في جذب الاستثمار الأجنبي المباشر مقارنة بأقاليم العالم النامي الأخرى كجنوب شرق آسيا، وأمريكا اللاتينية التي استفادت من الطفرة الهائلة له والذي تضاعف بنحو 8.5 مرة بين سنتي 1992 و2000 `، ويعود هذا إلى بطئ الإصلاحات المنتهجة أو عدم فعاليتها في العديد من الدول العربية، وإلى ردة الفعل المتأخرة للمستثمرين الأجانب الذين فضلوا التروي للتأكد من جدية البرامج المنتهجة.   لقد استمر أساسا بروز كل من مصر، المغرب، السعودية، لبنان، تونس والأردن خلال هذه الفترة `` .   لقد تميزت الفترة (2003-2010) بتطور ملحوظ في نصيب الدول العربية من تدفقات الاستثمار الأجنبي المباشر الوارد كما يتضح من الشكل رقم (18)، إذ ارتفعت من نحو 14.4 مليار دولار في عام 2003 إلى 92.98 مليار دولار في عام 2008، وهي أعلى قيمة بلغتها التدفقات الواردة إلى الدول العربية في تاريخها، لتنخفض إلى 68.09 و60.66 مليار دولار في عامي 2009 و2010 على الترتيب

` أنظر الجدول رقم (2).
`` للمزيد من التفصيل في تتبع تطور حصة كل دولة عربية، أنظر بالملحق الإحصائي رقم (02).

تحت تأثير الأزمة المالية والاقتصادية الحالية، ويقدر معدل التدفق السنوي للفترة (2003-2010)
بنحو 56.1 مليار دولار، وبما يمثل 12.13% من حصة الدول النامية، و4.34% من التدفقات العالمية الواردة
خلال هذه الفترة.

الشكل رقم (18): تطور نسبة تدفقات الاستثمار الأجنبي المباشر الوارد إلى الدول العربية من إجمالي التدفقات الواردة إلى
العالم والدول النامية للفترة (1986-2010)

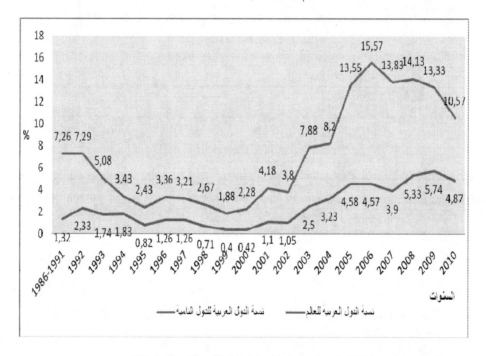

المصدر: من إعداد الباحث بالاعتماد على البيانات الواردة في الملحق الإحصائي رقم (2).

وتسمح قراءة البيانات الواردة في الملحق الإحصائي رقم (02) لكل دولة عربية على حدة خلال الفترة
(2003-2010) بإعطاء الملاحظات التالية:

- استمرار تنامي حصة العديد من الدول غير النفطية كمصر، وتونس، والأردن، والمغرب، ولبنان،
وسوريا، والتي استطاعت في عام 2010 أن تستقطب نحو 17.24 مليار دولار وبما يمثل نحو 28% من إجمالي
حصة الدول العربية، إلا أن الملاحظ هو التباين الكبير في حصص هذه الدول فيما بينها، إذ تستحوذ مصر
ولبنان على 65.7% من حصة هذه المجموعة خلال نفس السنة.

189

استمرار هيمنة الدول المنتجة للنفط (خصوصا دول مجلس التعاون الخليجي، والجزائر ، وليبيا، والسودان) على الحصة الأكبر من إجمالي التدفقات المستقطبة من طرف الدول العربية مجتمعة، لتقدر في عام 2010 بنحو 47.97 مليار دولار وبما يمثل نحو 79%، والملاحظ هو تباين حصص هذه الدول فيما بينها إذ تستحوذ السعودية على نحو 58.3% من إجمالي حصة هذه المجموعة، إضافة إلى أن الوجهة الأولى للتدفقات الواردة لهذه المجموعة هو قطاع النفط والغاز خصوصا في الجزائر وليبيا والسودان، مما يؤكد النتيجة القائلة بأن أحد محددات تدفق الاستثمار الأجنبي المباشر الوارد إليها هو الثروات الطبيعية القابلة للاستغلال التجاري.

- استقطبت كل من فلسطين، والصومال، وجيبوتي، وموريتانيا مجتمعة في عام 2010 ما قيمته 0.268 مليار دولار، وهذا يدل على أن هذه الدول لم تندمج بعد في الاقتصاد العالمي وبالتالي ستواجه تحديات خطيرة تتضمنها العولمة في المستقبل، إضافة إلى تسجيل تدفق سلبي في اليمن قُدر بـ(0.329-) مليار دولار.

ويتضح جليا من الشكل رقم (18) أن حصة الدول العربية كمجموعة من إجمالي التدفقات الواردة إلى الدول النامية والعالم قد عرفت إتجاها تنازليا خلال المنتصف الأول من التسعينات، لتصل إلى أدنى مستوى لها في عام 1995، ويعود ذلك إلى التراجع الهام للتدفقات الواردة إلى مصر، وبأقل حدة المغرب وتونس، مع تسجيل تدفق سلبي في اليمن بقيمة (0.329-) مليار دولار، كما أن الانخفاض المسجل في عام 1999 مرده إلى تسجيل تدفقات سلبية في الإمارات، اليمن وليبيا بقيمة(0.985-)، (0.308) و(0.128) مليار دولار على الترتيب، وبالرغم من أن تحسن جاذبية المنطقة العربية بعد عام 2003 إلى غاية 2008 مرده إلى تنامي حصة العديد من الدول العربية (كما تم التأكيد على ذلك سابقا)، إلا أنه يرجع أساسا إلى التحسن الهام في جاذبية المملكة العربية السعودية والإمارات ومصر، التي استقطبت لوحدها في عام 2008 ما نسبته 66% من إجمالي حصة الدول العربية، وهذا يدل على أن تطور المنطقة العربية يتأثر إلى حد كبير بتطور جاذبية هذه الدول، فتحت وقع الأزمة تراجعت حصة الدول العربية مجتمعة من 92.98 مليار

دولار في عام 2008 إلى 60.66 مليار دولار في عام 2010، كنتيجة لتراجع حصة السعودية والإمارات ومصر من 38.15، 13.72 و9.49 مليار دولار على الترتيب إلى 28.1، 3.94 و6.38 على الترتيب خلال نفس الفترة، مع تسجيل احتفاظ السعودية على الصدارة عربيا متبوعة بمصر، وتراجع مكانة الإمارات لصالح قطر ولبنان التي عززت من جاذبيتها للاستثمارات الأجنبية المباشرة عربيا، والتي بلغت في عام 2010 بـ5.53 و4.95 مليار دولار على الترتيب[1].

إن مقارنة جاذبية الدول العربية فرادى بالعديد من الدول النامية يظهر تفاوتا كبيرا، فباستثناء المملكة العربية السعودية التي عززت من موقعها في جذب الاستثمار الأجنبي المباشر باستقطابها لـ 28.1 مليار دولار في عام 2010، فإن باقي الدول العربية حتى مصر وقطر اللتين جاءتا في المرتبتين الثانية والثالثة عربيا باستقطابهما لنحو 6.38 و5.53 مليار دولار على الترتيب، لم تنجح في أن تصبح مواقع جذب مهمة للاستثمار الأجنبي المباشر قياسا مع العديد من الدول منها الصين، وهونج كونج، البرازيل، وروسيا، والهند، والمكسيك، الشيلي، اندونيسيا، ماليزيا وتركيا، والتي بلغ فيها التدفق نحو 105.73، و68.9، و48.3، و41.19، و24.64، و18.67، و13.3، و9.1 و9.07 مليار دولار على الترتيب، وحتى الكيان الصهيوني فقد تفوق على كل الدول العربية (باستثناء السعودية، ومصر، وقطر) لجذبه نحو 5.152 مليار دولار في عام 2010[2]، وهذا انعكاس واضح لضعف مناخ الاستثمار في أغلب الدول العربية بالرغم من الإمكانيات الهائلة التي تتمتع بها.

أما بالنسبة لإجمالي تدفقات الاستثمار الأجنبي الصادر من الدول العربية، فقد بلغت 747 مليون دولار كمتوسط للفترة (1986-1991)، وقد برزت الكويت والسعودية بنحو 425 و217 مليون دولار على الترتيب، وقد تحولت هذه التدفقات من 337 مليون دولار في عام 1993 إلى سالب 155 و578 مليون دولار في عامي

---

[1] أنظر الملحق الإحصائي رقم (2).

(1) Unctad, world investment report,2011, UNCTAD, FDI/TNC database (www.unctad.org/fdistatistics).

1994 و1995، نتيجة التحول الهائل في حصة الكويت والبحرين من 654 و2781 مليون دولار على الترتيب في عام 1993 إلى سالب 1515 و1022 مليون دولار في الكويت في عامي 1994 و1995 على الترتيب، وسالب 229 و607 مليون دولار في البحرين في نفس العامين، وبالرغم من التحسن الذي سجلته بدء من 1996، لتصل في عام 1997 إلى 301 مليون دولار، فإنها تحولت في عام 1998 إلى سالب 1065 مليون دولار نتيجة التحول الكبير في حصة الكويت إلى سالب 1867 مليون دولار خلال نفس السنة، وبدء من عام 1999 فقد ارتفع إجمالي تدفقات الاستثمار الأجنبي المباشر الصادر من الدول العربية ليصل في عام 2008 إلى 46385 مليون دولار(باستثناء التدفق السالب في عام 2003 والمقدر بـسالب 1694 مليون دولار)، وقد تركزت في الإمارات، الكويت، قطر، ليبيا والسعودية بنحو 15820 و9091، و6029، و5888 و3498 مليون دولار على الترتيب، وقد سجلت قيمة التدفقات الصادرة من الدول العربية انخفاضا حادا في عامي 2009 و2010، إذ قدرت بـ27303 14607 مليون دولار على الترتيب، نتيجة الوقع الكبير للأزمة والذي أدى إلى تراجع التدفقات الصادرة في كل من الكويت، الإمارات، قطر وليبيا في عام 2010 إلى 2069، 2015، 1863 و1282 مليون دولار على الترتيب[1]، وتعكس الأرقام السابقة ضعف موقع أغلب الدول العربية كمصدر للاستثمار الأجنبي المباشر، وهي تؤشر لشيء مهم سيتأكد لاحقا وهو ضعف حجم الاستثمارات العربية البينية، وبمقارنة التدفقات الواردة خلال الفترة (1986-2010) والمقدرة بـ507250 مليون دولار، مع التدفقات الصادرة خلال نفس الفترة والمقدرة بـ173594 مليون دولار، يتبين أن كل دولار صادر من الدول العربية إلى الخارج كاستثمار مباشر يقابله 2.92 دولار وارد إليها كاستثمار مباشر.

---

[1] للمزيد من التفصيل في تتبع حصة كل دولة عربية من التدفقات الصادرة من الاستثمار الأجنبي المباشر خلال الفترة (1990-2010) أنظر:
Unctad, world investment report,2011, UNCTAD, FDI/TNC database (www.unctad.org/fdistatistics).

2- تطور مخزون الاستثمار الأجنبي المباشر

عرف مخزون الاستثمار الأجنبي المباشر الوارد إلى الدول العربية زيادة ملحوظة خلال الفترة (1990-2010)، إذ ارتفع من نحو 44 مليار دولار في عام 1990 إلى نحو 600.82 مليار دولار في عام 2010، وبالرغم من هذا التحسن إلا أنه يبقى ضعيف المستوى عند مقارنته بالمناطق الأخرى التابعة للدول النامية، كشرق آسيا، وأمريكا الجنوبية، وجنوب شرق آسيا والتي عرف فيها مخزون الاستثمار الأجنبي المباشر الوارد زيادة مستمرة انطلاقا من عام 1990 ليبلغ ذروته في عام 2010 بنحو 1888.39 و899.5، و938.4 مليار دولار على الترتيب، ويعزى ذلك إلى كون مناخ الاستثمار فيها أفضل بكثير من ذلك السائد في الدول العربية نتيجة انفتاحها المبكر ونجاعة وفعالية سياساتها المنتهجة والمتعلقة بجذب الاستثمار الأجنبي المباشر، ويتأكد ذلك من الجدول رقم(33).

الجدول رقم (33): تطور مخزون الاستثمار الأجنبي المباشر الوارد في الدول العربية وبعض الأقاليم النامية للفترة (1990-2010) الوحدة: مليون دولار

السنوات	1990	2000	2010
الدول العربية	44017	87058	600820
أمريكا الجنوبية	74815	309055	899541
شرق آسيا	240645	716103	1888390
جنوب شرق آسيا	64303	266291	938401

Soorce: Unctad, world investment report,2011, UNCTAD, FDI/TNC database (www.unctad.org/fdistatistics).

وإذا كان هذا هو واقع الدول العربية مجتمعة عند مقارنتها ببعض أقاليم العالم النامي، فإن مقارنة الدول العربية فيما بينها يظهر تفاوتا كبيرا وواضحا بين الدول نفسها، ففي عام 2010، برزت السعودية كأفضل دولة عربية لتحقيقها قيمة تراكمية بلغت نحو 170.54 مليار دولار، تلتها كل من الإمارات، ومصر، والمغرب، ولبنان، وقطر، وتونس، والسودان، والأردن بنحو 76.17، 73.1، 42.02، 37.04، 31.42، 31.36، 20.74، و20.4 مليار دولار على الترتيب، كما حسنت دول أخرى من قيمتها

التراكمية خصوصا الجزائر، ليبيا، عُمان والبحرين والتي قدرت بنحو 19.49، 19.34، 15.19، و15.15 مليار دولار على الترتيب، وقدرت في سورية، الكويت، العراق، اليمن وموريتانيا بنحو 8.71، 6.51، 6.48، 4.19 و2.15 مليار دولار على الترتيب، في حين سجل الضعف الواضح في باقي الدول العربية خصوصا في الصومال، وجيبوتي، التي انخفضت قيمها التراكمية عن المليار دولار.

إن أغلب الدول العربية التي حققت الريادة في مخزون الاستثمار الأجنبي المباشر الوارد، أو التي حسنت من موقعها لا يعني أنها صارت مواقع جذب مهمة، كون مثل هذه القيم التراكمية المحققة فيها لازالت ضعيفة قياسا مع العديد من الدول كهونج كونج، الصين، والبرازيل، والمكسيك، تركيا، كوريا الجنوبية، اندونيسيا، ماليزيا والكيان الصهيوني التي حققت في عام 2010 قيما تراكمية قدرت على التوالي بنحو 1097.6، 578.8، 472.52، 327.2، 181.9، 127، 121.5، 101.3، و77.81 مليار دولار[1].

3- تطور الأهمية النسبية للاستثمار الأجنبي المباشر الوارد إلى الدول العربية

لتقييم الأهمية النسبية للاستثمار الأجنبي المباشر الوارد إلى الدول العربية يتم تحليل تطور مؤشرين هما:

<u>3-1 تراكم الاستثمار الأجنبي المباشر الوارد كنسبة من الناتج المحلي الإجمالي</u> : يلاحظ من الشكل رقم (19) الارتفاع التدريجي لمخزون الاستثمار الأجنبي المباشر الوارد إلى الدول العربية كنسبة من الناتج المحلي الإجمالي خلال الفترة (1980-2010)، حيث ارتفعت من 5,35% في عام 1980 إلى 933.% في عام 2010، ويلاحظ أن هذه النسب تقل عن المستوى المتحقق في الدول النامية خلال الفترة (1980-2007) والتي ارتفعت فيها من 5,9% في عام 1980 إلى 829.% في عام 2007، وتزيد عن المستوى المتحقق في الدول النامية في عام 2010 والمقدر بـ29.1%، وبمقارنتها بالمستويات المتحققة في العالم، فهي تزيد عن المستوى

---

(1) Unctad, world investment report,2011, UNCTAD, FDI/TNC database (www.unctad.org/fdistatistics).

العالمي للفترة (1980-1985) وفي عام 2010، وتقل عنه في الفترة (1990-2007).

الشكل رقم (19): تطور تراكم الاستثمار الأجنبي المباشر الوارد كنسبة من الناتج المحلي الإجمالي في الدول العربية والنامية والعالم للفترة (1980-2010)

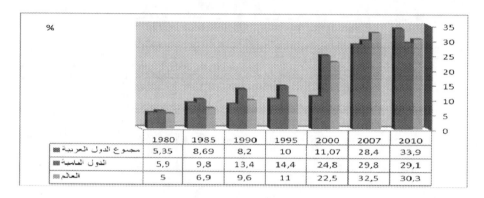

	1980	1985	1990	1995	2000	2007	2010
مجموع الدول العربية	5,35	8,69	8,2	10	11,07	28,4	33,9
الدول النامية	5,9	9,8	13,4	14,4	24,8	29,8	29,1
العالم	5	6,9	9,6	11	22,5	32,5	30,3

المصدر: من إعداد الباحث بالاعتماد على البيانات الواردة في:

- Unctad, world investment report 1999, 513-520.

-Unctad, world investment report 2011, UNCTAD, FDI/TNC database (www.unctad.org/fdistatistics).

ووصلت قيمة هذا المؤشر في بعض الدول العربية في عام 2010 إلى مستويات هائلة[1]، ويعكس ذلك ضعف الطاقة الاستيعابية لاقتصادات هذه الدول، وبطئ نمو الناتج المحلي الإجمالي فيها بمستوى غير متسق مع نمو الاستثمارات مما قد يشكل قيدا كبيرا في جذب الاستثمار الأجنبي المباشر إليها، وفي ظل ضعف تراكم الاستثمار الأجنبي المباشر الوارد إلى الدول العربية كنسبة من تراكم الاستثمار الأجنبي المباشر الوارد للدول النامية والعالم والمقدرة في عام 2010 بـ10.1 و3.1% على الترتيب[2]، فإن التحسن الهائل الذي بلغه مؤشر تراكم

---

[1] قدرت في لبنان، جيبوتي، تونس،الأردن، البحرين، موريتانيا والمغرب بـ: 95.5%، 87%، 77.9%، 74.1%، 66.9%، 60.3% و46.2% على التوالي، أنظر Unctad, world investment report,2011, UNCTAD, FDI/TNC database (www.unctad.org/fdistatistics).

[2] قدرت قيمة تراكم الاستثمار الأجنبي المباشر الوارد إلى الدول العربية والنامية والعالم في عام 2010 بـ600.82 و5951.203 و19140.603 مليار دولار على الترتيب، أنظر: Unctad, world investment report,2011, UNCTAD, FDI/TNC database (www.unctad.org/fdistatistics).

الاستثمار الأجنبي المباشر الوارد إلى الدول العربية كنسبة من الناتج المحلي الإجمالي في عام 2010 والمقدر بـ33.9% مرده إلى ضعف حجم الناتج المحلي الإجمالي للدول العربية كمجموعة، إذ يقدر في عام 2010 بنحو31998. مليار دولار، وهو أقل من حجم الناتج المحلي الإجمالي لدولة كالبرازيل والذي يقدر فيها في نفس السنة بنحو 2090.3 مليار دولار، ويصل في الهند وإسبانيا إلى 1538 و1409.9 مليار دولار على الترتيب[1].

2-3 الاستثمار الأجنبي المباشر الوارد كنسبة من تكوين رأس المال الثابت: يلاحظ من الشكل رقم (20) أن قيمة هذا المؤشر في الدول العربية للفترة (1987-1992) بلغت 3,64% وهي أقل من المستوى العالمي والمستوى المتحقق في الدول النامية والبالغين على الترتيب 4.1% و3,9%، ولقد انخفض هذا المؤشر إلى مستوى ضعيف في عام 1995، إذ قدر بـ2,83% كنتيجة لتراجع قيمة الاستثمار الأجنبي المباشر الوارد إلى الدول العربية إلى 2.821 مليار دولار كما تأكد سابقا، وبالرغم من الارتفاع الذي عرفه في عام 2000، إذ بلغ 4.56% إلا أنه أقل من المعدل المتحقق في الدول النامية والعالم والمقدر على الترتيب بـ15.9%، و19%.

لقد تميز عام 2007 بارتفاع كبير في قيمة هذا المؤشر في الدول العربية والذي بلغ 26.4%، في الوقت الذي تراجع في الدول النامية والعالم إلى 14%، و15.6% على التوالي، لينخفض بعدها هذا المؤشر في الدول العربية في عام 2010 إلى 13% كنتيجة للتراجع الكبير للاستثمارات الأجنبية المباشرة الواردة إليها إلى نحو 60.667 مليار دولار، وبالرغم من ذلك فهو يبقى أعلى من المستوى المسجل في الدول النامية والعالم، والتي عرف فيها انخفاضا حادا ليسجل فيها 9.6% و9.1% على الترتيب، هذا الانخفاض مرده استمرار نمو الناتج المحلي الإجمالي العالمي وفي الدول النامية مع انخفاض كبير في التدفقات الواردة إلى العالم والدول النامية جراء الأزمة(أنظر الجدول رقم (02) في الفصل الأول).

---

(1) World Economic Forum, The global competitiveness report 2011-2012, Opcit, p94-371.

الشكل رقم (20): تطور نسبة الاستثمار الأجنبي المباشر إلى تراكم رأس المال الثابت في الدول العربية والنامية والعالم

للفترة (1987-2010)

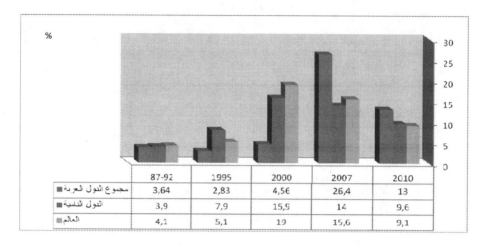

	87-92	1995	2000	2007	2010
مجموع الدول العربية	3,64	2,83	4,56	26,4	13
الدول النامية	3,9	7,9	15,9	14	9,6
العالم	4,1	5,1	19	15,6	9,1

المصدر: من إعداد الباحث بالاعتماد على البيانات الواردة في:

- Unctad, world investment report 1999, p501-508.

- Unctad, world investment report,2011, UNCTAD, FDI/TNC database (www.unctad.org/fdistatistics)

وإذا سلمنا بأن تحسن هذا المؤشر في الدول العربية في عام 2007 وبقاءه عند مستوى أعلى مما هو مسجل في الدول النامية والعالم في عام 2010، مرده إلى ارتفاع الاستثمار الأجنبي المباشر الوارد إليها في السنوات الأخيرة، والتي بلغت في عام 2010 نحو 60.66 مليار دولار، في حين تقدر التدفقات الواردة في كل من الدول النامية والعالم لنفس العام بـ573.68 و1243.671 مليار دولار على الترتيب(أنظر بيانات الجدول رقم (02) في الفصل الأول)، وبناء على المعدلات الواردة في الشكل رقم (20) وقيم تدفقات الاستثمار الأجنبي المباشر الوارد السابقة، فإن تراكم رأس المال الثابت لعام 2010 يقدر في الدول العربية والنامية والعالم بـ466.66 و5978.83 و13666.71 مليار دولار على الترتيب، وبذلك فإن تراكم رأس المال الثابت في الدول العربية كنسبة من تراكم رأس المال الثابت في الدول النامية والعالم يقدر على الترتيب بنحو 7.8%، و3.41%، هذه الأخيرة تبين أنه لضعف معدل التراكم في

العديد من الدول العربية بقيت فيها قيمة المؤشر مرتفعة في عام 2010 إلى 13%، لذلك فإنه لازالت العديد من الدول العربية تتميز بضعف تعبئة إمكاناتها الذاتية لزيادة النمو (لانخفاض معدلات التراكم في العديد منها)، ومع استمرار ارتفاع معدلات البطالة والفقر كما تأكد سابقا، تظهر كذلك إشكالية مساهمة الاستثمار الأجنبي المباشر الوارد إليها في دفع عملية التنمية، وتوسيع الإنتاج، وخلق فرص عمل(وهو ما يتناقض مع النسب الكبيرة للدول العربية في هذا المؤشر كمجموعة).

4- تطور ترتيب الدول العربية في مؤشري الأداء والإمكانات للاستثمار الأجنبي المباشر الوارد

بالنسبة للمؤشر الذي يقيس أداء الاستثمار الأجنبي المباشر الوارد، فقد حضيت خلال الفترة (1988-1990) كل من مصر، والبحرين، وعمان بمؤشر أداء مرتفع نتيجة تحقيقها لقيم أعلى من "**الواحد**"، مقدارها 2,773، و1,922، و1,343 على الترتيب، في حين عرفت باقي الدول العربية خلال هذه الفترة مؤشر أداء منخفض، وقد سجل قيما سالبة في قطر واليمن بـ (-0,089) و(-0,627) على الترتيب[1]، مما يدل على عدم تناسب نصيبها من الاستثمار الأجنبي المباشر الوارد عالميا مع نسبة مساهمتها في الناتج المحلي العالمي.

وبمقارنة الفترة (1988-1990) مع أحدث فترة توفرت عنها البيانات وهي (2007-2009)، فقد استقر ترتيب الإمارات 92 عالميا، وتحسن ترتيب كل من الجزائر، الأردن، ليبيا، لبنان، قطر، السعودية، السودان، تونس في مؤشر الأداء، في حين عرفت باقي الدول العربية تراجعا بدرجات متفاوتة في هذا المؤشر، وما بين هاتين الفترتين فالعموم الذي ميز الدول العربية هو التذبذب الواضح في المراتب.

أما بالنسبة لمؤشر إمكانات الاستثمار الأجنبي المباشر الوارد، فعند مقارنة الفترة (2007-2009) مع الفترة (1988-1990) يظهر تراجع ترتيب كل من الجزائر، الأردن، مصر، ليبيا، المغرب، عُمان، السودان، سوريا، تونس واليمن،

---

[1] Unctad, world investment report, 2002, Opcit, p25-26.

وتحسن ترتيب باقي الدول العربية في المؤشر، يضاف لهذا التذبذب الواضح في المراتب التي احتلتها الدول العربية بين هاتين الفترتين نتيجة التحسن أو التراجع في امكانياتها*.

وبناء على تقاطع مؤشري أداء وإمكانات البلد المضيف في جذب الاستثمار الأجنبي المباشر، فقد صنفت **الأنكتاد** الدول العربية إلى مجموعات كما يظهر ذلك من الجدول رقم (34).

الجدول رقم (34): وضع الدول العربية في مصفوفة الأنكتاد لمؤشري الأداء والإمكانات

المجموعة	(1995-1993)	(2005-2003)
مجموعة الدول السباقة (أداء مرتفع، إمكانات مرتفعة)	البحرين، قطر	البحرين، قطر، الأردن، الإمارات
مجموعة الدول دون إمكاناتها (أداء منخفض، إمكانات مرتفعة)	الإمارات، الأردن، عمان، الكويت، ليبيا، السعودية.	الجزائر، الكويت، ليبيا، عمان، تونس، السعودية.
مجموعة الدول أعلى من إمكاناتها (أداء مرتفع، إمكانات منخفضة)	مصر، المغرب، تونس، اليمن	المغرب، السودان، لبنان، مصر
مجموعة دول الأداء المنخفض (أداء منخفض، إمكانات منخفضة)	الجزائر، لبنان، السودان، سوريا	سوريا، اليمن

المصدر: - المؤسسة العربية لضمان الاستثمار، تقرير مناخ الاستثمار لعام 2002، مرجع سبق ذكره، ص121.

- المؤسسة العربية لضمان الاستثمار، "ضمان الاستثمار"، السنة 25، العدد الفصلي 4، ديسمبر 2007، مرجع سبق ذكره، ص11.

يظهر من الجدول رقم (34)، تحسن ترتيب الأردن والإمارات التي انتقلت إلى مجموعة الدول السباقة مع البحرين وقطر، كما تحسن ترتيب الجزائر بانتقالها إلى

* للمزيد من التفصيل في تتبع تطور ترتيب الدول العربية في مؤشري الأداء والإمكانات، أنظر: الملحق الإحصائي رقم (03).

مجموعة الدول دون إمكاناتها مع الكويت، وليبيا، وعمان، وتونس، والسعودية، كما تحسن ترتيب لبنان والسودان بانتقالهما إلى مجموعة الدول أعلى من إمكاناتها، مع مصر، والمغرب، في حين تراجع ترتيب اليمن بانتقالها إلى مجموعة دول الأداء المنخفض مع سوريا.

ثانيا: واقع الاستثمارات العربية البينية

تواجه الدول العربية موقفا خطيرا يحتم عليها تبني سياسات جماعية منسقة وأنماطا مشتركة من التعاون دفاعا عن مصالحها، حيث أن تعاملها بشكل منفرد من شأنه أن يؤدي إلى مزيد من الانقسامات والخسائر التي تتكبدها، ومن هنا تأتي أهمية الاستثمارات العربية البينية، حيث تسهم في تحقيق الهدف الأساسي للتكامل العربي والمتمثل في التنمية الاقتصادية العربية، وتقوية أواصر العلاقات بين الدول العربية بما يكفل مواجهة التحديات الراهنة، ونقل الاقتصاد العربي من حالة التجزئة والتبعية إلى حالة التكامل والتقدم والتطور.

وتعتبر الاستثمارات البينية آلية فعالة لنقل المدخرات الفائضة من دول الفائض العربية إلى دول العجز، هذه الأخيرة تتميز بمحدودية المشاريع الإنتاجية، وصغر حجمها، ومحدودية رأس المال الإنتاجي المستخدم فيها، إضافة إلى اشتغالها بوسائل ومعدات إنتاج تقليدية، مما سيساهم في توسيع قدراتها الإنتاجية ورفع كفاءتها[1].

وبغرض تحليل مساهمة الاستثمارات العربية البينية في تحقيق الأهداف السابقة الذكر، نتطرق إلى: 1- **تطور حجم الاستثمارات العربية البينية** بغرض تحليل مختلف الجوانب المتعلقة بتطور حجم الاستثمارات العربية البينية نستعين بالجدول رقم (35).

---

[1] محمد رضا العدل، "الاستثمار في المنطقة العربية ومواجهة التوترات الراهنة"، مركز المعلومات ودعم اتخاذ القرار، مصر، فيفري 2003، ص8.

الجدول رقم (35): تطور الاستثمارات العربية البينية للفترة (1980-2010)

السنوات	حجم الاستثمارات العربية البينية (مليون دولار)	معدل النمو(%)
وسطي (1980-1985)	217,2	-
وسطي (1986-1991)	400,5	84,4
1992	483,8	23,6
1993	308,1	(36,3)
1994	364,8	18,4
1995	1430.1	292
1996	2093.5	46.4
1997	1589.6	(24.06)
1998	2314.2	45.58
1999	2183.4	(5.65)
2000	1817.4	(16.76)
2001	2646.9	45.64
2002	2912.3	10.02
2003	3843.6	31.97
2004	5957.7	55
2005	37263.49	525.46
2006	16564.24	(55.54)
2007	20660.38	24.72
2008	35369.38	71.19
2009	22598.9	(36.1)
2010	5677.9	(74.87)
المجموع	166419.459	48.8

المصدر: من إعداد الباحث بالاعتماد على:

- المؤسسة العربية لضمان الاستثمار، تقرير مناخ الاستثمار لعام 2010، مرجع سبق ذكره، ص245.
- "المال والصناعة"، مجلة دورية صادرة عن بنك الكويت الصناعي، العدد 21، 2003، ص63-65.

وبقراءة أرقام الجدول رقم (35)، يتضح الآتي:

- قدر حجم الاستثمارات العربية البينية للفترة (1980-2010) نحو 166.419 مليار دولار، وقد تراوح بين الحد الأدنى المقدر بنحو 0,217 مليار دولار كمتوسط للفترة (1980-1985)، وبين 37,263 مليار دولار كحد أعلى في عام 2005، كما قدر متوسط معدل التدفق السنوي نحو 7.92 مليار دولار، وبلغ متوسط معدل النمو السنوي نحو 48.8%.

-التطور التدريجي للاستثمارات العربية البينية، إذ ارتفعت من نحو 0,217 مليار دولار كمتوسط سنوي للفترة (1980-1985) إلى نحو0,4 مليار دولار كمتوسط سنوي للفترة (1986-1991)، وقد واصلت ارتفاعها لتبلغ نحو 0.48 مليار دولار في عام 1992، وبعد الانخفاض المسجل في عامي 1993 و1994، سجلت لأول مرة قيمة تجاوزت المليار دولار في عام 1995 (1.43 مليار دولار)، وخلال المنتصف الثاني من التسعينات بلغ متوسط التدفق السنوي بنحو 2 مليار دولار، ليرتفع إلى أكثر من هذا المبلغ في بداية الألفية الثالثة، لتظهر هذه الزيادة فعلا في عام 2005، إذ بلغ التدفق السنوي بنحو 37.26 مليار دولار، وهي القيمة الأعلى في تاريخ الاستثمارات العربية البينية، وبالرغم من التذبذب والانخفاض المسجل بعد هذه السنة إلا أنها بقيت عند مستويات مرتفعة، باستثناء سنة 2010 التي انخفضت فيها إلى 5.677 مليار دولار، ويتضح من الشكل رقم (21) أن نسبة الاستثمارات العربية البينية إلى أجمالي الاستثمار الأجنبي المباشر الوارد إلى الدول العربية تميزت بالتذبذب من سنة إلى أخرى، إذ شهدت اتجاها تنازليا خلال المنتصف الأول من التسعينات، لترتفع في عام 1995 إلى 50.71%، لارتفاع الاستثمارات العربية البينية إلى أكثر من مليار دولار، ولانخفاض الاستثمار الأجنبي المباشر الوارد (كما تأكد سابقا)، ثم شهدت هذه النسبة تذبذبا بعد هذه السنة لتستقر في حدود النصف في عام 1999، واستمر سيناريو التذبذب خلال العشرية الأولى من الألفية الثالثة، وتبقى سنة 2005 الأهم في تاريخ الاستثمار العربي البيني، لبلوغه نحو37.26 مليار دولار، وبنسبة مساهمة في الاستثمار الأجنبي المباشر الوارد قدرت بـ82.69%، ويقدر متوسط التدفق السنوي للاستثمار العربية البيني كنسبة من الاستثمار الأجنبي المباشر خلال الفترة (1986-2010) بـ31.94%.

الشكل رقم (21): تطور نسبة الاستثمارات العربية البينية إلى إجمالي الاستثمارات الأجنبية المباشرة في الدول العربية
للفترة (1986-2010)

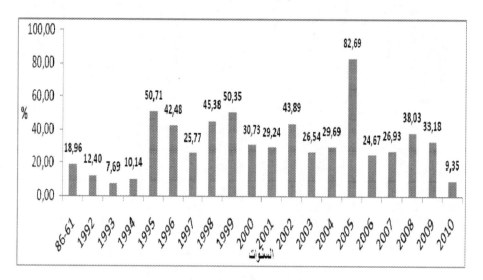

المصدر: من إعداد الباحث بالاعتماد على البيانات الواردة في: - الجدول رقم (35)، والملحق الإحصائي رقم (2).

وتعزى هذه الزيادة للاستثمارات العربية خصوصا في السنوات (باستثناء 2010) الأخيرة إلى[1]:

- إنشاء المدن الصناعية المتكاملة، وتوفير ما تحتاج إليه من بنية أساسية كالمطارات والطرق والموانئ والسكك الحديدية، ومثال ذلك مدينة الملك عبد الله الصناعية في السعودية.

- ساهمت قطاعات السياحة، والعقارات، والاتصالات في زيادة تدفق الاستثمارات العربية البينية، نتيجة التوسع الهائل في الأنشطة السياحية، ونشاط العديد من شركات الاتصالات في الدول العربية، إضافة إلى الطفرة العقارية وما نتج عنها من إقامة مدن سكنية بتمويل عربي مشترك.

---

[1] محمد عبد العاطي، "أسباب تنامي الاستثمارات العربية البينية"، على الموقع: www.aljazeera.net بتاريخ 2008/08.

- ساهمت أحداث 11 سبتمبر من عام 2001 في سحب بعض رجال الأعمال العرب لأموالهم الموظفة في الدول الغربية وتوجيهها في شكل استثمارات عربية بينية.

- الطفرة النفطية التي حدثت أدت إلى تراكم إيرادات مالية هائلة خصوصا لدى الدول الخليجية، فاقت الطاقة الاستيعابية لاقتصاداتها، فاستثمرت جزء منها في شكل استثمارات عربية بينية.

وبالرغم من التطور الايجابي للاستثمارات العربية البينية نتيجة العوامل السابقة الذكر، فإننا نلاحظ:

- استمرار سيناريو التذبذب بين الارتفاع والانخفاض والسالب والموجب لنمو الاستثمارات البينية، وتراوحت بين سالب (74.87%) كحد أدنى في عام 2010، و525.46% كحد أعلى في عام 2005 كما اتضح ذلك من الجدول رقم (35)، ويفسر ذلك بضعف وعدم استقرار المناخ الاستثماري في الدول العربية، والتحسن أو التراجع في العلاقات البينية العربية، وإلى التحسن أو التراجع في أسعار النفط والذي ينعكس في ارتفاع أو انخفاض الإيرادات المالية للدول النفطية المصدرة للاستثمارات البينية.

- لا يزال حجم الاستثمارات العربية البينية ضعيفا مقارنة برأس المال العربي المهاجر إلى الدول الغربية، في شكل إيداعات في المصارف أو توظيفات في الأسواق المالية، ويقدر مابين 800 و900 مليار دولار، والبعض الآخر قدره بين 1000 و3000 مليار دولار[1]، خاصة في ظل تراكم احتياطات هائلة من الصرف في الدول النفطية، وبالرغم من الإحصائيات المتضاربة في هذا الشأن، فإن هذه الأموال كان بإمكانها إحداث الوثبة النوعية التي تدفع بالوطن العربي إلى الأمام، كما تبقى الاستثمارات العربية البينية ضعيفة مقارنة مع متطلبات التنمية في الدول العربية، خاصة في ظل ارتفاع معدلات البطالة، والفقر، فهي لا تقدم إضافة مهمة لتراكم رأس المال في الدول العربية، كما لا تحتل أهمية تذكر في الناتج المحلي الإجمالي العربي.

---

[1] حسين رحيم، "دور الأسواق المالية في عمليات الخوصصة في البلدان العربية"، مجلة علوم الاقتصاد والتسيير والتجارة، جامعة الجزائر، العدد 9، 2003، ص163.

وتدل المبالغ الضخمة السابقة عند مقارنتها بالتدفقات الواردة من الاستثمارات الأجنبية المباشرة على أن الدول العربية كمجموعة تعتبر مصدرة صافية لرأس المال.

إن هدف جذب رأس المال العربي المهاجر يتطلب في بادئ الأمر الحد من هجرة المزيد منه، ثم السعي لإعادة توطين المهاجر منه، ويتطلب ذلك جهودا وحوافز كبيرة، لأن ذلك يواجه من الناحية العملية نوعين من العراقيل:

*العراقيل الداخلية: والخاصة بالدول العربية، والمتمثلة في أهم الأسباب التي أدت إلى هجرته، والخاصة بمكامن الضعف الموجودة في بيئتها الاستثمارية المشار إليها سابقا، من تعقيد الإجراءات الإدارية والقانونية نظرا لغياب الالتزام والتطبيق العملي للإصلاحات المنتهجة في هذا المجال، يضاف لهذا تخلف النظام المصرفي والمالي في أغلب الدول العربية، والأداء الاقتصادي ككل.

ومما زاد الأمور تعقيدا هو غياب التحرير السياسي -إخضاع الحكومات للمساءلة الدائمة- الذي يضع عمل أي حكومة عربية تحت التمحيص لخدمة النمو وتحسين الوضع العام، وتخلف القطاع الخاص الذي لازال لا يملك الشرعية السياسية في العديد من الدول العربية، والتي تضمن له العمل في بيئة بدون معيقات تساعده على تعزيز ربحيته مقابل مخاطر معينة، مع ضرورة تحمله لمسؤولية الحيازة على التكنولوجيا، والإدارة، والقدرات التسويقية، لرفع كفاءة الاقتصادات العربية[1].

ومن العراقيل الداخلية المهمة التي حالت دون إعادة توطين رأس المال العربي المهاجر تعرض مسيرة التكامل الاقتصادي العربي للشلل شبه التام، فبالرغم من إبرام الدول العربية للاتفاقيات المشجعة لانتقال رؤوس الأموال فيما بينها، خاصة الاتفاقية الموحدة لاستثمار رؤوس الأموال العربية لعام 1980، والتي تعتبر إطارا مرجعيا منظما للعلاقات الاستثمارية العربية، فإن ذلك لم يواكبه التزام الدول العربية بتطبيق بنودها، من خلال تنسيق السياسات الاستثمارية عن طريق توحيد تشريعات الاستثمار، وتفعيل دور المؤسسة العربية لضمان الاستثمار كمؤسسة

---

[1] سالم توفيق النجفي وآخرون، مرجع سبق ذكره، ص204.

محورية لتشجيع انتقال رؤوس الأموال بين الدول العربية، إضافة إلى غياب تنسيق السياسات النقدية وربط الأسواق المالية العربية ببعضها البعض، أو إنشاء سوق مالية إقليمية موحدة، لتمويل المشاريع العربية المشتركة.

ويلاحظ من يجري مقارنة بين الدول العربية والمجموعة الأوربية، أن هذه الأخيرة قد توصلت إلى سوق مشتركة بسياسات وآليات متكاملة، في الوقت الذي عرفت فيه الدول العربية مزيدا من الانقسام، بالرغم من أن اتفاقية إنشاء الوحدة الاقتصادية العربية كان في نفس السنة التي أنشئت فيه المجموعة الاقتصادية الأوربية(1957)، ويرجع ذلك أساسا إلى[1]:

- ضعف الدعم السياسي للتكامل العربي، نتيجة عدم تمكن الدول العربية من تجاوز الخلافات البينية، وتغليبها للمصلحة القطرية على المصلحة القومية، فالدعم السياسي ضروري لقيادة واستكمال عملية التكامل، فالتفاهم والحرص الفرنسي والألماني كان عاملا رئيسيا في إنجاح التكامل النقدي الأوربي.

- عدم فعالية مختلف المؤسسات والآليات المكلفة بتسيير عملية التكامل، وضعف الآليات المالية المساندة لذلك، في حين (في المجموعة الأوربية)، كان بفضل الدور الهام الذي لعبته مؤسساته التشريعية (البرلمان الأوربي)، والقضائية، والتنفيذية(المفوضية والمجلس)، والاقتصادية(البنك الأوربي للاستثمار، والبنك المركزي الأوربي) الأثر البالغ في استكمال عملية التكامل، وتحقيق إجماع بشأن أوربا المشتركة، وقد تنازلت الدول الأوربية بجزء من سيادته لهذه الهيئات المستقلة والفعالة.

- ضعف الإنفاق على الاستثمار في ربط وتكامل الشبكات التي تشمل النقل، والطاقة، وتكنولوجيا المعلومات والاتصالات الحديثة، مما أدى إلى التأثير السلبي على التجارة والاستثمار، وتنقل الأشخاص، وارتفاع التكاليف، خاصة في ظل الإجراءات المعقدة، وانتشار الرشوة والفساد.

---

(1) للمزيد من التفصيل، يرجى العودة إلى: سعود البريكان، علي البلبل وإبراهيم الكراسنة، "التكامل الاقتصادي العربي، التحديات والآفاق"، صندوق النقد العربي، معهد السياسات الاقتصادية، 24/23سباط 2005، الإمارات العربية المتحدة.

- اقتصار منطقة التجارة الحرة العربية الكبرى على تحرير حركة السلع، من دون أن تشمل تحرير حركة تجارة الخدمات، ورأس المال، وتنقل العمالة.

و لا شك أن الظروف الحالية التي تشهد فيها الدول العربية مزيدا من التهديدات الخارجية، والتمييز والتهميش تعتبر بمثابة العامل الرئيسي المحفز لاتجاهها لتوحيد الرؤى السياسية والاقتصادية، ليس فقط لتشجيع انتقال رؤوس الأموال البينية، بل لمواجهة هذه التحديات بما يخدم مصالحها المختلفة.

*العراقيل الخارجية: وهي مختلف العوامل الجاذبة لرأس المال العربي من طرف الدول الغربية والحوافز التي تتيحها، والتي تتميز باتساع وتنظيم أسواقها المالية النقدية، واتسام التحركات المالية فيها بالسرعة والحرية، إضافة إلى قوة عملات هذه البلدان و إمكانية استخدامها كاحتياطي وكعملة دولية، واطمئنان المستثمر إلى استقرار الأحوال الأمنية والاقتصادية و الاجتماعية في هذه البلدان، والارتباط ولسنين طويلة من طرف بعض الدول العربية المنتجة للبترول مع هذه البلدان خاصة في مجال البترول و التجارة[1].

وفي هذا الإطار، فقد نجحت الدول الرأسمالية الغربية في إعادة تدوير الفوائض النفطية العربية لصالحها بعد أن كانت سلاحا فعالا في يد الدول العربية في عام 1973، وعملت جاهدة على استنزاف ثروة النفط ومنع استخدامها واستخدام عائداتها استخداما سياسيا أو اقتصاديا لتحقيق مختلف الأغراض السياسية والاقتصادية على المستوى الإقليمي العربي، وأكثر من ذلك، فقد نجحت بعد تدوير هذه الفوائض في توظيفها بأسعار فائدة مرتفعة جدا، عندما قامت بإقراض الدول النامية منها العربية في إطار ترويجها لسياسة التنمية عن طريق المديونية الخارجية[2]، ولازالت العديد من الدول العربية المدينة (كما تأكد سابقا) تعاني من أزمة المديونية، وارتفاع خدمة الدين.

[1] سليمان المنذري، "الفرص الضائعة في مسار التكامل الاقتصادي والتنمية العربية"، مركز دراسات الوحدة العربية، بيروت، لبنان، 1995، ص84-85.
[2] سمير شرف، "الاختلالات الهيكلية في اقتصاديات البلدان العربية ودور الأسواق المالية في تصحيح المسارات لمواجهة نظام العولمة"، مجلة جامعة تشرين للدراسات والبحوث العلمية، اللاذقية، المجلد 25، العدد6، 2003،ص19.

والملاحظة التي يمكن قولها في هذا المجال هو أنه مهما تكمن أهمية الأسواق الخارجية و الخصائص التي تتميز بها عن الاستثمار في البلدان العربية فعلى المستثمر العربي أن يعي حقيقة أن أمواله في الخارج لا تخلو من المخاطر، والتي يمكن تصنيفها إلى مجموعتين هي[1] :

* المجموعة الأولى: تتعلق بالمخاطر النقدية والمالية التي يمكن أن تحدث نتيجة الأزمات المالية والاقتصادية التي تصيب في كل مرة هذه الدول، ومثال ذلك أزمة الرهن العقاري وتداعياتها الاقتصادية الكبيرة.

* المجموعة الثانية: تتعلق باحتمالات فرض القيود على حرية التحويل خاصة بعد تفجيرات 11 سبتمبر 2001، فان الولايات المتحدة الأمريكية فرضت حصارا كبيرا على التحويلات الخاصة بالأموال العربية وسبب ذلك تحججها بتمويل الإرهاب الدولي .

كما تجدر الإشارة إلى المضايقات الكثيرة التي تواجهها كثير من الأموال العربية في الخارج، خصوصا بعد تلك الأحداث، إذ أعدت الإدارة الأمريكية أربع قوائم تضم أكثر من 150 شخصية و مؤسسة متهمة بتواطئها في تمويل عمليات إرهابية[2]. وهو ما يجعل الأموال العربية أشبه ما تكون بتوظيفات تحت الرهن، ولهذا السبب يجب على حكومات الدول العربية أن يسعوا إلى استرجاع أكبر قدر ممكن من هذه الأموال التي هي بصدد البحث عن ملاذ أكثر أمنا خاصة في ظل الأزمة العالمية الحالية.

2- التوزيع الجغرافي للاستثمارات العربية البينية

بغرض تبيان نصيب كل دولة عربية من الاستثمارات البينية الصادرة منها أو الواردة إليها، نستعين بالجدول رقم (36).

---

[1] يحياوي سمير، "العولمة وتأثيرها على تدفق الاستثمار الأجنبي المباشر إلى الدول العربية"، رسالة ماجستير، جامعة الجزائر، 2004، ص129.
[2] حسين رحيم، مرجع سبق ذكره، ص165.

الجدول رقم (36): نصيب الدول العربية من الاستثمارات العربية البينية الصادرة والواردة للفترة (1985-2009)، ومن الاستثمار الأجنبي المباشر الوارد للفترة (1986-2010).

الدول العربية	النصيب من القيمة الصادرة من الاستثمارات البينية (%)	النصيب من القيمة الواردة من الاستثمارات البينية (%)	النصيب من الاستثمار الأجنبي المباشر الوارد (%)
الأردن	3	2.6	3.51
الإمارات	38,25	8	14.02
البحرين	6.9	0.6	2.57
تونس	1.13	2,1	3.53
الجزائر	0.85	4.15	3.27
جيبوتي	أقل من 0,001	أقل من 0.001	0.14
السعودية	12.1	46.8	29.14
السودان	2	8.45	3.83
سوريا	2.55	2	1.59
الصومال	أقل من 0,001	أقل من 0.001	0.10
العراق	0.5	0.25	1.28
عمان	2	0.65	2.54
فلسطين	0.65	0.3	0.31
قطر	3	0.65	6.07
الكويت	13	2.25	0.37
لبنان	5.1	7.5	6.87
ليبيا	0.95	2.3	3.46
مصر	6.7	6.6	11.59
المغرب	0.6	3.5	4.61
موريتانيا	أقل من 0.001	أقل من 0,001	0.39
اليمن	0.67	1.63	0.79
الإجمالي	100	100	100

المصدر: من إعداد الباحث بالاعتماد على البيانات الواردة في:

- المؤسسة العربية لضمان الاستثمار، تقرير مناخ الاستثمار لعام 2009، ص244-245.

- الملحق الإحصائي رقم (02).

يتبين من الجدول رقم (36) أن الدول البارزة كمصدر للاستثمارات العربية البينية، تمثلت في الإمارات العربية المتحدة، التي احتلت الصدارة بدون منازع بتجسيدها لـ 38.25% من إجمالي الاستثمارات البينية للفترة (1985-2009)، تليها الكويت، السعودية، البحرين، مصر، لبنان، قطر، الأردن، سوريا، السودان، عُمان وتونس بـ13%، 12.1%، 6.9%، 6.7%، 5.1%، 3%، 3%، 2.55%، 2%، 2% و1.1% على الترتيب، في حين انخفضت حصة باقي الدول العربية عن 1%.

أما بخصوص الدول البارزة في سياق الرصيد المستضيف، فالملاحظ وجود توزيع متباين الشدة، إذ استحوذت العربية السعودية لوحدها على 46.8% من إجمالي الاستثمارات العربية البينية للفترة (1985-2009)، تليها السودان، الإمارات، لبنان ومصر، بـ8.45%، 8%، 7.5%، 6.6% على الترتيب. في حين لم تصل حصة الأردن، وتونس، الجزائر، وسوريا، والكويت، وليبيا، والمغرب، واليمن نسبة 5%، مع تسجيل شبه غياب الرصيد التراكمي في جيبوتي، وانخفاضه عن 1% في باقي الدول العربية.

ويظهر التحليل السابق أن دور الاستثمارات العربية البينية في تدعيم العلاقات الاقتصادية العربية كان ضعيفا لضعف حجمها مقارنة بمتطلبات التنمية في الدول العربية، ومقارنة برأس المال العربي المهاجر، واقتصارها على عدد محدود من الدول، لذلك فباعتبارها عامل من عوامل تحقيق التكامل العربي، قد ساهمت في فشله. هذا الفشل لم ينعكس في ضعف انسياب الاستثمارات البينية فقط، بل انعكس كذلك في ضعف جاذبية الدول العربية للاستثمار الأجنبي المباشر، نتيجة ضعف قوتها التفاوضية وغياب المناخ الملائم فيها، جراء ذلك، خاصة في ظل تفضيل المستثمرين الأجانب للأسواق الإقليمية عن الوطنية، مما يستدعي ضرورة معالجة موضوع الاستثمار الأجنبي المباشر على صعيد المنطقة العربية ككل.

كما يتضح من الجدول رقم (36)، أن الدول الأكثر استقطابا للاستثمارات الأجنبية المباشرة تمثلت في السعودية، الإمارات ومصر التي استقطبت على التوالي 29.14%، 14.02%، 11.59%، وبذلك فقد استقطبت لوحدها أكثر من نصف

التدفقات الواردة إلى الدول العربية خلال الفترة (1986-2010)، مع بروز دول أخرى كلبنان وقطر التي استقطبت على التوالي 6.87% و6.07% من إجمالي التدفقات الواردة خلال نفس الفترة، وعند مقارنة نصيب كل دولة عربية من الاستثمارات البينية للفترة (1985-2009)، مع نصيبها من الاستثمار الأجنبي المباشر الوارد للفترة (1986-2010) نجد أن الدول التي تحظى باستثمارات أجنبية مباشرة هي نفسها التي تحظى بالاستثمارات العربية البينية (السعودية، الإمارات ومصر)، مع التأكيد على ملاحظة أخرى وهي أن هناك دولا تحظى باستثمارات أجنبية مباشرة خصوصا البحرين، وقطر، وعمان، والعراق هي غير الدول التي تحظى باستثمارات عربية بينية كالسودان، والكويت، واليمن (عدم تناسب حصة هذه الدول من التدفقات الواردة من الاستثمارات العربية البينية ومن الاستثمارات الأجنبية المباشرة). وهذا إن دل فإنما يدل على أن هناك محددات مستقلة لكل مصدر من الاستثمارات، فالاستثمارات البينية يبدوا أنها مدفوعة (إضافة إلى العوامل المرتبطة بمناخ الاستثمار) بعوامل مبنية أساسا على القربى وطبيعة العلاقات بين الدول العربية.

3- التوزيع القطاعي للاستثمارات العربية البينية

يتضح من الشكل رقم (22) أن قطاع الزراعة استأثر بما نسبته 50,9% من إجمالي الاستثمارات العربية البينية في عام 1985، يليه قطاع الصناعة بما نسبته 30,5%، والنسبة المتبقية لقطاع الخدمات، وخلال فترة التسعينات فالملاحظ هو التراجع الكبير لنصيب قطاع الزراعة من الاستثمارات البينية، هذه الأخيرة تركزت أساسا في قطاع الصناعة بالدرجة الأولى، يليه قطاع الخدمات.

وخلال العشرية الأولى من الألفية الثالثة، فقد تركزت الاستثمارات العربية البينية في قطاع الخدمات الذي استأثر على نحو الثلثين منها خلال عامي 2006 و2008، و79% في عام 2010، يليه قطاع الصناعة، بينما تدهور نصيب قطاع الزراعة إلى 3.1% في عام 2010، وهذا ما يعكس اختلالا هيكليا في توزيع

الاستثمارات العربية البينية، إضافة إلى دورها المحدود في دعم النمو وإنتاجية عوامل الإنتاج، كما يعكس ضعف الشركات العربية في مجالات الصناعة والتكنولوجيات الحديثة.

الشكل رقم (22): التوزيع القطاعي للاستثمارات العربية البينية خلال الفترة (1985-2010)

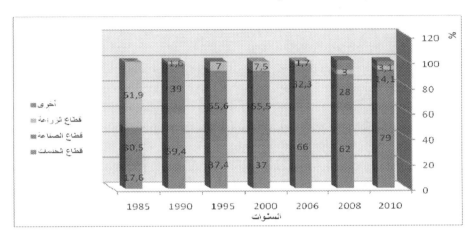

المصدر: من إعداد الباحث بالاعتماد على البيانات الواردة في:

- "المال والصناعة"، مرجع سبق ذكره، ص66.

– تقرير مناخ الاستثمار في الدول العربية لأعوام 2000، 2006، 2008 و2010.

ويمكن إرجاع التراجع المستمر لنصيب قطاع الزراعة العربية من الاستثمارات البينية إلى[1]:

- ارتفاع نسبة رأس المال المطلوب للعملية الإنتاجية في قطاع الزراعة، وطول فترة الاسترداد .

– الإجراءات البيروقراطية والتعقيدات الوطنية المفروضة على ملكية الأراضي الزراعية للمواطنين العرب غير المقيمين.

---

[1] "المال والصناعة"، مرجع سبق ذكره، ص34.

- المشاكل المرتبطة بتسويق الإنتاج نتيجة ضعف شبكة طرق المواصلات، ووسائل النقل اللازمة لذلك، مما ينعكس سلبا في ارتفاع التكاليف وبالتالي انخفاض الأرباح.

أما استئثار قطاع الخدمات بالنسبة العظمى من الاستثمارات البينية فيعود (كما ذكرنا سابقا) إلى استمرار رواج الأنشطة السياحية، وتوسع نشاط شركات الاتصالات في عدد من الدول العربية، مثل كيوتل القطرية في السوق العماني، وأوراسكوم المصرية في السوق الجزائري، واتصالات الإماراتية في السوق المصري، إضافة إلى الطفرة العقارية التي نتج عنها إقامة مدن سكنية بأكملها.

لقد تحول نشاط العديد من المشاريع العربية الممولة بالاستثمارات البينية من قطاع الزراعة كاستصلاح الأراضي، وتربية المواشي وإنتاج الدواجن والأعلاف، إلى قطاع الخدمات من خلال تشييد الفنادق، والمتاجرة في العقارات نتيجة لمرونتها وتعدد أغراضها[1].

ولقد كان من شأن هذه التطورات(خاصة في ظل فشل السياسات الزراعية كما تأكد سابقا من خلال انخفاض مساهمة قطاع الزراعة في إجمالي القيمة المضافة و إجمالي صادرات الدول العربية) أن انعكست سلبا في ارتفاع الفجوة الغذائية للدول العربية، والتي انتقلت من 11,7 مليار دولار في عام 1990 إلى 29.86 مليار دولار في عام 2008، كما يتضح من الشكل رقم (23).

---

[1] سميح مسعود برقاوي،"المشروعات العربية المشتركة، الواقع والآفاق"، مركز دراسات الوحدة العربية، بيروت، ماي 1988، ص117.

213

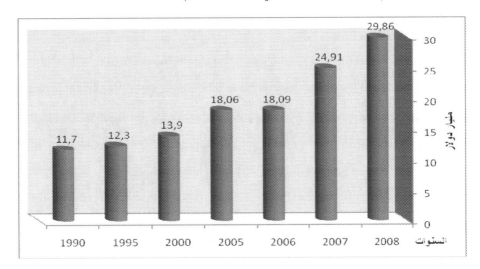

الشكل رقم (23): تطور الفجوة الغذائية في الدول العربية لأعوام 1990، و1995، و(2005-2008)

المصدر: من إعداد الباحث بالاعتماد على البيانات الواردة في:

- التقرير الاقتصادي العربي الموحد لعام 2001، ص86.

- التقرير الاقتصادي العربي الموحد لعام 2010، ص340.

لذلك فالدول العربية لازالت تواجه عجزا في مختلف السلع الغذائية خصوصا الحبوب بالرغم من الإمكانيات الطبيعية الهائلة التي تتمتع بها، ولم تستطع تحقيق الاكتفاء الذاتي مما يجعل أمنها الغذائي في خطر، هذا ما يعمق تبعيتها للخارج، ويضعف ارتباطها البيني.

وأمام ضعف استقطاب الدول العربية كمجموعة للاستثمارات الأجنبية المباشرة، وفي ظل عجزها عن إعادة توطين أموالها المهاجرة، فإن جهودها يجب أن تنصب في إعادة توطين رأسمالها المهاجر، لأن نجاح هذه الجهود كفيلة كذلك بجذب الاستثمارات الأجنبية المباشرة، وما يدل على ذلك هو:

- يتطلب إعادة توطين رأس المال العربي المهاجر السعي الجاد لتحسين مناخ الاستثمار في المنطقة العربية، لينعكس ذلك إيجابا في زيادة فرص ربح

الاستثمارات، وتخفيض التهديدات والمخاطر، هذا ما يؤدي بدوره إلى تدعيم موقع الدول العربية في جذب الاستثمارات الأجنبية المباشرة، فرأس المال (عربيا كان أو أجنبيا) يوصف بأنه جبان، ويتجه حيث المردودية المرتفعة، والمخاطر المنخفضة.

- يتطلب إعادة توطين رأس المال العربي المهاجر تفعيل التكامل الاقتصادي العربي، بتوحيد السياسات النقدية والاستثمارية، والمالية، والتجارية، ونجاح هذه الجهود ستنعكس إيجابا في استقطاب المستثمرين الأجانب، لأنها تتوافق مع متطلبات تحرير التجارة الخارجية، وعولمة الإنتاج، وحرية حركة رأس المال، وانخفاض كلفة المعاملات، كما ستؤدي إلى خلق سوق إقليمي كبير (اتساع حجم السوق)، سيزيد من فرص نجاح الاستثمارات الأجنبية المباشرة وتوسعها.

ولقد تم الانتقال وبصفة تدريجية من تحليل تطور الاستثمار الأجنبي المباشر في العالم، ثم الدول العربية، ليتم في الفصل الموالي التركيز على تقييم السياسات المنتهجة في الجزائر كدولة عربية ونامية في جذبها للاستثمار الأجنبي المباشر.

الفصل الرابع

مقدمة

يقف المتتبع لسياسة معالجة الجزائر لملف الاستثمار الأجنبي المباشر من مختلف جوانبه منذ الاستقلال إلى يومنا هذا على ثلاثة مراحل أساسية، تتميز كل مرحلة عن الأخرى بمعطيات سياسية واقتصادية واجتماعية وتشريعية أعطت طابعا خاصا في كيفية التعاطي معه.

اتسمت المرحلة الأولى والتي تبدأ من عشية الاستقلال بتبني الجزائر لإستراتيجية تنموية مستندة إلى الاقتصاد الموجه، مما انعكس في سيادة الشك والتخوف من الآثار السلبية للاستثمارات الأجنبية المباشرة كخلق التبعية، والتدخل السياسي، وإضعاف الشركات المحلية (القطاع العام) ...، مما دفعها إلى اتخاذ إجراءات منعت هذا النوع من التمويل الأجنبي في عملية التنمية، والتي مولت أساسا من موارد المحروقات، والاعتماد المتزايد على المديونية الخارجية.

وتبدأ المرحلة الثانية مع بداية التسعينات، حيث عرفت فيها الجزائر حالة من الانسداد بفعل انهيار أسعار النفط، وارتفاع أعباء المديونية الخارجية، مع عدم وجود مصادر لتمويل أعباء التنمية المتزايدة بفعل انحسار حركة الإقراض، وتراجع أهمية المعونات الخارجية، هذا ما أفرز حالة من الاختلالات على مستوى التوازنات الاقتصادية والاجتماعية للجزائر، وبدأت تدخل مرحلة من الانفجار السياسي والانفلات الأمني، فاتجهت إلى نادي باريس ونادي لندن لإعادة جدولة ديونها، فاشترط الدائنون تطبيق وصفة صندوق النقد الدولي، ومع موافقة الجزائر على ذلك فقد أقرت فعليا توجهها نحو الانفتاح على اقتصاد السوق، مما فتح صفحة جديدة من التعامل مع ملف الاستثمار الأجنبي المباشر.

وتبدأ المرحلة الثالثة مع بداية الألفية، وقد تميزت بخروج الجزائر من عزلتها بفضل استمرار الاستقرار السياسي والأمني، وإضفاء جو من الحركية الديمقراطية

217

والإعلامية، وقد تزامن ذلك مع التحسن الذي ميز معظم المؤشرات الاقتصادية (معدل تضخم منخفض، ومعدلات نمو حقيقية موجبة، وتوازن داخلي وخارجي ...)، مما انعكس إيجابا في تدعيم وتفعيل عناصر المناخ الاستثماري في الجزائر، خاصة مع التأكيد على أهمية إشراك الاستثمار الأجنبي المباشر في عملية التنمية، من خلال اتخاذ كل التدابير والإجراءات والسياسات الرامية لاستقطابه.

وسيتم التطرق من خلال هذا الفصل إلى تحليل وتقيم فعالية مناخ الاستثمار في كل فترة في جذب الاستثمار الأجنبي المباشر (مع التركيز على المرحلة ما بعد 1990)، وتقيم مساهمته في عملية التنمية، ومحاولة استشراف آفاقه المستقبلية.

المبحث الأول

تطور علاقة مناخ الاستثمار بالاستثمار الأجنبي المباشر في الجزائر

اقترن تطور معالجة ملف الاستثمار الأجنبي المباشر في الجزائر منذ الاستقلال إلى يومنا هذا بعاملين يتمثل الأول في التطورات والظروف التي شهدتها منظومة العلاقات الاقتصادية الدولية، والتي كان لها انعكاس في تطور مكانة الاستثمار الأجنبي المباشر في التمويل الدولي، ويتمثل الثاني في التوجهات التي تبنتها الجزائر على المستويين السياسي والاقتصادي، والذي أفرز استراتيجيات تنموية لمختلف الحكومات المتعاقبة، والتي قد تتوافق أو تتعارض مع نشاط المستثمرين الأجانب، وقد كان ذلك على عدة مراحل.

وسيتم التطرق من خلال هذا المبحث إلى تسليط الضوء على خصوصيات كل مرحلة، وانعكاسها على تطور هذه الظاهرة في الجزائر.

أولا: فترة الاقتصاد الموجه (1962-1989)

سعت الجزائر منذ بداية الاستقلال إلى التخلص من مخلفات الاستعمار وتوظيف إمكاناتها المحدودة في ترتيب أوضاعها السياسية والاقتصادية والاجتماعية المتدهورة، من خلال رسم معالم انطلاق المسيرة التنموية للبلاد بانتهاج النهج

الاشتراكي، لبسط النفوذ على الاقتصاد وفك الارتباط بالاقتصاد الفرنسي، ووضع الوسائل والأدوات اللازمة لتحقيق مخططات مقبلة لخدمة الأهداف التنموية.

وإذا كانت بداية هذه الفترة قد شهدت إصدار القانون 227/63 المؤرخ في 26 تموز 1963، والذي خاطب الرأس مال الأجنبي بعدم مغادرة الجزائر والمشاركة في بنائها، والقانون 284/66 المؤرخ في 15 كانون الأول 1966 والذي كان أكثر شرحا وتحديدا لتدخل القطاع الخاص وكذلك الامتيازات والضمانات الموفرة له[1]، فإن القراءة المتمعنة لمعالم التوجه السياسي والاقتصادي آنذاك يتنافى والإبقاء على الشركات الأجنبية، فهي مرادف لاستمرار الهيمنة، ونهب الثروات، والإبقاء على التبعية والتخلف، خاصة في ظل ظهور شعارات الاعتماد على الذات، والتنمية المستقلة ...

هذه الأسباب جعلت من الجزائر على غرار العديد من الدول النامية ذات التوجه الاشتراكي دولا معادية للاستثمار الأجنبي المباشر (بدرجات متفاوتة)، مما أدى بها إلى اتخاذ العديد من الأساليب المعادية كالتأميم، ويبرز الجدول رقم (37) أن حالات التأميم التي مست فروع الشركات الأجنبية للفترة (1960-1976) تراوحت بين (1-5) كحد أدنى في اليمن وسوريا وأفغانستان وغينيا، وأكثر من 50 حالة في الجزائر، وأنغولا، وتنزانيا، وإثيوبيا.

الجدول رقم (37): عدد حالات التأميم لفروع الشركات متعددة الجنسية في بعض الدول النامية للفترة (1960-1976)

العدد	5-1	15-6	25-21	30-26	أكثر من 50
الدول	سوريا، اليمن، أفغانستان، غينيا	البنين، العراق، الموزمبيق	الغونغو	مدغشقر	الجزائر، أنغولا، إثيوبيا، تنزانيا

Source: Marc humbert, investissement international et dynamique de l'economie mondiale,

Economica, Paris, p370.

---

[1] عبد الرحمان تومي، "واقع وآفاق الاستثمار الأجنبي المباشر في الجزائر"، مجلة دراسات اقتصادية، مركز البصيرة، الجزائر، 2006، ص108.

لقد اتضحت معالم السياسة الاقتصادية في الجزائر أكثر في بداية السبعينات، عندما اعتُمِدت إستراتيجية النمو غير المتوازن، أي نمو جميع القطاعات الاقتصادية بقيادة قطاع واحد، وبالتالي فقد تم وضع خطة تنموية اعتمدت نموذج الصناعات المصنعة (الثقيلة).

ولتجسيد هذه الإستراتيجية، أصدرت الدولة مخططين، المخطط الرباعي الأول خلال الفترة (1970-1973) والذي رُصِد له مبلغ قدره 35 مليار دينار جزائري، كانت حصة الصناعة منه 57,3%، والمخطط الرباعي الثاني للفترة (1974-1978) والذي رصد له مبلغ 140 مليار دينار جزائري، خصص لقطاع الصناعة نسبة 60,7% منه، كما يتضح ذلك من الجدول رقم (38).

الجدول رقم (38): المخصصات المالية لقطاعات الاقتصاد الجزائري خلال المخططين الرباعيين الأول والثاني

القطاعات	المخطط الرباعي الأول (1970-1973)	المخطط الرباعي الثاني (1974-1977)
المبلغ الإجمالي	35 مليار دينار	140 مليار دينار
الصناعة	57,3%	60,7%
الزراعة	11,9%	7,3%
قطاعات أخرى	30,8%	32%

المصدر: أمين صيد، "سياسة الصرف كآلية لتسوية الاختلال في ميزان المدفوعات، حالة الجزائر" رسالة ماجستير، جامعة دمشق، 2006، ص110.

وإذا كانت هذه السياسة قد حققت بعض النتائج الايجابية، إذ بلغ متوسط معدل النمو السنوي خلال هذه الفترة 4,5%، وانخفض معدل البطالة من 25% في عام 1967 إلى 19% في عام 1978[1]، لكن يؤخذ عليها السلبيات التالية:

---

[1] Ahmed Benbitour, L'Algérie au troisième millénaire, Ed: Marinour, Alger, 1998, P62.

- في ظل الإعتمادات الضخمة المرصودة لقطاع الصناعة، فقد كان ذلك على حساب قطاع الزراعة الذي تم تهميشه، إذ بلغ متوسط اعتماداته خلال فترة تطبيق المخططين 10,6%، وقد كانت هذه السياسة بداية لخلق التبعية الغذائية إلى الخارج خاصة مع النمو الديموغرافي السريع.

- تتميز الاستثمارات في الصناعات الثقيلة بالكثافة الرأسمالية، مما كلف الدولة أموالا طائلة، ومع عدم كفاية الموارد المحلية وقعت الجزائر في فخ المديونية الخارجية، والتي ارتفعت من 0,95 مليار دولار في عام 1970 إلى 17 مليار دولار في عام 1980[1].

- أُعطيت أهمية كبيرة لمعدل الاستثمار والذي تراوح بين 40 و50%، وفي ظل طول فترة الاسترداد فقد أدى ذلك إلى تحقيق عجز مالي، إضافة إلى إهمال النتائج التي تتمخض من عملية الاستثمار سواء المباشرة كالنمو الاقتصادي، وزيادة الادخار، وزيادة الصادرات، أو غير المباشرة والمتعلقة بخلق ارتباطات بين فروع وقطاعات الاقتصاد الوطني.

- لعب المصرف المركزي كسلطة نقدية دورا شكليا، مما ساهم في نمو العرض النقدي بمستويات مرتفعة كانت أكبر من التدفقات الحقيقية (السلع والخدمات)، مما خلق اختلالا على مستوى التوازن الاقتصادي الكلي نتيجة ارتفاع معدلات التضخم، وتدهور القدرة الشرائية للمواطن جراء ذلك.

- لم يتجاوز معدل تغطية صادرات القطاعات خارج المحروقات لواردات نفس القطاعات معدل 5%[2]، مما يعني أن هذه السياسة فشلت في إشراك قطاعي الزراعة والصناعة في التنمية، بفعل التباطؤ في وتيرة الإنتاج، وضعف كفاءة اليد العاملة، وعدم القدرة على التحكم في التكنولوجيا، وسوء التسيير، وطول فترة إنجاز المشاريع، مما انجر عنه تكاليف إضافية.

(1) Hamed Madjdoub, Algérie, études et perspectives, Ed: Economica-essai, Alger, 2003, P53.
(2) Ahmed Benbitour, Opcit, P62.

وبغض النظر عن النتائج التي أسفرت عنها السياسة الاقتصادية لهذه الفترة، فإن تزامنها مع ضعف حصة الاستثمار الأجنبي المباشر في هيكل التمويل الخارجي للدول النامية نظرا للاعتماد على القروض والإعانات(كما تم التأكيد في الفصل الأول)*، إضافة إلى القرارات النابعة من الاختيارات السياسية والتوجهات الاديولوجية لعبا الدور الحاسم في تحديد حجم تدفقات الاستثمار الأجنبي المباشر الواردة إلى الجزائر.

ففي عام 1971 تم تسجيل تدفق سلبي نتيجة تصفية الاستثمارات الأجنبية المباشرة بفعل عمليات التأميم، وبعد هذه السنة فتحت الجزائر قطاع المحروقات لوحده في مجالات الاستغلال والتكرير والإنتاج أمام الرأس المال الأجنبي في شكل مشاريع مشتركة تمتلك منها الجزائر نسبة 51% كما يتضح من الشكل رقم(24).

الشكل رقم (24): تطور تدفق الاستثمار الأجنبي المباشر إلى الجزائر خلال الفترة (1970-1979)

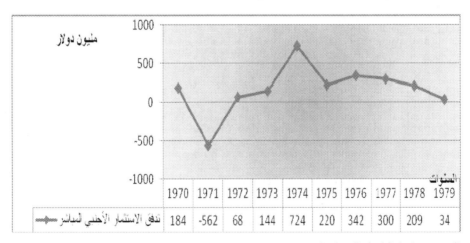

	1970	1971	1972	1973	1974	1975	1976	1977	1978	1979
تدفق الاستثمار الأجنبي المباشر	184	-562	68	144	724	220	342	300	209	34

المصدر: من إعداد الباحث بالاعتماد على:

SFI et Fias, societe financiere internationale, ´´l'investissement etranger´´, leçons de l'experience, 1997,P111.

* تعرف هذه الفترة في تاريخ الاستثمار الأجنبي المباشر بالمرحلة مدفوعة العرض، أي أن الشركات الأجنبية هي التي تعرض على الدول المضيفة خصوصا النامية منها استثماراتها، عكس المرحلة التي نعيشها اليوم والتي تعرف بالمرحلة مدفوعة الطلب نتيجة المنافسة الشديدة بين أغلب دول العالم في تهيئة المناخ الاستثماري وتقديم المزايا والحوافز لجذب المستثمر الأجنبي.

ويتضح من الشكل رقم (24) أن تدفقات الاستثمار الأجنبي المباشر خلال هذه الفترة تميزت بالتأرجح بين الارتفاع والانخفاض، لكن المؤكد أنها ضعيفة مقارنة بمصادر التمويل الدولية الأخرى، فقد قدرت قيمتها التراكمية للفترة (1970-1979) بـ1,663 مليار دولار، وبمقارنتها مع المديونية الخارجية لعام 1980 والمقدرة بـ17 مليار دولار فإنها لا تمثل سوى 9,8% منها.

وحتى في قطاع المحروقات، فقد تم تقييد نشاط الشركات الأجنبية بالعديد من المقاييس والشروط مما يدل على أنه لولا الحاجة الماسة لتكنولوجيا البحث والتنقيب والاستغلال لما سُمِح بإشراك المستثمرين الأجانب خلال هذه الفترة.

لقد توافقت بداية الثمانينات مع استمرار ارتفاع أسعار النفط، وكان الغرض من الإصلاحات التي انتهجتها السلطات الجزائرية تحقيق هدفين:

- يتمثل الأول في تصحيح إخفاقات السياسة الاقتصادية لعشرية السبعينات من خلال تصفية مختلف الاختلالات الناتجة عنها.

- ويتمثل الثاني في محاولة اعتماد اللامركزية في تسيير الاقتصاد الوطني، وبالتالي محاكاة التوجه الرأسمالي من خلال إشراك القطاع الخاص المحلي والأجنبي.

- بالنسبة للهدف الأول: فقد وضعت الحكومة مخططين خماسيين، إذ رصد للأول مبلغ 500 مليار دينار خلال الفترة (1980-1984)، ورصد للثاني 828 مليار دينار خلال الفترة (1985-1989)[1]، وبالتالي فقد امتازا بالإعتمادات المالية الكبيرة مقارنة بالمخططين الرباعيين الأول والثاني.

لقد كان هدف هذين المخططين تحقيق التوازن بين القطاعات الاقتصادية المختلفة الإنتاجية والخدمية، وبالتالي فقد كرسا التوجه التدريجي للتخلي عن سياسة النمو غير المتوازن المعتمدة خلال عشرية السبعينات.

---

(1) صالح تومي وعيسى شقبقب، "محاولة بناء نموذج قياسي للاقتصاد الجزائري للفترة (1970-2002)"، مجلة علوم الاقتصاد والتسيير، الجزائر، 2005، ص15.

فعلى مستوى هيكل الاستثمارات، انخفضت حصة الصناعة من إجمالي الاستثمارات من 56% إلى 24% بين سنتي 1980 و1984، بينما ارتفعت استثمارات البنية التحية من 30% إلى 55% خلال نفس الفترة، وبقيت حصة الزراعة ما بين 3 و4%. وانتقلت الموازنة العامة من حالة فائض في عام 1980 إلى حالة عجز في نهاية 1984 بسبب زيادة نفقات التجهيز، أما الميزان التجاري فقد استمر في تسجيل الفائض حتى عام 1985. وبالرغم من انخفاض المديونية الخارجية إلى 14,1 مليار دولار في عام 1984، فإن خدمة الدين كنسبة من الصادرات ارتفعت إلى 37%[1].

لقد فشلت سياسة النمو المتوازن المتبعة في إشراك قطاع الزراعة في عملية التنمية بفعل ضعف حصته من الاستثمارات، مما عمق التبعية الغذائية للخارج خاصة مع ارتفاع حصة الواردات الغذائية من إجمالي الواردات من 10% في عام 1970 إلى 22% في عام 1985.

يضاف لذلك استمرار هيمنة قطاع النفط على هيكل الإنتاج الوطني نتيجة ارتفاع مساهمته في الصادرات الإجمالية إلى 98%، مما يعني استمرار تركيز السياسة الاقتصادية عليه كعامل أساسي لتحقيق النمو (النمو المشروط)، ونتيجة لعدم التحكم في أسعار النفط وانخفاض تغطية منظمة الدول المصدرة للبترول للطلب العالمي من الثلثين في عام 1974 إلى الثلث في عام 1984، فقد لعب هذا القطاع دورا رئيسيا في نقل الصدمات الخارجية إلى الاقتصاد الجزائري.

أما على مستوى السياسة النقدية، فقد كانت الخزينة العامة الممول الرئيسي للمؤسسات العامة، من خلال المصارف، التي كانت مجرد قناة لانتقال الأموال من الخزينة إلى المؤسسات العامة، إذ يكفي أن يُعتمد أي مشروع استثماري من طرف الحكومة ليحصل على التمويل اللازم من المصارف دون النظر إلى القدرة المالية وشروط السداد وغيرها من الحسابات الاقتصادية، وكانت الخزينة العامة هي الهيئة المسئولة عن تسيير شؤون النقد، فالمصرف المركزي مجرد هيئة مسؤولة عن إصدار النقد اللازم لتمويل الاستثمارات العامة المخططة من طرف الخزينة العامة.

---

[1] Ahmed Benbitour, Opcit, P68-71.

وأمام مكامن الضعف الواضحة لمؤشرات التوازن الاقتصادي والمالي للجزائر حتى منتصف الثمانينات والتي تزامنت مع تطبيق المخطط الخماسي الثاني، واجهت الجزائر صعوبات وتعقيدات كبيرة بفعل انخفاض أسعار البترول، والذي ضرب عمق الاقتصاد الجزائري المبني على الريع البترولي.

إن ارتباط تمويل الاقتصاد الجزائري بعوائد المحروقات دفع به إلى شفا الانهيار نتيجة تراجع سعر برميل النفط من 27 دولار إلى أقل من 14 دولار بين سنتي 1985 و1986. كما ساهم تدهور قيمة الدولار خلال هذه الفترة في تراجع مداخيل الصادرات الجزائرية وارتفاع قيمة المديونية، مما أدى إلى:

- انخفاض فرص العمل المستحدثة من 194 ألف في عام 1986 إلى 62 ألف في عام 1988، وبهذا ارتفع عدد العاطلين عن العمل من 650 ألف في عام 1986 إلى 1,8 مليون في عام 1989[1]. كما تراجعت نوعية الخدمات الاجتماعية المقدمة من طرف الدولة مما أدى إلى تأزم الوضع الاجتماعي، وقد تجلى ذلك في المظاهرات المأساوية لـ 1988/10/5.

- انخفاض معدل النمو الاقتصادي من 5,2% في عام 1985 إلى (−2,9%) في عام 1989، وارتفعت المديونية الخارجية التي أثقلت كاهل الاقتصاد الجزائري وحدت من مصداقيته في أسواق المال العالمية إلى 25,3 مليار دولار في عام 1989، مما انعكس في ارتفاع مؤشر خدمة الدين كنسبة من الصادرات إلى 75,25% لنفس السنة[2].

- <u>بالنسبة للهدف الثاني:</u> فقد شهدت فترة الثمانينات إصدار القانون رقم 11/82 المؤرخ في 21 آب 1982، والذي هدف إلى تحقيق تكامل بين القطاعين العام والخاص (المحلي والأجنبي) من خلال إعطاء هذا الأخير مساحة وحرية أكبر للمساهمة في عملية النمو الاقتصادي، وقانون 19 آب 1986 والذي جاء متمما للقانون السابق وقد نص على السماح بتحويل الأرباح، وضمان التعويض في حالة

[1] Mutin Georges, évolution économique de l`Algérie depuis l`indépendance, Gremmo, Lyon, 1998,P12.
[2] Voir: ONS, statistiques sur l`économie Algérienne (1970-2002).

التأميم، والتحويل الجزئي لأجور العمال ...[1]، لكن عمليا استمر تحفظ الحكومات المتعاقبة خلال هذه الفترة على كل التدخلات الأجنبية بما فيها الاستثمارات المباشرة بفعل استمرار النظرة التي سادت خلال السبعينات[2].

وأمام فشل البرامج التنموية خلال هذه الفترة في دفع عجلة التنمية، وفي ظل الإبقاء والتأكيد على مبدأ سيادة الدولة على المجالات الاقتصادية، وبالتالي استمرار هيمنة القطاع العام والعقلية البيروقراطية نتيجة عدم التجسيد الفعلي للقوانين الصادرة، كل هذا أكد أن الاستثمار الأجنبي لم يحن وقته بعد باعتباره ليس من أولويات هذه البرامج، مما انعكس في الانخفاض الشديد لتدفقات الاستثمار الأجنبي المباشر خلال هذه الفترة كما يتضح ذلك جليا من الشكل رقم (25).

الشكل رقم (25): تطور تدفق الاستثمار الأجنبي المباشر إلى الجزائر خلال الفترة (1980-1989)

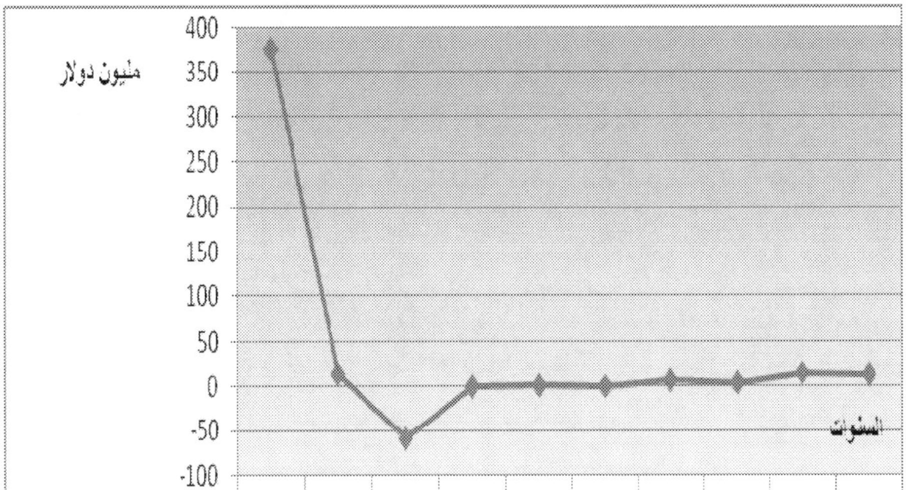

	1980	1981	1982	1983	1984	1985	1986	1987	1988	1989
◆ تدفق الاستثمار الأجنبي	376	14	-59	0	1	0	7	4	15	13

المصدر: من إعداد الباحث بالاعتماد على:

SFI et Fias, societe financiere internationale, opcit, 1997،P112

---

[1] عبد الرحمان تومي، مرجع سبق ذكره، ص109-110.

[2] CNES, l´investissement en Algérie, Dossier documentaire, Février 2006, P7.

وتحت ضغط المتغيرات الداخلية(ضعف النمو الاقتصادي، وارتفاع معدلات البطالة، وانخفاض القدرة الشرائية)، والمتغيرات الخارجية (ارتفاع المديونية الخارجية، وانهيار النظام الاشتراكي وزيادة حدة العولمة) كان لزاما على السلطات الجزائرية أن تحدث إصلاحات أكثر عمقا وشمولية، فاتجهت إلى المؤسسات المالية الدولية في آذار 1989 مستنجدة بسياساتها وتوجيهاتها في إطار برامج التثبيت والتعديل الهيكلي.

ثانيا: مرحلة الإصلاحات (ما بعد عام 1990)

نتيجة العراقيل والقيود التي وقفت أمام تحقيق تنمية شاملة، دخلت الجزائر مرحلة جديدة من الإصلاحات مست كل الميادين، جسدت خبر وفاة النظام الاشتراكي والقطيعة مع المرحلة السابقة، مما فتح صفحة جديدة من التعامل مع ملف الاستثمار الأجنبي المباشر.

وسيتم السعي من خلال هذا العنصر إلى تسليط الضوء على مضمون هذه الإصلاحات وتقييم انعكاساتها على تطوير مناخ الاستثمار وجذب المستثمرين الأجانب.

1- مضمون الإصلاحات

اشتملت الإصلاحات على الجوانب التالية:

1-1 الجانب الاقتصادي:

أفرزت جرعات الإنعاش وسياسات التنمية المعتمدة في ظل الاقتصاد المخطط خللا في الاقتصاد الوطني أوصلته إلى حد العجز عن توفير السيولة اللازمة لدفع أعباء خدمة المديونية، والتي أصبحت مع بداية التسعينات تلتهم جل إيرادات الصادرات، وبهذا تأكد أن إنعاش الاقتصاد الجزائري لن يتم إلا بإجراء تعديلات عميقة في هيكله، وهذا يتطلب مزيدا من التمويل، ونظرا للضائقة المالية للجزائر، فقد لجأت إلى المؤسسات المالية الدولية للحصول على التمويل والمساعدة التقنية في إطار برامج التثبيت والتعديل الهيكلي.

أ-مضمون برامج الإصلاح للمؤسسات المالية والنقدية الدولية: تنطوي هذه البرامج على إجراء التعديلات اللازمة في بناء هيكل الاقتصاد القومي على نحو يعظم من قدرته على مواجهة الصدمات، ويتحقق ذلك بانتهاج مجموعة متكاملة من أدوات السياسة الاقتصادية، والتي تُستخدم لتحقيق أهداف المجتمع والمعبر عنها في صورة قيم مستهدفة لمؤشرات الأداء الاقتصادي الداخلي(معدل التضخم، ورصيد الموازنة العامة، ومعدل البطالة، ونمو الناتج المحلي الإجمالي) والخارجي(رصيد ميزان المدفوعات، والمديونية الخارجية، واحتياطات الصرف).

والتحديد الدقيق لمفهوم هذه البرامج يتطلب التمييز بين سياسات التثبيت (stabilisation) وسياسات التعديل(ajustement)، فسياسات التثبيت ترتبط بالمدى القصير وتهدف إلى القضاء على اختلال ميزان المدفوعات عن طريق إدارة سليمة للطلب المحلي، بترشيد الإنفاق العام، وصرامة السياسة النقدية وتخفيض قيمة العملة المحلية، أما سياسات التعديل فهدفها ضمان استمرارية الأداء والفعالية الاقتصادية في المدى الطويل الناتجة عن برامج التثبيت من خلال رفع كفاءة تخصيص الموارد، وزيادة معدلات الادخار والتراكم، بهدف زيادة الإنتاج، وبذلك فهي تركز على جانب العرض من خلال تحرير الأسعار، وإقرار الخصخصة، وتحرير التجارة الخارجية والتوجه نحو زيادة التصدير.

وحسب **البنك الدولي**، فإن تحقيق النمو المنشود مرهون بتحقيق الاستقرار الاقتصادي الكلي، كما أن السياسات المالية والنقدية السليمة من شأنها خلق مناخ ملائم للاستثمار الخاص، والذي يؤدي بدوره إلى زيادة الإنتاجية[1]، وهذه إشارة واضحة (حسب البنك الدولي) إلى ضرورة وأهمية تبني سياسات الإصلاح السابقة الذكر.

ب- الإصلاحات الاقتصادية في الجزائر: كان أول اقتراب للجزائر من صندوق النقد الدولي في عام 1989، عندما أرسل وزير المالية "خطاب النوايا"، إلى المدير التنفيذي للصندوق أكد له على المضي في عملية اللامركزية الاقتصادية، وخلق

---

(1) Banque mondiale, "le défit du développement", rapport sur le développement dans le monde, Washington, 1991.

البيئة التي تمكن من اتخاذ القرار على أساس المسؤولية المالية والربحية، وتحرير الأسعار وتوسيع دور القطاع الخاص.

لقد حصلت الجزائر على التمويل بقبول تنفيذ الوصفات الإصلاحية عبر أربع اتفاقيات امتدت على طول الفترة (1989-1998) على النحو التالي:

*اتفاق الاستعداد الائتماني الأول لعام 1989: بعد إبرام أول اتفاق مع صندوق النقد الدولي في أيار 1989 استفادت الجزائر من قرض قيمته 886 مليون دولار، يندرج جزء منه في إطار برنامج التثبيت، والجزء الآخر في إطار تسهيل التمويل التعويضي[1].

*اتفاق الاستعداد الائتماني الثاني لعام 1991: تواصلت المفاوضات بين الجزائر وصندوق النقد الدولي في نهاية 1990 أدت إلى عقد اتفاق تثبيت ثاني في حزيران 1991، أقر على أن تحصل الجزائر على قرض قيمته 403 مليون دولار[2].

لكن هذا الاتفاق لم يتم إتمام تنفيذه (لم تستفد الجزائر من قيمة القرض كله) نتيجة المعارضة الشديدة من طرف الشركاء الاجتماعيين، وتبني حكومة السيد بلعيد عبد السلام لإصلاحات ذاتية تتعارض ومحتوى الاتفاق، فقد عرفت السياسة المالية توسعا بسبب الظروف الأمنية والانفلات الأمني الخطير الذي عاشته البلاد آنذاك، وزيادة الأجور الحكومية ومخصصات دعم الأسعار(وهذا يتنافى مع وصفة صندوق النقد الدولي)، وفي ظل ارتكاز هيكل الإيرادات العامة على الجباية البترولية، وأمام انخفاض أسعار البترول بنحو 10 دولار للبرميل بين سنتي 1991 و1992، فقد أدى ذلك إلى تسجيل عجز في الموازنة العامة، ولتغطيته لجأت الحكومة إلى الإصدار النقدي مستفيدة من ضعف استقلالية السلطة النقدية، فبلغ معدل نمو العرض النقدي (M_2) 24,23% في عام 1992، مما حرض الضغوط التضخمية والتي بلغت 31,7%.

[1] Mustapha mekideche, l`Algérie entre l`économie de rente et économie émergente, Ed: dahlab, alger,p63.
[2] Ahmed Benbitour, Opcit, p78.

لقد أدى عدم التزام الحكومة بتنفيذ محتوى الاتفاق في ظل الظروف السياسية والاجتماعية الصعبة إلى استمرار انهيار المؤشرات الاقتصادية والاجتماعية ، ففي عام 1993 بلغ رصيد الموازنة العامة وميزان المدفوعات كنسبة من الناتج المحلي الإجمالي 5.9-% و0% على الترتيب، وسُجل معدل نمو حقيقي سالب (-2,2%)، ومستوى تضخم بلغ 20,5%، ومعدل بطالة قارب 24%، كما أن احتياطات الصرف والمقرة بـ1,5 مليار دولار، لا تكفي لتغطية (1.9) شهر من الواردات، وهو لا يمثل هامش أمان للمصرف المركزي لمواجهة الالتزامات الخارجية، خاصة في ظل ارتفاع المديونية الخارجية إلى أكثر من 25 مليار دولار، وخدمة الدين التي تلتهم أكثر من 80% من إيرادات الصادرات، والجدول رقم (39) يوضح ذلك.

الجدول رقم (39): تطور المؤشرات الاقتصادية الكلية للجزائر خلال الفترة (1990-1993)

1993	1992	1991	1990	المؤشر
21.61	24.23	21.06	11.31	معدل نمو العرض النقدي (%)
20.5	31.7	25.9	17.9	معدل التضخم (%)
5.9-	0.7	3.6	3.08	رصيد الموازنة كنسبة من الناتج المحلي الإجمالي (%)
0	0.4	1.07	0.3-	رصيد ميزان المدفوعات كنسبة من الناتج (%)
2.2-	1.6-	1.8-	1.3-	معدل النمو الحقيقي (%)
23.15	23.8	21.2	19.7	معدل البطالة (%)
1.5	1.5	1.6	0.8	احتياطي الصرف (مليار دولار)
1.9	1.8	2	0.8	احتياطي الصرف (شهر استيراد)
25.7	26.7	27.9	23.4	المديونية (مليار دولار)
82.2	76.5	73.8	66.4	خدمة الدين كنسبة من الصادرات (%)
18.6	18.8	28.85	21.15	أسعار النفط (دولار)

المصدر: من إعداد الباحث بالاعتماد على الملحق الإحصائي رقم (4).

وإزاء تدهور المؤشرات الاقتصادية والاجتماعية، والتي مثلت أزمة المديونية أخطر الأزمات، خاصة القروض القصيرة الأجل التي قرب وقت سدادها، لم تجد السلطات الجزائرية سبيلا إلا إعادة جدولة شاملة لديونها، مما استلزم مجددا العودة إلى تطبيق وصفة صندوق النقد الدولي، فكان:

*اتفاق الاستعداد الائتماني الثالث لعام 1994: حدد صندوق النقد الدولي مساندته المالية والمقدرة بـ1037 مليون دولار في إطار اتفاق التثبيت الممتد من نيسان 1994 إلى آذار 1995، بعد إطلاعه على الخطوط العريضة للإستراتيجية الاقتصادية التي تضمنها "خطاب النوايا" المرسل من طرف الحكومة الجزائرية، والتي هدفت إلى استعادة التوازنات الداخلية والخارجية عن طريق ضغط الطلب المحلي.

*اتفاق التعديل الهيكلي للفترة (أيار 1995- أيار 1998): وافق صندوق النقد الدولي على دعم السياسات التي تنوي الجزائر تطبيقها استكمالا للإصلاحات السابقة، في إطار برنامج التعديل الهيكلي الهادف إلى تحسين الفعالية الاقتصادية لمواجهة الاختلالات التي تعترض مواصلة النمو في الأجل الطويل.

وبمقتضى هذا الاتفاق حصلت الجزائر على قرض قيمته 1169 مليون دولار، مما أعطى مؤشرا إيجابيا لدائني الجزائر، أدى إلى إعادة جدولة 16 مليار دولار خلال الفترة الممتدة من 1 حزيران 1995 إلى 31 أيار 1998 بعد المفاوضات التي تمت مع نادي باريس ونادي لندن[1].

إن موافقة المؤسسات المالية الدولية على تقديم المساعدة المالية في إطار برامج التثبيت والتعديل الهيكلي كان مقابل التزام السلطات الجزائرية بمجموعة من الإصلاحات، والتي كرست القطيعة مع السياسات المتبناة في إطار التوجه الاشتراكي، والتي تتلخص في:

ب-1 تحرير الأسعار: تعطي برامج الإصلاح للمؤسسات المالية الدولية أهمية كبرى لتحرير الأسعار، إذ ترى أن تدخل الدولة في تحديد الأسعار سوف يؤدي إلى تشوهها مما لا يعكس التكاليف الحقيقية للإنتاج، ويكبح الحوافز اللازمة لزيادة الكفاءة الإنتاجية والتخصيص الأمثل للموارد. وفي هذا الإطار، فقد أدت سياسة الدعم التي طبقتها الجزائر إلى المساهمة في تعميق عجز الموازنة العامة، وإلى

---

(1) كريم النشاشيبي وآخرون، الجزائر تحقيق الاستقرار والتحول إلى اقتصاد السوق، صندوق النقد الدولي، واشنطن، 1998، ص123.

تراكم المخزونات بغرض المضاربة وبالتالي ظهور الأسواق الموازية وانتشار ظاهرة تهريب السلع المدعمة إلى البلدان المجاورة. لهذا أقدمت السلطات على تحرير أسعار السلع والخدمات، وتحرير عمليات التسويق والتوزيع، وقامت بتقليص الدعم بإحداث زيادات كبيرة في أسعار المنتجات والمشتقات البترولية وأسعار خدمات المرافق العامة المدعمة لتصل إلى أسعارها الفعلية.

ب-2 السياسة المالية: توصي هيئات بريتون وودز الدول المعنية بتطبيق وصفاتها الإصلاحية في إطار التحكم في عجز الموازنة بضغط الإنفاق العام لتقليص حجم الطلب المحلي، وزيادة الإيرادات العامة بتبني إصلاحات ضريبية شاملة.

في إطار ضغط الإنفاق العام، قامت السلطات الجزائرية بتخفيض القيمة الحقيقية للرواتب والأجور بتأجيل الزيادة المرتقبة فيها والمقدرة بـ 12,5% مع نهاية 1994، كما خفضت عدد التعيينات الجديدة في الوظائف الحكومية[1]، استكمالا لسياسة رفع الدعم على السلع والخدمات.

أما من جانب الإيرادات ، فقد اعتُمِدت برامج إصلاحية للنظام الضريبي، هدفت إلى تحديثه وعقلنته، إضافة إلى تطوير الإدارة الضريبية لتقليل التهرب الضريبي، ففي مطلع عام 1991، تم اعتماد الرسم على القيمة المضافة، والضريبة على الدخل الإجمالي، والضريبة على أرباح الشركات.

وقد جاءت الضريبة على أرباح الشركات لتوحيد الضريبة المطبقة على المؤسسات المحلية والأجنبية، والذي يسير في إطار مبدأ شمولية القواعد الجبائية للدخول في اقتصاد السوق، أما الضريبة على الدخل الإجمالي فقد هدفت إلى محاربة التهرب الضريبي نتيجة صعوبة مراقبة المداخيل التي يحصل عليها الفرد لتعددها، كما هدف الرسم على القيمة المضافة إلى تخفيف العبء الذي تتحمله المنتجات الوطنية وخاصة الموجهة للتصدير، لضمان الاندماج الحسن للاقتصاد الوطني وتنميته[2].

[1] الهادي خالدي، "المرآة الكاشفة لصندوق النقد الدولي"، الجزائر، 1996، ص207-208.
[2] درواسي مسعود، "السياسة المالية ودورها في تحقيق التوازن الاقتصادي، حالة الجزائر"، أطروحة دكتوراه، الجزائر، 2006، ص382.

ب-3 السياسة النقدية: هدف قانون النقد والقرض 90-10 لعام 1990 إلى تنشيط وظيفة الوساطة المالية بإبعاد الخزينة عن دائرة الائتمان مما يسمح للمصارف باستعادة دورها في تمويل الاقتصاد، بناء على أسس الجدوى الاقتصادية، وإبراز وتفعيل دور النقد والسياسة النقدية في الاقتصاد، باسترجاع المصرف المركزي صلاحياته في تسيير النقد في ظل استقلالية واسعة، ووَضَع قيودا لتأثير المالية العامة على النقد بفصل دائرة ميزانية الدولة عن الدائرة النقدية مما ساعد على تقليص الآثار السلبية للمالية العامة على التوازنات النقدية ككل.

لقد سمح هذا القانون بالانتقال الفعلي من سياسة نقدية توسعية تهدف إلى تمويل عجز الموازنة إلى سياسة نقدية صارمة تهدف إلى تقليص معدلات التضخم بكبح نمو العرض النقدي إلى المستويات المقبولة، إضافة إلى تفعيل دور المصرف المركزي على المصارف التجارية بتفعيل أدوات السياسة النقدية الموجودة من قبل كإعادة الخصم والاحتياطي القانوني، واعتماد أدوات أخرى كعمليات السوق المفتوحة.

وأكدت الإصلاحات النقدية على تحرير معدلات الفائدة لتعبئة المدخرات وتقديم الائتمان للأنشطة الإنتاجية، والسماح بإنشاء مصارف خاصة محلية وأجنبية للمساهمة في ترقية النشاط المصرفي وإحداث نوع من المنافسة بين المصارف لتطوير وتحسين الخدمات المصرفية.

وبهدف تسهيل عمليات الخصخصة التي باشرتها الحكومة، واستحداث أساليب جديدة لتعبئة المدخرات فقد تم إصدار المرسوم التشريعي 93-10 والخاص بإنشاء سوق للأوراق المالية، ليتحقق ذلك في عام 1998، إذ قامت شركة صوناطراك بإصدار سندات على مستوى بورصة الجزائر[1]، والتي عرفت انضمام شركات أخرى كرياض سطيف، وفندق الأوراسي، وشركة صيدال.

ب-4 تحرير التجارة الخارجية: بهدف زيادة درجة الانفتاح على العالم الخارجي، تم تحرير الواردات بتخفيض التعريفة الجمركية من 60% إلى 45% بين سنتي 1994

---

(1)Hocine benissad, "l`Algérie de la planification socialiste a l`économie de marche (1962-2004)" ENAG édition, Alger, 2004, p194.

و1997، وتم إلغاء العديد من القيود المعيقة لعملية الاستيراد كتلك الخاصة بتحديد القيمة المالية لقروض الاستيراد، أو قائمة السلع الممنوعة من الاستيراد.

وفي إطار تحرير الصادرات، فقد أصبحت كل المنتجات قابلة للتصدير، باستثناء تلك المواد ذات القيمة التاريخية والأثرية، كما تم إنشاء بعض الهيئات كالصندوق الخاص بترقية الصادرات، والشركة الجزائرية للتأمين وضمان الصادرات، لتشجيع الصادرات استكمالا لسياسة تخفيض قيمة الدينار الجزائري[1]. كما تم ترخيص المدفوعات الأخرى كنفقات التداوي والدراسة بالخارج، وسفريات الأعمال، وتحويل الأجور.

ب-5 إصلاح المؤسسات العامة والخصخصة: نتج عن تعثر أداء المؤسسات العامة، زيادة حاجتها للدّعم من الحكومة، وبالتالي حجم اقتراضها من المصارف العامة المحلية، هذا ما أدى بدوره إلى ارتفاع عجز الموازنة العامة. لذلك كان من الطبيعي أن تنصب الإصلاحات المتعلقة بالمؤسسات العامة على إعادة تأهيلها، ثم التفكير في خصخصتها في مرحلة لاحقة. وشملت مرحلة إعادة التأهيل على إعادة هيكلتها من النّواحي التشريعية والإدارية، بإعطائها الاستقلالية المالية والإدارية وتحسين أدائها من خلال تحرير أسعار منتجاتها ومعالجة ديونها تجاه الجهاز المصرفي، وهو ما يُعرف بالتطهير المالي استعدادا لخصخصتها، وبالفعل فقد تم الشروع في أول برنامج للخصخصة بمساعدة البنك الدولي في عام 1996، والذي مس أكثر من 800 مؤسسة عمومية بنهاية 1998، وبرنامج ثان في أواخر 1997 والذي خص كبريات المؤسسات العامة للفترة (1998-1999).

ونتيجة لمختلف العراقيل السياسية والاقتصادية والاجتماعية، فقد عرف مسار الخصخصة تباطؤا مما استلزم إصدار الأمر رقم 01-04 المؤرخ في 20 آب 2001، المتعلق بتنظيم، وتسيير وخصخصة المؤسسات العمومية، وتضمّن عدّة مواد مكمّلة لبرنامج الخصخصة المدعم من طرف البنك الدولي.

---

(1) Youcef debboub, "le nouveau mécanisme économique en Algérie", OPU, Alger, 2000.

لقد أعقبت برامج هيئات بريتون وودز برامج إصلاح ذاتية، تمثلت في برنامج الإنعاش الاقتصادي للفترة (2001-2004)، والذي رُصد له مبلغ 7 مليار دولار، هدف إلى تحسين مستويات المعيشة وتقليص معدلات البطالة، ومعالجة أزمة السكن، وإعادة تأهيل المرافق الاجتماعية، وتطوير قطاع الزراعة. وبرنامج دعم النمو الاقتصادي الذي يمتد على طول الفترة (2005-2009)، وقد رصد له مبلغ 55 مليار دولار، يهدف أساسا إلى استكمال الإصلاحات السابقة، وتطوير الهياكل القاعدية[1].

إن الهدف من عرض هذه الإصلاحات هو معرفة فعاليتها في تحسين أداء الاقتصاد الجزائري مما من شأنه التأثير إيجابا على مناخ الاستثمار، نظرا لأهمية الدور الذي تلعبه المؤشرات الاقتصادية الكلية في جلب اهتمام المستثمرين الأجانب، ويظهر جليا من الجدول رقم (40) التحسن المتواصل لمؤشرات التوازن الاقتصادي والمالي للجزائر خاصة مع بداية الألفية، إذ انخفضت معدلات التضخم إلى مستويات مقبولة كنتيجة لتفعيل دور السياسة النقدية في الاقتصاد، والتي أدت إلى كبح نمو العرض النقدي إلى الحدود المقبولة نتيجة تقليص تمويل عجز الموازنة عن طريق الإصدار النقدي، وتفعيل أدوات السياسة النقدية المختلفة، وقد تحول رصيد الموازنة العامة من حالة فائض خلال الفترة (1995-1997) بفعل ضغط الإنفاق العام بتخفيض الرواتب والأجور، وتخلي الدولة عن سياسة الدعم إلى عجز في سنتي 1998 و1999 كنتيجة لانخفاض الإيرادات العامة بفعل انخفاض أسعار النفط، وبدء من عام 2000 فقد استمرت الموازنة العامة في تسجيل فائض(باستثناء سنتي 2009 و2010 كنتيجة لانخفاض أسعار النفط)، وتحققت معدلات نمو حقيقية موجبة ومرتفعة(باستثناء الانخفاض الكبير المسجل في سنوات 1997، و2000، 2001 كنتيجة لانخفاض أسعار النفط، وتسجيل معدل نمو سلبي في القطاعات الأخرى خارج قطاع المحروقات)، وانخفضت معدلات البطالة (بعدما كانت جد مرتفعة في فترة تطبيق البرنامج بفعل عملية الخصخصة والتي أدت إلى تسريح عدد كبير من العمال) بعد تبني برامج الإنعاش الاقتصادي ودعم النمو والذين كان

---

[1] le MOC, "l`Algérie construire l`avenir", 9 janvier 2005,n 1706, p7.

من أهدافهما تقليص الآثار الاجتماعية السلبية لبرامج هيئات بريتون وودز، وكنتيجة للتسديد المسبق للديون في عام 2006 (وهذا ما يفسر ارتفاع مؤشر خدمة الدين كنسبة من الصادرات إلى 25.3%) فقد انخفضت المديونية الخارجية في عام 2010 إلى 4.487 مليار دولار، وانخفضت أعباء خدمة الدين كنسبة من الصادرات إلى 2.21% في عام 2009، وبالتالي تحرر الاقتصاد الجزائري من عبء المديونية الذي لازمه طويلا، كما ارتفعت احتياطات الصرف إلى مستويات قياسية لتصل في عام 2010 إلى 161 مليار دولار، وتحسن رصيد ميزان المدفوعات ليصل في نهاية عام 2010 إلى 19.7 مليار دولار، كل هذا يؤشر لتحسن جانب مهم من مناخ الاستثمار في الجزائر.

الجدول رقم :(40) تطور المؤشرات الاقتصادية الكلية للجزائر خلال الفترة (1994-2010)

المؤشر	94	95	96	97	98	99	00	01	03	04	05	06	07	08	09	2010
معدل التضخم (%)	29	.829	.718	.75	.94	.62	.30	.24	.62	.63	.61	.52	.53	4.8	5.7	4.3
معدل النمو الحقيقي%	-1.1	.83	.14	.11	.15	.23	.52	.12	.86	.25	.45	.15	.85	2.4	2.4	4
معدل البطالة %	.324	.128	28	.426	.928	29	29	28	.723	.717	.315	.312	.813	11.3	10.2 -	10
احتياطي الصرف مليار دولار	.72	2	.44	8	.86	.44	.911	18	.932	143	.256	.874	.2110	143.1	184.9	161
المديونية الخارجية مليار دولار	.529	.631	.733	31.2	30.5	28.3	25.5	22.5	23.3	21.8	17.1	5.61	5.606	5.584	5.413	4.487
خدمة الدين كنسبة من الصادرات %	.247	.838	.760	31.7	47.6	39.3	21.2	24	17.7	16.6	12	25.3	2.49	1.54	2.21	غ م
رصيد ميزان المدفوعات بالمليار دولار	-4.3	-6.2	-2.1	0.3	1.7-	2.4-	7.6	6.2	7.4	9.2	16.9	17.7	29.55	37	7.8	19.7
رصيد الموازنة بالمليار دولار	-0.8	.20	.81	1.4	1.7-	0.1-	5.3	2.4	3.6	4.7	14	15.6	15.1	14.12	9.22 -	1.6-
سعر برميل النفط بالدولار	.618	.617	.621	19.49	12.85	18.03	28	24.8	29.03	38.66	54.64	65.85	74.95	100	62.3	80.2

المصدر: الملحق الإحصائي رقم (4).

237

2-1 تقنين الاستثمار الأجنبي المباشر

مسايرة للتوجهات الجديدة التي عرفها الاقتصاد الوطني، فقد شهدت هذه المرحلة إصدار العديد من النصوص التشريعية التي أكدت شعار الباب المفتوح أمام الاستثمار الأجنبي المباشر، وهي:

أ- **قانون النقد والقرض:** بالرغم من أن القانون 90-10 هدف إلى تفعيل السياسة النقدية مما يعني أنه ليس بقانون استثمار، إلا أنه أكد على مجموعة من المبادئ التي تسمح للأجانب بمزاولة أنشطتهم الاستثمارية في الجزائر، وهي[1]:

- حرية الاستثمار بالسماح للمقيمين وغير المقيمين بتجسيد مشاريع الاستثمار الأجنبي المباشر.
- التخلي نهائيا عن شرط الشراكة بنسب محددة وإقرار إمكانية تحويل الأرباح وإعادة تحويل رأس المال.
- قبول الجزائر بمبدأ التحكيم الدولي عند المنازعات أو الخلافات التي تحدث مع الطرف الأجنبي.
- التخلي نهائيا عن التمييز بين المقيمين وغير المقيمين والقطاع الخاص والعام، وبهذا فقد أكد على مبدأ المساواة بين مختلف المستثمرين.

وقد لعب المصرف المركزي دور هيأة الاستثمار في ظل هذا القانون باستقباله للملفات ودراستها وحرصه على ضمان حقوق المستثمرين بالسهر على تطبيق القوانين.

ب- **المرسوم التشريعي 93-12 لعام 1993:** بالرغم من أن قانون النقد والقرض تضمن بعض المبادئ الخاصة بمعالجة ملف الاستثمار الأجنبي المباشر، إلا أن هذا الأخير بقي بدون نص خاص وواضح إلى غاية عام 1993، تاريخ صدور المرسوم التشريعي الخاص بترقية الاستثمارات.

---

(1) عبد الرحمان تومي، مرجع سبق ذكره، ص112-113.

أكد هذا المرسوم على بعض الأحكام الواردة في قانون النقد والقرض كتلك الخاصة بإلغاء التمييز بين الأجانب والمحليين، والقطاع الخاص والعام، كما تضمن[1]:

— تبسيط وتسهيل إجراءات عملية الاستثمار بتخفيف تعقيدات إجراءات الموافقة الموجودة من قبل وتقديم ضمانات، وامتيازات ضريبية وجمركية.

- التأكيد على تحويل الأرباح ورأس المال، والإقرار بمبدأ التحكيم الدولي لحل المنازعات، وقد تأكد ذلك فعليا بانضمام الجزائر لأول مرة إلى الوكالة الدولية لضمان الاستثمارات.

- إنشاء هيئة "**وكالة ترقية ومتابعة الاستثمارات**" كجهاز إداري يشرف على دعم وتوجيه المستثمرين ومتابعتهم، والقيام بالدراسات، وبحث واستغلال فرص التعاون في المجالات التقنية والمالية، وتنظيم الندوات والملتقيات وإصدار المطبوعات للتعريف بفرص الاستثمار.

ولا تتعلق أحكام هذا المرسوم بالاستثمارات الجديدة المنجزة بعد صدوره فقط، بل أعطى أهمية كبيرة للاستثمارات الجاري إنجازها أثناء وقبل صدوره، وقد هدف أساسا إلى توسيع مشاركة رأس المال المحلي الخاص والأجنبي لإنجاز برامج الاستثمارات التي تحقق الأولويات التي حددتها الدولة والخاصة بخلق فرص عمل، وترقية الصادرات خارج المحروقات، وإشباع الحاجيات الأساسية للسوق الوطنية مما يمكن من تقليص درجة التبعية للأسواق الخارجية.

ج- الأمر 01-03 لعام 2001 المتعلق بتطوير الاستثمارات: بهدف مسايرة التحولات المتسارعة دوليا، استلزم الأمر إعادة النظر في الآليات التي قام عليها المرسوم التشريعي 93-12 نتيجة فشل هذا

(1) Fodil Hassam, chronique de l`économie algérienne, vingt ans des reformes libérales, l'économiste d'Algérie, Alger,2005, p30- 31.

* بين عامي 1993 و2000 تم التصريح بـ 43000 نية استثمار بمشاركة أجنبية قدرت بـ397 نية، بقيمة إجمالية تصل إلى 42 مليار دولار، ومن المتوقع أن تخلق 1,6 مليون منصب شغل، لكن ذلك لم يتحقق، للمزيد أنظر: عبد الرحمان تومي، مرجع سبق ذكره، ص117.

الأخير في تحقيق الأهداف المتوخاة منه*، لذلك جاء هذا الأمر ليؤكد على[1]:

- توسيع نطاق الاستثمارات لتشمل اقتناء أصول في إطار استحداث نشاطات جديدة أو توسيع قدرات الإنتاج القائمة، والمساهمة في رأس مال المؤسسة يكون في شكل نقدي أو عيني إضافة إلى توسيع المجال ليشمل المساهمة في الأنشطة الاستثمارية في إطار خصخصة كلية أو جزئية.

- أكد هذا الأمر على ضمان استمرارية العمل وفق أرضية معروفة مسبقا لا تعرف التغيرات المفاجئة، وهذا ما نصت عليه المادة 15 منه، أي نص على استقرار التشريع.

- تضمن هذا الأمر تسهيلات ومزايا هامة ومحددة، وتنقسم إلى المزايا في إطار النظام العام كتلك الخاصة بالإعفاءات الجمركية للتجهيزات المستوردة والتي تدخل مباشرة في العملية الإنتاجية ....، وإلى المزايا في إطار النظام الاستثنائي كتلك المتعلقة بالاستثمارات التي تنجز في مناطق ترغب الدولة في تطويرها، ويكون رد هيئة الاستثمار على إمكانية استفادة المستثمر من المزايا الممنوحة في إطار النظام الاستثنائي بعد 30 يوم من تقديم الطلب.

وبناء على هذا الأمر فقد أنشئت عدة هيئات لتسيير ملف الاستثمار، وهي[2]:

*الوكالة الوطنية لتطوير الاستثمار: جاءت لتحل محل وكالة ترقية ومتابعة الاستثمارات، وهي مؤسسة عمومية ذات طابع إداري، وتعتبر الأداة الرئيسية للتعريف بفرص الاستثمار وخدمة المستثمرين المحليين والأجانب من خلال استقبالهم وإعلامهم بفرص الاستثمار، وتوجيههم.

*وزارة المساهمة وترقية الاستثمار: تقترح إستراتيجية ترقية وتطوير الاستثمارات المرتبطة ببرامج الخصخصة فقط.

(1) Agence nationale de développement de l`investissement, textes juridiques relatifs au développement de l`investissement, Alger, 2008.
(2) Unctad, examen de la politique d`investissement en Algérie, Nations unies, Genève, Mars 2004, p23.

*<u>الشباك الوحيد:</u> موجود على مستوى الوكالة الوطنية لتطوير الاستثمار، يتكون من كل الهيئات والدوائر المعنية بالاستثمار، كمكتب الوكالة ذاتها، ومكاتب إدارة الجمارك والمصرف المركزي، والسجل التجاري والضرائب، والتهيئة العمرانية والبيئة، والأملاك الوطنية[1]، يهدف أساسا إلى توفير أفضل التسهيلات لعملية الاستثمار، من خلال رفع العوائق البيروقراطية وتسهيل الإجراءات الإدارية.

د- **<u>الأمر رقم 6-08 المؤرخ في 15 تموز 2006</u>:** جاء معدلا ومتمما للأمر 03-01 بإدخال التعديلات التالية[2]:

- تخفيض مدة رد الوكالة الوطنية لتطوير الاستثمار لطلبات المستثمرين والخاصة بإمكانية الاستفادة من المزايا ذات الطابع الاستثنائي من 30 يوم إلى 72 ساعة.

- تخضع المزايا التي يستفيد منها المستثمرون الأجانب والخاصة بالمشاريع ذات الأهمية الكبيرة للاقتصاد الوطني إلى المفاوضات بين الوكالة والمستثمرين الأجانب، عكس ما كان في السابق فقد كانت محددة وموحدة لكل المشاريع.

- إنشاء المجلس الوطني للاستثمار كهيئة أخرى لتسيير ملف الاستثمار، يتكون من ثمان وزراء ويرأسه رئيس الحكومة، يضطلع بإعداد سياسات شاملة لترقية الاستثمار والسهر على تطبيقها واقتراح التحسينات الضرورية عبر قوانين المالية، وتعمل الوكالة الوطنية لتطوير الاستثمار تحت إشراف هذا المجلس.

- مقابل الضمانات الواسعة التي يوفرها هذا القانون فقد أكد على ضرورة مراعاة المستثمرين للتشريعات المحلية الخاصة بحماية البيئة، والموارد الطبيعية، وتحقيق التنمية المستدامة.

وبالموازاة مع إصدار التشريعات والسعي لتعديلها وتحسينها وإنشاء الهيئات المشرفة على عملية الاستثمار، فقد تم توقيع عدة اتفاقيات ثنائية ومتعددة الأطراف،

---

(1) Agence nationale de développement de l'investissement,opcit, p10.

(2) Développement et promotion des investissement en Algérie, in: revue Nawaid sur le Maghreb, janvier 2007, p18.

منها المتعلقة بتشجيع وضمان الاستثمارات والتي بلغت 42 اتفاقية مع نهاية عام 2006 ، أما الاتفاقيات الخاصة بتجنب الازدواج الضريبي ومحاربة التهرب الضريبي فقد بلغت 24 اتفاقية[1].

وتدل هذه الإجراءات على رغبة السلطات في تهيئة ذلك المناخ الذي يمكن الجزائر من زيادة حصتها من الاستثمار الأجنبي المباشر لخدمة الأغراض التنموية خاصة في ظل تحسن مؤشرات التوازن الاقتصادي الكلي واستمرار الاستقرار السياسي، فهل تحقق ذلك؟

2- تطور الاستثمار الأجنبي المباشر

لا شك أن واقع الاستثمار الأجنبي المباشر في الدول المضيفة له منها الجزائر هو انعكاس مباشر لأهم التطورات التي طرأت على مناخها الاستثماري، لذلك سنسعى إلى تقييم استجابة المستثمرين الأجانب للجهود المبذولة من طرف السلطات الجزائرية في تحسين مناخها الاستثماري، وذلك من خلال تحليل المؤشرات التالية:

2-1 تطور حصة الجزائر من الاستثمار الأجنبي المباشر:

أ- حجم التدفقات الواردة من/ ومخزون الاستثمار الأجنبي المباشر: بالرغم من تبني شعار الباب المفتوح أمام المستثمرين الأجانب مع بداية التسعينات بإصدار التشريعات التي توفر لهم الضمانات والمزايا الكافية، وباعتناق الخيار الليبرالي، فإن الظاهر أن جاذبية الجزائر حتى نهاية النصف الأول من التسعينات تميزت بالضعف استمرارا لمرحلة الاقتصاد المخطط، ويرجع ذلك إلى جملة من العوامل منها عدم تحسن الأداء الاقتصادي، وتدهور الوضع السياسي الذي تُرجِم في موجة العنف واللا أمن الشديدين الذين عاشتهما الجزائر، وخلال النصف الثاني من التسعينات والتي تزامنت مع استرجاع الجزائر لتوازناتها المالية والنقدية نتيجة تطبيق برنامج التعديل الهيكلي، فقد شهدت الجزائر زيادة في التدفقات الواردة إليها.

---

[1] Agence nationale de développement de l'investissement, accords et investissements, Alger, 2008.

ولكنها اقتصرت في أغلبها على قطاع المحروقات، بدخول عدة شركات، منها الأمريكية (Petrofac resources international)، والأوربية خاصة الفرنسية والايطالية والاسبانية منها (Cepsa, Agip, ELF/totalfina)[1]، ففي عام 1999 قدرت التدفقات الواردة من الاستثمار الأجنبي المباشر بـ507 مليون دولار، قُدر نصيب قطاع المحروقات منها بـ500 مليون دولار[2]، وهذا يدل على محدودية هذه الزيادة لأنها لم تشمل القطاعات الاقتصادية الأخرى، وهذا ما يدل على أن تحسن مناخ الاستثمار لم يكن بالمستوى المطلوب، فالاستثمار في قطاع المحروقات يتميز بالربحية المرتفعة وبالتالي فحجم استقطابه لا يعتبر مرجعا مهما في التأكيد على تحسن مناخ الاستثمار.

إن تحسن بعض مؤشرات التوازن الاقتصادي الداخلي والخارجي للجزائر لم يكن ليقنع المستثمرين الأجانب من مزاولة أنشطتهم في القطاعات الأخرى غير المحروقات، نتيجة استمرار حالة اللا استقرار السياسي والتي أدت إلى:

- تدمير العديد من المشاريع الإنتاجية العامة والخاصة، الوطنية والأجنبية، بفعل الأعمال الإرهابية.
- إغلاق العديد من المؤسسات الإنتاجية وتوقفها بسبب مغادرة اليد العاملة.
- تهديد الأجانب واستهداف ممتلكاتهم، وقد تم اغتيال العديد منهم كانوا في مهمات عمل أو سياحة...

وبهذا فقد تجلت المخاطر السياسية في أقصى صورها، مما جعل الاستثمار في الجزائر خلال عشرية التسعينات ضرب من المخاطرة، على عكس الجارتين تونس والمغرب، والجدول رقم (41) يوضح ذلك.

---

(1) CNES, l`investissement en Algérie, Op cit, p12.
(2) L`économiste d'Algérie, revue hebdomadaire, Alger, 3-9 Juliet 2001, p13.

الجدول رقم (41): تنقيط درجة خطورة الأعمال في الجزائر، وتونس، والمغرب حسب هيأة

Nord Sud export خلال الفترة (1998-1993)

1996-1995				1995-1994				1994-1993				السنة
الترتيب من بين 60 دولة	المستثمرين	البنوك	المصدرين	الترتيب من بين 60 دولة	المستثمرين	البنوك	المصدرين	الترتيب من بين 60 دولة	المستثمرين	البنوك	المصدرين	مجال الأعمال
48	2	3	3	48	2	2	3	38	3	3	3	الجزائر
25	5	4	4	29	5	4	4	-	-	-	-	المغرب
21	5	5	5	22	5	5	5	-	-	-	-	تونس

1999-1998				1998-1997				1997-1996				السنة
الترتيب من بين 60 دولة	المستثمرين	البنوك	المصدرين	الترتيب من بين 60 دولة	المستثمرين	البنوك	المصدرين	الترتيب من بين 60 دولة	المستثمرين	البنوك	المصدرين	مجال الأعمال
-	-	-	-	-	2	2	3	51	2	2	3	الجزائر
23	5	5	5	26	5	5	5	28	5	4	4	المغرب
19	5	5	5	25	5	5	5	24	5	5	5	تونس

Source: Nord Sud export, n˚ 353,363,371.

ويتأكد من الجدول رقم (41) أن مخاطر الاستثمار وإقامة مصارف في الجزائر جد مرتفعة، خصوصا بين سنتي 1994 و1997، إذ يدل التنقيط "2" (حسب هذا المؤشر) على أن الجزائر بلد لا ينفع التأمين معه لتغطية هذه المخاطر، ويجب اجتنابه، نتيجة ارتفاع المخاطر السياسية بفعل تدهور الأوضاع الأمنية التي يصعب التأمين عليها، عكس تونس والمغرب التي امتازت بمخاطر معتدلة[*]، وهذا ما يدل على تردد المستثمرين للتعامل مع الجزائر وفق أنشطة طويلة المدى، وتفضيلهم لإقامة علاقات تجارية قصيرة المدى، من خلال التصدير، خاصة في ظل تحرير

---

[*] تمت الإشارة إلى هذا المؤشر في المبحث الثالث من الفصل الثاني.

التجارة الخارجية وإزالة القيود على الاستيراد نتيجة تبني برنامج الإصلاح الاقتصادي (التثبيت والتعديل الهيكلي).

ومع بداية الألفية الثالثة، فقد تجلى بوضوح تحسن استقطاب الجزائر للاستثمار الأجنبي المباشر، إذ تجاوز عتبة المليار دولار لأول مرة في عام 2001، نتيجة خروجها من عزلتها، واستعادة الاستقرار السياسي بفضل قوانين الوئام المدني والمصالحة الوطنية للرئيس عبد العزيز بوتفليقة، والذي تكفل شخصيا بعملية التسويق السياسي لاستقطاب المستثمرين ورجال الأعمال خصوصا العرب، بالإضافة إلى استمرار تحسن الأداء الاقتصادي نتيجة تطبيق برامج الإنعاش الاقتصادي ودعم النمو، وتعديل التشريعات بما يتناسب مع رغبات المستثمرين الأجانب، والشكل رقم (26) يوضح ذلك.

الشكل رقم (26): تطور الاستثمار الأجنبي المباشر الوارد إلى الجزائر بالمليار دولار خلال الفترة (1990-2010)

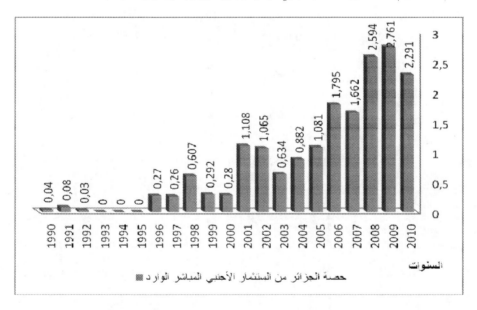

المصدر: من إعداد الباحث بالاعتماد على البيانات الواردة في الملحق الإحصائي رقم (4).

كما عرف مخزون الاستثمار الأجنبي المباشر الوارد إلى الجزائر زيادة مضطردة بدء من عام 1997، لتتضح هذه الزيادة أكثر مع بداية الألفية، لتقدر في عام 2010 بـ49819, مليار دولار، وهذا ما يؤكد نجاح الجهود السابقة في الإبقاء الإيجابي على تدفقاته، كما يتضح من الشكل رقم (27).

الشكل رقم (27): تطور مخزون الاستثمار الأجنبي المباشر الوارد إلى الجزائر بالمليار دولار خلال الفترة (1990-2010)

المصدر: من إعداد الباحث بالاعتماد على البيانات الواردة في الملحق الإحصائي رقم (4).

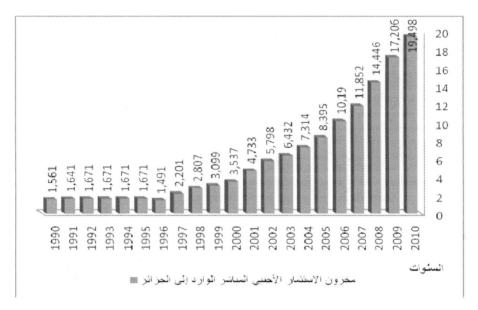

وبالرغم من أن التطورات السابقة أدت إلى توسع اهتمام المستثمرين الأجانب ببعض القطاعات الاقتصادية، فاستثمرت شركة أوراسكوم المصرية في قطاع الاتصالات في عام 2001، وفي الاسمنت في عام 2004، واستثمرت الوطنية الكويتية للاتصالات في عام 2004 في قطاع الاتصالات كذلك، كما استثمرت فرنسا خارج قطاع المحروقات من خلال شركة Danone ، والولايات المتحدة الأمريكية في الكيمياء والصيدلة من خلال شركةPfiser ، والهند في الحديد والصلب من خلال شركة Ispat، إلا أن ذلك لم يقلص من حصة قطاع المحروقات من إجمالي

الاستثمارات الأجنبية المباشرة الواردة، والتي بقيت تفوق 80%، نتيجة توافد العديد من الشركات منها: Andarko, Lasmo, Mearsk oil First galery, Petroleums LTD, Burlington resources, Talisman, BHP[1]، كما أن التدفقات التي اتجهت خارج قطاع المحروقات اقتصرت أساسا على قطاع الاتصالات، والحديد والصلب، وبالتالي فالعديد من القطاعات الاقتصادية التي تمتلك فيها الجزائر كل مقومات الاستثمار لا زالت مهمشة في قرار المستثمر الأجنبي، خصوصا الفلاحة، والسياحة، والنقل، والمصارف. وهذا ما يطرح إشكالية مساهمة الاستثمار الأجنبي المباشر في خدمة الأغراض التنموية من إيجاد فرص عمل، وتنويع الصادرات، وتحويل التكنولوجيا، وتطوير القاعدة الصناعية، وتخفيض فاتورة استيراد المواد الغذائية.

كما أن التوسع المفرط في استغلال النفط باستقطاب الشركات السابقة الذكر، وإن كان يُبَرر بتنمية الموارد المالية للدولة لخدمة الأغراض التنموية، فإنه لا يخفف من اعتماد الجزائر على النفط، ويدل كذلك على استمرار اعتماد مخططات التنمية على موارد الريع البترولي، وبالتالي تعزيز قابلية الاقتصاد الجزائري لاستيراد الصدمات الخارجية، وعلى القصور في تسيير هذه الثروة الناضبة، وبالتالي رهن حقوق أجيال المستقبل.

ب-<u>مقارنة حصة الجزائر من تدفقات ومخزون الاستثمار الأجنبي المباشر مع بعض الدول:</u> لمعرفة مدى تحسن جلب الجزائر لاهتمامات المستثمرين الأجانب، يتم توسيع التحليل بإجراء المقارنات التالية:

* يتضح من الشكل رقم (28) أن حصة الجزائر من إجمالي التدفقات الواردة إلى الدول العربية تميزت بالضعف الشديد خلال الفترة (1986-1992)، وانعدامها خلال الفترة (1993-1995) نتيجة ضعف مناخ الاستثمار، خاصة تردي الحالة الأمنية، لترتفع في عام 1996 إلى نحو.55%، مع تسجيل سيناريو التذبذب بين الارتفاع والانخفاض إلى غاية 2002 أين بلغت أكثر من 16%، ، لتعرف بعد هذه السنة انخفاضا حادا لتستقر في عام 2010 في حدود 3.8%.

(1) Unctad, examen de la politique d'investissement en Algérie, Op cit, p9-10.

الشكل رقم (28): تطور حصة الجزائر من الاستثمار الأجنبي المباشر إلى إجمالي التدفقات الواردة إلى الدول العربية

والنامية خلال الفترة (1986-2010)

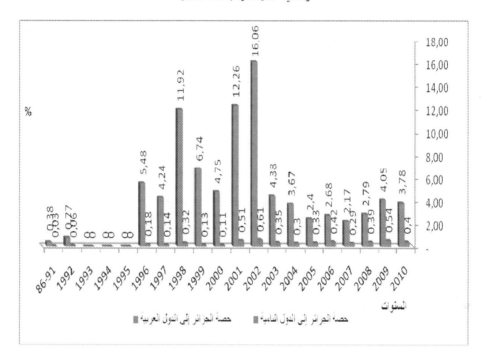

المصدر: من إعداد الباحث بالاعتماد على البيانات الواردة في الملحق الإحصائي رقم (2)، والجدول رقم (2).

ويمكن أن نبين أسباب هذه التطورات بما يلي*:

- يلاحظ أن التحسن المسجل خلال عام 1998 لا يرجع إلى استقطاب الجزائر لتدفقات مهمة من الاستثمار الأجنبي المباشر، إذ لم تتجاوز 0,607 مليار دولار، إنما مرده إلى تواضع في حصة الدول العربية، التي قدرت بـ5,094 مليار دولار.

- كنتيجة لارتفاع تدفقات الاستثمار الأجنبي المباشر الوارد إلى الجزائر إلى 1.108 مليار دولار في عام 2001، فقد ارتفعت حصتها من إجمالي التدفقات الواردة إلى الدول العربية – والتي قدرت بـ9.035 مليار دولار- إلى 12.26%، وبالرغم

* أنظر الملحق الإحصائي رقم (2).

من انخفاض قيمة التدفقات الواردة إلى الجزائر في عام 2002 إلى نحو 1.065 مليار دولار فقد ارتفعت حصتها من إجمالي التدفقات الواردة إلى الدول العربية إلى 16.06%، ويرجع ذلك أساسا إلى انخفاض حصة الدول العربية كمجموعة إلى 6,631 مليار دولار.

- بعد عام 2002 فقد عرفت حصة الجزائر كنسبة من إجمالي التدفقات الواردة من الاستثمار الأجنبي المباشر إلى الدول العربية انخفاضا كبيرا، لتستقر عند 3.8% في عام 2010، مما لا يعكس ما كان متوقعا في أن تستمر الجزائر في تعزيز مكانتها عربيا في استقطاب الاستثمار الأجنبي المباشر، نظرا لكون الزيادة المهمة في التدفقات الواردة إلى الدول العربية قد حدثت خلال هذه الفترة، ونظرا لأن جهود وسياسات تحسين مناخ الاستثمار في الجزائر قد عرفت منحا أكثر وضوحا وجدية.

ويدل ذلك على المنافسة الكبيرة التي تواجهها الجزائر من طرف العديد من الدول العربية، نتيجة نجاعة وفعالية السياسات التي انتهجتها بعضها - مقارنة بالجزائر- في تحسين بيئتها الاستثمارية، فتقدمت في جلب اهتمام المستثمرين الأجانب وهُمِشت الجزائر، ولعل الشكل رقم (29) يؤكد ذلك، ففي عام 2010 جاء ترتيب الجزائر السابع عربيا في استقطاب الاستثمارات الأجنبية المباشرة، بعد كل من السعودية، مصر، قطر، لبنان، الإمارات وليبيا، وهذا لا يتناسب مع مزايا الموقع التي تتمتع بها، وحجم اقتصادها الرابع عربيا بعد السعودية والإمارات ومصر.

الشكل رقم (29): الدول العربية العشرة الأكثر جذبا للاستثمار الأجنبي المباشر في عام 2010

(قيمة التدفقات الواردة بالمليون دولار)

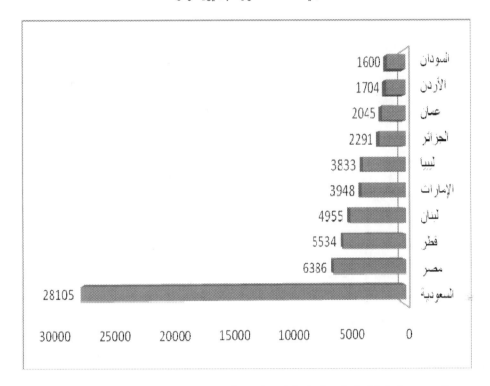

المصدر: من إعداد الباحث بالاعتماد على البيانات الوارد ة في:

World investment report,2011, UNCTAD, FDI/TNC database (www.unctad.org/fdistatistics).

وتتأكد ضعف جاذبية الجزائر للاستثمار الأجنبي المباشر مرة أخرى من الشكل رقم (28)، إذ لم تتجاوز حصة الجزائر من إجمالي التدفقات الواردة إلى الدول النامية في أحسن أحوالها 0.61%.

* بالرغم من أن جهود تحسين مناخ الاستثمار استطاعت أن تبقي على استمرار تزايد حجم مخزون الاستثمار الأجنبي المباشر خصوصا مع بداية الألفية، إلا أن مقارنة حصة الجزائر من إجمالي مخزون دول شمال إفريقيا، ومخزون الدول العربية يظهر أنه لازال عند مستويات ضعيفة كنتيجة لاستمرار ضعف

حصة الجزائر من التدفقات الواردة من الاستثمار الأجنبي المباشر مقارنة بتونس، ومصر، والمغرب، والسعودية، والإمارات، ولبنان كما اتضح سابقا، والشكل رقم (30) يؤكد ذلك.

الشكل رقم (30): تطور مساهمة الجزائر في إجمالي مخزون الاستثمار الأجنبي المباشر الوارد إلى دول شمال إفريقيا والدول العربية لأعوام 1990، و1995، و2000، 2005 و2010

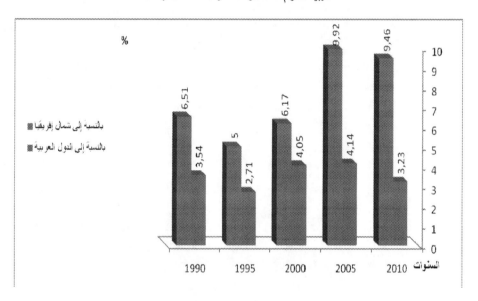

المصدر: من إعداد الباحث بالاعتماد على البيانات الواردة في:

World investment report2011 , UNCTAD, FDI/TNC database (www.unctad.org/fdistatistics).

2-2 مقارنة الأهمية النسبية للاستثمار الأجنبي المباشر:

لتحليل أهمية الاستثمار الأجنبي المباشر في الاقتصاد الجزائري، يتم استخدام المؤشرين التاليين:

-الاستثمار الأجنبي المباشر كنسبة من تكوين رأس المال الثابت الإجمالي: يتضح من الشكل رقم (31) أن سياسة إفساح المجال للاستثمار الأجنبي المباشر للمساهمة في تكوين رأس المال الثابت الإجمالي في الجزائر لم تكن ناجحة خلال

النصف الأول من التسعينات، وإن كانت قد نجحت مع بداية الألفية نتيجة جهود تحسين مناخ الاستثمار التي أدت إلى ارتفاع التدفقات الواردة من الاستثمار الأجنبي المباشر، لكن بمقارنتها مع ما هو مسجل في دول شمال إفريقيا والقارة الإفريقية، يتبين أن الجزائر لم ترتق بعد إلى مستواها في إشراك رأس المال الأجنبي في تدعيم القدرات الإنتاجية والاستثمارات المحلية، إذ تقدر مساهمة الاستثمار الأجنبي المباشر الوارد كنسبة من تراكم رأس المال الثابت في الجزائر في عام 2010 بـ4.9%، في حين يرتفع المتوسط المسجل في شمال إفريقيا وإفريقيا عن 10 % في نفس السنة .

الشكل رقم (31): الاستثمار الأجنبي المباشر الوارد كنسبة من تراكم رأس المال الثابت في الجزائر وشمال إفريقيا وإفريقيا لأعوام 1990، 1995، 2000، 2005، و2010.

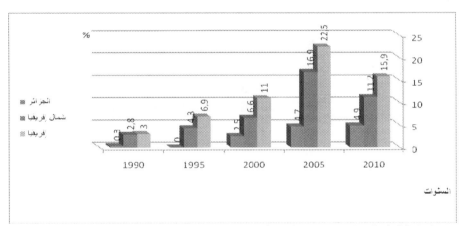

المصدر: من إعداد الباحث بالاعتماد على البيانات الواردة في:

World investment report,2011, UNCTAD, FDI/TNC database (www.unctad.org/fdistatistics).

ب- تراكم الاستثمار الأجنبي المباشر كنسبة من الناتج المحلي الإجمالي: بالرغم من التطور المستمر لحصة الاستثمار الأجنبي المباشر في الناتج المحلي الإجمالي في الجزائر، إذ ارتفعت من 2.5% في عام 1990 إلى 12.2% في عام

2010، إلا أنها تبقى ضعيفة مقارنة بالمستويات المسجلة في دول شمال إفريقيا والقارة الإفريقية التي تجاوزت 30% في عام 2010، وهذا ما يؤكد مرة أخرى ضعف مخزون الاستثمار الأجنبي المباشر في الجزائر عن ما هو مسجل في العديد من الدول الإفريقية خصوصا في المغرب، وتونس، ومصر، وجنوب إفريقيا، والشكل رقم (32) يؤكد ذلك.

الشكل رقم (32): مخزون الاستثمار الأجنبي المباشر كنسبة من الناتج المحلي الإجمالي في الجزائر وشمال إفريقيا وإفريقيا لأعوام 1990، 1995، 2000، 2005، و2010.

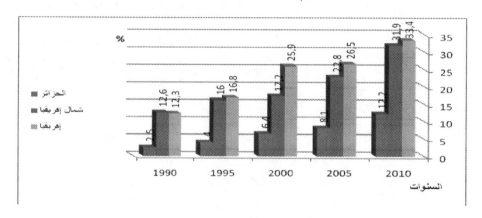

المصدر: من إعداد الباحث بالاعتماد على البيانات الواردة في:

World investment report,2011, UNCTAD, FDI/TNC database (www.unctad.org/fdistatistics).

لقد اتضح جليا أن التدفقات الواردة إلى الجزائر من الاستثمار الأجنبي المباشر قد عرفت تحسنا بدء من بداية الألفية الثالثة، خلاف فترة التسعينات، لكن ذلك لم يُحسن من موقع الجزائر في هذه الظاهرة ودرجة استفادتها منها مقارنة بالعديد من الدول العربية والإفريقية التي تتميز عنها الجزائر بمقومات طبيعية وبشرية هائلة، فبماذا يبرر ذلك؟

المبحث الثاني

معوقات الاستثمار الأجنبي المباشر وآفاقه في الجزائر

رغم الجهود المبذولة منذ بداية التسعينات لتحسين مناخ الاستثمار في الجزائر، والتي أدت إلى تحقيق نتائج إيجابية على مستوى المؤشرات الاقتصادية الكلية، إلا أنه لا زال غير مؤهل تأهيلا كافيا ليس فقط لاستقطاب المستثمرين الأجانب، بل حتى لإشراك القطاع الخاص المحلي في تحقيق التنمية المنشودة، نتيجة جملة من العراقيل، سيتم تبيانها في هذا الجزء.

أولا: معوقات الاستثمار الأجنبي المباشر

إذا كان ضعف استقطاب الجزائر للاستثمارات الأجنبية المباشرة خلال فترة التسعينات مرده إلى عدم الاستقرار السياسي، والانفلات الأمني الذي عاشته البلاد آنذاك، فبماذا نفسر استمرار هذا الوضع مع بداية الألفية، بالرغم من تجاوز هذه الحالة ، واستمرار تحسن الأداء الاقتصادي الكلي، واعتماد الإطار التشريعي والتنظيمي المحفز؟

1- محدودية الأداء الاقتصادي والاجتماعي للإصلاحات

بالرغم من نجاح الإصلاحات الاقتصادية في ضبط التوازنات المالية والنقدية كما اتضح سابقا، إلا أنها لم تؤد إلى تحسين القدرة التنافسية للاقتصاد الوطني، وزيادة قدرته على التكيف، بفعل استمرار جمود بنية النمو الاقتصادي، مما يستوجب صياغة بدائل وإعداد استراتيجيات فعالة من شأنها تأهيل الاقتصاد الجزائري للاندماج الايجابي في الاقتصاد العالمي وفقا للتحديات التي فرضتها العولمة بمختلف مظاهرها وهياكلها.

1-1 الاقتصاد الجزائري اقتصاد ريعي: رأينا أن الاعتماد المفرط لسياسات التنمية على موارد النفط في ظل فترة الاقتصاد المخطط دفعت بالاقتصاد الجزائري إلى شفا الانهيار بدء من عام 1986، وبالرغم من تبني الإصلاحات السابقة الذكر إلا

أن هذه الصفة لازالت ملازمة للاقتصاد الجزائري، والمؤشرات التالية تؤكد ذلك:

<u>أ-جمود بنية النمو الاقتصادي</u>: على الرغم من تحسن مستويات النمو الاقتصادي، إلا أن بنيتها لازالت تثير انشغالات حادة، فسعر برميل النفط يتحكم في نسبة كبيرة من النمو ويجعله غير مؤكد وتابع لعوامل خارجية، ويظهر من الجدول رقم (42) أن مساهمة قطاع المحروقات في إجمالي القيمة المضافة تدعمت أكثر بعد تبني الإصلاحات الاقتصادية، لتصل بدء من عام 2005 إلى أكثر من 50%، مع استقرارها في حدود 50% في عام 2008، في الوقت نفسه فإن قطاعي الزراعة والصناعة شغلا مكانة أكثر وهنا وضعفا في الناتج المحلي الإجمالي، وانخفضت مساهمتهما في القيمة المضافة إلى نحو 13.19% في عام 2008، ويرجع تراجع مساهمة قطاع المحروقات في إجمالي القيمة المضافة في عام 2009 إلى تراجع أسعار النفط كما تم التأكيد سابقا بنحو 38 دولار للبرميل مقارنة بعام 2008.

الجدول رقم (42): تطور مساهمة القطاعات الاقتصادية في إجمالي القيمة المضافة للفترة (1990-2009)

2009	2008	2007	2006	2005	2004	2003	1998	1994	1990	القطاعات
9.86	6.95	8.8	8.7	9	11	11.8	14.6	12.6	14.6	الزراعة %
32.35	49.57	52.3	53.9	53.2	46.4	44.5	30.4	29.8	30.2	المحروقات %
4.5	3.24	5.9	5.9	6.4	7.3	8	11.6	14	15.6	الصناعة التحويلية %
11.92	9.02	9.1	8.3	7.9	10	9.3	12	13.1	13.3	بناء وأشغال عمومية %
41.37	31.22	23.9	23.2	23.5	25.3	26.3	31.5	30.4	26.2	التجارة والخدمات %

Source: La banque d'Algérie, évolution économique et monétaire de l'Algérie, rapports 2001 et 2008.

— صندوق النقد العربي، التقرير الاقتصادي العربي الموحد لعام 2010، ص307-308.

وتؤكد هذه الحالة استمرار وتعزيز إمكانية الاقتصاد الجزائري لاستيراد الصدمات الناتجة عن أي انخفاض حاد يحدث في سعر برميل النفط، وبالتالي إمكانية العودة إلى حالة نهاية الثمانينات من انهيار كل مؤشرات التوازن الاقتصادي والاجتماعي، كما تعكس عدم تثمين إيرادات الثروة الناضبة واستخدامها لإضفاء

ديناميكية اقتصادية بإشراك قطاعي الزراعة والصناعة في التنمية، لضمان النمو في الأجل الطويل ومن ثم تحسين مناخ الاستثمار.

كما يبرز دائما الجدول رقم (42) أن قطاع الخدمات والتجارة شغل مكانة أكثر أهمية على حساب قطاعي الزراعة والصناعة، وهذه الظاهرة إيجابية في المجتمعات ما بعد الصناعية، لكن في الجزائر لا يمكن التكلم عن مجتمع ما بعد الصناعي، وأدت هذه الحالة إلى تهديد نشاط الاستثمار المنتج بفعل الاستيراد المفرط، خاصة في ظل المنافسة غير المتكافئة بين المنتجات المستوردة والمحلية.

ويعني استمرار انخفاض حصة قطاع الزراعة في القيمة المضافة استمرار التبعية الغذائية للخارج خصوصا مع زيادة النمو الديموغرافي وارتفاع الحاجيات الناجمة عن انفتاح المجتمع الجزائري على أنماط استهلاكية جديدة*، كما أن انخفاض حصة قطاع الصناعة التحويلية في القيمة المضافة الإجمالية يؤكد عدم فعالية سياسات إعادة الهيكلة والخصخصة لأغلب المؤسسات العمومية الصناعية والتي مازالت تتخبط في مشاكل التسيير والتسويق.

ب- جمود هيكل الصادرات: تشدد مؤسسات بريتون وودز على ضرورة رفع الرقابة المفروضة على التجارة الخارجية، بغرض إتاحة الفرصة لآليات المنافسة للعمل، وفي رأيها فإن ذلك سوف يؤدي إلى زيادة الإنتاجية، واستيراد التكنولوجيا والتخصيص الأمثل للموارد، وفي نفس الوقت توصي بتوجيه هيكل الإنتاج إلى التصدير بدلا من سياسة إحلال الواردات، كما توصي بتخفيض قيمة العملة المحلية كآلية لزيادة تنافسية الصادرات. وبالرغم من تبني الجزائر لهذه الشروط إلا أن هيكل صادراتها بقي يتكون في أغلبه من صادرات المحروقات، والزيادة التي شهدتها الصادرات خصوصا مع بداية الألفية الثالثة مردها إلى ارتفاع أسعار النفط

---

* ارتفعت فاتورة استيراد المواد الغذائية لوحدها من 2,57 مليار دولار في عام 2002 إلى 5.512 مليار دولار في عام 2009، أنظر:
- FMI, rapport du FMI n°11/40, Février 2011, P33 .

وزيادة الكميات المصدرة من هذه المادة، والشكل رقم (33) يؤكد ذلك.

الشكل رقم (33): تطور إجمالي الصادرات وصادرات المحروقات للفترة (1990-2010)

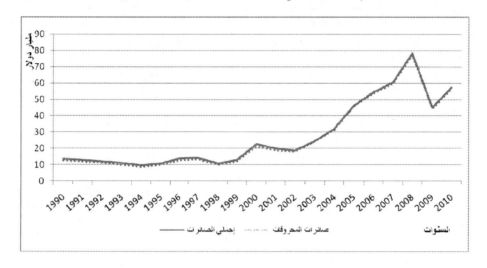

المصدر: من إعداد الباحث بالاعتماد على البيانات الواردة في الملحق الإحصائي رقم (4).

وهذا يدل على أن تحسن بعض المؤشرات خصوصا رصيد الميزان التجاري واحتياطات الصرف لم يكن جراء الإجراءات السابقة الذكر، خصوصا تخفيض قيمة العملة، إنما مرده إلى ارتفاع سعر برميل النفط، والجدول رقم (43) يؤكد ذلك.

257

الجدول رقم (43): تطور بعض مؤشرات التوازن الخارجي للفترة (1994-2010)

المؤشر	94	95	96	98	99	00	01	02	03	04	05	06	07	08	09	2010
احتياطي الصرف مليار.دولار	.72	2	.44	.86	.44	.911	18	.123	.932	.143	.256	.874	.2110	143.1	184.9	161
سعر الصرف د/دج	35.1	47.6	54.7	58.8	66.6	75.3	77.3	79.7	77.4	72.06	73.4	73.7	70.89	64.6	72.7	74.4
رصيد الميزان التجاري كنسبة من الناتج%	3.5-	3.08-	5.7	0	3.08	2	14.8	11.7	16.3	16.8	25.9	29.4	24.45	23.85	5.58	12.3
سعر برميل النفط بالدولار	16.31	17.6	21.6	12.85	18.03	28	24.8	25.24	29.03	38.66	54.64	65.85	74.95	100	62.3	80.2

المصدر: الملحق الإحصائي رقم (4).

لقد تناست مؤسسات بريتون وودز أن مساهمة تخفيض قيمة العملة المحلية في تحسين رصيد الميزان التجاري لا يتناسب مع حالة الجزائر، لضعف مرونة الصادرات لتغيرات سعر الصرف بحكم طبيعة هيكلها، كما أن الواردات ذات التركيبة الخاصة (سلع غذائية، ومصنعة، أدوية،..) لا يمكن بأي حال من الأحوال تقليصها في ظل ضعف استجابة جهاز العرض (الإنتاج) للإصلاحات المختلفة نتيجة استمرار جمود قطاعي الزراعة والصناعة، وبهذا تأكد جليا أن سياسة تحرير التجارة الخارجية في الجزائر لم تؤد إلى تغيير هيكلية واتجاه المعاملات مع العالم الخارجي.

ج- استمرارية تهديد القاعدة المالية للدولة: مازالت الموازنة العامة تمول أساسا من الجباية البترولية والتي تعززت أكثر في السنوات الأخيرة (أنظر الشكل رقم (34))، بالرغم من تبني الإصلاحات الضريبية، وإن كان ذلك يُفسَر في جزء منه بإغلاق العديد من المؤسسات العمومية، وكثرة الإعفاءات الرامية إلى تشجيع الاستثمار والتصدير، فإن الأهم من ذلك هو التركيبة القطاعية للنشاطات الاقتصادية كما تمت الإشارة إليه سابقا، واستمرار التهرب الضريبي الناتج عن الحصة الكبيرة للقطاع الموازي في الاقتصاد، وبسبب ضعف تنظيم وتأهيل الإدارة الضريبية.

الشكل رقم (34): تطور مساهمة الجباية البترولية في إجمالي الإيرادات العامة للفترة (1990-2010)

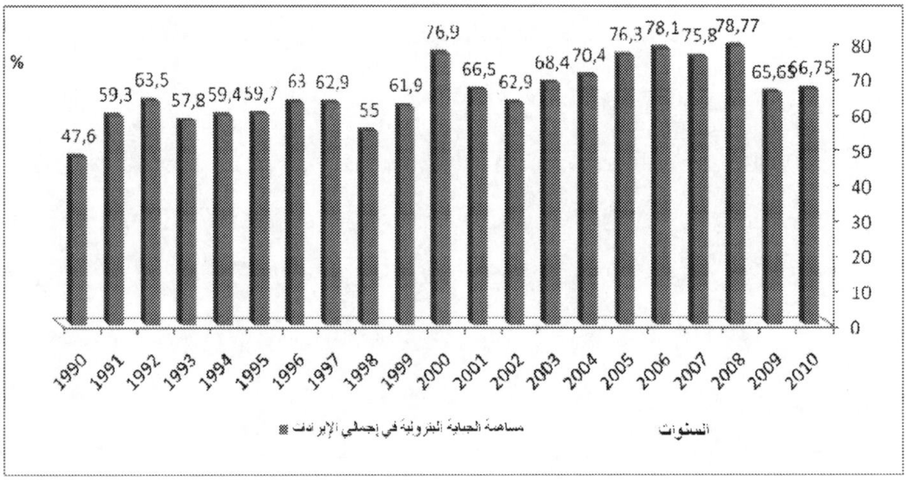

المصدر: من إعداد الباحث بالاعتماد على البيانات الواردة في الملحق الإحصائي رقم (4)

لذلك فتحسن مؤشر التوازن الداخلي(رصيد الموازنة كنسبة من الناتج المحلي الإجمالي) مرده إلى ارتفاع أسعار النفط، وهذا ما يؤكد استمرار تحكم هذا الأخير في مستوى الموازنة، وهذا من شأنه تهديد ديمومة الخدمة العمومية واستمرارية القاعدة المالية للدولة وبالتالي التأثير سلبا على مناخ الاستثمار، والجدول رقم (44) يوضح ذلك.

الجدول رقم (44): ارتباط رصيد الموازنة العامة كنسبة من الناتج بأسعار البترول للفترة (1994-2010)

المؤشر	94	95	96	97	98	99	00	01	02	03	04	05	06	07	08	09	2010
رصيد الموازنة العامة كنسبة من الناتج%	1.9-	0.4	3.8	2.9	3.5-	0.2-	9.7	4.3	1.05	5.3	5.5	13.7	13.5	11.5	83.	6.6-	1-
سعر برميل النفط بالدولار	16.31	17.6	21.6	19.49	12.85	18.03	28	24.8	25.24	29.03	38.66	54.64	65.85	74.95	100	62.3	80.2

المصدر: من إعداد الباحث بالاعتماد على البيانات الواردة في الملحق الإحصائي رقم (4).

وتؤكد الخصائص السابقة للاقتصاد الجزائري على أنه مريض بما يعرف **بالعدوى الهولندية** Dutch disease، إذ أكدت بعض الدراسات أن الانتعاش الناجم عن امتلاك الثروات الطبيعية يمارس تأثيرا سلبيا على النمو والتنمية الاقتصادية في الأجل الطويل، نظرا للشلل الناجم عن ذلك والذي يصيب الهيكل الإنتاجي، وارتباط الأداء الاقتصادي ككل بإيرادات صادرات الثروات الطبيعية، وبالتالي اكتساب صفة قابلية استيراد الصدمات الخارجية. فيصبح امتلاك الثروات الطبيعية نقمة وليس نعمة وهذا ما يعرف بالمرض الهولندية.

وللتوضيح أكثر، فقد امتد تحليل العديد من الاقتصاديين أمثال T.Gylfason , Wright ودراسة **منظمة التعاون والتنمية الاقتصادية** إلى إجراء مقارنتين في إطار الدراسات الميدانية التي قاموا بها، الأولى بين بعض الدول المتقدمة (الدول الاسكندينافية) وبعض الدول النامية(بعض الدول الإفريقية) وكلاهما يمتلك الثروات الطبيعية، وقد توصلت إلى أن الدول الاسكندينافية لا تعاني من أعراض هذه العدوى، في حين تتأثر الدول الإفريقية إيجابا وسلبا بتغيرات أسعار الثروات الطبيعية. أما الثانية

فقد تمت بين الدول الإفريقية السابقة في المقارنة الأولى وبعض الدول الأسيوية التي لا تتوفر لديها ميزة امتلاك الثروات الطبيعية، وقد توصلت هذه المقارنة إلى استمرار تحسن الدول الأسيوية واكتسابها لموقع مهم في الخارطة الاقتصادية العالمية، نتيجة ارتفاع معدلات النمو فيها، وتنوع هيكل صادراتها، خصوصا ارتفاع مساهمة الصادرات المصنعة إلى أكثر من 25% من إجمالي الصادرات، خلاف الدول الإفريقية التي ظلت جهود التنمية فيها حبيسة مواردها من ثرواتها الطبيعية.

إن أهم ما توصلت إليه الدراسات السابقة هو أن سلبيات امتلاك الثروات الطبيعية في الدول المتقدمة تم تغطيتها أساسا من المستويات المرتفعة لرأسمالها البشري، وسيادة ما يعرف بالحكم الراشد، مما سمح لها بتثمين ثرواتها الطبيعية، وهذا ما هو غائب في حالة الدول الإفريقية منها الجزائر. كما أكدت المقارنة الثانية على أهمية رأس المال البشري في تحقيق التنمية المستدامة، وإمكانية تعويضه للنقص المسجل في الثروات الطبيعية، وهذا هو حال الدول الأسيوية التي اكتسبت ميزة تنافسية من تطويرها لرأسمالها البشري[1].

وبهذا يمكن اعتبار النفط مشكلة في الجزائر، فقد رأينا كيف ساهم وجوده في تلخيص الجهود الوطنية في تطوير هذا القطاع لوحده على حساب القطاعات الإنتاجية الأخرى، وبالتالي استمرار حساسية الاقتصاد الوطني لمعطيات خارجية، وتبقى آفاقه المستقبلية رهن تقلبات أسار النفط، ولا تبشر هذه الحالة المستثمرين بإمكانية الربح على المدى الطويل، وأكثر من ذلك، فقد ولد دولة ريعية ونظاما سياسيا واجتماعيا لا يقوم على خلق قيمة مضافة، بل يقوم على إعادة توزيع وتخصيص الإيرادات النفطية، وهذا ما فتح المجال في ظل ضعف مستوى الحكم الراشد للغموض والإبهام في تسيير مختلف المجالات، وهذا من شأنه التأثير سلبا على مناخ الاستثمار.

---

[1] للمزيد من التفصيل في موضوع نقمة أو نعمة امتلاك الثروات الطبيعية أنظر:

Youcef Benabdalleh, monnaie, croissance économique et ouverture, revue publier par le centre de recherche en économie appliquée pour le développement, n75, Alger, 2006.

2-1 القطاع العام والخصخصة: تعتبر الخصخصة من بين أحد أهم محاور الإصلاح الاقتصادي لمؤسسات بريتون وودز، وقد أدت هذه السياسة في الجزائر إلى غلق العديد من مؤسسات القطاع العام، ويتضح من الجدول رقم (45) أن عددها بلغ 815 مؤسسة حتى عام 1998، أغلبها في قطاع الصناعة وهذا ما يبرر تراجع مساهمة هذا الأخير في إجمالي القيمة المضافة. كما أدت هذه السياسة إلى تسريح أكثر من نصف مليون عامل.

الجدول رقم (45): عدد المؤسسات التي أغلقت والعمال المسرحين حتى عام 1998

القطاعات	الزراعة	الصناعة	الأشغال العمومية	الخدمات	المجموع
عدد المؤسسات	25	443	249	98	815
عدد العمال المسرحين	-	-	-	-	519881

Source: L'impact de la privatisation des EP sur la croissance et sur l'emploi, 2ème colloque international sur problématique du croissance économique dans les pays du MENA, Alger,11/2005, P171.

وفي عام 2003 فإنه من بين 910 مؤسسة عمومية، كانت منها 312 مؤسسة فقط قادرة على البقاء، والباقي إما منهارة تماما أو تعاني من صعوبات وحالات اختلال، كما استمر القطاع العام في فقدان مناصب العمل[1].

لهذا فسياسة تحسين أداء القطاع العام وخصخصته لم تكن فعالة إلى المستوى الذي تسمح له بتجاوز أزمته الهيكلية، بفعل طبيعة التسيير والتنظيم القائم عليه، إضافة إلى تبعيته الكبيرة للخارج في مجال التموين، وقد أفرزت الخصخصة شللا في النسيج الإنتاجي خصوصا الصناعي، مما انجر عنه مساهمته الفعالة في تعميق أزمة البطالة، وسيواجه القطاع العام منافسة كبيرة في المرحلة القادمة والناتجة عن استمرار فتح السوق الوطنية، خاصة وأنه لازال يمر بمرحلة إعادة الهيكلة ويحاول إعادة تنظيم آلياته الإنتاجية لتحقيق الفعالية.

---

(1) المجلس الوطني الاقتصادي والاجتماعي، "عناصر مطروحة للنقاش"، الدورة العادية العامة السادسة والعشرون، جويلية 2005، ص38.

3-1 القطاع الخاص وتطور القطاع الموازي: نتيجة لانسحاب الدولة من الحياة الاقتصادية، فقد بدأ القطاع الخاص يشغل مكانة هامة في بعض القطاعات خصوصا الزراعة، والبناء والأشغال العمومية، والتجارة والخدمات، والجدول رقم (46) يوضح ذلك.

الجدول رقم (46): تطور حصة القطاعين العام والخاص في إجمالي القيمة المضافة لبعض القطاعات

2003		1994		1984		1974		السنوات
الخاص	العام	الخاص	العام	الخاص	العام	الخاص	العام	القطاع
99.76	0.24	99	1	80	20	75	25	الفلاحة %
61	29	61	39	31	69	51	49	البناء والأشغال العمومية %
93	7	84	16	61	39	90	10	التجارة %
87	13	85	15	67	23	77	13	الخدمات %

المصدر: المجلس الوطني الاقتصادي والاجتماعي، "عناصر مطروحة للنقاش"، مرجع سبق ذكره، ص39.

لكن يطرح توسع القطاع الخاص عدة تساؤلات تتعلق أساسا بمدى احترامه للقيم المرتبطة بالاحترافية والأخلاق، ونوعية المنتجات والخدمات التي يقدمها، ومدى تنافسيتها، وبالتالي مدى مساهمته في إنعاش الاقتصاد الوطني. وفي هذا الإطار، فقد ارتبط توسع هذا القطاع أساسا بتوسع الأنشطة غير الرسمية، وما لذلك من انعكاسات سلبية على الاقتصاد الوطني ومنظومة الحماية الاجتماعية.

ففي عام 2004، قدرت قيمة النشاطات غير الرسمية بنحو 30% من الناتج المحلي الإجمالي متسببة في تهرب ضريبي وصل إلى 100 مليار دينار، وقد تم إحصاء نحو 700 سوق موازية ينشط فيها حسب وزارة التجارة أكثر من 100 ألف شخص يمثلون 14% من إجمالي التجار المسجلين في السجل التجاري[1].

---

[1] المجلس الوطني الاقتصادي والاجتماعي، "عناصر مطروحة للنقاش"، مرجع سبق ذكره، ص41.

263

ويرتبط ازدياد شبكات الاقتصاد الموازي وحجم الثروات التي تتحرك في قنواته بضعف المؤسسات وانتشار الفساد في أجهزتها، مما يؤثر سلبا على تأهيل الاقتصاد الجزائري، فكم من الجهود ضاعت وتبددت، وكم من المشاريع عطلت أو جمدت، وتحمل المجتمع جراء ذلك تكاليف باهظة بسبب تغييب القوانين وتجاوز الهيئات والتعدي على الصلاحيات، مما أضعف قدرة الدولة المؤسساتية وزعزع عنصر الثقة فيها، وهي عناصر أساسية في الإصلاح والبناء والتأهيل لمواجهة التحديات والاندماج في الاقتصاد العالمي[1].

وفي الوقت الذي تستفيد العديد من شركات القطاع الخاص من وجود عوائق أمام المنافسة، فإن هذه الحالة تحرم العديد من الشركات الأخرى من فرص المشاركة، وتزيد من تكاليفها، مما ينعكس سلبا في إضعاف حوافز الابتكار، وتحسين الإنتاجية.

1-4 القطاع المالي: تقوم الأنظمة المالية الحديثة بعدة وظائف لتعزيز فعالية الوساطة المالية من خلال تخفيض تكاليف المعلومات والمعاملات، وتشجيع الاستثمار بتمويلها لفرص الاستثمار المربحة، وتعبئة المدخرات مما يسمح برفع كفاءة تخصيص الموارد، وتسريع تراكم رأس المال المادي، مما ينعكس إيجابا في تعزيز النمو الاقتصادي وتحسين مناخ الاستثمار.

لقد بقي النظام المصرفي الجزائري بمثابة مؤشر سلبي للمستثمرين الأجانب، فبالرغم من تدعيم البيئة المصرفية بمصارف خاصة محلية وأجنبية، إلا أنها لم تساهم فعليا في التكفل بتمويل الاستثمارات وخلق جو المنافسة الذي كان منتظرا لترقية الفعالية والأداء، وهذا بسبب صعوبة وغموض ظروف العمل التي عززت درجة المخاطر. ويتأكد هذا الأمر من استمرار سيطرة المصارف العامة على حصة تفوق 90% من إجمالي الودائع والقروض الممنوحة للاقتصاد[2].

---

[1] صالح صالحي "الآثار المتوقعة لانضمام الجزائر إلى المنظمة العالمية للتجارة، ودور الدولة في تأهيل الاقتصاد"، مجلة العلوم الاقتصادية وعلوم التسيير، جامعة فرحات عباس سطيف، الجزائر، العدد 1، 2002، ص52.

[2] لمياء شهبون، "معايير تقييم الأداء المصرفي في الجزائر"، رسالة ماجستير، جامعة دمشق، 2006-2007، ص131-132.

إن استمرار هيمنة المصارف العامة على الوساطة المالية في الجزائر أبقى إلى حد كبير على محدودية الخدمات المصرفية المقدمة، نتيجة انخفاض كفاءة الموارد البشرية، وضعف استغلال التقنيات الحديثة، كما أبقى على مركزية القرار التي أعاقت تلبية طلبات المتعاملين الاقتصاديين، فعلى سبيل المثال لا الحصر، فإن تحويل مبلغ من المال من حساب بمصرف ما إلى مصرف آخر تتطلب في أحسن الأحوال مدة تتراوح بين 20 و50 يوم[1]. وهذا ما يؤكد مدى ثقل الإجراءات والمعاملات المصرفية في الجزائر، مما يقف عائقا أمام تمويل مشاريع الاستثمار سواء المحلية أو الأجنبية، ولازال التمويل المصرفي في الجزائر يخضع إلى معايير الارتباط بمراكز النفوذ، مستثنيا بذلك أسس الجدوى الاقتصادية والملاءة المالية للمتعاملين الاقتصاديين.

ويتضح من الجدول رقم (47) أن تحسين المنظومة المالية والوساطة المصرفية في الجزائر أكثر من ضرورية للإسراع في تحسين مناخ الاستثمار، فسياسة تخفيض معدلات الفائدة لتخفيض تكلفة الاقتراض لم تساهم في زيادة معدل الاستثمار بنفس مستوى معدلات الادخار، هذه الأخيرة بلغت كنسبة من الناتج المحلي الإجمالي في عام 2010 نحو 53.43%.

الجدول رقم(47): تطور معدلات الادخار والاستثمار كنسبة من الناتج المحلي الإجمالي للفترة (1990-2010)

2010	08	07	06	05	04	03	02	01	00	99	95	90	المؤشر السنوات
53.43	58.55	56.9	56.6	54.8	47.6	44.8	40.7	41.6	44.5	31.7	27.3	27.1	الادخار المحلي كنسبة من الناتج%
44	38.31	26.2	23.1	22.3	24.1	24	24.4	22.6	20.7	24.2	27.0	25.6	الاستثمار كنسبة من الناتج%

المصدر: الملحق الإحصائي رقم (4).

---

[1] CNES, l'investissement en Algérie, Op cit, p20.

وحتى إنشاء بورصة الجزائر والسعي لتطويرها وتفعيل أدائها لم يكن بمستوى التوقعات، ففي عام 2009، بلغت القيمة السوقية فيها بـ0.091 مليار دولار، في الوقت الذي تصل في أدنى مستوى لها في البورصات العربية أداء بعد بورصة الجزائر إلى 2.377 مليار دولار في سوق الأوراق المالية لفلسطين، لتصل إلى 318.75 مليار دولار في أحسن أسواق المال العربية أداء وهي السعودية، كما أن عدد الشركات المدرجة في بورصة الجزائر يقدر بشركتين(مما يدل على خروج عدة شركات كانت مدرجة من قبل)، ويصل في بورصتي القاهرة والإسكندرية إلى 306 شركة، وفي سوق عُمان إلى 272 شركة[1]، هذه الحالة تعكس عجز بورصة الجزائر على تعبئة الادخار العام، وتقديم أية إضافة محسوسة لترقية الاستثمارات.

كل هذه العوامل تساهم في إبقاء النظام المالي في الجزائر دون المستوى المطلوب لاستقطاب الاستثمارات الأجنبية المباشرة وغير المباشرة، ودون المستوى المطلوب لإنعاش الاقتصاد الوطني واندماجه الايجابي في الاقتصاد العالمي.

5-1 الأداء الاجتماعي للإصلاحات الاقتصادية: ترافق سياسات الإصلاح للمؤسسات المالية والنقدية الدولية إجراءات تكون وخيمة على الجانب الاجتماعي، نتيجة تدهور القدرة الشرائية، والتوزيع غير العادل للدخل، وسلبيات عملية الخصخصة ...، مما ينعكس سلبا في ارتفاع معدلات البطالة، وتفشي الأمراض والجهل، وباعتراف خبراء هذه الهيئات فإن الذي يتحمل هذه السلبيات هم الفقراء، فيزدادون فقرا ويزداد الأغنياء غنى[2].

ويطرح الأداء الاجتماعي لهذه البرامج إشكالية تبنيها لدى العديد من الدول، لأن نجاحها في تحقيق التوازن الاقتصادي ليس غاية في حد ذاته، بل يجب أن يقترن بالجوانب الاجتماعية ويؤدي إلى تحقيق تنمية شاملة للمجتمع، وحتى الدول المتقدمة لم تراهن على ميكانيزمات السوق لوحدها لتطوير اقتصاداتها، بل وضعت

---

(1) المؤسسة العربية لضمان الاستثمار، تقرير مناخ الاستثمار في الدول العربية لعام 2010، ص241.

(2) للمزيد أنظر: Hocine Benissad, l'ajustement structurel objectifs et expériences, Alain édition, Algérie,1994, P53.

ضوابط قانونية وتنظيمية جعلت من السوق سوقا اجتماعيا ضمن إلى حد كبير عدالة توزيع الدخل وتقليص معدلات البطالة، ومنع المضاربات...، مما حقق لها تقدما واستقرارا ونموا متسارعا.

على مستوى الجزائر، فقد تحملت الفئات الفقيرة تكلفة هذه البرامج، وكما اتضح سابقا، فقد عرفت معدلات البطالة ارتفاعا بعد تبني هذه البرامج ووصلت إلى مستويات قياسية، نتيجة عمليات الخصخصة. كما أن إفساح المجال للقطاع الخاص بدون ضوابط قانونية وتنظيمية أفسح المجال للمضاربين وللسوق الموازية، والمتاجرة في العملات، مع استفحال ظاهرة الفساد.

لقد انعكست هذه العوامل سلبا على سوء توزيع الثروة، فخلال فترة تطبيق وصفة صندوق النقد الدولي، تشير الإحصاءات إلى أن دخل 20% من الجزائريين يفوق دخل النسبة المتبقية (80%) بـ36 مرة، كما أن انسحاب الدولة من أداء مهامها الاجتماعية نتيجة سياسة ضغط الطلب أدى إلى ارتفاع نسبة الأمية إلى 33,4%، وانخفاض النفقات الصحية إلى 120 دولار للفرد في السنة، وهي الأقل في بلدان المغرب العربي (قدرت في تونس وليبيا والمغرب بـ227 و222 و160 دولار على الترتيب)[1]، وكان من شأن هذه التطورات الخطيرة أن أدت إلى بروز العديد من الاضطرابات الاجتماعية، والتي مارست أثرا سلبيا على الاستقرار الاجتماعي والسياسي وبالتالي مناخ الاستثمار.

ومن المحاور الكبرى لبرامج الإنعاش الاقتصادي ودعم النمو تحجيم الآثار السلبية السابقة الذكر، من خلال السعي إلى تحسين مستويات المعيشة، وتخفيض معدلات البطالة والفقر، وتحسين مستوى الخدمات الصحية، إضافة إلى تخفيض حدة أزمة السكن، كما أولت الدولة أهمية بالغة لتحسين شروط التربية والتعليم والتكوين، وقد سمحت هذه الجهود في انتقال الجزائر إلى مجموعة الدول ذات مؤشر تنمية بشرية مرتفعة على غرار العديد من الدول العربية.

---

[1] Hocine benissad, "l`Algérie de la planification socialiste a l`économie de marche (1962-2004)", op cit, p206.

وبالرغم من هذا التحسن، فإن الأداء الاجتماعي للدولة ولإصلاحاتها الاقتصادية يثير جملة من التحفظات هي:

- يعتبر تحديد مصادر النمو والمستفيدين منه على مختلف الأصعدة عناصر مهمة في تحليل الوضع الاقتصادي والاجتماعي معا، فمن جهة مصادر النمو، يتميز الاقتصاد الجزائري بتبعيته للخارج وبارتفاع فاتورة الواردات الغذائية، وهو ما قد يمارس ضغوطات اجتماعية في المستقبل خاصة في ظل ارتفاع الحاجات الناجمة عن تزايد السكان، أما من جانب المستفيدين من النمو الاقتصادي، فإن تقليص الفوارق، وتحقيق عدالة في التوزيع من بين الشروط الضرورية لديمومة الاستقرار الاجتماعي، خاصة وأن الجزائر تتميز بضعف مؤشرات الحكم الراشد، وهذا لا يتوافق مع تقليص الفوارق المتراكمة منذ عدة سنوات، وتغطية العجز الاجتماعي، وبالتالي تحقيق فعالية السياسات العمومية.

ويتأكد ذلك جليا من أن الجزائر احتلت المرتبة 71 من بين 135 دولة في المؤشر الذي يقيس مستويات الفقر في الدول النامية، وبناء عليه، تقدر نسبة الأمية في السكان الذين يتجاوز سنهم 15 سنة بـ25.4%، وتقدر نسبة السكان الذين لا يستعملون الماء الصالح للشرب بـ15%، وتقدر نسبة السكان الذين يحتمل أن لا تتجاوز أعمارهم 40 عاما بـ7.7%، وتقدر نسبة السكان الذين يعيشون بأقل من 1.25 دولار في اليوم بـ6.8%، في الوقت الذي تقدر في المغرب وتونس بـ2.5، و2.6% على الترتيب، وتقل في الأردن عن 2%، وتقدر نسبة السكان في الجزائر الذين يعيشون بأقل من دولارين في اليوم بـ23.6%، في الوقت الذي تقدر في الأردن وتونس والمغرب بـ3.5، و12.8، و14% على الترتيب[1]، وتؤكد المؤشرات السابقة ضعف فعالية السياسات الاقتصادية وعدم شمولها لكل فئات المجتمع إلى المستوى الذي يسمح بتقليص الفوارق وتحقيق تنمية شاملة لكل فئات الشعب، بالرغم من المبالغ الضخمة المرصودة في مشروعي الإنعاش الاقتصادي ودعم النمو.

---

[1] Human nations development programme, opcit, p34.

- تشير الإحصاءات على أن السنوات القادمة تتميز بضغوط ديموغرافية على التشغيل وعلى منظومة التقاعد، إذ يقدر معدل نمو اليد العاملة بـ3% حتى عام 2015، كما سينتقل عدد السكان فوق 60 سنة من 2 مليون في عام 2000 إلى 3,6 مليون في عام 2020، مما يتطلب محاور جديدة للتكفل بهم اجتماعيا[1].

ويتطلب تحديد السياسات الاقتصادية الكفيلة بتلبية الحاجات الاجتماعية المختلفة، دراسة حجم السكان وتزايدهم وبنيتهم وحتى توزيعهم الجغرافي، ومستوى الفوارق المتراكمة، لاتخاذ أكثر التدابير فعالية.

2- عراقيل البيئة السياسية

- بالرغم من تجاوز الجزائر لحالة العنف والانفلات الأمني الذي عاشتها خلال عشرية التسعينات - والتي كانت سببا مباشرا في ضعف تدفقات الاستثمار الأجنبي المباشر الوارد خلال تلك الفترة- بفضل تكريس المكانة المتميزة للدبلوماسية الجزائرية في الخارج، وتبني مشروعي الوئام المدني والمصالحة الوطنية، وبهذا فقد حدثت نقلة نوعية في الصورة التي ارتسمت عن الجزائر عما كان عليه الأمر من قبل، لكن ذلك لم يمنع من بقاء التردد قائما في نفوس العديد من المستثمرين الأجانب، لأن إشكالية الاستقرار السياسي تشتمل إلى جانب الخلو من حالات العنف، ومختلف التوترات على مدى فعالية الجهود المبذولة لإصلاح الدولة، بإعادة النظر في مهامها وهياكلها ووظائفها المختلفة، وبالتالي علاقتها بالمواطن، ومدى السعي لإقامة دولة القانون التي تضمن العدالة الاجتماعية، واحترام حقوق الإنسان، ومحاربة الفساد والبيروقراطية....، وهذا ما يعرف بالحكم الراشد الذي ينظر إليه كمكون رئيسي لتحقيق التنمية المستدامة، وتجسيد مناخ الاستثمار الملائم الذي يبعث الاطمئنان في نفوس المستثمرين الأجانب.

ولتشخيص هذا الواقع في الجزائر فإننا نعتمد على جملة من المؤشرات، والتي بالرغم من عدم الجزم بمصداقيتها ودقتها المتناهية إلا أنها تبقى في نظر

---

[1] المجلس الوطني الاقتصادي والاجتماعي، "عناصر مطروحة للنقاش"، مرجع سبق ذكره، ص17-18.

المستثمرين الأجانب دليلا مهما في اتخاذ قراراتهم الاستثمارية. ويظهر من الشكل رقم (35) أن الجزائر تحصلت على المرتبة 16 عربيا في مؤشر سيادة القانون بتنقيط 27,5% وبالتالي تعاني ضعفا في فعالية جهاز الشرطة، واستقلالية جهاز العدالة، واحترام القوانين وتطبيقها مقارنة بعُمان والإمارات كأحسن دولتين عربيتين في هذا المؤشر، كما تحصلت على المرتبة 14 عربيا في مؤشر مستوى البيروقراطية بتنقيط 17,7% وهي بعيدة عن الإمارات والبحرين كأحسن دولتين عربيتين في هذا المؤشر، مما يدل على التأثير السلبي للإجراءات المعقدة على مناخ الاستثمار، كما تحصلت على المرتبة 13 عربيا في مؤشر فعالية الحكومة بتنقيط 36,5% وهي بعيدة عن أداء الإمارات وعُمان كأحسن دولتين عربيتين في هذا المؤشر، مما يعني أن الجزائر تعاني ضعفا في نوعية الخدمات العامة وأداء القطاع العام، ويشير ترتيبها 12 عربيا في مؤشر مستوى الفساد على استمرار استخدام الصلاحيات لتحقيق المكاسب الشخصية، ويشير ترتيبها التاسع عربيا في مؤشر المشاركة السياسية والمساءلة بتنقيط 23,8% على ضعف تطبيق الحقوق السياسية والمدنية واحترام حقوق الإنسان وضعف إشراك الكفاءات في رسم السياسات الصحيحة، وهي نفس المشكلة التي تعاني منها أغلب الدول العربية إذ لم يصل تنقيط أحسن دولتين عربيتين في هذا المؤشر 35%.

الشكل رقم (35): مقارنة موقع الجزائر وأحسن دولتين عربيتين في مؤشرات الحكم الراشد

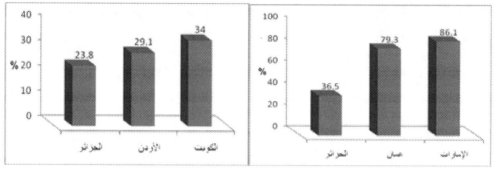

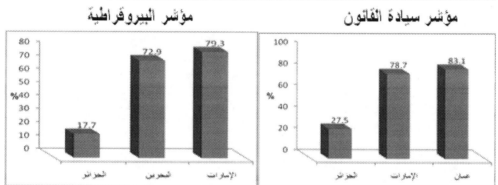

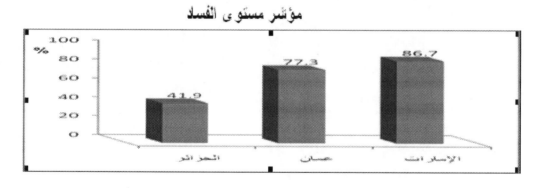

المصدر: من إعداد الباحث بالاعتماد على: المؤسسة العربية لضمان الاستثمار، تقرير مناخ الاستثمار لعام 2004،
ص127-132.

271

وبما أن المقارنة أجريت مع دول عربية، فإنها تفسر أسباب تخلف الجزائر عن العديد منها في استقطاب الاستثمارات الأجنبية المباشرة، فموقع الجزائر في المؤشرات السابقة يدل على زيادة حالة عدم اليقين، وارتفاع تكاليف الاستثمار، وبطئ الإجراءات، وضعف سيادة القانون وضعف فعالية جهاز القضاء، وبالتالي زيادة حدة المخاطر والتهديدات، مما يصعب معها اتخاذ القرارات الاقتصادية، وأكثر من ذلك فإنها تعطي تفسيرا واضحا عن الأسباب التي أدت إلى ضعف مستوى نجاح الإصلاحات المنتهجة في تحقيق التنمية الاقتصادية والاجتماعية، فالمدخل المؤسساتي على جانب كبير من الأهمية في إنجاح الإصلاحات الاقتصادية، خاصة في حالة الدول التي تعرف انتقالا إلى اقتصاد السوق كحالة الجزائر، فبرامج الإصلاح والانفتاح الاقتصادي لم يواكبها إصلاحا مؤسساتيا حقيقيا، يعمل على إشراك أصحاب الكفاءات في رسم السياسات الصحيحة وإدراك البدائل المتاحة للوصول إلى اختيارات عقلانية، وتفعيل أداء الحكومة والمؤسسات العامة في إيصال الخدمات المختلفة وتأدية دورها بنجاعة، ولن يتم ذلك إلا بتطبيق معايير الكفاءة والمسؤولية والعقلانية في استخدام الموارد المتاحة، من خلال ضبط العلاقة بين السلطة والمال العام بتعزيز الديمقراطية، وتفعيل دور مؤسسات المجتمع المدني، وإصلاح السلطة القضائية، وتشديد المحاسبة والمساءلة لتشكل قيدا كبيرا على تصرفات المسؤولين للالتزام بمراعاة القوانين المختلفة وتطبيقها، كل ذلك يضمن عدم هدر المال العام واستخدامه استخداما عقلانيا ينعكس إيجابا في دعم النمو الاقتصادي وتحسين الأوضاع الاجتماعية وتحقيق العدالة والمساواة، وبالتالي تعزيز ثقة المواطن بالدولة، وتحقيق الاستقرار.

3- المعوقات القانونية والإدارية

بالرغم من إصدار القوانين الخاصة بتشجيع الاستثمار وحمايته، والسعي لتعديلها بما يتلاءم مع رغبات المستثمرين الأجانب، وتقديم المزايا والتسهيلات، وإنشاء الإطار المؤسسي، ما أدى إلى وجود إطار قانوني مشجع للاستثمار، إلا أن

ذلك لم يواكبه تحسين أداء الإدارة الجزائرية، وما ينقص حاليا هو تجسيد هذه القوانين لكي تساهم فعليا في تحسين مناخ الاستثمار، فالإشكال يبقى قائما في الجانب البشري على مستوى مراكز ومواقع التنفيذ، نتيجة التركيبة المعقدة والذهنية الجامدة التي لا تتماشى مع التطورات الحاصلة.

وتعتبر الإدارة بمثابة الصورة المعبرة عن مدى تقدم الدول أو تخلفها، فالتقدم الذي بلغته المجتمعات الغربية يرجع في جانب مهم منه إلى قوة إداراتها ذات الأسس العلمية والموضوعية، كما أن الانتكاسة التي صاحبت أغلب خطط التنمية في بعض الدول النامية منها العربية مردها إلى سوء التسيير الناتج عن ضعف إداراتها وبيروقراطيتها الجامدة.

وما يميز الإدارة الجزائرية هو البيروقراطية والروتين والتعقيد في الإجراءات وانجاز المعاملات، وانعدام الحيوية، وغياب الشفافية، إلى جانب تفشي الرشوة في أوساطها، هذه العوامل ساهمت كلها في زيادة تكلفة الاستثمار، وتضييع الوقت وإفشال العديد من المشاريع الاستثمارية المحلية وخصوصا الأجنبية*، نتيجة تعود المستثمر الأجنبي على الشفافية والسرعة في المعاملات، وإلا كيف نفسر ما هو وارد في الجدول رقم (48)، إذ يقدر عدد الإجراءات اللازمة لتأسيس مشروع استثماري في الجزائر بـ14 إجراء، وهو ما يعني 24 يوم عمل، في الوقت الذي لا يتعدى في أحسن دولة عربية 4 إجراءات أي ما يقابل 5 أيام عمل فقط، وفي الوقت الذي لا يتعدى عدد الإجراءات اللازمة لاستخراج تراخيص البناء في أحسن دولة عربية في هذا المؤشر بـ12 إجراء أي ما يقابل 43 يوم عمل، فإنه يصل في الجزائر إلى 22 إجراء وهو ما يعني 240 يوم عمل، وهذا ما يدل على الدور الشكلي للنافذة الواحدة التي تم إنشاؤها بناء على الأمر 01-03 لعام 2001، فهي لم

---

* قدرت قيمة الاستثمارات العربية التي تنتظر التجسيد بنحو 50 مليار دولار، منها الإماراتية والسعودية والمصرية، والكويتية، وهي لازالت عالقة بالرغم من أنها نالت موافقة الرئيس شخصيا لأهميتها الاقتصادية والاجتماعية، بفعل الإرهاب البيروقراطي، والرشوة، أنظر: الخبر، جريدة يومية جزائرية، العدد 5413، 31 أوت 2008، ص.5.

تؤد دورها في تقليص عدد الإجراءات والأيام اللازمة للاستخراج تراخيص البناء، بمعنى أن صيرورة القرارات الإدارية في الجزائر لازالت تتصف بالمركزية، كما يرتفع عدد الإجراءات اللازمة لتسجيل العقار في الجزائر إلى 11 إجراء أي ما يعادل 47 يوم عمل لذلك، في الوقت الذي يقدر في أحسن دولة عربية بإجراء واحد فقط، أي ما يعادل مدة يومين لذلك، ولا شك أن ارتفاع الإجراءات والوقت في مؤشر تسجيل الملكية في الجزائر يدل على ضعف أمن ملكية الأراضي، والممتلكات الأخرى الخاصة بالعملية الاستثمارية، بمعنى غياب نظام فعال لتسجيل الممتلكات، كما يتطلب تنفيذ عقد تجاري في الجزائر 46 إجراء إداري وهو ما يعني 630 يوم، في الوقت الذي يقدر في أحسن دولة عربية بـ36 إجراء أي ما يعادل 370 يوم، ويتطلب خروج شركة من السوق الجزائرية 2.5 سنة، وهو ما يعني تحمل تكلفة تقدر بـ7% من الأموال بعد الإفلاس، في الوقت الذي يقدر في أحسن دولة عربية بـ1.3 سنة، أي ما يعادل 1% كتكلفة، ولا شك أن هذا يدل على أن بيئة التعاقدات في الجزائر غير آمنة إلى المستوى الذي يسمح بالحد من المخاطر وخفض التكاليف الخاصة بمختلف المعاملات، نتيجة ضعف النظام القضائي الذي يفتقد إلى القدرة والاستقلالية والفعالية في دعم حقوق ملكية المستثمرين، وتسهيل تدفق المعلومات، وتفعيل آليات فض المنازعات وحلها، كما يتضح كذلك ارتفاع الضرائب التي يتحملها المستثمر الأجنبي كنسبة من الأرباح في الجزائر، إذ تقدر بـ72%، في الوقت الذي تصل في أحسن دولة عربية إلى 11.3%، ويتجاوز عدد الوثائق اللازمة لتصدير شحنة واحدة، والأيام اللازمة لذلك والتكلفة ضعف ما هو موجود في أحسن دولة عربية، ونفس الكلام يقال بالنسبة لتكلفة استيراد الشحنة والواحدة والمدة اللازمة لذلك، وضعف موقع الجزائر في مؤشري ضمان الحقوق القانونية ومعلومات الائتمان التي بلغ تنقيطها فيها على الترتيب 3 و2 من 10، في الوقت الذي يصل في أحسن دولة عربية إلى 5 و6 على الترتيب من 10.

الجدول رقم (48): مقارنة موقع الجزائر بأحسن دولة عربية في مؤشر سهولة أداء الأعمال لعام 2011

المؤشر	تأسيس الكيان القانوني المشروع		حماية المستثمر		الحصول على الائتمان		التجارة عبر الحدود					
المؤشر الفرعي	عدد الإجراءات	الوقت المستغرق بالأيام	مدى قوة حماية المستثمر (0-10)	سهولة مقاضاة المساهمين للإدارة (0-10)	مؤشر ضمان الحقوق القانونية (0-10)	مؤشر معلومات الائتمان (0-6)	عدد وثائق التصدير	الأيام اللازمة لإجراء التصدير	تكلفة التصدير بالدولار	عدد وثائق الاستيراد	الأيام اللازمة لإجراء الاستيراد	تكلفة الاستيراد بالدولار
الجزائر	14	24	5.3	4	3	2	8	17	1248	9	23	1428
أحسن دولة عربية	4	5	6.3	7	5	6	4	7	521	5	7	542

المؤشر	استخراج تراخيص البناء		دفع الضرائب		تسجيل ملكية الأصل العقاري		تنفيذ العقود التجارية		إغلاق المشروع	
المؤشر الفرعي	عدد الإجراءات	عدد أيام العمل	الضرائب كنسبة من الربح	عدد الدفعات في السنة	عدد الإجراءات	الوقت بالأيام	عدد الإجراءات	الوقت بالأيام	الوقت بالسنوات	التكلفة كنسبة من الأموال بعد الإفلاس
الجزائر	22	240	72	34	11	47	46	630	2.5	7
أحسن دولة عربية	12	43	11.3	3	1	2	36	370	1.3	1

المصدر: الملحق الإحصائي رقم (1).

وبما أن المقارنة أجريت مع دولة عربية، فإن التعجيل بإصلاح الإدارة الجزائرية على كل المستويات سواء على مستوى القضاء، أو المصارف العامة، أو الجمارك أكثر من ضرورية لإعطاء معنى للقوانين التي تم إصدارها، والهيئات التي تم إنشاؤها، لتسهيل القرارات الاقتصادية والاستثمارية للمتعاملين الاقتصاديين المحليين والأجانب، والتي هي عبارة عن تصرفات قانونية.

4- البنية التحتية

تلعب البنية التحتية دورا لا يقل أهمية عن المتغيرات السياسية والاقتصادية والقانونية في جذب الاستثمار الأجنبي المباشر، ولتقييمها في الجزائر نتطرق إلى:

1-4 الاتصالات والمعلومات: يتوقف تقدم الدول في العصر الحالي (عصر المعلومات) على مدى تواصلها وارتباطها من خلال أنظمة الاتصالات الحديثة وشبكة المعلومات، ولتقييمها في الجزائر نستعمل المؤشرات التالية التي تبين الوضع في عام 2007 [1]:

*يقدر عدد خطوط الهاتف الثابت في الجزائر بـ8.63 لكل 100 شخص، ويصل في سوريا، ومصر، وليبيا، وتونس بـ17.32، و14.87، و14.56، و12.33 على الترتيب، ويقدر المتوسط العربي والعالمي بـ9.96 و19.31 على الترتيب.

*يقدر عدد مستخدمي الانترنيت في الجزائر بـ10.34 لكل 100 شخص، بينما يصل في المغرب وتونس إلى 23.38، و16.68 على الترتيب، ويقدر المتوسط العربي والعالمي بـ11.59، و22.04 على الترتيب.

*يقدر عدد مستخدمي الهاتف النقال في الجزائر بـ21.445 مليون شخص، ليقدر بذلك عدد مشتركي الهاتف النقال لكل 100 شخص بـ63.34، وهو أعلى من المتوسط العربي والعالمي المقدرين بـ50.84، و49.30.

---

[1] المؤسسة العربية لضمان الاستثمار، تقرير مناخ الاستثمار في الدول العربية لعام 2007، مرجع سبق ذكره، ص115-118.

ويظهر جليا من خلال المؤشرات السابقة أن الجزائر تعاني نقصا في عدد خطوط الهاتف الثابت، ومستوى انتشار الانترنيت، ويرجع ذلك أساسا إلى استمرار احتكار الجزائرية للاتصالات لهذين المجالين، في حين أدى تحرير سوق الهاتف النقال إلى دخول شركة أوراسكوم المصرية، والوطنية للاتصالات الكويتية، مما انعكس إيجابا في تحسن الجزائر في مؤشر معدل النفاذ للهواتف النقالة، كما أدت المنافسة إلى انخفاض التكلفة، وتحسن مستوى الخدمات.

2-4 النقل والمواصلات: أولت مخططات التنمية في الجزائر أهمية بالغة لتطوير شبكة المواصلات، مما أدى إلى[1]:

*يقدر عدد المطارات في الجزائر بـ35 مطار، 13 منها يستجيب للمعايير الدولية، أهمها مطار الجزائر الدولي الذي يتوفر على طاقة استيعاب قدرها 6 ملايين مسافر سنويا، وهو مجهز بأحدث التقنيات.

* تتوفر الجزائر على 13 ميناء بحري رئيسي، تتوزع على الشريط الساحلي المقدر طوله بـ1200 كلم، منها 9 موانئ متعددة، وأربعة متخصصة في المحروقات، وأهمها ميناء الجزائر العاصمة الذي يستقبل حوالي 30% من واردات الجزائر.

* تمتد شبكة السكك الحديدية على مسافة 4500 كلم، وتتوفر على أزيد من 200 محطة.

* تتوفر الجزائر على شبكة طرقات طولها 104000 كلم، وستتدعم أكثر بإنشاء الطريق السيار (شرق-غرب) الذي يمتد على مسافة تقدر بـ2000 كلم، كلفته 11 مليار دولار، والذي ستنتهي أشغاله في عام 2012.

وبالرغم من النتائج السابقة الذكر، نتيجة الجهود التي أولتها السلطات لتطوير البينية التحتية، خاصة برنامج دعم النمو الاقتصادي، فإننا نلاحظ:

(1) KPMG, Guide d'investissement en Algérie, Alger, Novembre 2006, p22.

- تقدر نسبة الطرق الرئيسية من إجمالي الطرق في الجزائر بـ26%، بينما تقدر هذه النسبة في مصر وسوريا بـ54، و73%[1]، مما يدل على أن أغلب الطرق في الجزائر ثانوية، لا تستجيب لمتطلبات الاستثمار، بل وتكلف الخزينة العامة مبالغ ضخمة نتيجة ترميمها المتكرر، بالإضافة إلى وجود تباين في نوعية الطرقات بين مختلف المناطق الجغرافية.

- لازالت شبكة السكك الحديدية تعاني عجزا في تلبية طلبات المستثمرين والركاب، نتيجة تقادم آلياتها وأجهزتها المختلفة، وقد ساهمت العمليات الإرهابية لسنوات التسعينات بشكل كبير في تخريب العديد من نقاطها، مما يستلزم تجديد هياكلها وإصلاح خطوطها، إضافة إلى تحسين خدماتها من خلال رفع احتكار الشركة الوطنية للنقل بالسكك الحديدية وفتح المجال للقطاع الخاص للاستثمار في هذا القطاع.

- تكتسي المنافذ البحرية أهمية كبيرة بالنسبة للجزائر، فطول ساحلها البحري المقدر بـ1200 كلم أدى إلى أن 95% من التجارة الخارجية لها تتم عبر الموانئ، وبالرغم من الأهمية الكبيرة التي أعطيت لهذه الهياكل لتوسيعها وتجديد هياكلها، إلا أن الإشكال يبقى مطروحا على مستوى إداراتها وطريقة تسييرها، نتيجة تفشي الممارسات غير المشروعة من رشوة وبيروقراطية، وتعقيدات إدارية أضعفت فعالية هذا العامل المهم في تدعيم مناخ الاستثمار، فمثلا، يقدر عدد الوثائق اللازمة لتصدير شحنة واحدة بـ8، وهو ما يعني انتظار 17 يوم، وبالتالي تحمل تكلفة تصل إلى 1248 دولار، كما يقدر عدد الوثائق اللازمة لاستيراد شحنة واحدة بـ9، وهو ما يعني انتظار 23 يوم، وبالتالي تحمل تكلفة تصل إلى 1428 دولار (أنظر الجدول رقم (48) السابق)، ولا شك أن ثقل الإجراءات السابقة، وضعف نوعية الخدمات المقدمة وارتفاع تكلفتها، يقف عائقا أمام الوصول والنفاذ إلى الأسواق الدولية، وبالتالي استقطاب الاستثمار الأجنبي المباشر وتعزيز النمو الاقتصادي.

---

(1) صندوق النقد العربي، التقرير الاقتصادي العربي الموحد لعام 2007، ص248.

وقد صدر عن **البنك الدولي** في عام 2007 مؤشر يقيس أداء الخدمات اللوجيستية (The Logistics performance index)، قام من خلاله بتصنيف 150 بلد استنادا إلى عدة عوامل منها كفاءة وفعالية الإجراءات الجمركية، وكفاءة شركات النقل بالسكك الحديدية، ونوعية البنية الأساسية لتكنولوجيا المعلومات، ومدى إتمام عمليات الشحن في الأوقات المحددة، ومدى وجود أنشطة غي مشروعة كالمطالبة بتقديم رشوة مقابل الحصول على المعلومات والخدمات...، وقد جاءت الجزائر في المرتبة 140، بينما جاءت تونس والأردن في المراتب 60 و52 على الترتيب[1]، ولا شك أن ضعف موقع الجزائر في هذا المؤشر يدل على أن المستثمر الأجنبي يواجه تحديا مزدوجا، نتيجة ضعف كفاءة سلسلة الصادرات، مما يشكل قيدا كبيرا في استقطاب الاستثمار الأجنبي المباشر الموجه نحو التصدير، وكذلك نتيجة ضعف كفاءة سلسلة الواردات، فالمستثمر الأجنبي يحتاج إلى الإمدادات من مدخلات العملية الإنتاجية، وقد يلجأ إلى استيرادها من الخارج لعدم توفرها محليا، أو لارتفاع تكلفتها المحلية، وبالتالي يصطدم بمختلف القيود والإجراءات المعقدة السابقة الذكر، مما يضطره إلى الانتظار وبالتالي تضييع الوقت، أو تحمل تكاليف إضافية باستخدام وسائل النقل الأخرى كالنقل الجوي مثلا.

ويُطرح مشكل ضعف الهياكل القاعدية بحدة على مستوى المناطق الصناعية، والتي تقدر بـ66 منطقة، تشغل مساحة إجمالية قدرها 12800 هكتار، تتميز بضعف التأهيل، وصعوبة الحصول على العقار فيها[2]، وهو ما يحول دون تحويلها إلى قطب مستقطب للاستثمارات المنتجة لإنعاش الاقتصاد الوطني، إضافة إلى غياب ربطها بالجامعات والمختبرات العلمية.

إن مختلف الحقائق السابقة في مختلف المجالات السياسية والاقتصادية والاجتماعية، والتشريعية والتنظيمية، تؤكدها مختلف المؤشرات والدراسات الميدانية التي بحوزتنا، فوفقا لدراسة ميدانية أنجزت على عدد من الشركات

---

[1] للمزيد من التفصيل أنظر:
Jean francois Arvis, connecting to compete, trade logistics in the global economy, World bank, Washington, 2007.
[2] KPMG, Guide d`investissement en Algérie, Op cit, p55.

الأجنبية ذات الأحجام المختلفة، والمستثمرة في الجزائر في مختلف المجالات، تأكد بأن الفساد السياسي والمالي والإداري، وضعف أداء النظام المصرفي من أهم الصعوبات المعيقة للاستثمار بنسبة 30% لكل منهما، وحولي 24% من العراقيل التي تقف في وجه الاستثمار تعود إلى طبيعة النظام المصرفي وضعف أداء القطاع الخاص معا، إضافة إلى الأمن الإجتماعي والثقافي ونوعية المؤسسات بنسبة 6.7%، كما يتضح من الشكل رقم (36).

الشكل رقم (36): أهم معيقات الاستثمار في نظر بعض الشركات المستثمرة في الجزائر

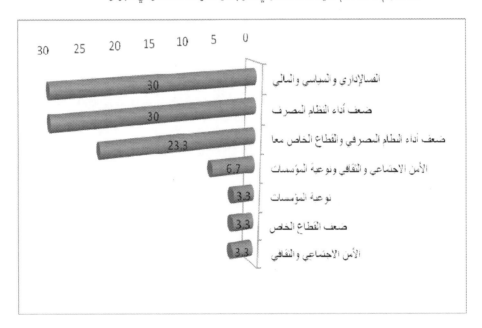

المصدر: من إعداد الباحث بالاعتماد على: زايري بلقاسم وصديقي أحمد، مرجع سبق ذكره، ص20.

وفي نظر هذه الشركات فإن جهود تحسين مناخ الاستثمار يجب أن تنصب على تحسين أداء القطاع المصرفي والجانب القانوني بنسبة 28,57% لكل منهما، كما يجب أن تشمل الجانب الإداري، والخدمات المتعلقة بالاستثمار بنسبة 14,78%، إلى جانب العناية بإعلام وتوجيه المستثمر بنسبة 14,57%، كما يتضح من الشكل رقم (37)، وهذه إشارة واضحة إلى أن الوكالة الوطنية لتطوير الاستثمار لم تؤد الدور المنوط بها للتكفل بمشاكل المستثمرين بفعل نقص التأطير، وعدم أداء وكالات الترويج

والتوجيه الوطنية لدورها، ولا زالت الجزائر تفتقر إلى قاعدة بيانات فعلية عن مختلف الفرص الاستثمارية المتاحة في مختلف القطاعات الاقتصادية، خاصة الزراعة، والصناعة، والسياحة، مما يقف عائقا أمام إتباع سياسة استهداف المستثمرين الأجانب، أي التركيز على الاستثمارات التي تتوافق مع المتطلبات الاقتصادية والتنموية بناء على الفرص الموجودة، وبالتالي استمرار قطاع النفط في لعب الدور الهام في استقطاب الاستثمارات الأجنبية المباشرة إلى الجزائر.

الشكل رقم (37): تركيز جهود تحسين مناخ الاستثمار في نظر بعض الشركات المستثمرة في الجزائر

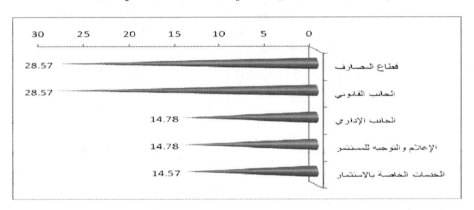

المصدر: من إعداد الباحث بالاعتماد على: زايري بلقاسم وصديقي أحمد، مرجع سبق ذكره، ص21.

كما أكد تقرير التنافسية للمؤتمر الاقتصادي العالمي لعام (2011-2012)، على أن صعوبة الوصول إلى التمويل يعتبر أهم معيق للاستثمار في الجزائر بنسبة 219.%، وهذا ما يؤكد مرة أخرى ضعف أداء النظام المالي الجزائري، يليه البيروقراطية وضعف فعالية وأداء الحكومة بنسبة 18,4% في إشارة إلى التأثير السلبي للإجراءات المعقدة وضعف خدمات الحكومة وتقصيرها على مناخ الاستثمار، وثالث معيق للاستثمار هو ارتفاع مستويات الفساد بنسبة 16%، إضافة إلى عدة معيقات تخص المستوى المتواضع لتكوين اليد العاملة، وارتفاع معدلات الضرائب، والتضخم، إضافة إلى تعقيد النظام الضريبي، والممارسات السيئة للقوة العاملة، ونظام الصرف الخارجي، وضعف مستوى الهياكل القاعدية، ومعيقات أخرى، والشكل رقم (38) يوضح ذلك.

281

الشكل رقم (38): أهم معيقات الاستثمار في الجزائر حسب تقرير التنافسية لعام (2011-2012)

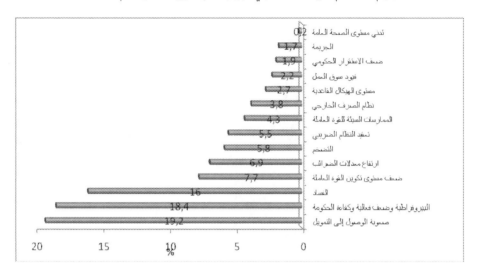

المصدر: من إعداد الباحث بالاعتماد على:

The global competitiveness report 2011-2012,Op cit, p86.

وتتأكد هذه الحقائق في بارومتر CIAN، إذ منح للجزائر تنقيط قُدر بـ2,48 من 5، أي أن مناخ الاستثمار في الجزائر هو دون المستوى المتوسط في نظر الشركات الفرنسية، ويتضح من الشكل رقم (39) أن مستوى الهياكل القاعدية هو دون المتوسط (2.7 من5)، وقد اقتصر التحسن على شبكة الاتصالات والمطارات، مع تسجيل ضعف في تسييرها، وفي شبكة الطرقات، والسكك الحديدية وتسييرها، وفي الموانئ وتسييرها، ولا شك أن ضعف التسيير الواضح في الهياكل القاعدية أضعف من فاعليته، ويؤكد مرة أخرى مدى ثقل الإجراءات والروتين الخانق على مستوى الإدارة الجزائرية، أما قطاع الجمارك فهو كذلك دون المستوى المتوسط (2.17 من5)، نتيجة التهرب الجمركي واستمرار تعقيد الإجراءات، وهو ما يتطلب إيجاد هيكل إداري متطور وفعال ينسجم مع التحولات الاقتصادية للجزائر، لما لهذا القطاع من أهمية كبيرة في حركية النشاط الاقتصادي، باعتباره الوجهة الأمامية له، ليضمن تقديم خدمات أكثر فاعلية ونوعية لمختلف المتعاملين الاقتصاديين، أما

282

الجانب القانوني فهو كذلك دون المستوى المتوسط (1.66 من5)، نتيجة طول آجال الإجراءات، وضعف فعالية وعدالة القضاء، وصعوبة الحصول على العقار، هذا العامل الأخير يبقى عنصرا مركزيا في النقاش الدائر حول قضية إنعاش الاستثمار المحلي، واستقطاب الاستثمارات الأجنبية المباشرة، فهو عامل معرقل للاستثمار بسبب ندرته وظروف تسييره، ولا تزال العديد من الولايات غير مستعدة لاستقبال مشاريع استثمارية نتيجة ندرة العقار أو لتعدد عدد المتدخلين وحائزي العرض العقاري، فالسلطات العمومية لا تملك مخططات مسح دقيقة لمختلف الأراضي المتاحة في إقليم الولاية، فباستثناء تلك التابعة للدولة تبقى العديد من الأراضي ذات ملكية غير معروفة وموزعة بدون شهادات ملكية للمستثمرين، مما أدى إلى نشوب العديد من النزاعات بين المالكين الأصليين والسلطات المحلية، وبالتالي عرقلة الاستثمار[1]، ويزداد تعقيد مناخ الاستثمار في القطاع المالي (1.98 من5) نتيجة تعقيد النظام الضريبي، وارتفاع الضرائب التي يتحملها المستثمر كنسبة من الأرباح، إضافة إلى التأثير السلبي للتهرب الضريبي، ولأداء القطاع المصرفي، نتيجة المماطلة في منح القروض، ويبقى القطاع الموازي المعيق الأول للاستثمار في نظر الشركات الفرنسية في الجزائر ليؤكد بذلك ما تم ذكره سابقا، في أن توسع القطاع الخاص ارتبط أساسا بانتشار الأنشطة غير الرسمية، كما يتأكد تعقيد مناخ الاستثمار على مستوى الإدارة الجزائرية (1.725 من5) نتيجة ضعف فعاليتها وطول الآجال، كما يتضح أن تحسن مستوى الأمن لم يساهم في تحسن الأداء السياسي للجزائر ككل بفعل ارتفاع مستويات الفساد وتواضع مستوى حماية المساهمين، وتستفيد الشركات الفرنسية من انخفاض تكاليف الإنتاج خاصة الطاقة والماء واليد العاملة والنقل البري، إضافة إلى تواضع الأداء الاجتماعي ومستوى التنمية المستدامة.

---

[1] أوضحت التحقيقات أن 20% من المؤسسات المستثمرة في الجزائر كانت تبحث عن مقرات إدارية، وكان الأجل المتوسط للانتظار نحو42 شهر، كما أن 38% من المؤسسات كانت تبحث عن عقار، وكان الأجل المتوسط للانتظار نحو 60 شهر، أنظر: زايري بلقاسم، وصديقي أحمد، مرجع سبق ذكره، 3.

الشكل رقم(39): تقييم الشركات الفرنسية لمناخ الاستثمار في الجزائر وفقا لبارومتر CIAN

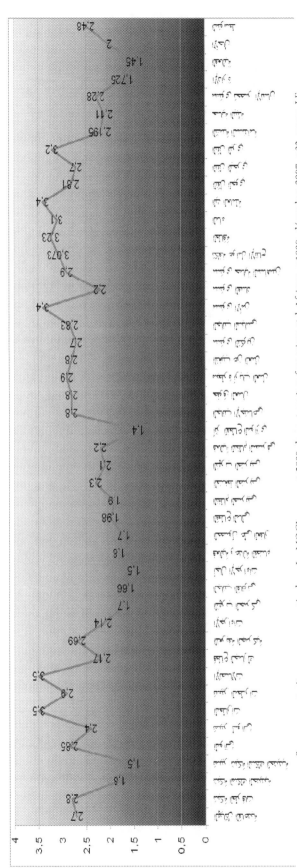

Source: construit par nous a partir de: - Le MOCI , rapport 2008, les entreprises françaises et l Afrique, n1808, décembre 2007, p32. www. LE MOCI .org

*يتم إصدار هذا المؤشر من طرف المجلس الفرنسي للاستثمار في إفريقيا، بناء على نتائج الاستبيان الذي تجيب عنه مختلف الشركات الفرنسية المستثمرة في الدول الإفريقية، وتمنح لكل مؤشر قيمة ما بين "1" و"5"، وكلما كانت القيمة أقل من "3" فإن ذلك يؤشر لتعقيد مناخ الاستثمار، ويزداد هذا التعقيد أكثر كلما اقتربت القيمة من "1"، أما إذا كانت القيمة أكبر من "3"، فإن ذلك يدل على تحسن مناخ الاستثمار، ويزداد هذا التحسن كلما اقتربت القيمة من "5".

كما يبرز الجدول رقم (49) تراجع ترتيب الجزائر في **مؤشر التنافسية الإجمالي**، من المرتبة 77 إلى المرتبة 87 خلال الفترة (2006-2012)، وتحسن طفيف في قيمة التنقيط في هذا المؤشر والمقدرة بـ0.1 نقطة، وهذا يدل على أن مناخ الاستثمار قد عرف تباطؤا في التحسن، وهي بعيدة عن ترتيب الجارتين تونس والمغرب، وجنوب إفريقيا.

الجدول رقم (49): تطور تنقيط وترتيب الجزائر وبعض دول المقارنة في مؤشر التنافسية الإجمالي للفترة (2006-2012)

الدول	(2006-2007)		(2007-2008)		(2008-2009)		(2009-2010)		(2010-2011)		(2011-2012)	
التنقيط والترتيب	التنقيط (1-7)	الترتيب من بين 122دولة	التنقيط (1-7)	الترتيب من بين 131دولة	التنقيط (1-7)	الترتيب من بين 134دولة	التنقيط (1-7)	الترتيب من بين 142دولة	التنقيط (1-7)	الترتيب من بين 142دولة	التنقيط (1-7)	الترتيب من بين 142دولة
الجزائر	3.9	77	3.9	81	3.7	99	3.9	83	4	86	4	87
تونس	4.6	33	4.6	32	4.6	36	4.5	40	4.7	32	4.5	40
المغرب	4.1	65	4.1	64	4.1	73	4	73	4.1	75	4,2	73
جنوب إفريقيا	4.5	35	4.4	44	4.4	45	4.3	45	4,3	54	4.3	50

Source:- The global competitiveness report 2008-2009,op cit,

p86,248,302,328.

- The global competitiveness report 2011-2012,op cit, p94,266,322,350.

وبالتدقيق في المؤشرات الرئيسية لمؤشر التنافسية الإجمالي، يتضح أداء الجزائر أكثر من خلال الشكل رقم (40).

الشكل رقم (40): موقع الجزائر في المؤشرات الرئيسية لمؤشر التنافسية الإجمالي لعام 2011

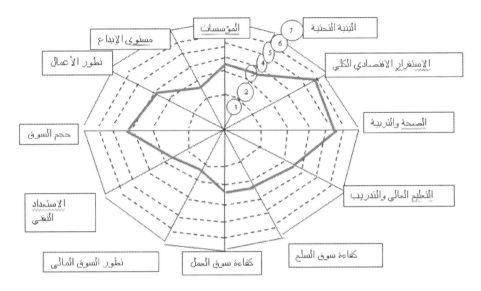

المصدر: من إعداد الباحث بالاعتماد على:

The global competitiveness report 2011-2012,op cit, p94.

من خلال الشكل رقم (40)، فإن الأداء الاقتصادي الكلي(تنقيط 7/5.7 وترتيب 142/19)، وأداء قطاعي الصحة والتربية(تنقيط 7/5.5 وترتيب142/82)، وحجم السوق (تنقيط 7/4.3 وترتيب 142/47) عوامل محفزة للاستثمار في الجزائر، في المقابل، فإن باقي المؤشرات تعتبر بمثابة إشارة مسبقة لفشل المشاريع الاستثمارية، سواء مؤشر الاستعداد التقني والتكنولوجي(تنقيط 2.8، وترتيب 120)، أو الإبداع (تنقيط 2.4، وترتيب132)، أو مدى تطور السوق المالي(تنقيط 2.6 وترتيب 137)، أو كفاءة سوق العمل (تنقيط 3.4 وترتيب137)، أو المؤسسات (تنقيط 3.1، وترتيب 127)، أو كفاءة سوق السلع (تنقيط 3.4، وترتيب 134)، أو مستوى الهياكل القاعدية(تنقيط3.4 وترتيب 93)، أو التعليم العالي والتدريب(تنقيط3.5وترتيب 101)، أو تطور الأعمال (تنقيط 2.9 وترتيب 135)[1].

---

[1] The global competitiveness report 2008-2009,op cit, p86.

إن التمعن أكثر في المؤشرات الفرعية المكونة للمؤشرات الرئيسية السابقة الذكر، يبين أن مناخ الاستثمار في الجزائر يعاني من مواطن ضعف كثيرة، وقد فاق ترتيبها المائة من بين 142 دولة في أغلبها، ولا تتمتع بميزة تنافسية إلا في تسعة منها من بين 111 مؤشر فرعي*، وبهذا يتأكد أن أمام الجزائر المزيد من العمل لتحسين مناخها الاستثماري الذي يمتاز بالعديد من المعيقات على كل المستويات التشريعية، والتنظيمية، والاقتصادية، والاجتماعية والسياسية، لإقناع المستثمرين الأجانب، والارتقاء إلى مصاف العديد من الدول النامية.

إن تحليل مستوى فعالية وملائمة مناخ الاستثمار في الجزائر ومدى انخفاض مستوى المخاطر، يتضح أكثر بالتطرق إلى موقع الجزائر في الدليل المركب لقوة مناخ الاستثمار، والذي يوضحه الشكل رقم (41)، والذي يبرز وجود أربع مجموعات، الأولى تضم الدول التي حققت تطورات هامة في تحسين مناخها الاستثماري، مما انعكس إيجابا في تقليل مستويات المخاطر فيها، وتعزيز موقعها عالميا في استقطاب المستثمرين، بفعل امتلاكها لنسيج كبير من الشركات والمصارف والذي سهل القيام بالأعمال، إضافة إلى الحجم الكبير لأسواقها ووزنها الاقتصادي المهم عالميا، فالناتج المحلي الإجمالي للصين، والهند، وكوريا الجنوبية مثلا يقدر بـ3250.8، و1098.9، و957.1 مليار دولار على الترتيب، ويصل في فرنسا إلى 1900 مليار دولار، هذا ما انعكس إيجابا في ارتفاع حصة الفرد من الناتج المحلي الإجمالي وبالتالي الوصول إلى مستويات معيشة مرتفعة، وحتى في الصين والهند، بالرغم من العدد الكبير لسكانهما فإنهما يملكان طبقة متوسطة بحدود 30 إلى 40 مليون عائلة، وهو إجمالي عدد العائلات في فرنسا مثلا[1]، كل هذه الخصائص أعطت لهذه الدول وزنا هاما على صعيد العلاقات الاقتصادية والمبادلات الدولية. أما المجموعة الثانية فإنها تمتلك خصائص المجموعة الأولى لكن بدرجة أقل، وهي تتميز بديناميكية وفعالية مستمرة خصوصا جمهورية التشيك،

---

* للمزيد من التفصيل أنظر إلى الملحق رقم (5).

[1] The global competitiveness report 2008-2009, op cit, p134, 188, 208.

وبولونيا، وهنغاريا، والمكسيك، وماليزيا، وتايلندا، وتركيا، وجنوب إفريقيا، وتقل هذه الفعالية في السعودية، والكيان الصهيوني، وكرواتيا، والشيلي، والفتنام، إلا أنها تبقى بمستويات مقبولة مقارنة بدول المجموعة الثالثة، منها الجزائر، والتي بالرغم من ابتعادها عن المجموعة التي ينصح باجتناب الاستثمار فيها (المجموعة الأولى)، إلا أن مناخها الاستثماري لازال يتميز بمواطن ضعف كثيرة، انعكست سلبا في الإبقاء على مستويات مرتفعة من المخاطر.

الشكل رقم (41): موقع الجزائر وبعض الدول في الدليل المركب لقوة مناخ الاستثمار ومستوى المخاطر

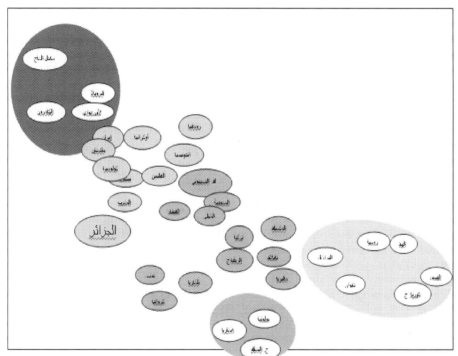

Source: Le MOCI, risque pays 2008,P35.

تدل: المجموعة الأولى، المجموعة الثانية، المجموعة الثالثة، المجموعة الرابعة.

ثانيا: آفاق ظاهرة الاستثمار الأجنبي المباشر في الجزائر

يرتبط استشراف آفاق ظاهرة الاستثمار الأجنبي المباشر في الجزائر بمدى فعالية وجدية سياسات تحسين مناخ الاستثمار المستقبلية التي تنتهجها السلطات الجزائرية لتدعيم إيجابياته الحالية (الاستقرار الاقتصادي الكلي، وتحسن مستوى بعض الهياكل القاعدية كالمطارات، وشبكة الاتصالات، وانخفاض تكلفة اليد العاملة والطاقة، وحجم السوق)، والتقليل من السلبيات المختلفة (خصوصا ما تعلق بارتباط أداء الاقتصاد الجزائري بالنفط، واتساع رقعة الفساد والبيروقراطية والقطاع الموازي، وضعف أداء القطاع الخاص والنظام المالي،...)، وهذا من شأنه تخفيض مستوى التهديدات، وتحويل مزايا الموقع النسبية للجزائر (الموقع الاستراتيجي الهام، إذ تتوسط دول المغرب العربي وتعتبر بوابة لإفريقيا، وهي قريبة من أوروبا، كما تتمتع بإمكانيات طبيعية هائلة نتيجة شساعة مساحتها وتنوع أقاليمها المناخية) إلى فرص استثمارية حقيقية، خصوصا في مجالات الصيد، والزراعة، والسياحة. وفي هذا الإطار، فقد عرفت هذه العملية تباطؤا كبيرا، فأغلب عراقيل وصعوبات الاستثمار لم يتم تجاوزها بالرغم من أن السلطات قد باشرت الإصلاحات منذ أوائل التسعينات، بل وقد تدعمت بعض العراقيل أكثر، وهذا ما يفسر تراجع ترتيب الجزائر في بعض المؤشرات كما تأكد سابقا، إذ فقدت الجزائر 10 مراتب في مؤشر التنافسية الإجمالي بين عامي 2006 و2012، وفي المقابل فقد قطعت عدة دول نامية أشواطا كبيرة في تحسين مناخها الاستثماري، وقد تميزت بفعالية كبيرة ومستمرة في جلبها لاهتمامات المستثمرين الأجانب.

إن آفاق الاستثمار الأجنبي المباشر في الجزائر يعني مباشرة موقعها المستقبلي في هذه الظاهرة

وبالتالي مدى إمكانية تدعيم مكانتها على الأقل بين الدول النامية في إقناعها للمستثمرين الأجانب وجلب اهتماماتهم، وفي هذا الإطار فإن التوقعات تشير إلى بقاء الجزائر ضمن الدول ضعيفة الجاذبية للمستثمرين، ذلك أن العديد من عراقيل

مناخ الاستثمار كارتباط الاقتصاد الجزائري بالنفط، واتساع رقعة الفساد والبيروقراطية والقطاع الموازي، وضعف أداء القطاع الخاص والنظام المالي، كلها عراقيل يصعب تجاوزها في المدى القصير، وتوقعات الدليل المركب لمناخ الاستثمار تؤكد أن الجزائر ستبقى من ضمن الدول ضعيفة الجاذبية للاستثمارات الأجنبية في المدى المتوسط، ويستحيل في نظر هذا المؤشر أن تلحق الجزائر بمستويات الصين، وكوريا الجنوبية، والهند، والبرازيل، وروسيا، كما يصعب عليها أن تصل إلى المستويات التي ستبلغها ماليزيا، وتايوان، والمكسيك، وتركيا، بولونيا، وغيرها من الدول، كما يؤكد ذلك الشكل رقم (42).

الشكل رقم (42): مقارنة آفاق جاذبية الجزائر للمستثمرين الأجانب في الأجل المتوسط وبعض الدول حسب الدليل المركب لقوة مناخ الاستثمار

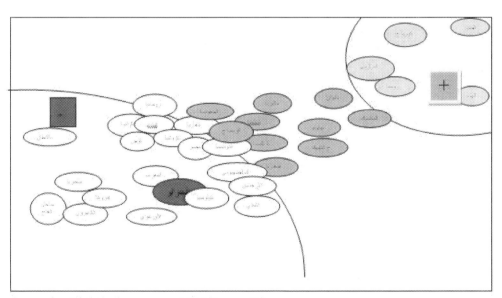

Source: Le MOCI, risque pays 2008, Op cit, P34.

المبحث الثالث

أثر الاستثمار الأجنبي المباشر الوارد إلى الجزائر على بعض المتغيرات الاقتصادية

لاشك أن استفادة الدول المضيفة من الاستثمار الأجنبي المباشر لا تظهر من حجم التدفقات الواردة إليها فقط، بل لابد من تحليل الآثار المختلفة لهذه التدفقات على مختلف الجوانب، فالعديد من الكتاب الاقتصاديين أبدوا تخوفا وشكوكا من إمكانية توظيف هذا العامل لخدمة الأغراض التنموية في الدول المضيفة، من استيراد التكنولوجيا، وزيادة التشغيل، والمساهمة في النمو الاقتصادي.

وسيتم التطرق من خلال هذا المبحث إلى تحليل وتقدير ايجابيات الاستثمارات الأجنبية المباشرة الواردة إلى الجزائر، وسلبياتها، من خلال النقاط التالية:

أولا: أثر الاستثمار الأجنبي المباشر على مستوى التشغيل

انعكست برامج التعديل الهيكلي سلبا على مستوى التشغيل وأدت إلى تعميق أزمة البطالة في الجزائر نتيجة غلق العديد من مؤسسات القطاع العام، وتسريح عدد كبير من العمال، لذلك سعت السلطات إلى تقليص أزمة البطالة بمختلف الوسائل، والتي من بينها إشراك رأس المال الأجنبي عن طريق مشاريع الاستثمار الأجنبي المباشر.

يظهر جليا من خلال الشكل رقم (43)، الارتباط الكبير بين تدفقات الاستثمار الأجنبي المباشر وعدد مناصب العمل المستحدثة، فخلال الفترة (1990-1995)، وكنتيجة لاستمرار ضعف تدفقات الاستثمار الأجنبي المباشر الوارد، لم تصل عدد المناصب المستحدثة في أحسن أحوالها إلى 5000 منصب عمل في كل سنة، وخلال الفترة (1996-2000) فإن ارتفاع التدفقات الواردة إلى الجزائر لم يواكبها استحداث مناصب الشغل بنفس المستوى، نتيجة تمركز أغلبها في قطاع المحروقات الذي يتميز بانخفاض مستوى التشغيل[*]، وفي عامي 2001 و2002، فقد ارتفع عدد

---

[*] تبقى مساهمة قطاع الصناعات الاستخراجية في التشغيل محدودة، إذ تقدر في اندونيسيا، وماليزيا، والفتنام بـ0.9، و0.5، و0.3% على الترتيب، أنظر:
Cnuced, Sociétés transnationales, industries extractives et développement, Opcit, P58.

مناصب العمل المستحدثة إلى أكثر من 10000 منصب، نتيجة دخول شركة أوراسكوم المصرية للاتصالات، وبالرغم من الانخفاض الذي عرفته بين عامي 2003 و2004، فقد عاودت الارتفاع بدء من عام 2005 كنتيجة لاستمرار تدفق الاستثمارات خارج قطاع المحروقات خصوصا شركة الاتصالات الكويتية، والتي سعت على غرار (شركة أوراسكوم المصرية) إلى توسيع شبكتها لتشمل كل القطر الجزائري، فانعكس ذلك إيجابا في استمرار خلق مناصب العمل. لذلك فحجم العمالة في المشاريع الأجنبية في الجزائر ارتبط أساسا بحجم التدفقات الواردة من الاستثمار الأجنبي المباشر والتوجه القطاعي لها.

الشكل رقم (43): تطور الاستثمار الأجنبي المباشر ومناصب العمل المستحدثة خلال الفترة (2007-1990)[1]

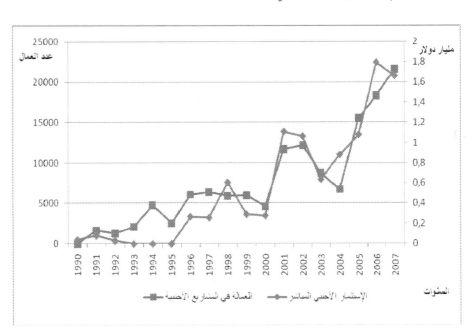

المصدر: من إعداد الباحث بالاعتماد على البيانات الواردة في الملحق الإحصائي رقم (4).

---

[1] تم الاقتصار على الفترة (2007-1990) لغياب البيانات الخاصة بإجمالي العمالة التي أنشأتها مشاريع الاستثمار الأجنبي المباشر للفترة (2010-2008).

مما سبق، يتضح أن الاستثمار الأجنبي المباشر كان له أثر إيجابي على مستوى التشغيل في الجزائر نتيجة استحداث مناصب العمل السابقة الذكر.

ولكن الملاحظ هو ضعف مساهمة الاستثمار الأجنبي المباشر الوارد إلى الجزائر في خلق مناصب الشغل ومن ثم ضعف مساهمته في تقليل أزمة البطالة، ويتضح ذلك جليا من الشكل رقم (44) الذي يبين أن نسبة العمالة في المشاريع الأجنبية إلى إجمالي العمالة في الاقتصاد لم تتجاوز في أحسن أحوالها 0.25%، وهي نسبة تكاد تكون مهملة.

الشكل رقم (44): تطور نسبة العمالة في المشاريع الأجنبية إلى إجمالي العمالة في الاقتصاد خلال الفترة (1990-2007)

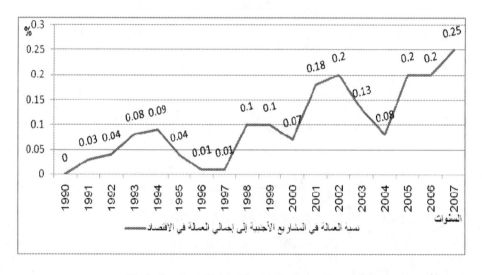

المصدر: من إعداد الباحث بالاعتماد على البيانات الواردة في الملحق الإحصائي رقم (4)

إن ضعف مساهمة الاستثمار الأجنبي المباشر في مستوى التشغيل في الجزائر مرده إلى:

— ضعف مناخ الاستثمار الذي انعكس سلبا في ضعف حجم التدفقات الواردة من الاستثمار الأجنبي المباشر إلى الجزائر، وتمركز أغلبها في قطاع المحروقات.

— طبيعة سوق العمل في الجزائر، والذي يتميز بهجرة الأدمغة، وضعف

مستوى الإنتاجية، وقلة الاعتماد على طرق التسيير والإدارة العالية المستوى، ويبقى انخفاض تكلفة العمالة المتغير الإيجابي الوحيد في سوق العمل في الجزائر في نظر تقرير التنافسية الإجمالي لعام 2011[1]، كل هذا لا يسمح بإشراك العامل الجزائري في مشاريع الاستثمار الأجنبي المباشر، خاصة إذا كانت ذات مستوى تكنولوجي مرتفع.

ثانيا: أثر الاستثمار الأجنبي المباشر الوارد على النمو الاقتصادي

يمكن أن يؤثر الاستثمار الأجنبي المباشر سلبا على النمو الاقتصادي في الدول المضيفة، عندما يؤدي دخول الشركات الأجنبية إلى خروج الشركات الوطنية من السوق بفعل المنافسة غير المتكافئة، وقيام الشركات الأجنبية بتحويل الأرباح إلى الخارج، كل ذلك يحد من جهود التنمية في الدول المضيفة، في حين قد تنعكس التدفقات الواردة من الاستثمار الأجنبي المباشر إيجابا على النمو الاقتصادي في الدول المضيفة، فالمزايا التي تمتلكها الشركات الأجنبية(التكنولوجيا المتطورة، القدرات التمويلية، تقنيات الإدارة والتسيير المتطورة ...) تسمح لها باستغلال فرص الاستثمار المتوفرة في الدول المضيفة بصفة أفضل من الشركات الوطنية التي تفتقر إلى المزايا السابقة الذكر، مما ينعكس إيجابا في تنشيط القدرات الإنتاجية وزيادة ديناميكيتها، الأمر ينعكس إيجابا في تعزيز النمو الاقتصادي.

ولتقدير حجم وطبيعة الأثر الذي مارسته الاستثمارات الأجنبية الواردة إلى الجزائر على النمو الاقتصادي نستعمل أسلوب التحليل الإحصائي القياسي، وبناء على العديد من الدراسات التي تناولت هذا الأثر في الدول النامية[2]، فقد اعتمدنا على الصيغة التالية: RGDP=F(FDI, S , E).

حيث: RGDP : الناتج المحلي الإجمالي الحقيقي، و FDI : الاستثمارات

---

(1) أنظر الملحق الإحصائي رقم (5).

(2) للمزيد من التفصيل أنظر: عدنان غانم ولبنى المسيبلي، "أثر الاستثمارات الأجنبية المباشرة في التنمية الاقتصادية في اليمن"، مجلة جامعة دمشق، المجلد 19، العدد الثاني، 2003، ص170-172.

الأجنبية المباشرة، و S : رأس المال المحلي، E : إجمالي العمالة في الاقتصاد.

اعتمادا على البيانات الواردة في الملحق الإحصائي رقم (4)، وباستخدام برنامج (EViews)، تم تطبيق عدد لا بأس به من نماذج الانحدار المتعدد لدراسة العلاقة بين المتغيرات السابقة في حالة الجزائر، وقد توصلنا إلى ضرورة اعتماد النموذج اللوغاريتمي للتعبير عن تلك العلاقة، فكانت نتائج الانحدار المتعدد ممثلة في الجدول رقم (50).

الجدول رقم (50): نتائج تحليل انحدار دالة الناتج المحلي الإجمالي الحقيقي

Dependent Variable: LRGDP
Method: Least Squares
Sample: 1990 2010
Included observations: 21

Variable	Coefficient	Std. Error	t-Statistic	Prob.
LE	0.393407	0.064976	6.054623	0.0000
LFDI	0.019737	0.004602	4.288770	0.0005
LS	0.139587	0.020420	6.835943	0.0000
C	1.435282	0.385193	3.726137	0.0017

R-squared	0.973765	Mean dependent var		4.751333
Adjusted R-squared	0.969136	S.D. dependent var		0.091465
S.E. of regression	0.016069	Akaike info criterion		-5.254229
Sum squared resid	0.004390	Schwarz criterion		-5.055272
Log likelihood	59.16940	F-statistic		210.3315
Durbin-Watson stat	1.197412	Prob(F-statistic)		0.000000

Estimation Equation:

=========================

LRGDP = C(1) + C(2)*LFDI + C(3)*LE + C(4)*LS(3)

Substituted Coefficients:

=========================

LRGDP = 1.435+ 0.019*LFDI + 0.393*LE + 0.139*LS

الشكل رقم (45): بواقي انحدار معادلة الناتج المحلي الإجمالي الحقيقي

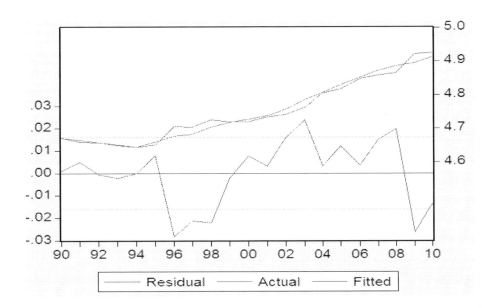

Residual ——— Actual ——— Fitted

يتبين لنا من خلال بيانات الجدول رقم (50)، أن قيمة F كانت معنوية، حيث قيمة P(F)=0.00،
وهذا يعني أن النموذج معنوي عند مستوى 5%، أي بدرجة ثقة 95%، بالإضافة لذلك فإن كل المعلمات
(Cofficients) المقدرة تمتاز بمعنوية إحصائية جيدة وذلك بمقارنة كل من Prob و t-Statistic، كما أن
النموذج خالي من الارتباط الذاتي بناء على قيمة Durbin- Watson.

من خلال نتائج تحليل الانحدار السابق فإن كل المتغيرات المستقلة تمارس تأثيرا إيجابيا على الناتج
المحلي الإجمالي الحقيقي، لكن بدرجات متفاوتة، فزيادة العمالة في الاقتصاد بوحدة واحدة يؤدي إلى
زيادة الناتج المحلي الحقيقي بـ3930. وحدة، كما أن زيادة رأس المال المحلي بوحدة واحدة يؤدي إلى زيادة
الناتج الحقيقي بـ1390. وحدة، وزيادة الاستثمار الأجنبي المباشر بوحدة واحدة يؤدي إلى زيادة الناتج
المحلي الإجمالي الحقيقي بـ90.01 وحدة.

وبالرغم من التأثير الإيجابي للاستثمار الأجنبي المباشر على الناتج المحلي الإجمالي الحقيقي، إلا أنه
تأثير ضعيف، لضعف قيمة معامل الانحدار للاستثمار

الأجنبي المباشر (0.019)، نتيجة تواضع الاستثمارات المباشرة الواردة إلى الجزائر، هذه الأخيرة كانت مساهمتها في تدعيم القدرات الإنتاجية المحلية ضعيفة، ويظهر ذلك جليا من خلال تواضع نسبة مساهمتها في تراكم رأس المال المحلي، هذا المؤشر لم يصل في أحسن أحواله إلى 10%، ولتواضع تراكم الاستثمار الأجنبي المباشر كنسبة من الناتج المحلي الإجمالي، والذي بلغ في أحسن أحوله في عامي 2009 و2010 نسبة 12%، والشكل رقم (46) يدل على ذلك.

الشكل رقم (46): الاستثمار الأجنبي المباشر كنسبة من تراكم رأس المال الثابت، وتراكم الاستثمار الأجنبي المباشر كنسبة من الناتج المحلي الإجمالي خلال الفترة (1990-2010)

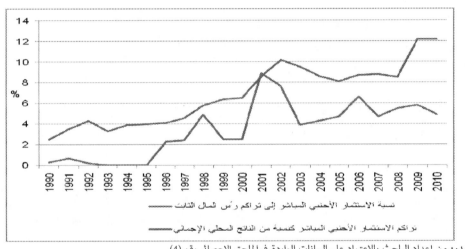

المصدر: من إعداد الباحث بالاعتماد على البيانات الواردة في الملحق الإحصائي رقم (4).

ثالثا: أثر الاستثمار الأجنبي المباشر على ميزان المدفوعات

من بين الآثار المهمة التي يمارسها الاستثمار الأجنبي المباشر تلك المتعلقة بميزان المدفوعات، باعتباره حركة من حركات رؤوس الأموال طويلة الأجل، ولتحليل هذه الآثار على مستوى الجزائر، لابد من تحليلها من كل الجوانب بدراسة شاملة لأثره على كل مكوناته.

أولا: آثاره على حساب العمليات الرأسمالية

297

صحيح أن تأثير ظاهرة الاستثمار الأجنبي المباشر على حساب رأس المال تتوقف إلى حد كبير على قدرة الدول المضيفة على جذب الاستثمارات الأجنبية المباشرة (الواردة) وتعظيمها من خلال تهيئة المناخ الاستثماري الملائم وتحسينه باستمرار للإبقاء على تدفقاته موجبة ومتزايدة. لكن كذلك يتوقف هذا الأثر في حجمه وطبيعته على مقدار التدفقات الصادرة من الاستثمار الأجنبي المباشر من الدول المضيفة إلى العالم الخارجي، والفرق بين التدفقات الواردة والصادرة من الاستثمار الأجنبي المباشر هي التي تحدد مقدار وطبيعة أثر هذه الظاهرة على حساب رأس المال، وتعرف بالاستثمار الأجنبي المباشر الصافي.

على مستوى الجزائر، وكما يظهر جليا من الشكل رقم (47)، فقد أثر الاستثمار الأجنبي المباشر إيجابا على حساب رأس المال بمقدار (0.035) و(0.08) و(0.03) مليار دولار في أعوام 1990 و1991 و1992 على الترتيب، نتيجة ارتفاع التدفقات الصادرة من الجزائر عن التدفقات الواردة إليها، وخلال الفترة (1993-1995) فقد كان التأثير منعدما لتساوي التدفقات الصادرة مع الواردة(0 دولار لكل منهما)، وخلال الفترة (1996-2006)، فقد ارتبط أثر الاستثمار الأجنبي المباشر على حساب رأس المال في حجمه وطبيعته أساسا بالتدفقات الواردة من الاستثمار الأجنبي المباشر، باستثناء سنة 2004 والتي ارتفعت فيها التدفقات الصادرة من الاستثمار الأجنبي المباشر إلى العالم الخارجي 0.254 مليار دولار، أما خلال الفترة (2007-2010)، فقد ارتبط تأثير الاستثمار الأجنبي المباشر على حساب رأس المال بالتدفقات الواردة وكذلك الصادرة، هذه الأخيرة سجلت على الترتيب في أعوام 2007، 2008، 2009 و2010 نحو 0.295، 0.318، 0.215 و0.226 مليار دولار.

الشكل رقم (47): تطور التدفقات الواردة والصادرة والصافية من الاستثمار الأجنبي المباشر في الجزائر خلال الفترة (1990-2010)

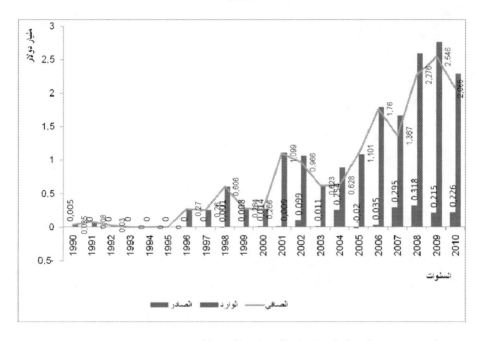

إن مقارنة إجمالي حجم التدفقات الواردة من الاستثمار الأجنبي المباشر للفترة (1990-2010) والمقدرة بـ17.732 مليار دولار بحجم التدفقات الصادرة لنفس الفترة والمقدرة بـ1.47 مليار دولار يدل على أن كل دولار صادر من الجزائر كاستثمار مباشر يقابله 12.06 دولار وارد إليها كاستثمار مباشر.

وبهذا يظهر أن الاستثمار الأجنبي المباشر لعب دورا إيجابيا في تدعيم رصيد حساب رأس المال، وهذا بالرغم من تواضع حجم التدفقات الواردة من الاستثمار الأجنبي المباشر إلى الجزائر، نتيجة ضعف موقع الجزائر كمُصدِر لهذه الظاهرة، لكن حجم هذا التأثير يبدوا ضعيفا وهامشيا خلال الفترة (1991-2007)، ومعتبرا خلال الفترة (2008-2010)، كما يظهر ذلك جليا من الشكل رقم (48).

الشكل رقم (48): تطور رصيد حساب رأس المال والاستثمار الأجنبي المباشر الصافي بالمليار دولار في الجزائر خلال الفترة (1991-2010)

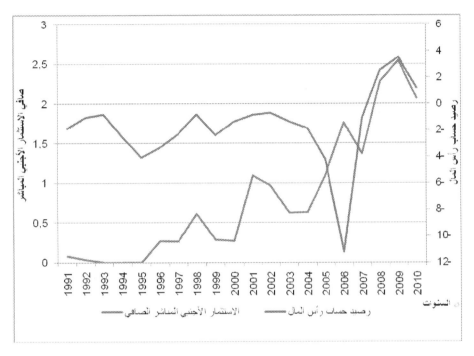

المصدر: من إعداد الباحث بالاعتماد على:

-Banque d'Algérie, Bulletin statistique, hors série, 2006, p72.

-Banque d'Algérie, rapport économique et monétaire de l'Algérie, 2008, p69.

- FMI, rapport du FMI n°11/39, Mars 2011, P23 .

يتضح جليا من الشكل رقم (48) أن حساب رأس المال اتسم بالعجز خلال الفترة (1991-2007) نتيجة ارتفاع المديونية الخارجية وأعباء خدمتها، مما انعكس سلبا في استنزاف الموارد المحلية، وإعاقة بناء التراكم الرأسمالي في الاقتصاد الجزائري، وازدادت حدة هذا العجز في عام 2006 نتيجة التسديد المسبق لأغلب ديون الجزائر، مما انعكس إيجابا في تحسن رصيد حساب رأس المال في عام 2007، وبالتالي بداية تخلص الاقتصاد الجزائري من شبح المديونية الخارجية التي لازمته لمدة طويلة، كما يتضح من الجدول رقم (51)، هذا التحسن دُعم بداية من

عام 2008 بصافي الاستثمار الأجنبي المباشر، والذي تجاوز 2 مليار دولار سنويا(أنظر الشكل رقم 47)، مما أدى إلى استمرار تحسن رصيد حساب رأس المال باستثناء الانخفاض المسجل في عام 2010 .

الجدول رقم (51): تطور المديونية الخارجية وخدمة الدين بالمليار دولار للفترة (1990-2010)

السنة	90	94	96	97	98	99	00	01	02	03	04	05	06	07	2008	2009	2010
المديونية الخارجية	23.4	29.5	33.7	31.2	30.5	28.3	25.5	22.5	22.6	23.3	21.8	17.1	5.612	5.606	5.586	5.413	4.487
خدمة المديونية	8.89	4.53	4.32	4.46	5.18	5.1	4.79	4.8	4.05	4.31	5.34	5.55	13.83	1.51	1.218	1	غ م

المصدر: الملحق الإحصائي رقم (4).

ويتضح من الجدول رقم (51) أن خدمة المديونية كانت مرتفعة في عام 1990، ثم انخفضت بدءً من عام 1994 نتيجة اتفاق إعادة الجدولة الذي أجل تسديد نسبة كبيرة من الديون الجزائرية، وبالرغم من هذا الانخفاض إلا أن خدمة الدين بقيت مرتفعة مقارنة بالاستثمار الأجنبي المباشر الصافي إلى غاية 2006، لذلك كان تأثير هذا الأخير ضعيفاً في رصيد حساب رأس المال لتواضع التدفقات الواردة من الاستثمار الأجنبي المباشر ولارتفاع خدمة المديونية، وبدء من عام 2008 انخفضت خدمة المديونية، ومع تسن صافي الاستثمار الأجنبي المباشر تدعم رصيد حساب رأس المال.

2- أثر الاستثمار الأجنبي المباشر على رصيد الحساب الجاري

يظهر تأثير الاستثمار الأجنبي المباشر الوارد إلى الجزائر على الحساب الجاري من خلال:

<u>2-1 أثر الاستثمار الأجنبي المباشر على الميزان التجاري:</u> تعتبر الجزائر من بين الدول التي تعتمد في جذب الاستثمارات الأجنبية المباشرة على المزايا النسبية التي تتمتع بها، نظرًا لمختلف العراقيل التي تعترض عملية الاستثمار في القطاعات الأخرى غير النفط، لذلك تركزت أغلب مشاريع الاستثمار الأجنبي المباشر في قطاع

المحروقات على شكل مشاريع مشتركة بين الشركة الوطنية للمحروقات (صونا طراك)، والشركات الأجنبية خصوصا الأمريكية والأوروبية، هذا ما أدى إلى:

*في ظل ضعف جاذبية مختلف القطاعات الاقتصادية غير المحروقات للمستثمرين الأجانب، فقد أدى ذلك إلى ضعف مساهمة الاستثمار الأجنبي المباشر في تنويع هيكل الصادرات من جهة، وإلى دوره الهامشي في تمويل السوق المحلية بالسلع والخدمات المختلفة من جهة أخرى، والجدول رقم (52) يؤكد ذلك.

الجدول رقم (52): تطور مشتريات ومبيعات المستثمرين الأجانب في الجزائر وشمال إفريقيا للفترة (1996-حزيران 2008) الوحدة: مليون دولار

السنوات	1996	1997	1998	1999	2000	2001	2002	2003	2004	2005	2006	2007	حتى حزيران 2008
(1)	-	-	-	42	127	-	-	3	25	-	18	-	68
(2)	211	680	456	914	956	2916	598	4594	443	3404	6774	2378	16267
(3)	-	-	-	-	-	-	-	-	-	-	-	-	-
(4)	8	-	3	40	213	117	5	433	111	14127	5633	1680	4148

Source: -Unctad, world investment report 2008,0pcit, p272.

-Unctad, world investment report 2005,0pcit, p325.

-Unctad, world investment report 2004,0pcit, p412-416.

(1): تدل على قيمة مبيعات المستثمرين الأجانب في الجزائر، (2): تدل على قيمة مبيعات المستثمرين الأجانب في شمال إفريقيا، (3): تدل على قيمة مشتريات المستثمرين الأجانب من الجزائر، (4): تدل على قيمة مشتريات المستثمرين الأجانب من شمال إفريقيا.

ويتبين من الجدول رقم (52) أن مساهمة الاستثمار الأجنبي المباشر الوارد إلى الجزائر في تمويل السوق المحلية كان ضعيفا، لضعف قيمة مبيعاته في السوق

الجزائرية، إذ قدرت في أحسن أحوالها بـ127 مليون دولار في عام 2000، ويتأكد هذا الضعف أكثر عند مقارنتها بمقدار مبيعات المستثمرين الأجانب في شمال إفريقيا في أسواقها المحلية، إذ تصل في حزيران من عام 2008 إلى نحو 16.26 مليار دولار، وفي ظل غياب اعتماد الاستثمار الأجنبي المباشر الوارد إلى الجزائر في مستلزمات إنتاجه على السوق المحلية، في الوقت الذي يصل في شمال إفريقيا إلى نحو 4.1 مليار دولار في حزيران 2008، فإن كل هذا أدى إلى استمرار فاتورة الواردات في الارتفاع، لتغطية متطلبات السوق المحلية من السلع والخدمات، ولتمويل مستلزمات الإنتاج للمشاريع الأجنبية ولخطط التنمية المحلية، ويظهر من الجدول رقم (53) أن الواردات ارتفعت من نحو 11.3 مليار دولار في عام 2002 إلى نحو 37.4 مليار دولار في عام 2009، نتيجة إزدياد فاتورة المواد المصنوعة والنصف المصنوعة، والسلع الاستهلاكية إضافة إلى ارتفاع فاتورة المواد الغذائية بنحو 3 مليار دولار.

الجدول رقم (53): تطور هيكل الواردات الجزائرية بالمليار دولار للفترة (2002-2009)

2009	2008	2007	2006	2005	2004	2003	2002	السنوات
37.403	37.39	26.348	20.16	19.14	17.14	12.60	11.31	الواردات الكلية، منها:
0.516	1.722	0.305	0.230	0.199	0.158	0.041	0.132	الطاقة
5.512	7.273	4.656	3.57	3.37	3.38	2.51	2.57	المواد الغذائية
9.557	9.251	6.678	4.63	3.84	3.42	2.68	2.18	المواد نصف مصنعة
14.141	14.095	9.361	8.01	7.95	6.68	4.65	4.14	التجهيزات الصناعية
5.868	4.125	3.546	2.83	2.92	2.61	1.98	1.64	السلع الاستهلاكية

Source:- Banque d'Algérie, rapport économique et monétaire de l'Algérie, 2007, p212.

- FMI, rapport du FMI n°11/40, Février 2011, P33 .

"تعزيز موقع الجزائر العالمي في إنتاج وتصدير مصادر الطاقة، إذ تحتل المرتبة 18 عالميا في مجال إنتاج النفط والمرتبة 12 في مجال تصديره، وتأتي في المرتبة الخامسة عالميا في إنتاج الغاز الطبيعي، والمرتبة الثالثة في تصديره بعد روسيا وكندا[1].

وبهذا يظهر أن الأثر الإيجابي للاستثمار الأجنبي المباشر الوارد إلى الجزائر على الميزان التجاري اقتصر أساسا في زيادة طاقة إنتاج وتصدير الغاز والنفط، مع العلم أن هذا الأمر لا يمكن أن يمارس تأثيرا إيجابيا في تدعيم رصيد الميزان التجاري إلا إذا اقترن بزيادة أسعار الطاقة، وهذا ما عمق من ارتباط رصيد الميزان التجاري بأسعار النفط، كما يبين ذلك الشكل رقم (49).

الشكل رقم (49): تطور رصيد الميزان التجاري وأسعار النفط في الجزائر للفترة (1990-2010)

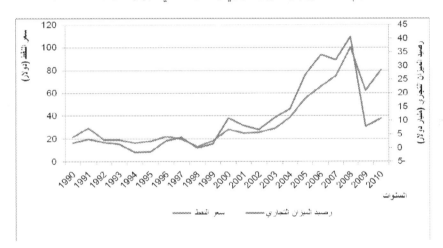

المصدر: من إعداد الباحث بالاعتماد على الملحق الإحصائي رقم (4).

ولا يغني الجزائر امتلاكها للثروات الطبيعية من ضرورة تحويل اقتصادها من اقتصاد ريعي إلى اقتصاد يقوم على خلق قيمة مضافة، باستغلال الحالة المالية الحالية، وبإشراك رأس المال الأجنبي في شكل مشاريع استثمارية مباشرة في

---

[1] KPMG, Guide d'investissement en Algérie, opcit, p24.

قطاعات الفلاحة والصناعة عن طريق تحسين مناخ الاستثمار، وهذا من شأنه تقليص الاستيراد، وتنويع هيكل الصادرات.

2-2 أثر الاستثمار الأجنبي المباشر على حساب الخدمات والمداخيل: اتسم هذا الحساب بالعجز كنتيجة لعجز الاقتصاد الجزائري عن تقديم خدمات للخارج أي عدم القدرة على خلق صادرات خدماتية[1]، وهنا في ظل غياب البيانات لا يمكن الجزم بمصدر مختلف الخدمات التي تحصل عليها المستثمرون الأجانب (النقل، والتأمين، الخدمات المالية ...) إن كانت ذات مصدر محلي أو خارجي.

لكن يتضح من الجدول رقم (54) أن تحويلات أرباح المستثمرين الأجانب في الجزائر إلى الخارج قد بلغت خلال الفترة (2002-2010) نحو 38.75 مليار دولار، في حين أن التدفقات الواردة خلال نفس الفترة لم تتجاوز 14.765 مليار دولار(أنظر الملحق الإحصائي رقم (4))، وهذا ما يشكل استنزافا للمدخرات المحلية، وتحويلا عكسيا لها، مما يطرح حقيقة إشكالية استفادة الجزائر من هذه التدفقات.

الجدول رقم (54): قيمة الأرباح المحولة من المستثمرين الأجانب في الجزائر إلى الخارج خلال الفترة (2002-2010)

2010	2009	2008	2007	2006	2005	2004	2003	2002	السنة
4.2	5.9	6.3	5.4	5.29	4.74	3.12	2.2	1.6	قيمة الأرباح المحولة (مليار دولار)

Source- :Banque d'Algérie, rapport économique et monétaire de l'Algérie, 2007, p210.

-Banque d'Algérie, rapport économique et monétaire de l'Algérie, 2008, p69

- FMI, rapport du FMI n°11/39, Mars 2011, P23 .

إن ضعف مناخ الاستثمار في الجزائر لم ينعكس فقط في ضعف استقطابها للاستثمارات الأجنبية المباشرة وتمركز أغلبها في قطاع المحروقات، بل أدى كذلك إلى تحويلات هامة للأرباح إلى الخارج فاقت قيمة هذه التدفقات، نتيجة مختلف

---

[1] أمين صيد، مرجع سبق ذكره، ص165.

العراقيل التي يتميز بها محيط الأعمال في الجزائر، والتي حالت دون إعادة استثمارها، وهذا من ما انعكس سلبا على ضعف تأثير التدفقات الواردة على رصيد حساب رأس المال من جهة(حتى في سنوات (2010-2008) لو تم إعادة استثمار هذه الأرباح كانت ستمارس أثرا أكثر أهمية على حساب رأس المال)، وفي التأثير السلبي لها على حساب الخدمات والمداخيل من جهة أخرى.

3-2 أثر الاستثمار الأجنبي المباشر على حساب التحويلات: يمارس الاستثمار الأجنبي المباشر تأثيره على حساب التحويلات من خلال نسبة أجور العمالة الأجنبية في هذه المشاريع المحولة إلى الخارج، وعلى مستوى الجزائر، فإن صافي التحويلات كانت موجبة كما يظهر من الشكل رقم (50)، وفي ظل غياب البيانات فإن ذلك لا يعني غياب تحويل المداخيل، لكن مرد ذلك إلى الوزن الهام لتحويلات المهاجرين الجزائريين في الخارج.

الشكل رقم (50): تطور صافي التحويلات خلال الفترة (1991-2010)

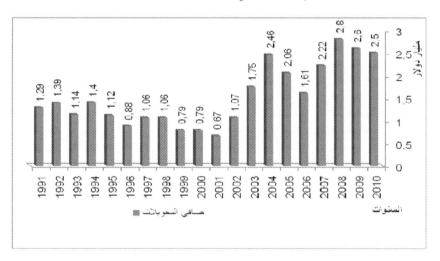

المصدر: من إعداد الباحث بالاعتماد على:

-Banque d'Algérie, Bulletin statistique, hors série, 2006, p72.

-Banque d'Algérie, rapport économique et monétaire de l'Algérie, 2008, p69.

- FMI, rapport du FMI n°11/39, Mars 2011, P23 .

من خلال ما سبق، فإن الاستثمارات الأجنبية المباشرة الواردة إلى الجزائر لا تمثل إضافة مهمة للاقتصاد الجزائري، لضعف مساهمتها في التشغيل، والنمو الاقتصادي، وتنويع الصادرات والتقليل من الواردات، إضافة إلى تأثيرها السلبي على حساب الخدمات والمداخيل بفعل تحويل الأرباح، و لا شك أن ذلك لا يعود فقط إلى سياسات المستثمرين الأجانب (الاستثمار الأجنبي المباشر كظاهرة)، بل يعود إلى ضعف فعالية جهود تحسين مناخ الاستثمار، والتي حالت دون إعادة استثمار الأرباح، وإشراك العامل الجزائري في هذه المشاريع لضعف فعالية سوق العمل، وأعاقت استقطاب القطاعات الاقتصادية غير المحروقات لهذه التدفقات، وبالتالي أعاقت مساهمته في تدعيم وتنشيط القدرات الإنتاجية المحلية، وهذا ما يؤكد مرة أخرى أن طبيعة وحجم الآثار التي يمارسها الاستثمار الأجنبي المباشر في الدول المضيفة تخضع إلى حد كبير إلى سياسات هذه الأخيرة.

الخاتمة

تناولت هذه الدراسة موضوع تقييم دور المناخ الاستثماري في جذب الاستثمار الأجنبي المباشر إلى الدول العربية مع التركيز على حالة الجزائر في أربعة فصول، تعرض الفصل الأول لمفهوم الاستثمار الأجنبي المباشر وأشكاله وتطوراته، والنظريات المفسرة له، ودوره في تنمية الدول المضيفة، أما الفصل الثاني فقد بين العناصر التي يتكون منها مناخ الاستثمار، ومؤشرات تقييمه، وسياسات الشركة متعددة الجنسية في مواجهة مختلف المخاطر، وتناول الفصل الثالث تقييم جهود الدول العربية في تحسين مناخها الاستثماري، وانعكاسها على تطور التدفقات الواردة إليها من الاستثمار الأجنبي المباشر، أما الفصل الرابع فقد بين تطورات المناخ الاستثماري في الجزائر، وتحليل أثر التدفقات الواردة على مستوى التشغيل، وميزان المدفوعات والنمو الاقتصادي.

1- النتائج:

انطلاقا مما تم ذكره، فقد توصلنا إلى النتائج التالية:

1- يؤكد اشتداد المنافسة الدولية لاستقطاب الاستثمار الأجنبي المباشر، وزيادة مخزونه وتدفقاته الواردة والصادرة، وارتفاع مساهمته في تراكم رأس المال الثابت والناتج المحلي الإجمالي العالميين، على أنه مصدر أساسي للتمويل الدولي، وقد ساهم في زيادة درجة الارتباط والاندماج العالمي، لارتكاز جهود استقطابه على الانفتاح الاقتصادي بتحرير حركة التجارة ورأس المال، وإقرار الخصخصة، وهذا ما يثبت صحة الفرضية الأولى.

2- ليس من أولويات المستثمر الأجنبي خدمة الأغراض التنموية للدول المضيفة، لذلك لا يمكن أن يكون الاستثمار الأجنبي المباشر عاملا لتدعيم مسار

التنمية في الدول المضيفة له، ما لم ترتق هذه الأخيرة بسياسات تحسين مناخها الاستثماري إلى المستوى الذي يزيد من قدراتها التفاوضية لإشراك العمالة المحلية، واستيراد التكنولوجيا، وإعادة استثمار الأرباح، وهذا ما يثبت صحة الفرضية الثانية.

3- ترتبط جاذبية أي دولة للاستثمار الأجنبي المباشر بمستوى فاعلية مناخها الاستثماري، وهذا ما يبرر التفاوت المسجل بين الدول المتقدمة والنامية، وبين الدول النامية نفسها في مستوى استقطابها له، فالمستثمر الأجنبي شديد الحساسية لكل متغيرات مناخ الاستثمار القانونية، والتنظيمية، والاقتصادية، والسياسية، والاجتماعية، لذلك من الخطأ أن تقتصر جهود تحسين مناخ الاستثمار على بعضها دون البعض الآخر، بل يجب أن تشملها جميعا في إطار سياسة كلية تراعي المتطلبات التنموية للدول المضيفة نفسها، واهتمامات المستثمر الأجنبي، وهذا ما يثبت صحة الفرضية الثالثة.

4- لم تستفد المنطقة العربية من الطفرة الهائلة للاستثمار الأجنبي المباشر مقارنة ببعض أقاليم العالم النامي كشرق آسيا وأمريكا اللاتينية والكاريبي، نتيجة ضعف ارتقاء سياسات تحسين مناخ الاستثمار في العديد من دولها إلى المستوى الذي يسمح بمعالجة مكامن الضعف الحقيقية فيه، وهذا لا ينفي بروز بعض منها، خصوصا السعودية، التي برزت على صعيد الاقتصادات الناشئة، إضافة إلى الإمارات، مصر، قطر ولبنان، وهذا ما يثبت صحة الفرضية الرابعة.

5- يشكل التكامل الاقتصادي العربي أحد النواحي الجوهرية والأساسية التي يجب أن تركز عليه الدول العربية في سياسات تحسين مناخها الاستثماري، ليس فقط لزيادة حجم الاستثمارات العربية البينية، بل لجذب الاستثمار الأجنبي المباشر، لأنه سيزيد من حجم السوق، ويتوافق مع تحرير حركة التجارة ورأس المال، وتخفيض التكاليف.

6- أكدت كل المؤشرات على أن الاستثمارات العربية البينية لا تمثل إضافة مهمة للاقتصاد العربي، لضعف حجمها مقارنة برأس المال العربي المهاجر،

ومقارنة بمتطلبات التنمية العربية، وقد أعطت صورة واضحة عن واقع التكامل الاقتصادي العربي، وضعف مناخ الاستثمار في المنطقة العربية ككل.

7- لا يزال مناخ الاستثمار في الجزائر غير مؤهل لاستقطاب الاستثمارات الأجنبية المباشرة، وهذا ما يؤكد صحة الفرضية الخامسة، للأسباب التالية:

- استمرار ارتباط أداء الاقتصاد الجزائري بأسعار النفط، وتعزيز قابليته لاستيراد الصدمات الخارجية.

- ضعف أداء النظام المالي، بفعل ثقل الإجراءات والمعاملات المصرفية، وضعف أداء بورصة الجزائر.

- ضعف موقع الجزائر في مؤشرات الحكم الراشد، وهو ما أدى إلى غموض ظروف العمل وسيادة حالة الشك لارتفاع مستويات الفساد وانتشار القطاع الموازي، وضعف سيادة القانون، وافتقار جهاز القضاء للفعالية والاستقلالية، وضعف إشراك الكفاءات.

- ثقل الجهاز الإداري وضعف استجابته لرغبات المستثمرين، نتيجة انتشار البيروقراطية، والروتين والتعقيدات والعقبات في كافة المصالح والأجهزة التي يتعامل معها المستثمر.

- انخفاض كفاءة الهياكل القاعدية خصوصا شبكة الطرقات والسكك الحديدية والموانئ، وقد ظهر الضعف جليا في تسيير هذه الهياكل مما انعكس سلبا في إضاعة الوقت، وتحميل المستثمرين تكاليف إضافية.

- انخفاض قيمة التدفقات الواردة خارج قطاع المحروقات، وبالتالي استمرار قطاع النفط في لعب الدور الهام في استقطاب الاستثمارات الأجنبية المباشرة، مما أدى إلى ضعف مساهمتها في التشغيل، والنمو الاقتصادي، وتنويع هيكل الصادرات، والحد من الاستيراد، وقد مارست أثرا سلبيا على ميزان المدفوعات بفعل تحويل الأرباح والذي فاق قيمة التدفقات الواردة.

2- المقترحات والتوصيات:

في ضوء النتائج السابقة، نعرض مجموعة من المقترحات لتحسين جاذبية الجزائر والمنطقة العربية للاستثمارات الأجنبية المباشرة، ويتم ذلك على مستويين:

أ-على المستوى القطري: في ضوء تحليل مناخ الاستثمار في الدول العربية، وفي الجزائر خاصة، نقترح التوصيات التالية:

1- تعزيز درجة الاستقرار السياسي بانتهاج إجراءات فعلية لتثبيت النظام الديمقراطي، وإشراك الكفاءات في رسم السياسات الصحيحة وتفعيل أداء الحكومة والمؤسسات العامة لخدمة الجميع، وتفعيل أداء منظمات المجتمع المدني، وتقوية مؤسسات الدولة بتدعيم سلطة القانون واستقلال جهاز القضاء، وضبط العلاقة بين السلطة والمال العام بتفعيل المساءلة على تصرفات المسؤولين.

2- صياغة بدائل وإعداد استراتيجيات فعالة لفك ارتباط الاقتصاد الوطني بالنفط، وتحويله من اقتصاد ريعي إلى اقتصاد يقوم على خلق قيمة مضافة، بعقلانية وفعالية إدارة إيرادات المحروقات وتثمين هذا القطاع من منظور بعيد المدى، وتعزيز مساهمة قطاعات الصناعة والزراعة في عملية التنمية، مع استكمال الإصلاحات المالية والنقدية لضمان الاستقرار الاقتصادي في الأجل الطويل والاندماج الإيجابي في الاقتصاد العالمي.

3- تفعيل الأداء الاجتماعي للدولة لتحسين مستوى التنمية البشرية، من خلال زيادة دخل الفرد، وتعميم التعليم والخدمات الصحية ورفع نوعيتهما، ولن يتم ذلك إلا بضمان العدالة في توزيع الخدمات العمومية، بتوجيه مختلف التدابير في صالح التنمية البشرية الدائمة بما يسمح بتقليص العجز والفوارق الاجتماعية المتراكمة، وتحقيق الاستقرار والمساواة.

4- تطوير الهياكل القاعدية المختلفة (الاتصالات وتكنولوجيا المعلومات، والمواصلات)، وتدعيم ما أنجز منها للاستجابة لمتطلبات الاستثمار والتنمية، بزيادة معدلات الاستثمار فيها وإشراك القطاع الخاص في ذلك.

312

5- تطبيق نظام ضريبي عصري يتصف بالوضوح والشفافية والعقلانية، وتطوير الإدارة الضريبية، ومحاربة التهرب الضريبي والجمركي، وترشيد استخدام الإعفاءات الضريبية وربطها بأولويات التنمية، مع ضرورة استكمال إجراءات تخفيض التعريفة الجمركية بتقليص تكاليف الخدمات اللوجيستية على مستوى المنافذ البرية والبحرية بمحاربة الفساد وتعقيد الإجراءات والموافقات.

6- تطبيق كافة الالتزامات المنصوص عليها في المعاهدات والاتفاقيات الثنائية ومتعددة الأطراف الخاصة بتشجيع الاستثمار الأجنبي المباشر وحمايته وتجنب الازدواج الضريبي.

7- إلغاء تعدد القوانين المنظمة لعملية الاستثمار، وجعلها في تشريع واحد يتصف بالوضوح والشفافية والاستقرار وعدم التناقض، مع ضرورة اعتماد وتطبيق قوانين منع الاحتكار، ودعم المنافسة، ومكافحة الفساد والسوق الموازية، وحماية حقوق الملكية الفكرية والمستثمر الأجنبي.

8- تحرير المستثمر المحلي والأجنبي من التعقيدات الإدارية والإجراءات البيروقراطية، بتطوير الإدارة على كل المستويات، وتغيير ذهنيات وسلوكيات ومواقف الفاعلين على مستوى مراكز اتخاذ القرار ومواقع التنفيذ، بتدعيم سلطة القانون وتشديد العقوبات.

9- إزالة تعدد الجهات التي يتعامل معها المستثمر الأجنبي، ولبلوغ ذلك يجب أن تتجاوز الهيئة المشرفة على ملف الاستثمار دورها الشكلي الحالي لتلعب الدور المنوط بها، وتفعيل خدمة النافذة الواحدة لتسهيل عملية استخراج تراخيص مزاولة الأنشطة الاقتصادية.

10- تطوير النظام المصرفي باعتماد الوسائل التكنولوجية الحديثة، وتنويع الخدمات المصرفية، وتأهيل وترقية أداء العنصر البشري، وتفادي التعقيد والإجراءات البيروقراطية بما يضمن توفير التمويل اللازم للمشاريع الاستثمارية على أسس الجدوى الاقتصادية.

11- تطوير السوق المالية وتحسين إطار نشاطها، بتطوير بنيتها الأساسية، سواء ما تعلق بتنظيمها من خلال سن وتطبيق القوانين لضبط التعامل داخل السوق، وإتاحة المعلومات للجميع بسرعة وبتكاليف منخفضة، وتفعيل الجهات الرقابية لضمان المنافسة بين كل المتدخلين وحماية حقوقهم، وتنويع الأوراق المالية وتطوير مؤسسات الوساطة.

12- يجب العمل على تحقيق أقصى الإيجابيات من وراء استقطاب الاستثمارات الأجنبية المباشرة، ويتطلب ذلك:

- تعزيز جاذبية القطاعات الاقتصادية الأخرى غير المحروقات، من خلال تحسين مناخ الاستثمار، وتطوير خريطة استثمار وقاعدة بيانات فعلية تتصف بالدقة وتتيح المعلومات عن كافة الفرص الاستثمارية المتاحة، مع ضرورة تحديثها لتستجيب لمتطلبات المستثمرين.

- إشراك العمالة المحلية في المشاريع الأجنبية، ويتطلب ذلك عدم الاكتفاء بانخفاض تكلفة العمالة كمحدد للاستثمار الأجنبي المباشر، بل لابد من تحسين مستويات التكوين والتدريب.

- تشجيع القطاع الخاص المحلي وربطه بالشركات الأجنبية في شكل مشاريع مشتركة لتطوير قدراته الإدارية والتسويقية والإنتاجية.

- إنشاء مراكز للبحث والتطوير وربطها بمشاريع الشركات الأجنبية، لإجراء البحوث والتجارب العملية للاستفادة من التكنولوجيا المحولة معها.

ب-على المستوى القومي: نظرا لأهمية التكامل الاقتصادي العربي في تفعيل مناخ الاستثمار في المنطقة العربية ككل، نقدم التوصيات التالية:

1- نظرا لأهمية الدعم السياسي لعملية التكامل، يجب تفعيل عملية السلام السياسي والأمن الإقليمي للمنطقة العربية، من خلال الإجماع السياسي للوصول إلى حلول عملية لمختلف المشاكل العالقة، بما يكفل تجاوز الخلافات البينية، وتفعيل الثقة بين الأنظمة العربية وتجنب التدخلات الأجنبية.

2- تفعيل مختلف المنظمات المكلفة بتسيير عملية التكامل على كل المستويات السياسية والاقتصادية.

3- تطوير الهياكل القاعدية التي تربط الدول العربية فيما بينها، سواء النقل، والطاقة، والكهرباء والماء، وشبكات الاتصالات والمعلومات.

4- تحرير تجارة الخدمات ورأس المال وتنقل العمالة، استكمالا لتحرير تجارة السلع في مشروع منطقة التجارة الحرة العربية.

5- تنسيق السياسات والمؤسسات بإزالة التفاوت في التشريعات والنظم القانونية، والإجراءات التنظيمية في مختلف المجالات الاستثمارية، والنقدية والمالية.

6- مساندة عملية التكامل بآليات مالية، وبما أن أغلب المصارف العربية صغيرة الحجم، فإنه يجب تشجيع الاندماج المصرفي بينها، وتفعيل تكامل الأسواق المالية العربية للوصول إلى سوق مصرفية ومالية عربية مشتركة، تكفل تمويل المشاريع المشتركة خاصة في قطاع الزراعة لتحقيق الأمن الغذائي العربي، والبنية التحتية الترابطية، ولتمويل القطاع الخاص الذي يجب أن يلعب دورا رئيسيا في عملية التكامل.

وتشكل التدابير القطرية مع التدابير القومية سياسة متكاملة لتعزيز مناخ الاستثمار في المنطقة العربية لتنعكس إيجابا في إعادة توطين رأس المال العربي المهاجر، وجذب الاستثمار الأجنبي المباشر.

315

الملحق رقم (01): أداء الدول العربية وبعض دول المقارنة في مؤشر سهولة أداء الأعمال لعام 2011

البيان	تأسيس الكيان القانوني للمشروع					حماية المستثمر					الحصول على الائتمان			التجارة عبر الحدود الدولية						
المؤشر الفرعي	عدد الإجراءات	الوقت المستغرق لإنجاز الإجراءات	التكلفة كنسبة من الدخل القومي الفرد	المال كنسبة من الدخل القومي	ترتيب الدولة في المؤشر	مؤشر الإفصاح (0-10)	مسؤولية الإدارة (0-10)	سهولة مقاضاة المساهمين للإدارة (0-10)	مؤشر حماية المساهمين (0-10)	ترتيب الدولة في المؤشر	الحقوق القانونية (0-10)	مؤشر معلومات الائتمان (0-6)	ترتيب الدولة في المؤشر	عدد وثائق التصدير	الأيام اللازمة لإجراء التصدير	تكلفة تصدير كل شحنة بالدولار	عدد وثائق الاستيراد	الأيام اللازمة للاستيراد	تكلفة استيراد كل شحنة بالدولار	ترتيب الدولة في المؤشر
الجزائر	14	24	12.9	34.4	150	6	6	4	5.3	74	3	2	138	8	17	1248	9	23	1428	124
البحرين	7	9	0.8	273.4	78	8	4	5	5.7	59	4	4	89	5	11	955	6	15	995	33
جيبوتي	11	37	169.9	434.1	175	5	2	0	2.3	179	1	1	176	5	19	836	5	18	911	38
مصر	6	7	6.3	0	18	8	3	5	5.3	74	3	6	72	6	12	613	6	12	698	21
العراق	11	77	107.8	43.6	174	4	5	4	4.3	120	3	0	168	10	80	3550	10	83	3650	179
الأردن	8	13	44.6	17,9	127	5	4	4	4.3	120	4	2	128	7	14	825	7	18	1335	77
الكويت	13	35	1.3	82.7	141	7	7	7	6.3	28	4	4	89	8	17	1060	10	19	1217	113
لبنان	5	9	75	39.8	103	9	1	5	5	93	3	5	89	5	26	1000	7	35	1200	95
موريتانيا	9	19	33.6	412.1	152	5	3	3	3.7	147	3	1	152	11	39	1520	11	42	1523	163
المغرب	6	12	15.8	11.2	82	7	2	1	3.3	154	3	5	89	7	14	700	10	17	1000	80
عُمان	5	12	3.3	298.4	76	8	5	2	5	93	4	2	128	9	14	766	9	17	890	88
قطر	8	12	9.7	79.8	111	5	6	4	5	93	3	2	138	5	21	735	7	20	657	46
السعودية	4	5	7	0	13	9	8	4	7	16	5	6	46	5	13	580	5	17	686	18
السودان	10	36	33.6	0	121	0	6	4	3.3	154	5	0	138	6	32	2050	6	46	2900	143
سورية	7	13	38.1	355.1	134	7	5	2	4,7	109	1	2	168	8	15	1190	9	21	1625	120
تونس	10	11	5	0	48	5	5	6	5.3	74	3	5	89	4	13	773	7	17	858	30

البيان	تأسيس الكيان القانوني للمشروع					حماية المستثمر					الحصول على الائتمان			التجارة عبر الحدود الدولية						
المؤشر الفرعي	عدد الإجراءات	الوقت المستغرق لإنجاز الإجراءات	التكلفة كنسبة من الدخل القومي الفرد	المال كنسبة من الدخل القومي	ترتيب الدولة في المؤشر	مؤشر الإفصاح (0-10)	مسؤولية الإدارة (0-10)	سهولة مقاضاة المساهمين للإدارة (0-10)	مؤشر حماية المساهمين (0-10)	ترتيب الدولة في المؤشر	الحقوق القانونية (0-10)	مؤشر معلومات الائتمان (0-6)	ترتيب الدولة في المؤشر	عدد وثائق التصدير	الأيام اللازمة لإجراء التصدير	تكلفة تصدير كل شحنة بالدولار	عدد وثائق الاستيراد	الأيام اللازمة للاستيراد	تكلفة استيراد كل شحنة بالدولار	ترتيب الدولة في المؤشر
الإمارات	8	15	6.4	0	46	4	7	2	4.3	120	4	5	72	4	7	521	5	7	542	3
فلسطين	11	49	93.7	211.3	173	6	5	7	6	44	0	3	168	6	23	1310	6	40	1225	111
اليمن	6	12	82.1	0	57	6	4	2	4	132	2	2	152	6	27	1129	9	25	1475	123
المتوسط العربي	8.5	21.6	46.2	126.5	......	6	4.5	3.7	4,7	......	3.1	2.9	......	6.8	22.2	1121,7	7.7	25,6	1293.6	......
أحسن نتيجة عالميا	1	1	0	0	1	10	9	10	9.7	1	10	6	1	2	5	450	2	4	439	1
تركيا	6	6	17.2	9.9	63	9	4	4	5.7	59	4	5	72	7	14	990	8	15	1063	76
الكيان الصهيوني	5	34	4.3	0	36	7	9	9	8.3	5	9	5	6	5	11	670	4	10	605	10

البيان	تسجيل ملكية الأصل العقاري				تنفيذ العقود التجارية				استخراج تراخيص البناء				تصفية وإغلاق المشروع				سداد الضرائب			
المؤشر الفرعي	عدد الإجراءات	لإنجاز الإجراءات بالأيام	التكلفة كنسبة من قيمة الملكية	ترتيب الدولة في المؤشر	عدد الإجراءات	لإنجاز الإجراءات بالأيام	التكلفة كنسبة من الدين	ترتيب الدولة في المؤشر	عدد الإجراءات	الوقت المستغرق لإنجاز الإجراءات بالأيام	الدخل القومي للفرد	ترتيب الدولة في المؤشر	الوقت المستغرق بالسنوات	التكلفة كنسبة من الأموال بعد الإفلاس	الدين (سنت من الدولار)	ترتيب الدولة في المؤشر	عدد الدفعات في السنة	للسداد بالساعة في السنة	إجمالي الضرائب كنسبة من الربح	ترتيب الدولة في المؤشر
الجزائر	11	47	7.1	165	46	630	21.9	127	22	240	44	113	2.5	7	41.7	51	34	451	72	168
البحرين	2	31	2.7	29	48	635	14.7	117	13	44	78.3	17	2.5	10	64.2	26	25	36	15	14
جيبوتي	7	40	13	140	40	1225	34	160	16	179	1862.8	125	5	18	15.6	137	35	90	38.7	60
مصر	7	72	0.8	93	41	1010	26.2	143	25	218	293.7	154	4.2	22	17.4	131	29	433	42.6	136
العراق	5	51	6.4	96	51	520	28.1	141	14	215	506.8	102	..	...	0	183	13	312	28.4	54
الأردن	7	21	7.5	106	38	689	31.2	129	19	87	634.1	92	4.3	9	26.9	98	26	101	31.2	29
الكويت	8	55	0.5	90	50	566	18.8	114	25	104	173.4	91	4.2	1	37.9	61	15	118	15.5	9
لبنان	8	25	5.8	111	37	721	30.8	122	21	218	284.7	142	4	22	19.8	122	19	180	30.2	36
موريتانيا	4	49	5.2	73	46	370	23.2	83	25	201	463.2	153	8	9	10.3	144	38	696	68.4	172
المغرب	8	47	4.9	124	40	615	25.2	106	19	163	251.5	98	1.8	18	38.4	59	28	358	41.7	124
عُمان	2	16	3	21	51	598	13.5	104	15	186	106.2	70	4	4	34.9	72	14	62	21.6	8
قطر	10	16	0.3	58	43	570	21.6	95	19	76	0.8	30	2.8	22	53	36	3	36	11.3	2
السعودية	2	2	0	1	43	635	27.5	140	12	89	43 .8	14	1.5	22	36 ?8	65	14	79	14.4	6
السودان	6	9	3	40	53	810	19.8	146	19	271	192.2	139	...	...	0	183	42	180	36.1	94
سورية	4	19	27.9	80	55	872	29.3	176	26	128	568.4	134	4.1	9	27.4	95	20	336	42.9	110
تونس	4	39	6.1	64	39	565	21.8	78	20	97	858.7	106	1.3	7	51.7	37	8	144	62.8	58
الإمارات	1	2	2	4	49	537	26.2	134	17	64	35.8	26	5.1	30	11.2	143	14	12	14.1	5
فلسطين	7	47	0.7	76	44	540	21.2	93	21	199	1133	157	–	–	0	183	27	154	16.8	28
اليمن	6	19	3.8	53	36	520	16.5	34	15	107	136.3	50	3	8	28.6	90	44	248	47.8	146

المتوسط العربي	5.7	31.6	6.1	——	46.6	656.7	27	——	19	152.4	385.8	——	3.6	13?6	25.8	——	23.4	206.3	43.5	——
أحسن نتيجة عالميا	1	2	0	1	20	150	0.1	1	6	25	0.8	1	0.4	1	91.3	1	3	0	0.2	1
تركيا	6	6	3	38	35	420	18.8	26	25	188	231?7	137	3.3	15	21.1	115	15	223	44.5	75
الكيان الصهيوني	7	144	5	147	35	890	25.3	96	20	235	104	121	4	23	49.1	40	33	235	31.7	82

المصدر: من إعداد الباحث بالاعتماد على البيانات الواردة في:

World bank, Making a difference for entrepreneurs, Doing business 2011, p145-205.

الملحق رقم (02): تطور نصيب كل دولة عربية من الاستثمار الأجنبي المباشر الوارد خلال الفترة (1986- 2010)

الوحدة: مليون دولار.

السنوات	وسطي 91-86	1992	1993	1994	1995	1996	1997	1998	1999	2000	2001	2002	2003	2004	2005	2006	2007	2008	2009	2010
الجزائر	8	30	00	00	00	270	260	607	292	280	1108	1065	634	882	1081	1795	1662	2594	2761	2291
المغرب	132	424	491	551	332	322	1207	400	1364	422	2808	481	2314	895	1654	2449	2805	2487	1952	1304
ليبيا	45	99	58	73-	88-	112-	68-	148-	128-	141	113-	145	143	357	1038	2013	4689	4111	2674	3833
تونس	83	584	656	566	378	351	365	668	368	779	487	821	584	639	783	3308	1616	2758	1688	1513
موريتانيا	3	7	17	3	7	0	3-	00	15	40	77	67	102	392	814	106	138	338	38-	14
مصر	932	459	1207	1133	595	636	887	1076	1065	1235	510	647	237	2157	5376	10043	11578	9495	6712	6386
السودان	4-	0	0	99	12	0	98	371	371	392	574	713	1349	1511	2305	3534	2426	2601	2682	1600
جيبوتي	-	2	1	1	3	3	3	3	3	3	3	3	14	39	22	108	195	229	100	27
الصومال	2-	0	2	1	1	1	1	0	1-	0	0	0	1-	5-	24	96	141	87	108	112
اليمن	80	718	903	16	218-	60-	139-	219-	308-	6	136	102	6	144	302-	1121	917	1555	129	329-
سوريا	67	57	60	65	70	89	80	82	263	270	110	115	160	320	583	659	1242	1467	1434	1381
لبنان	4	18	7	23	35	80	1800	1135	872	964	1451	1336	2860	2484	3321	3132	3376	4333	4804	4955
الأردن	18	41	34-	3	13	16	361	310	156	913	274	238	547	937	1984	3544	2622	2829	2430	1704
فلسطين	-	-	-	-	123	177	163	218	189	62	19	9	18	49	47	19	28	52	265	115
العراق	3	8	1	0	2	4-	1	7	7-	3-	6-	2-	0	300	515	383	972	1856	1452	1426
السعودية	531	250	180	690	578	64	57	94	123	183	504	453	778	1942	12097	17140	22821	38151	32100	28105
الإمارات	49	130	401	62	400	301	232	258	985-	505-	1184	95	4256	10004	10900	12806	14187	13724	4003	3948
عمان	109	104	142	76	46	61	65	101	39	83	5	122	26	111	1538	1588	3431	2528	1471	2045
البحرين	54	869	275-	208	431	2048	329	275-	454	364	80	217	517	865	1049	2915	1756	1794	257	156
الكويت	-1	35	13	00	7	347	20	59	72	16	176-	4	67-	24	234	121	112	6-	1114	81

السنوات	وسطي 91-86	1992	1993	1994	1995	1996	1997	1998	1999	2000	2001	2002	2003	2004	2005	2006	2007	2008	2009	2010
قطر	3	40	72	132	94	339	418	347	113	252	296	624	625	1199	2500	3500	4700	3779	8125	5534
مجموع الدول العربية	2114	3875	3902	3556	2821	4929	6137	5094	4330	5897	9035	6631	14477	24047	45063	66880	76714	92983	68098	60667
حصة الدول العربية بالنسبة للدول النامية %	7.26	7.29	5.08	3.43	2.43	3.36	3.21	2.67	1.88	2.28	4.18	3.8	7.88	8.2	13.55	15.57	13.83	14.13	13.33	10.57
حصة الدول العربية بالنسبة للعالم %	1.32	2.33	1.74	1.83	0.82	1.26	1.26	0.71	0.4	0.42	1.1	1.05	2.5	3.23	4.58	4.57	3.9	5,33	5,74	4.87

المصدر: من إعداد الباحث بالاعتماد على :

- Unctad, world investment report,1998, p253-255 et,
- Unctad, world investment report,2011, UNCTAD, FDI/TNC database

www.unctad.org/fdistatistics.

الملحق رقم (03): تطور ترتيب الدول العربية في مؤشري الأداء والإمكانات للأنكتاد للفترة (1988-2009)

السنوات	-1988) (1990		-1989) (1991		(1992-190)		-1991) (1993		-1992) (1994		1993) (1995-		-1994) (1996		-1995) (1997		-1996) (1998		-1997) (1999		-1998) (2000		-1999) (2001		-2000) (2002		-2001) (2003		-2007) (2009	
المؤشر	*	**	*	**	*	**	*	**	*	**	*	**	*	**	*	**	*	**	*	**	*	**	*	**	*	**	*	**	*	**
الجزائر	102	53	99	61	114	79	118	87	130	91	130	96	124	93	119	89	114	89	112	91	109	83	102	79	94	75	91	71	82	77
البحرين	23	26	4	28	3	30	4	29	10	29	45	30	1	30	2	30	2	31	36	33	37	34	54	31	72	29	51	29	103	23
مصر	14	67	30	65	58	88	46	82	42	79	50	85	72	87	99	87	105	69	106	71	102	71	110	71	113	70	123	75	56	88
الأردن	75	65	92	69	81	68	130	68	127	64	134	62	126	62	66	60	55	62	56	65	37	67	53	41	57	45	84	60	13	71
الكويت	101	46	107	49	116	40	115	40	125	32	126	32	111	32	117	31	124	34	132	34	131	29	133	32	136	28	137	41	113	37
لبنان	94	85	95	80	106	60	109	52	111	55	115	77	114	69	107	64	108	53	105	50	99	50	96	57	96	60	90	94	8	74
ليبيا	69	55	74	51	89	46	103	45	122	51	136	63	136	66	137	70	138	45	138	47	135	46	135	39	137	46	116	34	46	63
المغرب	62	71	59	74	61	81	47	80	46	77	63	91	77	92	70	96	84	92	70	92	90	96	58	96	62	93	32	87	78	95
عمان	34	36	41	38	57	45	60	46	73	47	97	52	112	49	122	51	123	55	123	59	126	56	129	50	130	53	126	53	68	39
قطر	110	22	91	22	87	16	75	17	67	17	68	20	46	24	47	24	42	22	74	22	97	21	99	13	81	8	67	7	21	2
السعودية	53	31	73	27	77	22	93	21	99	25	131	29	137	29	134	29	95	29	94	31	125	28	136	28	138	31	138	31	19	29
السودان	109	116	113	114	132	134	128	136	102	138	102	137	108	138	118	136	91	131	72	130	66	127	60	124	48	120	29	116	41	129
سوريا	53	74	67	73	88	87	88	81	70	76	74	73	76	73	109	73	118	81	110	88	103	90	105	93	114	100	121	95	69	103
تونس	54	64	53	70	34	82	21	84	17	81	31	78	50	77	74	75	71	78	78	72	74	74	75	74	60	71	58	67	50	72

الإمارات	92	29	112	29	124	24	85	27	93	23	92	24	102	20	111	21	119	20	137	23	136	24	134	19	120	17	101	22	92	5
اليمن	115	110	54	104	5	98	2	96	2	96	27	81	139	82	139	93	139	86	139	94	138	92	137	85	115	87	124	77	129	111

المصدر: من إعداد الباحث بالاعتماد على البيانات الواردة في موقع مؤتمر الأمم المتحدة للتجارة والتنمية بتاريخ 2008

: -www. Unctad. org

بتاريخ 2011

- Unctad, world investment report,2011, UNCTAD, FDI/TNC database www.unctad.org/fdistatistics

*تدل على مؤشر الأداء، ** تدل على مؤشر الإمكانات.

الملحق الإحصائي رقم (4): تطور المؤشرات الاقتصادية للجزائر للفترة (1990-2010)

الوحدة: مليار دولار

السنوات	1990	1991	1992	1993	1994	1995	1996	1997	1998	1999	2000	2001	2002	2003	2004	2005	2006	2007	2008	2009	2010
سعر الصرف 1دولار=دج	9	18.5	21.8	23.4	35.1	47.6	54.7	57.7	58.8	66.6	75.3	77.3	79.7	77.4	72.06	73.4	73.7	70.89	64.6	72.7	74.4
الناتج المحلي بالأسعار الجارية	61.6	46.6	49.3	50.8	42.4	42.1	47	48.2	48.1	48.6	54.4	54.8	57	68	85	102.2	115.6	131.27	170.22	139.76	160.27
الادخار المحلي	16.7	17	15.6	13.6	11	11.5	15.1	15.4	13.1	15.4	24.2	22.8	23.2	30.5	40.5	56	65.4	74.7	99.66	70.32	85.63
الاستثمار المحلي	15.8	11.7	12.7	13.8	11.6	11.4	11.7	11	12.4	11.8	11.3	12.4	13.9	16.3	20.5	22.8	26.7	34.5	65.21	69.9	70.51
الاستثمار الأجنبي المباشر	0.04	0.08	0.03	00	00	00	0.27	0.26	0.607	0.292	0.280	1.108	1.065	0.634	0.882	1.081	1.795	1.662	2.594	2.761	2.291
تراكم الاستثمار الأجنبي المباشر	1.561	1.641	1.671	1.671	1.671	1.671	1.491	2.201	2.807	3.099	3.537	4.733	5.798	6.432	7.314	8.395	10.19	11.852	14.446	17.206	19.498
رصيد الميزان التجاري	1.9	3.3	2	1.4	1.5-	1.3-	2.7	3.8	0	1.5	10.9	8.1	6.7	11.14	14.27	26.47	34.06	32.24	40.6	7.8	19.7
رصيد ميزان المدفوعات	0.2-	0.5	0.2	0	4.3-	6.2-	2.1-	0.3	1.7-	2.4-	7.6	6.2	3.6	7.4	9.2	16.9	17.7	29.55	37.0	3.9	14.6
إجمالي الصادرات	13.4	12.9	12.1	11	9.6	10.9	14	14.1	10.9	13	22.6	20	18.7	24.4	32.2	46.3	54.7	60.59	78.6	45.2	57.6
صادرات المحروقات	12.4	12	11	9.9	8.6	9.7	12.6	13.2	9.8	11.9	21.1	18.5	18.1	23.99	31.5	45.99	53.6	59.61	77.2	44.4	56.4
رصيد الموازنة العامة	1.9	1.7	0.37	3-	0.8-	0.2	1.8	1.4	1.7-	0.1-	5.3	2.4	0.6	3.6	4.7	14	15.6	15.1	14.12	9.22 -	1.6 -
المديونية الخارجية	23.4	27.9	26.7	25.7	29.5	31.6	33.7	31.2	30.5	28.3	25.5	22.5	22.6	23.3	21.8	17.1	5.612	5.606	5.586	5.413	4.487
احتياطي الصرف	0.8	1.6	1.5	1.5	2.7	2	4.4	8	6.8	4.4	11.9	19	23.1	32.9	43.1	56.18	74.8	110.18	143.1	148.9	161
معدل نمو M_2%	11.31	21.6	24.23	21.61	15.31	10.51	14.44	18.19	19.08	12.36	13.03	22.3	17.3	15.61	11.44	10.94	17.14	24.2	16	3.2	13.8
معدل التضخم%	17.9	25.9	31.7	20.5	29	29.8	18.7	5.7	4.9	2.6	0.3	4.2	1.4	2.6	3.6	1.6	2.5	3.7	4.8	5.7	4.3
معدل البطالة %	19.7	21.2	23.8	23.15	24.36	28.1	28	26.41	28.9	29	29	28	25.7	23.7	17.7	15.3	12.3	13.8	11.3	10.2	10
خدمة المديونية كنسبة من الصادرات %	66.4	73.8	76.5	82.2	47.2	38.8	30.9	31.7	47.6	39.3	21.2	24	21.7	17.7	16.6	12	25.3	2.49	1.54	2.21	غ م
الناتج المحلي الإجمالي بالأسعار الثابتة	47	46.16	45.43	44.44	43.96	45.63	47.5	48.03	50.48	52.09	53.39	54.52	57.09	60.97	64.14	67.39	70.83	74.93	76.72	78.56	81.7
معدل النمو الحقيقي %	1.3-	1.8-	1.6-	2.2-	1.1-	3.8	4.1	1.1	5.1	3.2	2.5	2.1	4.7	6.8	5.2	5.4	5.1	5.8	2.4	2.4	4.0
أسعار النفط. دولار	21.15	28.85	18.8	18.6	16.31	17.6	21.6	19.49	12.85	18.03	28	24.8	25.24	29.03	38.66	54.64	65.85	74.95	100	62.3	80.2

احتياطي الصرف (شهر استيراد)	0.8	2	1.8	1.9	3	2	4.7	9.4	7.6	4.7	12.3	18.1	19.1	24.3	23.7	27.3	36.6	39.7	35.4	35.6	36.7
العمالة في الاقتصاد 10^3	4516.3	45.38.3	4577.5	5042	5154	5436	5625	5708	5993	6073	6180	6228.7	6228.8	6684	7798.4	8044.2	8868.8	8594.2	7002.0	9472.0	9720.0
العمالة في المشاريع الأجنبية	00	1640	1312	2090	4777	2550	6070	6378	5902	5975	4609	11696	12188	8773	6731	15540	18322	21602	غير متوفرة	غير متوفرة	غير متوفرة
مساهمة الجباية البترولية في إجمالي الإيرادات %	47.6	59.3	63.5	57.8	59.4	59.7	63	62.9	55	61.9	76.9	66.5	62.9	68.4	70.4	76.3	78.1	75.8	78.77	65.65	66.75
مجموع خدمة الدين الخارجي	8.89	9.52	9.25	9.04	4.53	4.22	4.32	4.46	5.18	5.1	4.79	4.8	4.05	4.31	5.34	5.55	13.83	1.51	1.218	1	غ م
الاستثمار الأجنبي المباشر الصادر	0,005	0	0	0	0	0	0	0	0,001	0,008	0,014	0,009	0,099	0,011	0,254	0,020-	0,035	0,295	0,318	0,215	0,226
صافي الاستثمار الأجنبي المباشر	0,035	0,08	0,03	0	0	0	0,27	0,26	0,606	0,284	0,266	1,093	0,966	0,623	0,628	1,101	1.76	1,367	2,276	2,546	2,065
نسبة العمالة في المشاريع الأجنبية إلى إجمالي العمالة في الاقتصاد %	0	0.03	0.04	0.08	0.09	0.04	0.01	0.01	0.1	0.1	0.07	0.18	0.2	0.13	0.08	0.2	0.2	0.25	غ م	غ م	غ م
رصيد الموازنة كنسبة من الناتج %	3.08	3.64	0.75	5.9-	1.9-	0.4	3.8	2.9	3.5-	0.2-	9.7	4.3	1.05	5.3	5.5	13.7	13.5	11.5	8.3	6.6 -	1 -
الادخار كنسبة من الناتج %	27.1	36.5	31.6	26.7	25.9	27.3	32.1	31.9	27.2	31.7	44.5	41.6	40.7	44.8	47.6	54.8	56.6	56.9	58.55	50.32	53.43
الاستثمار كنسبة من الناتج%	25.6	25.1	25.7	27.1	27.3	27	24.9	22.8	25.7	24.2	20.7	22.6	24.4	24	24.1	22.3	23.1	26.2	38.31	50.02	44
الاستثمار الأجنبي المباشر كنسبة من الاستثمار المحلي %	0.3	0.7	0.2	0	0	0	2.3	2.4	4.9	2.5	2.5	8.9	7.6	3.9	4.3	4.7	6.6	4.7	5.5	5.8	4.9
تراكم الاستثمار الأجنبي المباشر كنسبة من الناتج الإجمالي المحلي %	2.5	3.5	3.4	3.3	3.9	4	4.1	4.6	5.8	6.4	6.5	8.6	10.2	9.5	8.6	8.1	8.7	8.8	8.5	12.2	12.2

المصدر : من إعداد الباحث بالاعتماد على البيانات الواردة في:

327

-Office nationale des statistiques, statistiques sur l'économie Algérienne, période 1970-2002.

- Banque d'Algérie, l'évolution économique et monétaire de l'Algérie, rapports de 2001à   2010.

- Unctad, World investment report, various numbers.

-International Monetary Fund, IMF country report, n°: 7/95(March 2007),98/87 (September 1998).

- Fond monétaire international, rapport du FMI n°11/39, Mars 2011, P23.

- Fond monétaire international, rapport du FMI n°11/40, Février 2011, P33 .

الملحق الإحصائي رقم (5): مؤشر التنافسية الإجمالي بالتفصيل في الجزائر لعام 2011

Algeria

The Global Competitiveness Index in detail

	INDICATOR	VALUE	RANK/142
	1st pillar: Institutions		
1.01	Property rights	3.1	127
1.02	Intellectual property protection	2.2	135
1.03	Diversion of public funds	2.8	98
1.04	Public trust of politicians	2.0	117
1.05	Irregular payments and bribes	3.1	116
1.06	Judicial independence	2.5	126
1.07	Favoritism in decisions of government officials	2.6	101
1.08	Wastefulness of government spending	3.0	79
1.09	Burden of government regulation	2.3	136
1.10	Efficiency of legal framework in settling disputes	3.0	109
1.11	Efficiency of legal framework in challenging regs	3.0	104
1.12	Transparency of government policymaking	3.1	137
1.13	Business costs of terrorism	3.9	135
1.14	Business costs of crime and violence	4.0	107
1.15	Organized crime	4.5	103
1.16	Reliability of police services	3.7	89
1.17	Ethical behavior of firms	3.3	115
1.18	Strength of auditing and reporting standards	3.5	130
1.19	Efficacy of corporate boards	3.8	133
1.20	Protection of minority shareholders' interests	3.7	111
1.21	Strength of investor protection, 0–10 (best)*	5.3	60
	2nd pillar: Infrastructure		
2.01	Quality of overall infrastructure	3.7	92
2.02	Quality of roads	3.6	77
2.03	Quality of railroad infrastructure	2.6	65
2.04	Quality of port infrastructure	3.0	122
2.05	Quality of air transport infrastructure	3.8	106
2.06	Available airline seat km/week, millions*	153.0	71
2.07	Quality of electricity supply	4.6	75
2.08	Fixed telephone lines/100 pop.*	8.2	101
2.09	Mobile telephone subscriptions/100 pop.*	92.4	90
	3rd pillar: Macroeconomic environment		
3.01	Government budget balance, % GDP*	-2.7	54
3.02	Gross national savings, % GDP*	53.4	3
3.03	Inflation, annual % change*	4.3	79
3.04	Interest rate spread, %*	6.3	85
3.05	General government debt, % GDP*	10.3	8
3.06	Country credit rating, 0–100 (best)*	53.4	66
	4th pillar: Health and primary education		
4.01	Business impact of malaria	N/Appl.	1
4.02	Malaria cases/100,000 pop.*	0.0	1
4.03	Business impact of tuberculosis	4.6	104
4.04	Tuberculosis incidence/100,000 pop.*	59.0	75
4.05	Business impact of HIV/AIDS	4.9	86
4.06	HIV prevalence, % adult pop.*	0.1	21
4.07	Infant mortality, deaths/1,000 live births*	29.0	96
4.08	Life expectancy, years*	72.6	79
4.09	Quality of primary education	3.0	113
4.10	Primary education enrollment, net %*	93.6	65
	5th pillar: Higher education and training		
5.01	Secondary education enrollment, gross %*	83.2	79
5.02	Tertiary education enrollment, gross %*	30.6	73
5.03	Quality of the educational system	2.8	123
5.04	Quality of math and science education	3.4	96
5.05	Quality of management schools	3.7	101
5.06	Internet access in schools	2.6	125
5.07	Availability of research and training services	3.0	125
5.08	Extent of staff training	3.1	126
	6th pillar: Goods market efficiency		
6.01	Intensity of local competition	3.9	131
6.02	Extent of market dominance	3.3	98
6.03	Effectiveness of anti-monopoly policy	3.3	114
6.04	Extent and effect of taxation	3.6	56
6.05	Total tax rate, % profits*	72.0	134
6.06	No. procedures to start a business*	14	131
6.07	No. days to start a business*	24	86
6.08	Agricultural policy costs	3.8	97
6.09	Prevalence of trade barriers	3.6	124
6.10	Trade tariffs, % duty*	13.8	131
6.11	Prevalence of foreign ownership	3.7	125
6.12	Business impact of rules on FDI	3.4	131
6.13	Burden of customs procedures	2.8	138
6.14	Imports as a percentage of GDP*	36.1	98
6.15	Degree of customer orientation	3.7	129
6.16	Buyer sophistication	2.7	125
	7th pillar: Labor market efficiency		
7.01	Cooperation in labor-employer relations	3.6	127
7.02	Flexibility of wage determination	3.9	125
7.03	Rigidity of employment index, 0–100 (worst)*	41.0	108
7.04	Hiring and firing practices	3.8	79
7.05	Redundancy costs, weeks of salary*	17	29
7.06	Pay and productivity	2.8	138
7.07	Reliance on professional management	2.6	139
7.08	Brain drain	1.7	141
7.09	Women in labor force, ratio to men*	0.47	127
	8th pillar: Financial market development		
8.01	Availability of financial services	2.7	139
8.02	Affordability of financial services	2.3	142
8.03	Financing through local equity market	2.1	132
8.04	Ease of access to loans	2.4	95
8.05	Venture capital availability	2.1	110
8.06	Soundness of banks	3.6	138
8.07	Regulation of securities exchanges	2.4	136
8.08	Legal rights index, 0–10 (best)*	3.0	105
	9th pillar: Technological readiness		
9.01	Availability of latest technologies	4.0	122
9.02	Firm-level technology absorption	3.7	134
9.03	FDI and technology transfer	3.6	123
9.04	Internet users/100 pop.*	12.5	103
9.05	Broadband Internet subscriptions/100 pop.*	2.5	67
9.06	Internet bandwidth, kb/s/capita*	1.0	90
	10th pillar: Market size		
10.01	Domestic market size index, 1–7 (best)*	4.2	46
10.02	Foreign market size index, 1–7 (best)*	4.8	48
	11th pillar: Business sophistication		
11.01	Local supplier quantity	4.7	78
11.02	Local supplier quality	3.6	126
11.03	State of cluster development	2.3	137
11.04	Nature of competitive advantage	2.0	141
11.05	Value chain breadth	2.7	132
11.06	Control of international distribution	2.8	140
11.07	Production process sophistication	2.9	117
11.08	Extent of marketing	3.0	125
11.09	Willingness to delegate authority	2.4	138
	12th pillar: Innovation		
12.01	Capacity for innovation	2.0	138
12.02	Quality of scientific research institutions	2.5	126
12.03	Company spending on R&D	2.0	139
12.04	University-industry collaboration in R&D	2.3	136
12.05	Gov't procurement of advanced tech products	2.4	137
12.06	Availability of scientists and engineers	4.4	44
12.07	Utility patents granted/million pop.*	0.0	96

Notes: Values are on a 1-to-7 scale unless otherwise annotated with an asterisk (*). For further details and explanation, please refer to the section "How to Read the Country/Economy Profiles" on page 89.

The Global Competitiveness Report 2011-2012 © 2011 World Economic Forum

قائمة المراجع

أولا: المراجع باللغة العربية

1- الكتب

1- أحمد شعبان محمد علي، انعكاسات المتغيرات المعاصرة على القطاع المصرفي ودور البنوك المركزية، الدار الجامعية، مصر، 2007.

2- أميرة حسب الله محمد، محددات الاستثمار الأجنبي المباشر وغير المباشر في البيئة الاقتصادية العربية، دراسة مقارنة بين تركيا، كوريا الجنوبية ومصر، الدار الجامعية، 2004-2005.

3- بجاوي محمد، من أجل نظام اقتصادي دولي جديد، ترجمة جمال بن يونس وبن عامر الصغير، الشركة الوطنية للنشر والتوزيع، الجزائر، 1980.

4- تيودور موران، ترجمة جورج خوري، الشركات متعددة الجنسيات، الاقتصاد السياسي للاستثمار الأجنبي المباشر، دار الفارس، عمان، الأردن، 1994.

5- جورج الراسي، الاشتراكية والشركات متعددة الجنسية، دار الثورة للصحافة والنشر، 1977.

6- جون هدسون، مارك هدندر، العلاقات الاقتصادية الدولية، دار المريخ، الرياض، 1987.

7- جيل برتان، الاستثمار الدولي، ترجمة علي مقلد، وعلي زيعور، مكتبة الفكر الجامعي، منشورات عويدات، الطبعة الأولى، لبنان، 1970.

8- حسام عيسى، الشركات المتعددة القوميات، المؤسسة العربية للدراسة والنشر، بيروت.

9- حسن علي خربوش وآخرون، الاستثمار والتمويل بين النظرية والتطبيق، عمان، 1996.

10- دريد محمود السامرائي، الاستثمار الأجنبي المعوقات والضمانات القانونية، مركز دراسات الوحدة العربية، بيروت، مارس 2006.

11- رضا عبد السلام، محددات الاستثمار الأجنبي المباشر في عصر العولمة، المكتبة العصرية، 2007.

12- رمزي زكي، الاحتياطات الدولية والأزمة الاقتصادية في الدول النامية مع إشارة خاصة عن الاقتصاد المصري، الطبعة الأولى، دار المستقبل العربي للنشر، مصر، 1994.

13- زينب حسن عوض الله، الاقتصاد الدولي، دار الجامعة الجديدة، 2004.

14- ـــ الاقتصاد الدولي، نظرة عامة على بعض القضايا، الدار الجامعية، بيروت، 1998.

15- سالم توفيق النجفي وآخرون، الاقتصادات العربية وتناقضات السوق والتنمية، مركز دراسات الوحدة العربية، بيروت، فيفري، 2005.

16- سعد غالب ياسين، الإدارة الدولية، مدخل إستراتيجي، دار اليازوري العملية، عمان، 1998.

17- سليمان المنذري، الفرص الضائعة في مسار التكامل الاقتصادي والتنمية العربية، مركز دراسات الوحدة العربية، بيروت، لبنان، 1995.

18- سميح مسعود برقاوي، المشروعات العربية المشتركة، الواقع والآفاق، مركز دراسات الوحدة العربية، بيروت، ماي، 1988.

19- سمير سعيفان، مقالات في الاقتصاد والإدارة في سوريا، دار نشر القرن 21، دمشق، كانون الثاني، 2000.

20- عبد السلام أبو قحف، اقتصاديات الأعمال والاستثمار الدولي، دار الجامعية الجديدة للنشر، الإسكندرية، 2003.

21- ـــــــ نظريات التدويل وجدوى الاستثمارات الأجنبية، مؤسسة شباب الجامعة، الإسكندرية، 2001.

22- ـــــــ الأشكال والسياسات المختلفة للاستثمارات الأجنبية، مؤسسة شباب الجامعة، إسكندرية، 2003.

23- عبد العزيز عبد الله عبد، الاستثمار الأجنبي المباشر في الدول الإسلامية في ضوء الاقتصاد الإسلامي، دار النفائس، بيروت، 2005.

24- عبد المجيد قدي، المدخل إلى السياسات الاقتصادية الكلية، ديوان المطبوعات الجامعية، الجزائر، 2003.

25- عدنان سليمان، المناطق الحرة المشتركة ودورها في تعزيز العمل الإقليمي المشترك، المؤسسة العامة للمناطق الحرة، دمشق، تموز، 2004.

26- ـــــــ اقتصاديات المناطق الحرة، المؤسسة العامة للمناطق الحرة، دمشق، تموز 2004.

27- عمر صقر، العولمة وقضايا اقتصادية معاصرة، الدار الجامعية، 2000-2001.

28- فريد النجار، الاستثمار الدولي والتنسيق الضريبي، مؤسسة شباب الجامعة، مصر، 2000.

29- فليح حسن خلف، التمويل الدولي، الوراق للتوزيع والنشر، عمان، 2004.

30- محمد الصقور وآخرون، قضايا التنمية العربية، دار الفكر للنشر والتوزيع، الطبعة الأولى،1994.

31- محمد صالح القريشي، المالية الدولية، الوراق للنشر والتوزيع، الطبعة الأولى، 2008.

32- محمد عبد الرحمن، أثر الشركات المتعددة الجنسية على التنمية والعلاقات الدولية، تقرير مجموعة كبار خبراء الأمم المتحدة، المنظمة العربية للعلوم الإدارية.

33- محمد علي عوض الحرازي، الدور الاقتصادي للمناطق الحرة في جذب الاستثمارات، منشورات الحلبي الحقوقية، بيروت، 2007.

34- مطانيوس حبيب، أوراق في الاقتصاد السوري، سلسلة الرضا للمعلومات، دمشق، 2006.

35- منذر خدام، الأسس النظرية للاستثمار، منشورات وزارة الثقافة، دمشق، 2004.

36- ميثم صاحب عجام، علي محمود سعود، فخ المديونية الخارجية للدول النامية، دار الكندي للنشر والتوزيع، 2006.

37- نزيه عبد المقصود مبروك، الآثار الاقتصادية للاستثمار الأجنبي، دار الفكر الجامعي، الإسكندرية، 2007.

38- الهادي خالدي، المرآة الكاشفة لصندوق النقد الدولي، الجزائر، 1996.

39- هيل عجمي جميل، الاستثمار الأجنبي المباشر الخاص في الدول النامية - الحجم والاتجاه والمستقبل-، دراسات إستراتيجية، العدد 32، مركز الإمارات للدراسات والبحوث العربية، أبو ظبي، 1999.

2- الرسائل الجامعية

1- أمين صيد، سياسة الصرف كآلية لتسوية الاختلال في ميزان المدفوعات، حالة الجزائر، رسالة ماجستير، جامعة دمشق، 2007.

2- أيمن حسن أيوب، نموذج مقترح للتنمية الإدارية في الشركات متعددة الجنسيات، أطروحة دكتوراه، جامعة عين شمس، 2006.

3- بجاوي سهام، الاستثمارات العربية البينية ومساهمتها في تحقيق التكامل الاقتصادي العربي، رسالة ماجستير، جامعة الجزائر، 2005.

4- درواسي مسعود، السياسة المالية ودورها في تحقيق التوازن الاقتصادي، حالة الجزائر، أطروحة دكتوراه، الجزائر، 2006.

5- لمياء شهبون، معايير تقييم الأداء المصرفي في الجزائر، رسالة ماجستير، جامعة دمشق، 2007.

6- مروان نشأت ريال، أثر الشركات متعددة الجنسيات على تطور العلاقات الدولية، رسالة ماجستير، الجامعة الأردنية، 1993.

7- يحياوي سمير، العولمة وتأثيرها على تدفق الاستثمار الأجنبي المباشر إلى الدول العربية، رسالة ماجستير، جامعة الجزائر، 2004.

3-1 التقارير، الندوات، المنشورات والملتقيات

1- إلياس نجمة، السياسة المالية في سوريا، ندوة الثلاثاء الاقتصادية، جمعية العلوم الاقتصادية السورية، دمشق، 2003.

2- الأمانة العامة لاتحاد الغرف العربية الخليجية، دور الشركات المتعددة الجنسية في التنمية الاقتصادية، الدمام، 1989.

3- تقرير التنمية البشرية لسنة 1996، برنامج الأمم المتحدة الإنمائي.

4-   جاسم المناعي، التغير في البيئة الاقتصادية الدولية والاقتصادات العربية (الفرص والتحديات)، صندوق النقد العربي، ماي 2008.

5-   رسلان خضور، "المقومات الاقتصادية الكلية لمناخ الاستثمار"، ندوة سياسات الاستثمار في سوريا،جامعة دمشق، سوريا، 97/03/23.

6-   ــــــــــــ "سياسة الإعفاءات الضريبية والجمركية وآثارها الاقتصادية والاجتماعية (النموذج السوري)"، مجلة بحوث اقتصادية عربية، العدد6، 1996.

7-   سعود البريكان، علي البلبل وإبراهيم الكراسنة، "التكامل الاقتصادي العربي، التحديات والآفاق"، صندوق النقد العربي، معهد السياسات الاقتصادية، 24/23سباط 2005، الإمارات العربية المتحدة.

8-   سياسات التمويل وأثرها على الاقتصاديات والمؤسسات، حالة الجزائر والدول النامية، جامعة بسكرة، الجزائر، 21-22 نوفمبر 2006.

9-   صندوق النقد الدولي، إنفاق بلدان الشرق الأوسط المصدرة للنفط يحد من الأزمة المالية العالمية، واشنطن، 8 فيفري 2009.

10-   صندوق النقد العربي، التقرير الاقتصادي العربي الموحد، أعداد مختلفة.

11-   غير معروف، تجارب دولية لتحسين مناخ الاستثمار، مجلس الوزراء، مركز المعلومات ودعم اتخاذ القرار، مصر، يوليو 2004.

12-   فادية محمد عبد السلام وأحمد جاد كمالي، السياسات المقترحة لجذب الاستثمار الأجنبي المباشر إلى مصر، مجلس الوزراء، مركز المعلومات ودعم إتخاذ القرار، مصر، يوليو 2004.

13-   كريم النشاشيبي وآخرون، الجزائر تحقيق الاستقرار والتحول إلى اقتصاد السوق، صندوق النقد الدولي، واشنطن، 1998.

14-   اللجنة الاقتصادية والاجتماعية لغربي آسيا، سياسات جذب الاستثمار الأجنبي والبيني في منطقة الاسكوا: تحسين مناخ الاستثمار الأجنبي المباشر وتعبئة المدخرات المحلية، مع دراسة حالة الأردن والبحرين واليمن، الأمم المتحدة، نيويورك، 2003.

15-   ليلى جاد وآخرون، دراسة تدويل الشركات المصرية، مجلس الوزراء، مركز المعلومات ودعم اتخاذ القرار، مصر، فبراير 2006.

16-   مؤتمر الأمم المتحدة للتجارة والتنمية، الشركات عبر الوطنية والصناعات الإستخراجية والتنمية، تقرير مناخ الاستثمار العالمي لعام 2007.

17-   ــــــــــــ الاستثمار الأجنبي المباشر والتنمية، سلسلة منشورات الأونكتاد حول القضايا التي تتناولها اتفاقيات الاستثمارات الدولية، الأمم المتحدة، نيويورك وجنيف، 1999.

18-   المؤسسة العربية لضمان الاستثمار، الاستثمار الأجنبي المباشر والتنمية، سلسلة الخلاصات المركزة،1999 ، الكويت.

19-   ـــــــــ تقرير مقارن عن تشريعات تشجيع الاستثمار في الدول العربية وما يقابله في بعض دول العالم الأخرى، سلسلة الخلاصات المركزة، الكويت.

20-   ـــــــــ تنمية الموارد البشرية في الدول العربية، سلسلة الخلاصات المركزة، ، الكويت.

21-   ـــــــــ تقرير مناخ الاستثمار في الدول العربية، أعداد مختلفة.

22-   ـــــــــ ضمان الاستثمار"، السنة 25، العدد04، ديسمبر2007.

23-   ـــــــــ ضمان الاستثمار"، نشرة فصلية، السنة 25، العدد03، سبتمبر 2007.

24-   مأمون ابراهيم حسن، موضي عبد العزيز الحمود، مناخ الاستثمار ومأزق التنمية في الوطن العربي، سلسلة المحاضرات العامة، العدد 07، المعهد العربي للتخطيط،الكويت، أفريل 1994.

25-   المجلس الوطني الاقتصادي والاجتماعي، عناصر مطروحة للنقاش، الدورة العادية العامة السادسة والعشرون، جويلية 2005.

26-   ـــــــــ ملخص التقرير التمهيدي حول الاستثمارات في المنشآت القاعدية ودور الأوساط الاجتماعية والاقتصادية في تسيير الفضاء الأ ورو-متوسطي، القمة الرابعة للمجالس الاقتصادية والاجتماعية، لشبونة، سبتمبر 1998.

27-   محمد رضا العدل، الاستثمار في المنطقة العربية ومواجهة التوترات الراهنة، مركز المعلومات ودعم اتخاذ القرار، مصر، فيفري 2003.

28-   مركز الأمم المتحدة المعني بالشركات عبر الوطنية، الشركات عبر الوطنية في التنمية العالمية، الدراسة الثالثة، الأمم المتحدة، نيويورك، 1983، ص256-257.

29-   مصطفى العبد الله الكفري، مناخ الاستثمار في سوريا، ندوة الثلاثاء الاقتصادية والاجتماعية، دمشق، 18-03-2008.

30-   الملتقى الدولي حول الاستثمار الأجنبي ونقل التكنولوجيا إلى الدول النامية، المركز الجامعي بشار (الجزائر)، 3/2 فيفري 2008.

31-   الملتقى الدولي حول المنظومة المصرفية الجزائرية والتحولات الاقتصادية ،واقع وتحديات، جامعة الشلف، الجزائر، 14 و15 ديسمبر 2004.

32-   الملتقى الدولي حول متطلبات تأهيل المؤسسات الصغيرة والمتوسطة في الدول العربية، جامعة الشلف (الجزائر)، 17 و18 أفريل 2006.

33-   الملتقى العلمي الدولي الأول حول أهمية الشفافية في نجاعة الأداء للاندماج في الاقتصاد العالمي، الأوراسي (الجزائر)، 2003.

34- الملتقى العلمي الدولي الثاني حول إشكالية النمو الاقتصادي في بلدان الشرق الأوسط وشمال إفريقيا، فندق الأوراسي(الجزائر)، 15/14 نوفمبر 2005.

35- الملتقى العلمي الدولي حول الاستثمار الأجنبي المباشر ومهارات الأداء الاقتصادي، جامعة بومرداس (الجزائر)، 22-23 أكتوبر 2007.

36- الملتقى الوطني الأول حول المؤسسات الصغيرة والمتوسطة ودورها في التنمية، الأغواط، الجزائر، 8-9 أفريل، 2002.

4- المجلات والدوريات:

1- اتحاد غرف التجارة والصناعة، ندوة الترويج للاستثمار والمشروعات الاستثمارية في الدول العربية، آفاق اقتصادية، العدد 57-58، الإمارات، أفريل 1994.

2- أليخاندرو لوبيز ميخيا، التدفقات الضخمة لرأس المال، الأسباب والنتائج ورد فعل السياسة، مجلة التمويل والتنمية، المجلد 36، العدد3، سبتمبر، 1999.

3- بنك الكويت الصناعي، المال والصناعة، مجلة دورية صادرة عن بنك الكويت الصناعي، العدد 21، 2003.

4- جورج توفيق العبد، لماذا تخلفت منطقة الشرق الأوسط وشمال إفريقيا في النمو والعولمة، مجلة التمويل والتنمية، مارس 2003.

5- حسان خضر، الاستثمار الأجنبي المباشر – تعار يف وقضايا-، جسر التنمية، المعهد العربي للتخطيط بالكويت، العدد33، السنة الثالثة، سبتمبر 2004،.

6- حسين رحيم، دور الأسواق المالية في عمليات الخوصصة في البلدان العربية، مجلة علوم الاقتصاد والتسيير والتجارة، جامعة الجزائر، العدد 9، 2003.

7- حسين عبد المطلب الأسرج، سياسات تنمية الاستثمار الأجنبي المباشر في الدول العربية"، سلسة رسائل البنك الصناعي، الكويت، ديسمبر 2005.

8- سعيد النجار، آفاق الاستثمار في الوطن العربي، أبحاث ومناقشات المؤتمر الذي نظمه إتحاد المصارف العربية، مصر، 1992.

9- سمير شرف، الاختلالات الهيكلية في اقتصاديات البلدان العربية ودور الأسواق المالية في تصحيح المسارات لمواجهة نظام العولمة، مجلة جامعة تشرين للدراسات والبحوث العلمية، اللاذقية، المجلد 25، العدد6، 2003.

10- صالح تومي وعيسى شقبقب، محاولة بناء نموذج قياسي للاقتصاد الجزائري للفترة (1970-2002)، مجلة علوم الاقتصاد والتسيير، الجزائر، 2005.

11- صالح صالحي، الآثار المتوقعة لانضمام الجزائر إلى المنظمة العالمية للتجارة، ودور الدولة في تأهيل الاقتصاد، مجلة العلوم الاقتصادية وعلوم التسيير، جامعة فرحات عباس سطيف، الجزائر، العدد 1، 2002.

12-طلال محمد مفضي بطاينية، العولمة وانعكاساتها على الدول العربية، مجلة العلوم الاجتماعية والإنسانية، جامعة باتنة، الجزائر، العدد 09، جانفي، 2004.

13-عبد الرحمان تومي، واقع وآفاق الاستثمار الأجنبي المباشر في الجزائر، مجلة دراسات اقتصادية، مركز البصيرة، الجزائر، 2006.

14-عبد الرحمان صبري، سياسات الاستثمار في الدول العربية واتفاقية الجات، شؤون عربية، مارس، 1997.

15-عبد المنعم الحسيني، مقال بعنوان التنمية البشرية في العالم النامي مع إشارة خاصة إلى العالم العربي، شؤون عربية، العدد92، ديسمبر 1997.

1- عدنان غانم ولبنى المسيبلي، أثر الاستثمارات الأجنبية المباشرة في التنمية الاقتصادية في اليمن، مجلة جامعة دمشق، المجلد 19، العدد الثاني، 2003.

16-محمد صقر، سمير شرف، رولا غازي إسماعيل، الاستثمارات الأجنبية المباشرة ودورها في تنمية الاقتصاديات النامية، مجلة جامعة تشرين للدراسات والبحوث العلمية، المجلد 28، العدد03، 2006.

17-منور أوسرير وعليان نذير، حوافز الاستثمار الخاص المباشر، مجلة اقتصاديات شمال إفريقيا، ديوان المطبوعات الجامعية، الجزائر، العدد02، ماي2005.

18- نوزاد عبد الرحمان الهيتي، مستقبل التنمية في الوطن العربي في ظل التغييرات العالمية المعاصرة، مجلة العلوم الإنسانية، العدد31، الجزائر، نوفمبر 2006.

5- الإنترنيت:

1— محمد عبد العاطي، أسباب تنامي الاستثمارات العربية البينية، على الموقع:www.aljazeera.net بتاريخ 2008/08.

ثانيا/ المراجع باللغة الأجنبية

1- Ouvrages

1- Ahmed Benbitour, L'Algérie au troisième millénaire, Ed: Marinour, Alger, 1998.

2- Bernard Hugonnier, Investissements directs, coopération internationale et firmes multinationales, éd: Economica, Paris, 1984.

3- Bonnin bernard, l'entreprise multinationale et l'état, Ed: étude vivante, 1984, Paris

4- Claude de nehme, stratigies comerciales et techniques internationales, Ed: organisation, Paris, 1992.

5- Eric jasmin, nouvelle economie et FMNs, le paradigme electique, Ceim. Montreal, Avril 2003.

6- Fabrice mazerolle, l'économie internationale,ed: Economica, Paris, juin 2008.

7- Fodil Hassam, chronique de l'économie algérienne, vingt ans des reformes libérales, l'économiste d'Algérie, Alger,2005.

8- Hamed Madjdoub, Algérie, études et perspectives, Ed: Economica-essai, Alger, 2003.

9- Henri bordinat et autres, gestion financière internationale, les variables, les décisions financières de l entreprise, ed: Dunod, Paris, 1998.

10- 10-Henri bourguinat, finance internationale, Ed: Thémis, Paris, 1992

11- Hocine benissad, "l'Algérie de la planification socialiste a l'économie de marche (1962-2004)" ENAG édition, Alger, 2004, p194.

12- Hocine Benissad, l'ajustement structurel objectifs et expériences, Alain édition, Algérie,1994,

13- J.P le maire, Développement Internationale de l'entrepris stratégie d'internationalisation, Dunod, France, 1997

14- Marc humbert, investissement international et dynamique de l'economie mondiale, Economica, Paris, p370

15- Michel jura, Technique financière international, 2^{ieme} édition, Ed: Dunod, Paris, 2003, p323-324.

16- Mustapha mekideche, l'Algérie entre l'économie de rente et économie émergente, Ed: dahlab, alger,p63

17- Mutin Georges, évolution économique de l'Algérie depuis l'indépendance, Gremmo, Lyon, 1998

18- Pesco berho Corinne, Marketing international ,2eme edition, Ed: Dunod, Paris, 1997

19- SFI et Fias, societe financiere internationale, ''l'investissement etranger'', leçons de l'experience, 1997,P111.

20- Youcef debboub, "le nouveau mécanisme économique en Algérie", OPU, Alger, 2000.

21- Yves simon, Delphine lautier, finaince internationale, Ed: economica, 9eme edition, Paris, 2005

2- Thèses

1- Khouri Nabil, les déterminants de l'investissement direct étranger, cas de quelques pays tiers mediteraneens, these magistere, Alger, 2002, P1011__.

2- Ramdane Djoudad, Analyse de l'investissement internationale: évolution réelle, explications théoriques et approches économétriques, le cas de la Communauté Economique Européenne, Thèse doctorat, Université de Montréal, décembre 1985, p11-13

3- conférences et rapports et autres publications

1- Agence nationale de développement de l'investissement, accords et investissements, Alger, 2008.

2- Agence nationale de développement de l'investissement, textes juridiques relatifs au développement de l'investissement, Alger, 2008.

3- Banque d'Algérie, Bulletin statistique, hors série, 2006, p72.

4- banque d'Algérie, évolution économique et monétaire de l'Algérie, rapports 2001.

5- Banque d'Algérie, rapport économique et monétaire de l'Algérie, 2008.

6- Banque d'Algérie, rapport économique et monétaire de l'Algérie, 2007.

7- Banque mondiale, "le défit du développement", rapport sur le développement dans le monde, Washington, 1991

8- CNES, l'investissement en Algérie, Dossier documentaire, Février 2006, P7.

9- Cnuced, Sociétés transnationales, industries extractives et développement, Nations Unie, New York and Geneva, 2007

10- International Monetary Fund, IMF country report, n°: 7/95(March 2007),98/87 (September 1998).

11- Jean francois Arvis, connecting to compete, trade logistics in the global economy, World bank, Washington, 2007.

12- KPMG, Guide d'investissement en Algérie, Alger, Novembre 2006, p22.

13- OCDE, dèffinitions des referances detaillè des investissements internationaux, Paris, 1983

14- OCDE, Fiscalité et investissement direct étranger, L'expérience des économies en transition, 1995, p45.

15- ONS, statistiques sur l'économie Algérienne (1970-2002).

16- Fond monétaire international, rapport du FMI n°11/40, Février 2011, rapport du FMI n°11/39, Mars 2011.

17- Unctad, Bilateral investment treaties (1959-1999), United Nation, New York and Geneva, 2000, p1.

18- Unctad, Developments international agreements in 2005, IIA monitors, n 02, 2006, New York and Geneva,p3.

19- Unctad, examen de la politique d'investissement en Algérie, Nations unies, Genève, Mars 2004

20- Unctad, international investment instruments a compendium, New York and Geneva, 2003.

21- Unctad, world investment report, New York and Geneva, various numbers.

22- United Nations Development programme, Human development indices, New York, 2008.

23- United Nations Development programme, Human development indices, New York, 2010.

24- Wilson, N et J, Cacho, relation entre l'investissement direct étranger, les échanges et la politique commerciale, document de travail de l'OCDE sur la politique commerciale, n50, édition: OCDE, 2007, p63.

25- World bank, Making a difference for entrepreneurs, Doing business 2011.

4- revues et périodiques

1- Développement et promotion des investissement en Algérie, in: revue Nawafid sur le Maghreb, janvier 2007
2- Franck moulin, une analyse dynamique du role de l' IDE dans les restructions industerielles dans les pays d' europe C et O, revue d'etudes comparatives East West, 1997,p13.
3- Jean Luis Mucchielli, déterminant de délocalisation et firmes multinationales, in: revue économique, n4, 1992
4- le MOCI, l'Algérie construire l'avenir", 9 janvier 2005,n 1706
5- L'économiste d'Algérie, revue hebdomadaire, 3-9 Juliet 2001,
6- Le MOCI , rapport 2008, les entreprises françaises et l Afrique, n1808, décembre 2007, p32.
7- Le MOCI, risque pays 2008
8- Moin S, Pourquoi ne pas investir en Afrique?, revue: problèmes économiques , n° 2621, 16 Juin 1999, Ed: La documentation française
9- Mouhamed mansour kadah, foreign direct investment and international

technology transfer to Egypt, working paper 0317

10- promotion et garantie des investissements ", in: média Bank , n° 19, aout-septembre 1995 ,

11- René Deschuter, les investissements directs étrangers, revue: Le financement du devloppement durable, n: 60, 2003

12- Vinish Kathuria, the impact of FDI inflows on R and D investment by medium and high tech firms in India, transnational corporations, volume 17, n 2, August 2008, p48-49.

13- Youcef Benabdalleh, monnaie, croissance économique et ouverture, revue publier par le centre de recherche en économie appliquée pour le développement, n75, Alger, 2006

5 - Sites d'internet

1- World Economic Forum, The global competitiveness report 2011-2012, in: www.weforum.org, 2011.

2- www. Unctad.org

The Role of the Investment Climate in Attracting the Foreign Direct Investment into

Arab Countries

Prepared by:

AMIROUCHE MOHAND CHELGHOUM

Abstract:

The foreign direct investment has acquired a remarkable importance in the framework of the global finance as a result of the circumstances passed by the international arena due to the increase of the degree of globalization, the decline of other global finance resources such as loans and assistance, and collapse of social system. All these have led the developing countries including the Arab countries to endeavor providing a fitful investment climate in order to attract direct foreign investment particularly in the light of the characteristics it provides like capital, high technology and administrative and technical technologies, and creating job vacancies. This study aims at evaluating the policies adopted by the Arab countries as a group to improve their investment climate to pay the attention of foreign investors with concentration on Algeria between (1990-2010) as a sample.

The study is divided into four chapters; the first chapter deals with the definition of the direct foreign investment phenomenon, its global forms and trends, the most prominent theories interpreting its evolution, as well as evaluating its reflections on the host countries particularly the developing ones. The second chapter deals with the various constituents of the investment climate. In addition, it deals with evaluation indexes issued by various boards, its localization in the strategies of multinational companies and the influence of that on the host countries. The third chapter deals in details with evaluating the efforts of the Arab countries in improving their investment climate and the reflection on the progress of effluences resulted from the direct foreign investment. The fourth chapter deals with the evolution of the investment climate in Algeria with paying more concentration on the period of reformations and the evaluation of the evolution of Algeria in this phenomenon compared with many Arab developing countries with diagnosing various hindrances for attraction and looking-up their future horizons. This chapter also tackles , through analysis and analogy, the effect of effluences resulting from the direct foreign investment on the levels of employment, economic growth and balance of payment.

The study concludes by demonstrating results and making recommendations that have been approached.

تم بتوفيق وعون الـله،

الأستاذ: عميروش محند شلغوم

فهرس المحتويات

فهرس الجداول

345

فهرس الأشكال

347

348

349

فهرس الملاحق

T0147864

Printed in the United States
By Bookmasters